Studien zur Rechtsphilosophie
und Rechtstheorie

herausgegeben von
Prof. Dr. Dr. h.c. mult. Robert Alexy
Prof. Dr. Martin Borowski und
Prof. Dr. Ralf Dreier

Band 67

Dr. Philipp Siedenburg

Die kommunikative Kraft der richterlichen Begründung

Zur Argumentationsfigur der einzig richtigen Entscheidung

Nomos

Die Deutsche Nationalbibliothek verzeichnet diese Publikation in der Deutschen Nationalbibliografie; detaillierte bibliografische Daten sind im Internet über http://dnb.d-nb.de abrufbar.

Zugl.: Hamburg, Univ., Diss., 2015

ISBN 978-3-8487-3020-9 (Print)
ISBN 978-3-8452-7404-1 (ePDF)

1. Auflage 2016

Für Janina

Vorwort

Das Manuskript dieser Arbeit wurde von der Rechtswissenschaftlichen Fakultät der Universität Hamburg im Sommersemester 2015 als Dissertation angenommen. Ich danke Herrn Professor Dr. Matthias Klatt für die hervorragende Betreuung der Dissertation und die vielen ausgezeichneten Hinweise während der Zeit ihrer Entstehung! Herrn Professor Dr. Ulfrid Neumann danke ich für die Einladung in sein Doktorandenkolloquium in Frankfurt und seine wertvollen Anregungen. Teile seines Werkes haben diese Arbeit grundlegend inspiriert und ihr als Vorbild gedient. Mein Dank gilt weiterhin Herrn Professor Dr. Robert Alexy, in dessen Doktorandenkolloquium in Kiel ich viele wichtige Hinweise erhalten habe und der sich zusammen mit Professor Dr. Ralf Dreier und Professor Dr. Martin Borowski, denen ich ebenfalls danke, zur Aufnahme der Arbeit in diese Schriftenreihe bereit erklärt hat. Herrn Professor Dr. Reinhard Merkel danke ich für die weiterführenden Hinweise in seinem überaus zügig erstellten Zweitgutachten. Thorsten Kruwinnus und Dr. Joao Andrade Neto, mit denen ich an der Universität Hamburg über mehrere Jahre fast täglich zusammentraf, danke ich für ihre Freundschaft und für die zahllosen rechtsphilosophischen Debatten beim Mittagessen und beim Kaffee. Schließlich danke ich der Studienstiftung des deutschen Volkes für die jahrelange ideelle und finanzielle Förderung. Mein Dank gebührt schließlich Simon Klingler, meinem Bruder Kai Siedenburg sowie meinen Eltern Silke und Heinrich Siedenburg, die in unterschiedlichster Weise bei der Entstehung und Drucklegung der Arbeit behilflich waren. Vor allen anderen aber bedanke ich mich bei Janina Schendera für ihre spitzen Bemerkungen und für Jahre voll Glück. Lotta, Oskar und Lene Schendera danke ich, weil sie mich immer wieder an das wahre Leben erinnern.

Hamburg, im Dezember 2015 — Philipp Siedenburg

Bräun, RTh 18, 55

Inhaltsverzeichnis

Variablen:

F: illokutionäre Rolle
K: kommunikative Kraft
R: Objektivität
I: Institutionalität

Formeln:

Formel 1: Allgemeine Struktur jedes Sprechaktes: F (p)
Formel 2: Elemente der illokutionären Rolle: F (p) = D1 (p), D2 (p), D3 (p), D4 (p), ..., D12 (p)
Formel 3: Entsprechungsthese: K (p) = D4 (p)
Formel 4: Determination kommunikativer Kraft: R, I (p)$\rightarrow$ K (p)

Indexierung:

a: absolut, einzig richtig, binär
r: relativ, vertretbar, nicht-binär

Statūs:

Status 1: K_a R_a
Status 2: K_r R_r
Status 3: K_a R_r
Status 4: K_r R_a

Konnexe:

Konnex 1: K = R (arg. R)
Konnex 2: K $\neq$ R (arg. I)

Modelle:

1. Modell A: K = R $\bigwedge$ (K_aR_a) arg. R_a
2. Modell B: K = R $\bigwedge$ (K_rR_r) arg. R_r
3. Modell C: K $\neq$ R $\bigwedge$ (K_aR_r) arg.I_a
4. Modell D: K $\neq$ R $\bigwedge$ (K_rR_a) arg. I_r

Einleitung

Die vorliegende Arbeit hat einen analytischen und einen normativen Aspekt. Analytisch wird es darum gehen, die rechtstheoretischen Implikationen eines linguistischen Merkmals der richterlichen Begründung zu beschreiben. Diesem Zweck dient die Explikation des Begriffs der kommunikativen Kraft. In einer bestimmten Ausprägung ist das betreffende linguistische Merkmal mit der Argumentationsfigur der einzig richtigen Entscheidung äquivalent. Normativ geht es in dieser Arbeit um die Angemessenheit einer mit diesem Merkmal bezeichneten Sprachpraxis der Gerichte. Zunächst ist das fragliche linguistische Merkmal als Phänomen der kommunikativen Kraft anhand von zwei Beispielen aus der Rechtsprechung darzulegen (I.). Im Anschluss sind drei paradigmatische Positionen zum normativen Aspekt des rechtsphilosophischen Problems der kommunikativen Kraft vorzustellen (II.). Weiterhin ist das Thema einzugrenzen (III.). Schließlich sind die philosophischen Grundlagen der Arbeit (IV.) und der Gang der Darstellung vorzustellen (V.).

A. *Das Phänomen der kommunikativen Kraft*

Das *Phänomen der kommunikativen Kraft* ist in analytischer Hinsicht nahezu identisch mit dem von Searle entwickelten sprechakttheoretischen Begriff der *illokutionären Stärke*. Illokutionäre Stärke bezeichnet die Intensität, mit der ein Sprechakt präsentiert und dargestellt wird. Wollte man die juristischen Aussagen in der richterlichen Begründung in Bezug auf das linguistische Merkmal der illokutionären Stärke explizit machen, könnte man dies potentiell mit so unterschiedlichen Verben wie *garantieren, steif und fest behaupten, feststellen, für vertretbar halten, als Hypothese vortragen* oder *vermuten* tun.[1] Diese Sprechakte zeigen allesamt Variationen des gleichen sprachlichen Themas anhand eines durchgängigen Kontinuums an. Dasjenige, bezüglich dessen sie sich unterscheiden, ist ihre illokutionäre Stärke oder ihre kommunikative Kraft. Dieses sprachliche Merkmal ist selbstverständlich kein Spezifikum richterlicher Urteile. Es findet sich aber zwangsläufig in jeder richterlichen Begründung. *Die Argumentationsfigur der einzig richti-*

1 Für eine kommentierte Liste englischer Verben vgl. Searle, John R. und Vanderveken, Daniel. *Foundations of illocutionary logic*. Cambridge 1985, 182 ff.

gen Entscheidung bezeichnet insofern eine hohe Intensität der Darstellung und Präsentation der in der richterlichen Begründung zusammengefassten Sprechakte bzw. eine hohe illokutionäre Stärke. Die Explikation des so skizzierten linguistischen Merkmals der richterlichen Begründung bezeichnet den analytischen Aspekt des *Problems der kommunikativen Kraft.*

Der normative Aspekt dieses Problems ist gleichbedeutend mit der Frage, welche Intensität der Darstellung und Präsentation richterlichen Begründungen angemessen ist. Wie richterliche Begründungen tatsächlich dargestellt und präsentiert werden, ist in Bezug auf diese Frage nur von untergeordneter Bedeutung. Dennoch muss jede normative Theorie die Praxis als Korrektiv in Betracht ziehen. Schon aus diesem Grund ist ein Blick in die Praxis der Urteilsdarstellungen unverzichtbar. Dieser Blick ermöglicht zudem eine Präzisierung und Reformulierung des normativen Aspekts des Problems der kommunikativen Kraft.

Im Folgenden soll das sprachliche Merkmal der illokutionären Stärke bzw. der kommunikativen Kraft anhand von zwei Beispielen aus der Rechtsprechung erläutert werden. Betrachten wir dazu den folgenden Auszug aus der Begründung eines Urteils des BVerfG:

> „Die Gewährleistung der Kunstfreiheit verlangt, den Leser eines literarischen Werks für mündig zu halten, dieses von einer Meinungsäußerung zu unterscheiden und zwischen der Schilderung tatsächlicher Gegebenheiten und einer fiktiven Erzählung zu differenzieren. Ein literarisches Werk, das sich als Roman ausweist, ist daher zunächst einmal als Fiktion anzusehen, das keinen Faktizitätsanspruch erhebt. Ohne eine Vermutung für die Fiktionalität eines literarischen Textes würde man die Eigenarten eines Romans als Kunstwerk und damit die Anforderungen der Kunstfreiheit verkennen."[2]

Intuitiv würde man wohl sagen, dass das Gericht seine juristischen Aussagen *garantiere* oder *steif und fest behaupte*, keinesfalls jedoch nur *vermute* oder *für vertretbar halte*. Hierfür spricht die Formulierung des Gerichts, wonach die Kunstfreiheit eine bestimmte Einstellung gegenüber Lesern eines literarischen Werks „verlangt" und dass eine bestimmte Interpretation eines Textes die Anforderungen der Kunstfreiheit „verkennt". Eine Einschränkung des Indikativ Präsens derart, dass hiermit eine Rechtsmeinung des Gerichtes zum Ausdruck gebracht wird und man mit guten Gründen anderer Meinung sein könne, fehlt. Angesichts dessen kann man wohl sage, das BVerfG behaupte, seine Rechtsauffassung sei alternativlos.[3]

---

2 BVerfG, Urteil vom 13. Juni 2007; Az. 1 BvR 1783/05.

3 Zu beachten ist, dass allgemeine Kriterien dafür, wie sich das sprachliche Verhalten faktisch bestimmen ließe, weitestgehend fehlen. Nach Searle, John R. *Speech Acts.*

Dieser Befund bestätigt sich in dem folgenden Auszug aus einem Urteil des BVerwG. Hier heißt es:

> „Unabhängig von der Frage der Verdichtung oder Konkretisierung eines Rechtsverhältnisses setzt ein feststellungsfähiges Rechtsverhältnis voraus, daß zwischen den Beteiligten dieses Rechtsverhältnisses ein Meinungsstreit besteht, aus dem heraus sich eine Seite berühmt, ein bestimmtes Tun oder Unterlassen der anderen Seite verlangen zu können."[4]

Das BVerwG stellt seine Rechtsauffassung zum Begriff des Rechtsverhältnisses im Rahmen des § 43 VwGO mit der Formulierung „setzt voraus" in sprachlicher Hinischt in gleicher Weise wie das BVerfG dar. Wie diese Auffassung begründet werden kann und ob ggf. auch andere Auffassungen denkbar gewesen wären, sagt das BVerwG nicht. Man kann also sagen, das BVerwG beanspruche ebenfalls Alternativlosigkeit der eigenen Rechtsauffassung.

In der Literatur wurde die Auffassung des BVerwG stark kritisiert. Es wurde u. A. angeführt, der Begriff des Rechtsverhältnisses können keinen Meinungsstreit implizieren, da ansonsten der Begriff des berechtigten Interesses gesetzeswidriger Weise im Sinne eines rechtlichen Interesses präjudiziert würde.[5] Wie diese Kritik anzeigt, ist die Rechtsauffassung des BVerwG tatsächlich *nicht* alternativlos. In einer neueren Entscheidung wiederholt das BVerwG die angeführte Auffassung in gleicher Weise, ohne auf die bis dahin geäußerte Kritik zu verweisen oder sie in sonstiger Weise anzudeuten.[6] Man kann also sagen, das Gericht nehme - jedenfalls in der späteren Entscheidung - *kontrafaktisch* in Anspruch, dass seine eigene Auffassung alternativlos sei.

Cambridge 1969, S. 30 gibt es zwar verschiedene Elemente (sogenannte 'illocutionary force indicators') der syntaktischen Struktur von Sätzen wie Formulierung und Interpunktion in geschriebener Rede und Betonung und Auftreten in gesprochener Rede, die das tatsächlich praktizierte sprachliche Verhalten indizieren. Die Relevanz dessen wird aber weitgehend dadurch geschmälert, dass die gleichen Indikatoren in einem konkreten Fall unterschiedlich interpretiert werden können. Zudem ist kein Verfahren in Sicht, eine Rangfolge zwischen Indikatoren zu bilden, um mit widersprüchlichen Indikatoren umgehen zu können. Searle formuliert dies in allgemeiner Weise dahingehend, dass die syntaktische Repräsentation semantischer Fakten nicht auf der Oberfläche des Satzes liege; ebd., 30 f.

4 BVerwGE 89, 327/ 330.

5 Happ, Michael. „§ 43". In: *Verwaltungsgerichtsordnung. Kommentar*. Hrsg. von Eyermann, Erich. 14. Aufl. München 2014, S. 252–267, S. 261; Schenke, Wolf-Rüdiger. „§ 43". In: *Verwaltungsgerichtsordnung. Kommentar*. Hrsg. von Kopp, Ferdinand und Schenke, Wolf-Rüdiger. 19. Aufl. München 2014, S. 438–470, S. 457 mit weiteren Nachweisen.

6 Vgl. BVerwGE 129, 207.

Die Intensität der Darstellung und Präsentation der juristischen Aussagen in den Urteilen von BVerfG und BVerwG ist demzufolge hoch. Das sprachliche Verhalten ist mit Verben wie *garantieren* oder *behaupten*, nicht aber mit Verben wie *vermuten* oder *als Hypothese vortragen* korrekt beschrieben. Die angeführten Urteilspassagen von BVerfG und BVerwG können in Bezug auf ihre Darstellungsweise nach dem Prinzip der Alternativlosigkeit zudem als repräsentativ gelten. Bei dieser Darstellungsweise handelt es sich demnach um eine charakteristische Selbstrepräsentation richterlicher Urteile und Begründungen.[7]

Diese Selbstrepräsentation legt folgende Reformulierung des normativen Aspekts des Problems der kommunikativen Kraft nahe. Die Darstellung der eigenen Rechtsauffassung nach dem Prinzip der Alternativlosigkeit impliziert, dass keine inhaltlich abweichenden Auffassungen zur Frage bestehen, die gleichermaßen vertretbar wären. Hierin entspricht diese Darstellungsweise dem binären Prinzip der These der einzig richtigen Entscheidung. Gegenüber der einzig richtigen Entscheidung sind nämlich alle inhaltlich abweichenden Entscheidungen falsch. Zwei gleichermaßen einzig richtige Entscheidungen kann es zu einer Rechtsfrage definitionsgemäß nicht geben.[8] Man kann also sagen, dass BVerfG und BVerwG die Argumentationsfigur der einzig richtigen Entscheidung in Anspruch nehmen.[9]

Damit kann der normative Aspekt meiner Ausgangsfrage wie folgt reformuliert werden: Es stellt sich die Frage, ob die in der Rechtsprechungspraxis bestehende Art und Weise der Darstellung und Präsentation des richterlichen Urteils als alternativlos gerechtfertigt werden kann. Oder kurz: Kann

---

7 Vgl. Gardner, John. „How Law Claims, What Law Claims“. In: *Institutionalized Reason. The Jurisprudence of Robert Alexy*. Hrsg. von Klatt, Matthias. Oxford 2011, S. 29–44, S. 29.

8 Vgl. Saliger, Frank. „Rechtsphilosophische Probleme der Rechtsbeugung“. In: *Juristische Grundlagenforschung*. Hrsg. von Alexy, Robert. Stuttgart 2005, S. 138–153, S. 143.

9 Diese Beobachtung wird bestätigt von Hart, Herbert L. A. *The Concept of Law*. Oxford 1961, S. 12, der sagt „[n]o doubt the courts so frame their judgements as to give the impression that their decisions are the necessary consequence of predetermined rules whose meaning is fixed and clear. [...] It is only the tradition that judges 'find' and do not 'make' law that conceals this, and presents their decisions as if they were deductions smoothly made from clear pre-existing rules without intrusion of the judge's choice." In vergleichbarer Weise sagt Luhmann, Niklas. *Das Recht der Gesellschaft*. Frankfurt a. M. 1993, S. 370, die „juristische Argumentation in den kontinentaleuropäischen Rechtsordnungen [trägt] eher die Züge einer als richtig vertretenen Exegese."

die Argumentationsfigur der einzig richtigen Entscheidung gerechtfertigt werden?

B. Das rechtsphilosophische Problem der kommunikativen Kraft

Die These Dworkins der einzig richtigen Entscheidung besagt, dass es auf jede juristische Frage eine einzige richtige Antwort gibt.[10] Diese These wurde seit jeher heftig kritisiert und mittlerweile kann sie als widerlegt gelten.[11] Die mit der *Argumentationsfigur* der einzig richtigen Entscheidung verbundenen rechtsphilosophischen Probleme fangen damit aber erst an.

Das Problem der kommunikativen Kraft entsteht, weil in schwierigen Fällen mehrere vertretbare Entscheidungen existieren, aufgrund des Justizverweigerungsverbots aber eine einzige zu fällen ist. Wie ist diese Entscheidung sprachlich zu fassen? Gilt es, mit der Begründung den Tenor zu stützen, also die Eindeutigkeit der Entscheidung nachzuvollziehen? Oder hat die Begründung einen Eigenwert, der es erlaubt oder gebietet, die alternative, nicht gewählte Entscheidungsmöglichkeit als gleichermaßen vertretbar auszuweisen? In der gerichtlichen Praxis scheint die erste Variante bevorzugt zu werden. Die charakteristische Selbstdarstellung richterlicher Begründungen entspricht dem Prinzip der Alternativlosigkeit bzw. der Argumentationsfigur der einzig richtigen Entscheidung.

Die Falschheit der Dworkinschen These lässt diese Darstellungsweise in einem besonderen Licht erscheinen. Es besteht nämlich offenbar eine Diskrepanz zwischen der sprachlichen Praxis der Gerichte und den durch die rechtsphilosophische Forschung ermittelten Tatsachen. Der normative Aspekt des Problems der kommunikativen Kraft ist mit der Frage bezeichnet, ob diese Praxis gerechtfertigt werden kann.

Diese Frage ist in der Literatur seit Langem umstritten. Zu ihr lassen sich drei paradigmatische Positionen unterscheiden, von denen zwei die Sprachpraxis der Gerichte für angemessen halten. Eine weitere Position stellt diese Praxis grundlegend in Frage. Die Vertreter dieser letzten Position gehen

10 Vgl. Dworkin, Ronald. „Can Rights be Controversial?“ In: *Taking Rights Seriously*. Hrsg. von Dworkin, Ronald. Cambridge, Mass. 1977, S. 279–290; Dworkin, Ronald. „No Right Answer?“ In: *Law, Morality, and Society. Essays in Honour of H. L. A. Hart*. Hrsg. von Hacker, Peter und Raz, Joseph. Oxford 1977, S. 58–84.

11 Vgl. nur Klatt, Matthias. „Taking Rights Less Seriously. A structural analysis of judicial discretion“. In: *Ratio Juris* 20 (2007), S. 506–520, S. 512, der ihre Falschheit als einen „Allgemeinplatz” in der Rechtstheorie bezeichnet.

davon aus, dass es sich bei der Argumentationsfigur der einzig richtigen Entscheidung um eine suggestive Täuschung des Rechtsstabes zur Abschottung gegen Kritik handelt.[12] Die Kritik an der charakteristischen Darstellungsweise richterlicher Entscheidungen als einzig richtig oder vollständig objektiv verbinden die Vertreter dieser Position mit der Kritik am Recht als Garant der ungerechten gesellschaftlichen Distribution von Macht und Gütern. Die Argumentationsfigur der einzig richtigen Entscheidung ist für sie Symptom eines obrigkeitsstaatlichen Gestus', den es zu überwinden gilt. In diesem Sinne sagt etwa MacKinnon:

> „The search has been for an approach to the real on which to base arguments and conclusions that will make one's point of view unquestionable and unanswerable, immortal and definitive to the last word, regardless of time, place, or person. Its thrust has been to end diversity of viewpoint, so that there can be no valid disagreement over what knowing is right knowing. Objectivity has been its answer, its standard, its holy grail. When it speaks and there is silence, it imagines it has found it."[13]

Der justizkritischen Position paradigmatisch entgegengesetzt ist eine Position, welche die Argumentationsfigur der einzig richtigen Entscheidung als konstitutiv für praktische Diskurse auffasst. Die charakteristische Selbstrepräsentation der Gerichte durch die Argumentationsfigur der einzig richtigen Entscheidung ist nach dieser Position gar nicht sinnvoll zu bestreiten, weil ohne sie ein juristischer Diskurs gar nicht möglich wäre. In diesem Sinne ist für Alexy der Anspruch auf die einzig richtige Entscheidung eine unhintergehbare Voraussetzung moralischer und juristischer Sprechakte:

> „Die Teilnehmer eines praktischen Diskurses müssen unabhängig davon, ob eine einzig richtige Antwort existiert, den *Anspruch erheben, daß ihre Antwort die einzig richtige* ist. Anderenfalls wären ihre Behauptungen und Begründungen *sinnlos*."[14]

In gleicher Weise hält Habermas den Anspruch auf die einzig richtige Aussage für unverzichtbar. Zur Begründung verweist er auf

---

12 Vgl. MacKinnon, Catherine. *Toward a Feminist Theory of the State*. Cambridge 1989, 106 f. Kress, Ken. „Legal Indeterminacy". In: *California Law Review* 77 (1989), S. 283–337, S. 285; Williams, Patricia. *The Alchemy of Race and Rights*. Cambridge 1991, S. 11. In der deutschen Rechtsphilosophie findet sich diese Position etwa bei Müller, Friedrich, Christensen, Ralph und Sokolowski, Michael. *Rechtstext und Rechtsarbeit*. Berlin 1997, S. 104.

13 MacKinnon, Catherine, s. Anm. 12, 106 f.

14 Alexy, Robert. *Theorie der juristischen Argumentation. Die Theorie des rationalen Diskurses als Theorie der juristischen Begründung*. 7. Aufl. Frankfurt a. M. 2012, S. 414. Inhaltlich identisch Alexy, Robert. „Probleme der Diskurstheorie". In: *Recht, Vernunft, Diskurs. Studien zur Rechtsphilosophie*. Hrsg. von Alexy, Robert. Frankfurt a. M. 1995, S. 109–126, 122 f.

> „die Unentbehrlichkeit eines moralischen Sprachspiels, das jeder kommunikativ verfaßten Lebenswelt eingeschrieben ist. Es steht nicht in unserem Belieben, ob wir *moralische Urteile binär codieren* und Richtigkeit als wahrheitsanalogen Geltungsanspruch auffassen wollen; denn anders läßt sich das moralische Sprachspiel unter Bedingungen nachmetaphysischen Denkens nicht intakt halten".[15]

Die beiden genannten Positionen, MacKinnon einerseits und Alexy und Habermas andererseits, stehen in paradigmatischem Gegensatz. Justizkritikerinnen wie MacKinnon gehen davon aus, dass es auf praktische Fragen keine vollständig objektiven bzw. einzig richtigen Antworten gibt. Der Anspruch auf die einzig richtige Entscheidung bzw. die Argumentationsfigur der einzig richtigen Entscheidung, die in der sprachlichen Praxis der Gerichte zugrunde gelegt wird, ist demzufolge kontrafaktisch. In normativer Hinsicht wird vorgeschlagen, diese trügerische Praxis aufzugeben.[16] Demgegenüber geht Alexy von der Existenz einiger einzig richtiger praktischer Aussagen aus. Für ihn ist z. B. das Verbot bestimmter Formen der Sklaverei unabhängig von Zeit und Ort und unabhängig von den Ergebnissen der tatsächlichen Diskurse gültig. Die das Verbot beinhaltende normative Aussage ist für ihn diskursiv notwendig, bzw. einzig richtig.[17] Für Alexy ist die Argumentationsfigur der einzig richtigen Entscheidung damit mehr als eine *Argumentationsfigur*. Es gibt für ihn nämlich Fälle, in denen sie nicht kontrafaktisch in Anspruch genommen wird. Das rechtfertigt und erfordert für Alexy ihre Verwendung in der sprachlichen Praxis generell.[18]

Gegenüber diesen beiden nimmt die verbleibende Position eine Zwischenstellung ein. Während die beiden anderen Positionen in Bezug auf die These der Existenz einzig richtiger Entscheidungen *und* in Bezug auf die sprachliche Praxis der Gerichte anderer Auffassung sind, stimmt diese letzte Position mit den beiden anderen Positionen jeweils entweder in Bezug auf die These

---

15 Habermas, Jürgen. „Richtigkeit versus Wahrheit. Zum Sinn der Sollgeltung moralischer Urteile und Normen". In: *Wahrheit und Rechtfertigung*. Hrsg. von Habermas, Jürgen. Frankfurt a. M. 1999, S. 271–318, S. 318.

16 Diese Auffassung wird bestätigt von den genannten Äußerungen bei Hart, Herbert L. A., s. Anm. 9, S. 12 und Luhmann, Niklas, *Das Recht der Gesellschaft*, s. Anm. 9, S. 370.

17 Alexy, Robert, *Theorie der juristischen Argumentation. Die Theorie des rationalen Diskurses als Theorie der juristischen Begründung*, s. Anm. 14, S. 256; Alexy, Robert. „Law, Discourse, and Time". In: *Time, Law, and Society*. Hrsg. von Bjarup, Jes und Blegvad, Mogens. Stuttgart 1995, S. 101–110, S. 107.

18 Alexy, Robert, *Theorie der juristischen Argumentation. Die Theorie des rationalen Diskurses als Theorie der juristischen Begründung*, s. Anm. 14, S. 414; Alexy, Robert, „Probleme der Diskurstheorie", s. Anm. 14, 122 f.

der Existenz einzig richtiger Entscheidungen *oder* in Bezug auf die sprachliche Praxis der Gerichte überein. Mit der erstgenannten Position stimmt sie in Bezug auf die (Negation der) These der Existenz einzig richtiger Entscheidungen überein und mit der zuletzt genannten in Bezug auf die sprachliche Praxis der Gerichte. Vertreter dieser Position behaupten also, dass es in praktischen Fragen keine einzig richtigen Aussagen gibt, die sprachliche Praxis der Gerichte aber dennoch angemessen ist. Die Argumentationsfigur der einzig richtigen Entscheidung ist ihnen zufolge als Fiktion zu verstehen und aufrechtzuerhalten. Diese Position erscheint gegenüber den anderen beiden Positionen prekär. Beide vorgenannten Positionen gehen von einer theoretischen Erkenntnis aus, namentlich der (Negation der) These der Existenz einzig richtiger Entscheidungen und beziehen diese Erkenntnis auf die Sprachpraxis, die ihr zu entsprechen hat. Die letztgenannte Position geht demgegenüber von einer grundsätzlichen Unabhängigkeit von theoretischer Erkenntnis und Sprachpraxis aus. Dies ist in gesteigertem Maße rechtfertigungsbedürftig.

Es scheint an Realitätsflucht zu grenzen, wenn die Argumentationsfigur der einzig richtigen Entscheidung trotz der Erkenntnis der Falschheit der Dworkinschen These der Existenz einzig richtiger Entscheidungen akzeptiert wird. Gerade dies schlägt aber Neumann vor:

> „Die entscheidende Frage zum Thema „Wahrheit im Recht" heißt nicht, mit welcher Berechtigung man im Bereich des Rechts von Wahrheit reden kann. Entscheidend ist, wie wir mit der *Vorstellung* rechtlicher Wahrheit (Richtigkeit), mit dem Denkmuster der wahren (richtigen) Rechtserkenntnis *praktisch* umgehen."[19]

In Bezug auf den moralischen Diskurs findet sich der gleiche Gedanke bei Joyce:

> „I wish to argue that morality *is* precious and consequential, but is no less flawed for that. What we *do* with our moral discourse, once we see its flaws, is a pragmatic issue, to be resolved by reference to what is the optimal practical outcome. If morality is useful, then doing away with it incurs a cost."[20]

Die in diesen Zitaten zum Ausdruck kommende These der Unabhängigkeit von theoretischem Befund und praktischem Umgang damit begegnet sofort grundlegenden Bedenken. Wie kann in der Praxis von etwas Gebrauch gemacht werden, von dem bekannt ist, dass es falsch ist? Wie kann es

---

19 Neumann, Ulfrid. *Wahrheit im Recht. Zu Problematik und Legitimität einer fragwürdigen Denkform*. Baden-Baden 2004, S. 63. Hervorhebungen im Original.

20 Joyce, Richard. *The myth of morality*. Cambridge 2001, S. x. Hervorhebung im Original.

nützlich sein, unter dem Eindruck von falschen Prämissen zu agieren? Der bedeutendste Einwand gegen diese Position kam in der zuerst dargestellten, justizkritischen Position zum Ausdruck. Danach dient die Argumentationsfigur der einzig richtigen Entscheidung dem Rechtsstab zur Täuschung und Immunisierung gegen Kritik.[21] Die von Joyce angesprochene „Nützlichkeit" einer fehlerbehafteten, fiktiven Sprachpraxis wird von den Vertretern der kritischen Position also ebenfalls gesehen. Sie wird aber nachvollziehbarer Weise in normativer Hinsicht negativ bewertet. Zu zeigen ist, dass diese negative normative Bewertung nicht alternativlos ist.

C. Eingrenzung des Themas

Das Problem der kommunikativen Kraft ist einzugrenzen. Zu diesem Zweck werde ich den Problemkreis und den Begriff der kommunikativen Kraft von zwei vergleichbaren Konzepten im Schrifttum abgrenzen. Dabei handelt es sich erstens um die Diskussion um den *Anspruch auf Richtigkeit* Alexys. Weiterhin geht es um eine neuere Debatte im Ausgang einer Schrift Neumanns, die man etwa als *Pragmatik der einzig richtigen Entscheidung* bezeichnen kann.[22]

Das Problem der kommunikativen Kraft gleicht bei oberflächlicher Betrachtung dem des Alexyschen Anspruchs auf Richtigkeit. Tatsächlich unterscheidet es sich hiervon grundlegend. Dieser Unterschied sei mit Blick auf eine alte Debatte in der rechtsphilosophischen Literatur um den Anspruch auf Richtigkeit erläutert.

Bekannter Maßen ist Alexy zufolge der juristische Diskurs ein besonderer Fall des allgemeinen praktischen Diskurses.[23] Zur Begründung dieser These, der sogenannten Sonderfallthese, führt Alexy aus, dass in beiden Fällen mit Anspruch auf Richtigkeit argumentiert werde. Der mit Anspruch auf Richtigkeit geführte juristische Diskurs ist für Alexy prozedurales Kriterium für

---

21 MacKinnon, Catherine, s. Anm. 12, 106 f. Kress, Ken, s. Anm. 12, S. 285; Williams, Patricia, s. Anm. 12, S. 11; Müller, Friedrich, Christensen, Ralph und Sokolowski, Michael, s. Anm. 12, S. 104.

22 Diese Bezeichnung geht zurück auf Schulz, Lorenz. „Wahrheit im Recht. Neues zur Pragmatik der einzig richtigen Entscheidung". In: *Zeitschrift für Internationale Strafrechtsdogmatik* 9 (2007), S. 353–361.

23 Alexy, Robert, *Theorie der juristischen Argumentation. Die Theorie des rationalen Diskurses als Theorie der juristischen Begründung*, s. Anm. 14, 263 ff. Alexy, Robert. „The Special Case Thesis". In: *Ratio Juris* 12 (1999), S. 374–384.

die Richtigkeit juristischer Aussagen - der Diskurs als Richtigkeitskriterium stellt seine Antwort auf das mit der Theorie der juristischen Argumentation adressierte Rationalitätsproblem in der Jurisprudenz dar.[24] Alexys These des Anspruchs auf Richtigkeit als prägendes Merkmal der juristischen Argumentation ist in der Rechtsphilosophie seit jeher Gegenstand lebhafter Debatten. Die Strukturierende Rechtslehre beispielsweise kritisiert, dass mit der diskursförmigen Deutung des gerichtlichen Diskurses bei Alexy (und bei Habermas) der grundsätzliche Antagonismus der von den Parteien verfochtenen Interessen ausgeblendet werde und so eine harmonistische, verzerrte Deutung des Gerichtsverfahrens entstehe. Dem setzt die Strukturierende Rechtslehre ihre realistische Deutung des Gerichtsverfahrens als eines vermachteten Konflikts entgegen, in dem sich die stärkere, nicht die bessere Meinung durchsetzt.[25]

Die so zusammengefasste Kritik der Strukturierenden Rechtslehre basiert nun aus meiner Sicht auf einem Missverständnis über Funktion und Bedeutung des Anspruchs auf Richtigkeit in der Theorie Alexys. Dieses Missverständnis ist wiederum aufschlussreich für das hier zu erläuternde Verhältnis des Anspruchs auf Richtigkeit zu meinem Problem der kommunikativen Kraft. Die Strukturierende Rechtslehre suggeriert bei ihrer Kritik jedenfalls, dass der juristische Diskurs aufgrund der These des Anspruchs auf Richtigkeit zwangsläufig als eine Art harmonischen Austauschs zu interpretieren sei. Diese Interpretation, so die naheliegende Kritik, verkenne die realen, konflikthaften Verhältnisse im Gerichtsverfahren. Für die Zwecke dieses Abschnittes ist entscheidend, dass das von Alexy tatsächlich vorausgesetzte Ziel der Wahrheitssuche, der im juristischen Diskurs unumgängliche Richtigkeitsbezug, gleichermaßen entweder als Austausch von Hypothesen oder als das Aufeinanderprallen von starken Behauptungen konkretisiert werden kann. Jeweils würde, auf nichts anderes deutet die Strukturierende Rechtslehre hin, eine andere Deutung des Gerichtsverfahrens nahegelegt.

Bezüglich dieser Alternative, so meine ich, trifft der Anspruch auf Richtigkeit Alexys gar keine Aussage. Ich behaupte, dass Alexys Kritiker seine These des Anspruchs auf Richtigkeit in dem Moment überstrapazieren, in dem sie aus ihr Schlüsse auf die Deutung des Gerichtsprozesses ziehen.

24 Alexy, Robert, *Theorie der juristischen Argumentation. Die Theorie des rationalen Diskurses als Theorie der juristischen Begründung*, s. Anm. 14, 17 ff.

25 Christensen, Ralph und Sokolowski, Michael. „Die Krise der Kommunikation und die Möglichkeit juristischen Argumentierens". In: *Die Sprache des Rechts*. Hrsg. von Lerch, Kent D. Bd. 2: Recht verhandeln. Argumentieren, Begründen und Entscheiden im Diskurs des Rechts. Berlin/ New York 2005, S. 105–154, 116 ff.

Das Missverständnis beruht darauf, dass der Anspruch auf Richtigkeit im Ausgangspunkt unvollständig bleibt in Bezug auf die Frage, was genau mit juristischen Aussagen zu beanspruchen ist. All dies gilt unbeschadet dessen, dass Alexy mittlerweile auch diese Frage - als einen Aspekt des Anspruchs auf Richtigkeit - anspricht.[26]

Die Verwandtschaft meines Problems zum Problemkreis des Alexyschen Anspruchs auf Richtigkeit besteht demnach nur vordergründig. Eher ist das Problem der kommunikativen Kraft einer Debatte vergleichbar, die Schulz als „Pragmatik der einzig richtigen Entscheidung" bezeichnet hat[27] und die auf die Arbeit *Wahrheit im Recht. Zu Problematik und Legitimität einer fragwürdigen Denkform* von Neumann aus dem Jahre 2004[28] zurückgeht.

Dass juristische Argumentationstheorie neben Aussagen zu Wahrheit, Richtigkeit oder Objektivität der juristischen Argumentation zudem Antworten auf die Frage liefern muss, wie diesbezügliche theoretische Erkenntnisse praktisch umgesetzt werden, ist eine grundlegende Intention dieser Arbeit. Als Prämisse gilt, dass die Frage des praktischen Umgangs mit theoretischen Erkenntnissen nicht als Annex misszuverstehen ist. Das Vorbild hierfür ist die mittlerweile zehn Jahre alte Schrift *Wahrheit im Recht* von Neumann.

Neumann fragt über die herkömmliche Art der Auseinandersetzung mit Begriffen wie Wahrheit, Richtigkeit oder Objektivität in der analytischen Schule hinausgehend nach der Funktion von Wahrheitsansprüchen in der juristischen Argumentation.[29] In einem konstruktiv eigenständigen Teil seiner Arbeit legt Neumann dar, dass ungeachtet der - bei ihm negativen - Antwort auf die theoretische Frage nach der Wahrheit oder Objektivität juristischer Aussagen die praktische Frage weiterbestehe, ob nicht der Richter in bestimmten institutionellen Kontexten „so tun müsse, als ob" es wahre oder

---

26 Vgl. Alexy, Robert. „Recht und Richtigkeit". In: *The reasonable as rational? On legal argumentation and justification. Festschrift für Aulis Aarnio*. Hrsg. von Krawietz, Werner. Berlin 2000, S. 3–19, 5 f.

27 Schulz, Lorenz, „Wahrheit im Recht. Neues zur Pragmatik der einzig richtigen Entscheidung", s. Anm. 22.

28 Neumann, Ulfrid, *Wahrheit im Recht. Zu Problematik und Legitimität einer fragwürdigen Denkform*, s. Anm. 19.

29 Vgl. zuletzt Neumann, Ulfrid. „Richtigkeitsanspruch und Überprüfbarkeit rechtlicher Entscheidungen". In: *Festschrift für Winfried Hassemer*. Hrsg. von Herzog, Felix und Neumann, Ulfrid. Heidelberg 2010, S. 143–157, 145 f. Neumann, Ulfrid. „Sprache und juristische Argumentation". In: *Sprache - Recht - Gesellschaft*. Hrsg. von Bäcker, Carsten, Klatt, Matthias und Zucca-Soest, Sabrina. Tübingen 2012, S. 129–140, 139 f.

vollständig objektive juristische Aussagen gebe.[30] Bestimmte institutionelle Kontexte sind Neumann zufolge nur intelligibel, wenn man die Argumentationsfigur der einzig richtigen Entscheidung zugrundelege. Zudem entfalte sie im Verhältnis der Justiz zur akademischen Rechtswissenschaft „kritisches Potential".[31]

Mit seiner Schrift hat Neumann eine mittlerweile eigenständige Debatte in der Rechtsphilosophie angestoßen, deren Explizierung und Weiterführung ich mit dieser Arbeit bezwecke. So äußert sich bekräftigend zum Ansatz Neumanns Schulz[32], pointierte Kritik wurde von Bäcker[33] vorgetragen. Wenn auch nicht unter ausdrücklicher Bezugnahme auf Neumann äußern sich zur gleichen Frage Anderheiden[34] und Herbst[35] mit eigenen Ansätzen. Im vorangehenden Abschnitt sollte deutlich geworden sein, dass in der Alexyschen Argumentationstheorie dieses Problem zunächst ausgeklammert blieb. In neuester Zeit wird jedoch im Rahmen der Debatte um Alexys Anspruch auf Richtigkeit ebenfalls zu meinem Thema - das sich wie dargelegt vom ursprünglichen Problemkreis des Anspruchs auf Richtigkeit unterscheidet - diskutiert. Interessanter Weise hat Alexy seine Theorie gerade in Bezug auf

---

30 Neumann, Ulfrid, *Wahrheit im Recht. Zu Problematik und Legitimität einer fragwürdigen Denkform*, s. Anm. 19, 41 ff.

31 ebd., 48 ff. vgl. auch Neumann, Ulfrid. „Wahrheit statt Autorität. Möglichkeit und Grenzen einer Legitimation durch Begründung im Recht". In: *Recht als Struktur und Argumentation*. Hrsg. von Neumann, Ulfrid. Baden-Baden 2008, S. 75–92, S. 80

32 Schulz, Lorenz, „Wahrheit im Recht. Neues zur Pragmatik der einzig richtigen Entscheidung", s. Anm. 22, 355 ff. Schulz, Lorenz. „Recht und Pragmatismus". In: *Rechtsphilosophie im 21. Jahrhundert*. Hrsg. von Brugger, Winfried, Neumann, Ulfrid und Kirste, Stephan. Frankfurt a. M. 2008, S. 286–314, 301 ff.

33 Bäcker, Carsten. *Begründen und Entscheiden. Kritik und Rekonstruktion der Alexyschen Diskurstheorie des Rechts*. 2. Aufl. Baden-Baden 2012, S. 331.

34 Anderheiden, Michael. „Rechtsphilosophie jenseits des Ordinary-language-Ansatzes". In: *Rechtsphilosophie im 21. Jahrhundert*. Hrsg. von Brugger, Winfried, Neumann, Ulfrid und Kirste, Stephan. Frankfurt a. M. 2008, S. 26–49, 35 ff.

35 Herbst, Tobias. „Die These der einzig richtigen Entscheidung. Überlegungen zu ihrer Überzeugungskraft, insbesondere in den Theorien von Ronald Dworkin und Jürgen Habermas". In: *Juristenzeitung* 67 (2012), S. 891–900, 899 f.

die hier interessierende Frage und in Reaktion auf eine Kritik Sieckmanns[36] abgewandelt.[37]

D. Sprechakttheorie und Metaethik

Im Folgenden sollen zunächst einige Prämissen der Sprechakttheorie, die für den Begriff der kommunikativen Kraft relevant sind, dargestellt werden. Weiterhin ist auf Berührungspunkte dieser Arbeit mit der Metaethik hinzuweisen.

Der im Verlauf der Arbeit zu entwickelnde Begriff der kommunikativen Kraft steht in sprachphilosophischer Hinsicht in Zusammenhang mit der in der zweiten Hälfte des 20. Jahrhunderts begründeten Schule der Sprechakttheorie. Bekannter Maßen wurde sie von Austin mit den posthum veröffentlichten Vorlesungsmanuskripten *How to Do Things with Words?*[38] begründet und bekannter - wenn auch umstrittener Weise[39] - von dessen Schüler Searle systematisch ausgearbeitet. Für meine Zwecke ist insbesondere der als *Theorie der Klassifikation illokutionärer Akte* bekannt gewordene Teil seiner Sprechakttheorie relevant. Die zentrale Schrift ist hier *A classification of illocutionary acts*[40], bzw. die nahezu identische Schrift *A Taxonomy of Illocutionary Acts.*[41] Hierin entwickelt Searle zwölf verschiedene linguistisch relevante Merkmale,

36 Sieckmann, Jan-R. „Human Rights and the Claim to Correctness in the Theory of Robert Alexy". In: *Law, Rights and Discourse. The Legal Philosophy of Robert Alexy.* Hrsg. von Pavlakos, George. Oxford 2007, S. 189–206, S. 198.

37 Alexy, Robert. „Thirteen Replies". In: *Law, Rights and Discourse. The Legal Philosophy of Robert Alexy.* Hrsg. von Pavlakos, George. Oxford 2007, S. 333–666, 348 f.

38 Austin, John L. *How to Do Things with Words?* 2. Aufl. Oxford 1975.

39 Vgl. für eine umfassende Kritik an der Searleschen Sprechakttheorie Habermas, Jürgen. *Theorie des kommunikativen Handelns. Band 1.* Frankfurt a. M. 1981, 428 ff. und Habermas, Jürgen. „Comments on John Searle: "Meaning, Communication, and Representation"". In: *John Searle and his critics.* Hrsg. von Lepore, Ernest und Van Gulick, Robert. Cambridge 1991, S. 17–30. Aus neuerer Zeit Dörge, Friedrich Christoph. *Illocutionary Acts. Austins Account and what Searle made out of it.* Hrsg. von http://tobias-lib.uni-tuebingen.de/volltexte/2006/2273/pdf/Dissertation_Doerge.pdf. 2004.

40 Searle, John R. „A classification of illocutionary acts". In: *Language in Society* 5 (), S. 1–23.

41 Searle, John R. „A Taxonomy of Illocutionary Acts". In: *Language, Mind, and Knowledge.* Hrsg. von Günderson, Karl. Minneapolis 1975, S. 344–369.

bezüglich derer Sprechakte unterschieden werden können.[42] Diese linguistischen Merkmale bezeichnet Searle als *Differenzkategorien*. Die für meine Zwecke wichtigste Differenzkategorie heißt wie erwähnt illokutionäre Stärke. Sie bezeichnet die Intensität, mit der ein Sprechakt präsentiert und dargestellt wird.

Die Theorie der Klassifikation illokutionärer Akte von Searle bietet eine in weiten Teilen zum analytischen Aspekt meiner Fragestellung passende Begrifflichkeit. Wie sich zeigen wird und oben bereits angedeutet wurde, ist die illokutionäre Stärke strukturell identisch mit kommunikativer Kraft. Die Argumentationsfigur der einzig richtigen Entscheidung kann als ein bestimmter Wert im Rahmen dieser Differenzkategorie erfasst werden. Die entscheidende Schwäche der Sprechakttheorie Searles besteht darin, dass die Differenzkategorien rein intentional bestimmt sind. Die konkrete Ausprägung unterliegt nur konventionellen Regeln und erscheint aufgrunddessen kontingent. Auf diese Schwäche kann mit der Rezeption von Elementen der Sprechakttheorie Habermas' reagiert werden. Diese stellt eine kantische Erweiterung der Searleschen Sprechakttheorie dar.[43] Der Kern der Interpretation Habermas' besteht darin, bestimmte Aspekte sprachlichen Verhaltens als Gegenstand universaler Regeln zu explizieren. Dieser Gedanke findet sich im Werk Habermas' an unterschiedlicher Stelle, zuerst wurde er in dem Aufsatz *Was heißt Universalpragmatik?* entfaltet.[44]

Mit dem Wort „Kraft" in der Wortfolge „kommunikative Kraft" ist demnach die Verwandtschaft des *Begriffs* der kommunikativen Kraft zu sprechakttheoretischen Konzepten bezeichnet. Demgegenüber steht das Attribut „kommunikativ" für die Bedeutung gesellschaftlicher Verständigungsprozesse oder gesellschaftlicher Kommunikation bei der Lösung des *Problems* der kommunikativen Kraft. Diese Bedeutung soll anhand der Searleschen Sozialphilosophie bzw. seiner Theorie der Ontologie institutioneller Realität entwickelt werden. Die Sozialphilosophie Searles besteht aus den beiden Werken *The Construction of Social Reality*[45] und *Making the social world*[46] und

42 Searle, John R., „A classification of illocutionary acts", s. Anm. 40, 2 ff. Searle, John R., „A Taxonomy of Illocutionary Acts", s. Anm. 41, 344 ff.

43 Habermas, Jürgen, *Theorie des kommunikativen Handelns. Band 1*, s. Anm. 39, S. 427.

44 Habermas, Jürgen. „Was heißt Universalpragmatik?" In: *Vorstudien und Ergänzungen zur Theorie des kommunikativen Handelns*. Hrsg. von Habermas, Jürgen. Frankfurt a. M. 1995, S. 353–440.

45 Searle, John R. *The Construction of Social Reality*. London 1995.

46 Searle, John R. *Making the social world: the structure of human civilization*. Oxford 2010.

baut auf seiner Sprechakttheorie auf. Betrachtet man den Tenor eines richterlichen Urteils, dann wird deutlich, dass mit ihm nicht bloß die Abbildung der geltenden Rechtslage verbunden ist, noch ein Befehl erteilt wird, diese entsprechend zu ändern. Stattdessen ist die Rechtslage nach dem Urteilsspruch eine andere als davor, weil und indem diese Änderung als bestehend dargestellt wird.[47] Dieser besondere sprachliche Doppelsinn ist Searles Schlüssel zur strukturellen Verbindung von Sprache und sozialen Institutionen wie dem Recht.[48] Institutionelle Tatsachen wie das richterliche Urteil existieren dabei nur so lange und nur in dem Maße, wie sie mehrheitlich anerkannt oder akzeptiert werden.[49] Die Anerkennung oder Akzeptanz institutioneller Tatsachen beruht ihrerseits auf gesellschaftlichen Verständigungsprozessen oder gesellschaftlicher Kommunikation. Diese Erkenntnis hat im Einzelnen auszuführende Implikationen für das Problem der kommunikativen Kraft.

Die strukturelle Nähe meines Themas zur Metaethik ist mit der Frage bezeichnet, was Sprache ausmacht, wenn wir - wie bei der moralischen und juristischen Argumentation - über Dinge sprechen, die nicht wie empirische Tatsachen der unmittelbaren Wahrnehmung zugänglich sind. Alltagsmäßige Überzeugungen und metaethische Theorien differieren darin, ob moralische Aussagen ihrer Art nach Geschmacksäußerungen oder naturwissenschaftlichen Aussagen vergleichbar sind.[50] Der Unterschied meiner Problemstellung zur Metaethik liegt in einem Wort in der normativen Überlagerung

---

47 Vgl. Searle, John R., „A classification of illocutionary acts“, s. Anm. 40, 13 ff. Searle, John R., „A Taxonomy of Illocutionary Acts“, s. Anm. 41, 358 ff. Betrachtet man die Rechtslage als Gesamtheit aus materiellem und formellem Recht, dann besteht insofern kein Unterschied zwischen Gestaltungs- und Feststellungsurteilen; vgl. Musielak, Hans-Joachim. „§ 322“. In: *Zivilprozessordnung. Kommentar*. Hrsg. von Musielak, Hans-Joachim. 11. Aufl. München 2014, S. 1191–1215, S. 1192; Rennert, Klaus. „§ 121“. In: *Verwaltungsgerichtsordnung. Kommentar*. Hrsg. von Eyermann, Erich. 14. Aufl. München 2014, S. 906–923, S. 908.

48 Searle, John R., *Making the social world: the structure of human civilization*, s. Anm. 46, 11 ff. Searle, John R., *The Construction of Social Reality*, s. Anm. 45, 9 ff.

49 Searle, John R., *Making the social world: the structure of human civilization*, s. Anm. 46, S. 8; Searle, John R., *The Construction of Social Reality*, s. Anm. 45, 13 f.

50 Die erstgenannte Auffassung ist mit Theorien wie Emotivismus, Subjektivismus und Relativismus verbunden. Die letztgenannte Auffassung bezeichnet die Theorien des moralischen Realismus. Für eine Bestandsaufnahme aktueller Positionen in der Metaethik vgl. Shafer-Landau, Russ. *Ethical theory: An anthology*. 2. Aufl. Oxford 2013; Miller, Alexander. *An Introduction to Contemporary Metaethics*. Cambridge 2004.

sprachlicher Konventionen durch das positive Recht.[51] Die prozessualen Begründungspflichten fordern, dass die richterliche Begründung einen Anspruch auf Objektivität oder Richtigkeit erhebt.[52] Durch die prozessualen Begründungspflichten ist demgegenüber nicht festgelegt, wie die sprachliche Praxis des Anspruchs auf Richtigkeit zu spezifizieren ist. Es stellt sich die Frage, ob der Richter mit seinem Urteil beanspruchen muss, dass es - der Argumentationsfigur der einzig richtigen Entscheidung entsprechend - das *einzig richtige* ist oder lediglich *ein richtiges*.[53] In Bezug auf diese Alternative kann die metaethische Begrifflichkeit analog herangezogen werden. Die eingangs dieser Einleitung erwähnten drei paradigmatischen Positionen zum normativen Aspekt des Problems der kommunikativen Kraft können insofern mit metaethischen Positionen identifiziert werden. Die Vergleichbarkeit von Positionen in der juristischen Argumentationstheorie und in der Metaethik folgt daraus, dass jeweils zwei Parameter in unterschiedlicher Weise ins Verhältnis gesetzt werden. Hierbei handelt es sich erstens um sprachliche Praktiken, bzw. um ein bestimmtes sprachliches Verhalten und zweitens um Thesen zur Ontologie des Rechts, bzw. der Moral.

Die oben zuerst genannte justizkritische Position sowie die zuletzt genannte Position gehen wie erwähnt davon aus, dass einzig richtige juristische Aussagen nicht existieren. Da die erwähnte sprachliche Praxis der Gerichte demgegenüber vom Gegenteil auszugehen scheint, enthält sie für die ersten beiden Positionen einen „Fehler". Sie können demzufolge in Analogie zur metaethischen Begrifflichkeit als „Fehlertheorien" bezeichnet werden.[54] Beide Positionen in der Rechtsphilosophie unterscheiden sich bezüglich der vorgeschlagenen Konsequenzen aus dieser Erkenntnis. Die erstgenannte Position fordert die Verabschiedung der Argumentationsfigur der einzig richtigen Entscheidung und sie kann in Anlehnung an die metaethische De-

---

51 Vgl. zu den Besonderheiten der juristischen gegenüber der moralischen Argumentation ausführlicher Alexy, Robert, *Theorie der juristischen Argumentation. Die Theorie des rationalen Diskurses als Theorie der juristischen Begründung*, s. Anm. 14, 263 ff. Alexy, Robert, „The Special Case Thesis", s. Anm. 23.

52 Alexy, Robert, *Theorie der juristischen Argumentation. Die Theorie des rationalen Diskurses als Theorie der juristischen Begründung*, s. Anm. 14, 265 f.

53 Im Sinne der ersten Variante ebd., S. 414, im Sinne der zweiten Alexy, Robert. „Die juristische Argumentation als rationaler Diskurs". In: *Elemente einer juristischen Begründungslehre*. Hrsg. von Alexy, Robert u. a. Baden-Baden 2003, S. 113–122, S. 114.

54 Der Begriff der „Fehlertheorie" geht zurück auf das einflussreiche Werk Mackie, John L. *Ethics. Inventing Right and Wrong*. London 1977.

batte als „Abolitionismus" bezeichnet werden.[55] Die letztgenannte Position meint demgegenüber, dass die Argumentationsfigur der einzig richtigen Entscheidung als Fiktion aufrechtzuerhalten ist und sie kann entsprechend der metaethischen Begrifflichkeit als „Fiktionalismus" bezeichnet werden.[56] Die der justizkritischen Position in paradigmatischer Weise entgegengesetzte Position geht von der Existenz einzig richtiger juristischer Aussagen aus. Entsprechend der metaethischen Begrifflichkeit ist sie als „Realismus" zu bezeichnen.[57] Die grundsätzliche Problematik des Verhältnisses zwischen den metaethischen Positionen des „Realismus" und Spielarten von „Fehlertheorien" wie „Abolitionismus" und „Fiktionalismus" sowie ihre spezifischen Vor- und Nachteile werden im zweiten Kapitel auf die drei dargestellten Positionen in der Rechtsphilosophie übertragen.

Den Erwägungen in dieser Arbeit liegen in methodischer und begrifflicher Hinsicht also die Sprechakttheorie und die Metaethik zugrunde. Ich komme nun zur Übersicht über den Gang der Darstellung zum Abschluss dieser Einleitung.

E. Gang der Darstellung

Das erste Kapitel stellt den Forschungsstand vor. Dabei wird zu beachten sein, dass das Problem der kommunikativen Kraft mit dieser Arbeit erstmals ausführlich expliziert wird und es daher einen Forschungsstand genau in Bezug auf dieses Problem gar nicht gibt. Die Schwierigkeit besteht demnach darin, die unterschiedlichen Begriffssysteme anhand übergeordneter Kriterien geordnet darzustellen. Im Wesentlichen wird es um zwei Problemkreise der juristischen Argumentationstheorie gehen. Erstens geht es um die verschiedenen Positionen zur theoretischen Frage der Existenz einzig

55 Vgl. Joyce, Richard, *The myth of morality*, s. Anm. 20, S. 214; Joyce, Richard. „Moral fictionalism". In: *Fictionalism in metaphysics*. Hrsg. von Kalderon, Eli Mark. Oxford 2005, S. 287–313, S. 299.

56 Vgl. Joyce, Richard, *The myth of morality*, s. Anm. 20, S. 185; Joyce, Richard, „Moral fictionalism", s. Anm. 55, S. 299.

57 Vgl. Lafont, Christina. „Correctness and Legitimacy in the Discourse Theory of Law". In: *Institutionalized Reason: The Jurisprudence of Robert Alexy*. Hrsg. von Klatt, Matthias. Oxford 2012, S. 291–306, 297 f. in Bezug auf die Diskurstheorie Alexys. Alexy stimmt dieser Klassifikation zu; Alexy, Robert. „Comments and Responses". In: *Institutionalized Reason: The Jurisprudence of Robert Alexy*. Hrsg. von Klatt, Matthias. Oxford 2012, S. 319–356, S. 352. Er spricht von seiner Theorie in Reaktion auf Lafont von einem „justificatory realism".

richtiger Entscheidungen und zweitens um die pragmatische Frage, wie die juristischen Aussagen in der richterlichen Begründung sprachlich zu fassen sind.

In Hinsicht auf diese zwei Parameter wird die Theorie Alexys und ihre relativistische Interpretation durch Bäcker in deren eigener diskurstheoretischer Begrifflichkeit und Systematik dargestellt. Des weiteren wird die Theorie Neumanns vorgestellt, die gegenüber Alexy und Bäcker eine innovative Neuerung enthält. Diese besteht darin, die pragmatische Frage der sprachlichen Fassung der richterlichen Begründung gänzlich unabhängig von der theoretischen Frage der Existenz einzig richtiger Aussagen zu betrachten. Demzufolge erhält die pragmatische Frage gegenüber der theoretischen bei Neumann eigenständige Bedeutung. Genannte Autoren können einer rechtswissenschaftlichen Schule zugeordnet werden, die man als „analytische Rechtstheorie" bezeichnen kann. Sie steht in paradigmatischem Gegensatz zu der als vierter Position darzustellenden Strukturierenden Rechtslehre. Diese ist in Bezug auf Methodik und Begrifflichkeit der paradigmatische Gegensatz zur analytischen Rechtstheorie. Die Einbeziehung der Position der Strukturierenden Rechtslehre bringt im Weiteren die große Herausforderung mit sich, die scheinbar inkommensurablen Sprachspiele der unterschiedlichen rechtstheoretischen Schulen zugunsten einer umfassenden Würdigung des Problems der kommunikativen Kraft vergleichbar zu machen.

Bei der Darstellung der rechtsphilosophischen Literatur wird zu konstatieren sein, dass alle vertretenen Positionen in Bezug auf das Erkenntnisinteresse dieser Arbeit zwei bedeutende Schwächen aufweisen. Diese bestehen erstens darin, dass für die Frage der sprachlichen Fassung der richterlichen Begründung nur unspezifische Umschreibungen verwendet werden. So spricht etwa die analytische Schule davon, mit juristischen Aussagen müsse Richtigkeit „beansprucht", „impliziert" oder „vorausgesetzt" werden[58], die Strukturierende Rechtslehre meint demgegenüber, der Richter müsse mit seiner Entscheidung Legitimität „inszenieren".[59] Eine sprachtheoretische Grundlage

58 Alexy, Robert, *Theorie der juristischen Argumentation. Die Theorie des rationalen Diskurses als Theorie der juristischen Begründung*, s. Anm. 14, S. 414; Bäcker, Carsten, *Begründen und Entscheiden. Kritik und Rekonstruktion der Alexyschen Diskurstheorie des Rechts*, s. Anm. 33, 329 ff. Neumann, Ulfrid, *Wahrheit im Recht. Zu Problematik und Legitimität einer fragwürdigen Denkform*, s. Anm. 19, S. 41.

59 Christensen, Ralph und Lerch, Kent D. „Performanz - Die Kunst, Recht geschehen zu lassen". In: *Die Sprache des Rechts*. Hrsg. von Lerch, Kent D. Bd. 3: Recht vermitteln. Strukturen, Formen und Medien der Kommunikation im Recht. Berlin/ New York 2005, S. 55–132, 122 ff.

für diese Umschreibungen bieten die genannten Autoren nicht. Die zweite Schwäche besteht darin, dass die zwischen den genannten Problemkreisen bestehenden Zusammenhänge nicht als solche thematisiert werden. Die Positionen erscheinen insofern teilweise unreflektiert.

Das zweite Kapitel widmet sich diesen beiden in der Literatur bestehenden Schwächen durch Einführung des *Begriffs* der kommunikativen Kraft. Das Erkenntnisziel ist dabei analytischer Art und es umfasst zwei Dinge. In einem ersten Schritt soll eine umfassende Explikation des Problemkreises der sprachlichen Präsentation und Darstellung richterlicher Begründungen geliefert werden. Es soll geklärt werden, was dem Beanspruchen oder Implizieren richtiger Aussagen in linguistischer Hinsicht entspricht, wie es theoretisch gefasst werden kann, wie sich die Differenz von Urteilstenor und Begründung auswirkt und welche Rolle die prozessualen Begründungspflichten spielen. Auf diese Weise wird die Argumentationsfigur der einzig richtigen Entscheidung expliziert. In einem zweiten Schritt sollen die angesprochenen Zusammenhänge zwischen dem theoretischen und dem pragmatischen Problemkreis erläutert werden. Hierzu soll eine Taxonomie eingeführt werden, anhand derer die Positionen in der Literatur verschiedenen *Modellen* kommunikativer Kraft zugeordnet werden können. Die drei oben beschriebenen, paradigmatischen Positionen zum rechtsphilosophischen Problem der kommunikativen Kraft werden mit diesen Modellen formal wiedergegeben werden können.

Das dritte Kapitel hat die normative Frage nach der angemessenen sprachlichen Präsentation und Darstellung zum Gegenstand. Angesichts der Praxis der Gerichte, die ihre Entscheidungen vermittels der Begründung als alternativlos bzw. einzig richtig darstellt, kann diese Frage als Frage nach der Angemessenheit der Argumentationsfigur der einzig richtigen Entscheidung reformuliert werden. Diese Frage wurde in der Literatur bisher nicht ausdrücklich gestellt, wenngleich sich bei Neumann Ansätze hierzu finden lassen. Sie ist gleichwohl in hohem Maße relevant, weil die Argumentationsfigur der einzig richtigen Entscheidung wie erwähnt der Anlass für heftige Angriffe von Seiten justizkritischer Autorinnen ist. Die Frage der Angemessenheit der Argumentationsfigur der einzig richtigen Entscheidung ist gleichbedeutend mit der Auswahl zwischen den drei relevanten Modellen kommunikativer Kraft. Zwei der drei Positionen zum Thema gehen davon aus, dass die Argumentationsfigur der einzig richtigen Entscheidung gerechtfertigt werden kann, nur die weitere, justizkritische Position behauptet das Gegenteil.

Die Auswahl ist im ersten Teil des dritten Kapitels anhand des theoretischen Problemkreises zur Frage der Existenz einzig richtiger Entscheidungen zu treffen. Diesen Problemkreis identifiziere ich mit der Frage der Objektivität richterlicher Entscheidungen.[60] Als Kriterium für die Frage der Angemessenheit der Argumentationsfigur der einzig richtigen Entscheidung sind insofern unterschiedliche Dinge zu prüfen. Zunächst geht es im Sinne der eigentlichen Bedeutung des Objektivitätsbegriffs um die These einzig richtiger Entscheidungen in ontologischer oder epistemischer Hinsicht. Wie gesagt geht die „realistische" Position von der Existenz einzig richtiger Entscheidungen aus, die „abolitionistische" und „fiktionalistische" Position bestreiten dies. Die Angemessenheit der Argumentationsfigur der einzig richtigen Entscheidung kann sich aber weiterhin auch daraus ergeben, dass Entscheidungen im Rahmen einer geltenden Rechtsordnung alternativlos sind, eine Frage, die anhand der Prinzipientheorie Alexys diskutiert werden soll. Im Ergebnis wird die These der Existenz einzig richtiger juristischer Aussagen in jeder Hinsicht verworfen. Die realistische Position kann damit ausgeschlossen werden.

Die verbleibenden Positionen stimmen in der Ablehnung der These der Existenz einzig richtiger Entscheidungen überein, sowie in der Beobachtung, dass die Gerichte mit der sprachlichen Fassung ihrer Urteile diese These kontrafaktisch zugrunde legen. Sie unterscheiden sich bezüglich der Konsequenzen, die hieraus zu ziehen sind. Während die abolitionistische Position die Argumentationsfigur der einzig richtigen Entscheidung als Ausdruck einer obrigkeitsstaatlichen Justiz versteht und demzufolge ablehnt, möchte die fiktionalistische Position diese aufrecht erhalten. Diese Form der expliziten Gegenüberstellung von Gemeinsamkeiten und Differenzen von justizkritischen und grundsätzlich affirmativen Positionen existiert im Schrifttum bislang nicht. Der große Nutzen dieser Gegenüberstellung besteht darin, dass genau bezeichnet werden kann, welche Erwägungen die Argumentationsfigur der einzig richtigen Entscheidung angesichts der ernstzunehmenden justizkritischen Einwände dennoch rechtfertigen könnten.

In diesem Sinne ist im zweiten Teil des dritten Kapitels die fiktionalistische Rechtfertigungsstrategie der Argumentationsfigur der einzig richtigen Entscheidung zu problematisieren. Auszugehen ist dabei von einer Art „Kosten-Nutzen-Analyse".[61] Für Vertreter des Fiktionalismus ist die Argu-

---

60 Diese Identifikation impliziert die Gleichsetzung der Begriffe der Wahrheit und Objektivität. Diese Gleichsetzung wird bestätigt von Davidson: „[T]o have the concept of truth is to have the concept of objectivity, the notion of a proposition being true or false independent of one's beliefs or interests"; Davidson, Donald. „The Problem of Objectivity". In: *Tijdschrift voor filosofie* (1995), S. 203–220, S. 220.

61 Joyce, Richard, *The myth of morality*, s. Anm. 20, 214 f. Joyce, Richard, „Moral fictionalism", s. Anm. 55, S. 299.

mentationsfigur der einzig richtigen Entscheidung in gewisser Weise nützlich. Für Neumann z. B. begründet sie einen funktionellen Mehrwert.[62] Diesem „Nutzen" stehen die „Kosten" einer auf falsche Tatsachen gründenden sprachlichen Praxis der Gerichte gegenüber. Sie sind der abolitionistischen Position zufolge als eine bewusste Täuschung der unwissenden Urteilsadressaten von Seiten des Rechtsstabes anzusehen und sie könnten bei dieser Interpretation schwerlich von funktionellen Erwägungen überwogen werden. Sollte der normative Einwand der Justizkritikerinnen das letzte Wort bleiben, dann wäre die Argumentationsfigur der einzig richtigen Entscheidung endgültig diskreditiert. Die Rechtfertigungsstrategie der fiktionalistischen Position könnte dagegen gelingen, wenn die kontrafaktische Sprachpraxis der Gerichte nicht als Täuschung einer unwissenden Mehrheit durch eine informierte Minderheit anzusehen wäre.

Diese Interpretation der Sprachpraxis der Gerichte wird durch eine Betrachtung der Ontologie des richterlichen Urteils als institutioneller Tatsache im Sinne der Sozialphilosophie Searles ermöglicht. Zum Schluss des dritten Kapitels wird hierzu an die sprechakttheoretische Grundlegung im zweiten Kapitel angeknüpft. Es wird sich zeigen, dass aufgrund der engen Verwobenheit von Urteilstenor und Begründung letztlich gesellschaftliche Verständigungsprozesse oder gesellschaftliche Kommunikation die fiktionalistische Option und damit die Argumentationsfigur der einzig richtigen Entscheidung rechtfertigen können.

62 Neumann, Ulfrid, *Wahrheit im Recht. Zu Problematik und Legitimität einer fragwürdigen Denkform*, s. Anm. 19, 41 ff. Neumann, Ulfrid, „Richtigkeitsanspruch und Überprüfbarkeit rechtlicher Entscheidungen", s. Anm. 29, 145 f.

Kapitel 1: Kommunikative Kraft in der juristischen Argumentationstheorie

Das Problem der kommunikativen Kraft hat einen analytischen und einen normativen Aspekt. In analytischer Hinsicht geht es darum, ein bestimmtes linguistisches Phänomen begrifflich zu erfassen und zu analysieren. Der für meine Zwecke relevante phänomenologische Unterschied zwischen verschiedenen Darstellungsweisen richterlicher Begründungen ist es, ob ein Urteil als absolut oder einzig richtiges oder bloß als relativ richtiges oder vertretbares präsentiert wird. In normativer Hinsicht soll die angemessene Art der Darstellung bestimmt werden.

Zu dem so umrissenen Problem der kommunikativen Kraft äußern sich eine Vielzahl von Autoren der juristischen Argumentationstheorie. Zu beachten ist aber, dass diese Äußerungen überwiegend implizit bleiben und bislang ohne gemeinsamen Fokus nebeneinanderstehen. Das hier interessierende Problem wird oft am Rande und wie nebensächlich abgehandelt, ohne dass dessen theoretische Bedeutung erkannt wird oder jedenfalls ohne dass sie erschöpft wird. In neuester Zeit wurde die Auseinandersetzung von Bäcker und Neumann jedenfalls ansatzweise explizit geführt.[63] Wie ich versuchen werde zu zeigen, bleiben aber beide Ansätze - in unterschiedlicher Weise und in unterschiedlichem Ausmaß - unterkomplex. Die folgende Darstellung der rechtsphilosophischen Literatur steht somit vor der Herausforderung, die in unterschiedlichster Begrifflichkeit existierenden Positionen zu meiner Fragestellung zu rekonstruieren. Der Ertrag dieser Rekonstruktion ist dann jedoch groß: Er besteht nicht bloß in der Sichtung von Literatur zu einer bereits bekannten rechtstheoretischen Frage, sondern in der Explikation einer bislang implizit geführten Debatte, bzw. eines impliziten Problems der juristischen Argumentationstheorie.[64]

---

63 Vgl. einerseits Bäcker, Carsten, *Begründen und Entscheiden. Kritik und Rekonstruktion der Alexyschen Diskurstheorie des Rechts*, s. Anm. 33, 316 ff. und andererseits Neumann, Ulfrid, „Richtigkeitsanspruch und Überprüfbarkeit rechtlicher Entscheidungen", s. Anm. 29, S. 67.

64 Ansätze in diese Richtung macht erstmals Schulz, Lorenz, „Wahrheit im Recht. Neues zur Pragmatik der einzig richtigen Entscheidung", s. Anm. 22, der sich jedoch nur

Ich werde also im Folgenden die Ansätze Alexys, Bäckers und Neumanns vorstellen (I.-III.). Der Grund für die Auswahl dieser Autoren ist, dass - wie sich im Laufe der Arbeit zeigen wird - die Genannten exemplarisch für allgemeinere Auffassungen zum Thema stehen.[65] Zu den genannten, der analytischen Rechtstheorie zuzuordnenden Autoren stehen die Vertreter der Strukturierenden Rechtslehre grundlegend in Widerspruch. Ihre Auffassung zum Thema ist als Widerpart der analytischen Autoren darzulegen (IV.). Aus meiner Sicht weisen alle Ansätze Schwächen auf, angesichts derer ich ergebnishalber drei Forschungsfragen als Gegenstand der weiteren Arbeit herausarbeiten werde (V.).

A. *R. Alexy*

In seiner *Theorie der juristischen Argumentation* stellt Alexy die These auf, dass die Teilnehmer eines juristischen Diskurses notwendig einen Anspruch auf Richtigkeit erheben.[66] Der Begriff des Anspruchs auf Richtigkeit gleicht dem in dieser Arbeit einzuführenden der kommunikativen Kraft nur bei oberflächlicher Betrachtung. Der Anspruch auf Richtigkeit wird von Alexy nämlich als Schlüssel zum Rationalitätsproblem in der Jurisprudenz konzipiert. Dieses besteht darin, dass das positive Recht nicht in jedem Fall die Antwort auf die juristische Ausgangsfrage determiniert und damit regelmäßig Raum für richterliche Wertungen eröffnet.[67] Dass juristische Urteile trotz dieser Wertungsspielräume objektiv sein können, behauptet Alexy mit seinem Anspruch auf Richtigkeit. [68] Auf die hier interessierende Frage, ob

---

auf Neumann, Ulfrid, *Wahrheit im Recht. Zu Problematik und Legitimität einer fragwürdigen Denkform*, s. Anm. 19 bezieht.

65 Die Allgemeinheit der Positionen werde ich zum Schluss des zweiten Kapitels in Form von Modellen kommunikativer Kraft herausstellen.

66 Alexy, Robert, *Theorie der juristischen Argumentation. Die Theorie des rationalen Diskurses als Theorie der juristischen Begründung*, s. Anm. 14, 33 f.

67 ebd., 17 ff.

68 ebd., 22 ff. Der Anspruch auf Richtigkeit ist mittlerweile zum Gegenstand einer eigenständigen und internationalen rechtsphilosophischen Debatte geworden. Beginnend mit dem Jahre 2005 sind alleine sechs Beiträge mit dem Anspruch auf Richtigkeit im Titel oder als zentralem Fokus der Schrift erschienen; vgl. Cook, Maeve. „Law's Claim to Correctness". In: *Law, Rights and Discourse. The Legal Philosophy of Robert Alexy*. Hrsg. von Pavlakos, George. Oxford 2007, S. 225–248; Gardner, John, s. Anm. 7; Heidemann, Carsten. „Law's Claim to Correctness". In: *Jurisprudence or Legal Science? A Debate about the Nature of Legal Theory*. Hrsg. von Coyle, Sean und

mit der richterlichen Begründung zu implizieren und vorauszusetzen ist, dass die Entscheidung absolut oder einzig richtig ist, antwortet Alexy mit seiner These des Anspruchs auf Richtigkeit zunächst nicht. Sie wird in der ursprünglichen Fassung seiner *Theorie der juristischen Argumentation* gar nicht, in dem später eingefügten Nachwort nur am Rande angesprochen.

Alexys knappe Antwort auf die Ausgangsfrage dieser Arbeit im Nachwort zur *Theorie der juristischen Argumentation* lautet, dass die Teilnehmer juristischer Diskurse stets beanspruchen müssen, dass ihre Aussagen einzig richtig sind.[69] Diese These ist nebst ihrer zweistufigen Begründung ausführlich darzustellen (1.). Kritisiert werden soll, dass die Position Alexys zwischenzeitlich widersprüchlich geworden ist. Zudem sind beide Stufen der Begründung seiner Ausgangsthese des Anspruchs auf die einzig richtige Entscheidung kritikwürdig (2.). Die für meine Arbeit wichtigsten Aspekte bei Darstellung und Kritik der Theorie Alexys sind in einer Zusammenfassung festzuhalten (3.).

I. Darstellung

In seiner argumentationstheoretischen Interpretation besagt der Anspruch auf Richtigkeit, dass mit jeder juristischen Aussage implizit behauptet wird, dass diese „richtig" ist.[70] Bezüglich meiner Ausgangsfrage enthält das ursprüngliche Konzept Alexys in der *Theorie der juristischen Argumentation* - entgegen dem ersten Anschein - keine Antwort. Denn „richtig" kann sowohl „einzig richtig" auf der einen, wie auch „relativ richtig", „rational" oder „vertretbar"

Pavlakos, George. Oxford 2005, S. 127–146; MacCormick, Neil. „Why Law Makes No Claims". In: *Law, Rights and Discourse. The Legal Philosophy of Robert Alexy.* Hrsg. von Pavlakos, George. Oxford 2007, S. 59–67; Sieckmann, Jan-R., „Human Rights and the Claim to Correctness in the Theory of Robert Alexy", s. Anm. 36; und zuletzt Pavlakos, George. „Correctness and Cognitivism. Remarks on Robert Alexy's Argument from the Claim to Correctness". In: *Ratio Juris* 25 (2012), S. 15–30.

69 Alexy, Robert, *Theorie der juristischen Argumentation. Die Theorie des rationalen Diskurses als Theorie der juristischen Begründung*, s. Anm. 14, S. 414. Inhaltlich identisch in Alexy, Robert, „Probleme der Diskurstheorie", s. Anm. 14, 122 f.

70 Alexy, Robert, *Theorie der juristischen Argumentation. Die Theorie des rationalen Diskurses als Theorie der juristischen Begründung*, s. Anm. 14, 33 f. Die sich anschließende Frage im rechtstheoretischen Positivismusstreit ist, ob hiermit auch moralische Richtigkeit behauptet wird. Diese Frage wird von Alexy bekannter Maßen positiv beantwortet; vgl. Alexy, Robert. *Begriff und Geltung des Rechts.* 5. Aufl. Freiburg/München 2011, 64 ff.

auf der anderen Seite bedeuten. Erst in dem später eingefügten Nachwort findet sich die eindeutige, wenn auch sehr knappe Aussage, die Teilnehmer eines praktischen Diskurses müssten den Anspruch auf die einzig richtige Antwort erheben.[71]

Diese These ist der Ausgangspunkt meiner Darstellung der Position Alexys (a.). Alexy begründet diese These im Wesentlichen damit, dass einzig richtige, in seinen Begriffen: diskursiv notwendige Antworten in praktischen Fragen existieren. Für die Erläuterung dieser weiteren, begründenden These aus dem Nachwort zur *Theorie der juristischen Argumentation* ist im zweiten Abschnitt auf den Richtigkeitsbegriff Alexys einzugehen. Richtigkeit in praktischen Fragen ist für Alexy prozedural definiert, wobei sich verschiedene Spezifikationen der Richtigkeit oder verschiedene diskursive Modalitäten unterscheiden lassen (b.). Im Anschluss daran ist Alexys Explikation des Anspruchsbegriffs in der späteren Schrift *Recht und Richtigkeit* darzustellen. Mit ihr nähert sich Alexy dem mit dieser Arbeit verfolgten Erkenntnisinteresse an. Meine Ausgangsfrage betrifft in erster Linie die Argumentationstheorie Alexys, die im nun folgenden Abschnitt vorzustellen ist. Die weitere Auseinandersetzung mit Alexys Werk wird im dritten Kapitel darin bestehen, dass ich die argumentationstheoretischen Thesen Alexys mit seiner Prinzipientheorie in Verbindung bringe. Diese Vorgehensweise folgt dem Vorbild von Klatt, der erstmalig die Zusammenhänge zwischen den einzelnen Teilen des Alexyschen Werks im Einzelnen explizit gemacht hat (c.).[72]

1. Der Anspruch auf die einzig richtige Entscheidung

Alexy äußert sich zu meiner Ausgangsfrage nach der Darstellungsweise juristischer Aussagen wie einleitend erwähnt im Nachwort zur *Theorie der juristischen Argumentation*. Zu beachten ist, dass das mit dieser Arbeit verfolgte Erkenntnisinteresse die Reihenfolge der folgenden Darstellung bedingt,

---

71 Alexy, Robert, *Theorie der juristischen Argumentation. Die Theorie des rationalen Diskurses als Theorie der juristischen Begründung*, s. Anm. 14, S. 414. Inhaltlich identisch Alexy, Robert, „Probleme der Diskurstheorie“, s. Anm. 14, 122 f.

72 Im Verlaufe der Arbeit werde ich die Konklusion in Klatt, Matthias. „Robert Alexy’s Philosophy of Law as System“. In: *Institutionalized Reason. The Jurisprudence of Robert Alexy*. Hrsg. von Klatt, Matthias. Oxford 2011, S. 1–26, wonach die Verbindung der drei Teile von Alexys Werk nicht stärker sein könne, bestreiten. Ich werde argumentieren, dass der Zusammenhang zwischen der Argumentationstheorie und der Prinzipientheorie Alexys allenfalls lose zu nennen ist.

in der ich die These Alexys des Anspruchs auf die einzig richtige Entscheidung an den Anfang der Überlegungen stelle. Nicht zu verkennen ist, dass Alexy seinem Erkenntnisinteresse entsprechend im Nachwort zur *Theorie der juristischen Argumentation* eine andere Reihenfolge wählt.

Alexy formuliert also knapp und eindeutig wie folgt:

> „Die Teilnehmer eines praktischen Diskurses müssen unabhängig davon, ob eine einzig richtige Antwort existiert, den Anspruch erheben, daß ihre Antwort die einzig richtige ist. Anderenfalls wären ihre Behauptungen und Begründungen sinnlos."[73]

Die These ist also, dass das zu Beanspruchende oder zu Implizierende einer zweiwertigen Logik folgt. Zu beanspruchen sei, dass die eigene Aussage einzig richtig sei, was die Falschheit jeder anderen Aussage impliziert. Alexy propagiert damit ein konflikthaftes Bild des praktischen Diskurses, in dem mit jeder Aussage stets auch die Falschheit aller widersprechenden Aussagen der anderen Teilnehmer behauptet wird. Alexys zweistufige Begründung dieser These findet sich im Fortgang der eben zitierten Äußerung, wenn auch - erneut - in äußerster Knappheit:

> „Das [Beanspruchen einzig richtiger Aussagen; P.S.] setzt nur voraus, daß es möglich ist, daß es praktische Fragen gibt, auf die im Diskurs eine Antwort als einzig richtige ausgezeichnet werden kann, und daß es nicht sicher ist, welche Fragen dies sind, so daß es sich lohnt, bei jeder Frage das Auffinden einer einzig richtigen Antwort zu versuchen."[74]

Alexys zwei Begründungsschritte, die im Zitat durch die von mir hervorgehobene Konjunktion und voneinander getrennt sind, können als Möglichkeitsthese und als Erkenntnisunsicherheitsthese bezeichnet werden. Sie können wie folgt expliziert werden.

Erstens meint Alexy, dass das Beanspruchen einzig richtiger Antworten voraussetzt, dass es möglich ist, dass im Diskurs eine Antwort als einzig richtige ausgezeichnet wird. Festzuhalten ist zunächst, dass diese Möglichkeitsthese Alexys mehrdeutig ist. Es wird nämlich nicht recht deutlich, was genau er meint, wenn er vom „Auszeichnenkönnen" einzig richtiger Antworten spricht. Es könnte entweder gemeint sein, dass der diskursive Konsens richtigkeitskonstitutiv ist, „Auszeichnen" also im Sinne von Konstituieren zu verstehen ist. Andererseits könnte es sich um eine epistemische These zur

---

73 Alexy, Robert, *Theorie der juristischen Argumentation. Die Theorie des rationalen Diskurses als Theorie der juristischen Begründung*, s. Anm. 14, S. 414. Inhaltlich identisch Alexy, Robert, „Probleme der Diskurstheorie", s. Anm. 14, 122 f.

74 Alexy, Robert, *Theorie der juristischen Argumentation. Die Theorie des rationalen Diskurses als Theorie der juristischen Begründung*, s. Anm. 14, S. 414. Inhaltlich identisch Alexy, Robert, „Probleme der Diskurstheorie", s. Anm. 14, 122 f.

Erkennbarkeit von einzig richtigen Antworten im Diskurs handeln. Diese Frage kann hier offenbleiben, weil sowohl das Auszeichnen, wie auch das Erkennen voraussetzt, dass einzig richtige Antworten in praktischen Fragen existieren.[75] Allein hierauf wird es für die Zwecke meiner Arbeit ankommen. Zweitens meint Alexy, dass man nicht sicher sein könne, auf welche Fragen es einzig richtige Antworten gebe. Mit dieser Erkenntnisunsicherheitsthese wird also mangelnde Gewissheit oder epistemische Unsicherheit über den Grad der Richtigkeit einer Antwort als Grund für das Beanspruchen einzig richtiger Antworten ins Feld geführt. Alexys Konklusion aus Möglichkeitsthese und Erkenntnisunsicherheitsthese lautet, dass sich der Versuch des Auffindens und das Beanspruchen einer einzig richtigen Antwort in jedem einzelnen Fall lohne.[76] Während die Erkenntnisunsicherheitsthese nicht eigens begründet wird, stellt die Möglichkeitsthese einen wesentlichen Baustein der Alexyschen Rechtsphilosophie insgesamt dar.[77]

Zur Erläuterung der Bedeutung der Möglichkeitsthese werde ich nun zum Abschluss dieses ersten Abschnittes auf die metaethischen Grundlagen der Alexyschen Diskurstheorie eingehen. Wie einleitend gesagt, traktiert Alexy in seiner *Theorie der juristischen Argumentation* das Rationalitätsproblem in der Jurisprudenz. Die Grundlage für Alexys optimistische Lösung dieses rechtsphilosophischen Globalproblems bildet eine bestimmte metaethische Position, die er in Auseinandersetzung und in ausdrücklichem Gegensatz zu Ansätzen entwickelt, die Subjektivität und Relativität als prägend für praktische Aussagen herausstellen.[78] Vereinfacht kann man sagen, dass metaethische Positionen, welche Alexys Ansatz opponieren, in zwei Grundannahmen übereinstimmen. Dies ist erstens die semantische These, dass praktische Aussagen nicht Überzeugungen, bzw. kognitive mentale Zustände zum Ausdruck bringen, sondern Hoffnungen oder Wünsche, bzw. konati-

---

75 Zu den mit dieser These verbundenen Schwierigkeiten siehe unten, S.

76 Zu den auch mit dieser zweiten These verbundenen Schwierigkeiten siehe unten, S.

77 Vgl. Alexy, Robert, *Theorie der juristischen Argumentation. Die Theorie des rationalen Diskurses als Theorie der juristischen Begründung*, s. Anm. 14, 26 ff. Alexy, Robert. „Hauptelemente einer Theorie der Doppelnatur des Rechts". In: *Archiv für Rechts- und Sozialphilosophie* 95 (2009), S. 151–166, 156 ff. Alexy, Robert. „The Dual Nature of Law". In: *Ratio Juris* 23 (2010), S. 167–182, 171 ff.

78 Alexy, Robert, *Theorie der juristischen Argumentation. Die Theorie des rationalen Diskurses als Theorie der juristischen Begründung*, s. Anm. 14, 60 ff. Alexy, Robert, „The Dual Nature of Law", s. Anm. 77, 171 ff.

ve mentale Zustände.[79] Subjektivistische, relativistische und vergleichbare metaethische Positionen zeichnen sich - zweitens - durch die ontologische These aus, dass es keine normativen Tatsachen gibt. Normative Aussagen können sich dadurch nicht in gleicher Weise auf Etwas beziehen wie empirische Aussagen und ihre Wahrheit oder Falschheit kann sich nicht in gleicher Weise am Bestehen oder Nichtbestehen dieses Etwas erweisen.[80]

Beide Annahmen stehen in Gegensatz zur metaethischen Position Alexys, die er im ersten Teil seiner *Theorie der juristischen Argumentation* entwickelt und seitdem unverändert beibehalten hat.[81] Wie gesagt vertritt Alexy, dass mit praktischen Aussagen implizit behauptet wird, dass diese „richtig" sind.[82] Die These des Anspruchs auf Richtigkeit impliziert, dass mit praktischen Aussagen eine Überzeugung, d. h. ein kognitiver Zustand zum Ausdruck gebracht wird. Die geäußerte Überzeugung bezieht sich dabei auf die juristisch-moralische Richtigkeit der jeweiligen Aussage. Mit dem Anspruch auf Richtigkeit trifft Alexy also eine Aussage zur Semantik normativer Aussagen. Dies ist jedoch nur ein Aspekt seiner metaethischen Position. Den Anspruch auf Richtigkeit und mit ihm einen metaethischen Kognitivismus könnte Alexy nämlich auch dann vertreten, wenn der impliziten Behauptung moralischer Richtigkeit keine Tatsachen in der externen Welt entsprächen und sich dementsprechend die Wahrheit oder Falschheit der Behauptung nicht an ihnen bemessen könnte.[83]

Es entstünde auf diese Weise eine Art Fehlertheorie („error theory"), wie sie Mackie mit dem Werk *Inventing Right and Wrong* entwickelt hat.[84] Alexy selbst sieht diese Option und er formuliert wie folgt:

> „Wenn die metaethischen Thesen des Subjektivismus, des Relativismus, des Nonkognitivismus oder des Emotivismus wahr sein sollten, müsste der Anspruch auf

---

79 Vgl. Svavarsdottir, Sigrun. „Objective VValue. Does Metaethics Rest on a Mistake?" In: *Objectivity in Law and Morals*. Hrsg. von Leiter, Brian. Cambridge 2001, S. 144–193, S. 144.

80 Vgl. ebd., S. 144; Ernst, Gerhard. *Die Objektivität der Moral*. Paderborn 2008, S. 67.

81 Alexy, Robert, *Theorie der juristischen Argumentation. Die Theorie des rationalen Diskurses als Theorie der juristischen Begründung*, s. Anm. 14, 51 ff.

82 ebd., 33 f.

83 Zu dieser Option vgl. auch Sieckmann, Jan-R., „Human Rights and the Claim to Correctness in the Theory of Robert Alexy", s. Anm. 36, S. 200.

84 Mackie, John L., s. Anm. 54. Zu einer umfassenden Auseinandersetzung mit Mackie aus neuerer Zeit vgl. Svavarsdottir, Sigrun, s. Anm. 79.

> Richtigkeit im Sinne von so etwas wie einer 'Irrtumstheorie' interpretiert werden, wie Mackie vorgeschlagen hat."[85]

An anderer Stelle sagt Alexy, eine metaethische Fehlertheorie sei gekennzeichnet durch den „claim that something is correct that cannot be correct."[86] Seine These eines Anspruchs auf Richtigkeit könnte Alexy also auch dann widerspruchslos vertreten, wenn er in ontologischer Hinsicht davon ausginge, dass es keine moralischen und juristischen Tatsachen gibt. Dies ist jedoch evidenter Weise nicht sein Ansatz. Mit Lafont ist davon auszugehen, dass Alexys Diskurstheorie eine realistische metaethische Position darstellt.[87] Wie sich aus dieser Klassifikation und aus der Äußerung Alexys ergibt, ist der Anspruch auf Richtigkeit nicht im Sinne einer Fehlerlehre zu interpretieren.[88] Wollte man den Versuch einer Bezeichnung in der metaethischen Begrifflichkeit machen, dann würde Alexys Diskurstheorie wohl als eine kognitivistische und (minimal-) realistische Position zu bezeichnen sein.[89]

Holzschnittartig kann man sagen, dass für Alexy der Anspruch auf Richtigkeit erfüllbar ist. In gewisser Weise kann das Problem der kommunikativen Kraft insgesamt in die Frage gekleidet werden, ob auch Alexys eingangs vorgestellter Anspruch auf die einzig richtige Entscheidung erfüllbar ist. Im folgenden Abschnitt ist die Alexysche, positive Antwort auf diese Frage darzustellen. Hierzu ist auf die diskursiven Modalitäten als Kernstück seiner Diskurstheorie einzugehen.

---

85 Alexy, Robert. „Die Natur der Rechtsphilosophie". In: *Rechtsphilosophie im 21. Jahrhundert*. Hrsg. von Brugger, Winfried, Neumann, Ulfrid und Kirste, Stephan. Frankfurt a. M. 2008, S. 11–25, S. 25. Inhaltlich identisch Alexy, Robert, „The Dual Nature of Law", s. Anm. 77, 171 f. Ich meine, wie sich aus dem Gesagten ergibt, dass Alexys Formulierung, die den Nonkognitivismus einschließt, nicht ganz korrekt ist. Denn der „Irrtums-" oder „Fehlertheoretiker" Mackie ist Kognitivist; vgl. Mackie, John L., s. Anm. 54, 30 ff. Svavarsdottir, Sigrun, s. Anm. 79, 144 f. Alexy unterscheidet aus meiner Sicht also nicht ausreichend zwischen den semantischen Thesen des Kognitivismus, bzw. Nonkognitivismus und den ontologischen Thesen des Realismus, bzw. Relativismus.

86 Alexy, Robert, „The Dual Nature of Law", s. Anm. 77, S. 171.

87 Lafont, Christina, s. Anm. 57, 297 f. Im Wesentlichen stimmt Alexy dieser Klassifikation zu; Alexy, Robert, „Comments and Responses", s. Anm. 57, S. 352. Alexy spricht insofern von einem 'justificatory realism'.

88 Vgl. auch Sieckmann, Jan-R., „Human Rights and the Claim to Correctness in the Theory of Robert Alexy", s. Anm. 36, S. 200.

89 Vgl. Alexy, Robert, „Comments and Responses", s. Anm. 57, S. 352.

2. Die Theorie der diskursiven Modalitäten

Bei der in diesem Abschnitt erfolgenden Darstellung der diskursiven Modalitäten Alexys geht es darum, den ersten und wichtigsten Begründungsschritt seiner These des Anspruchs auf die einzig richtige Entscheidung nachzuzeichnen. Zu beachten ist, dass Alexy diese - wie gesehen nur knapp und wie nebensächlich aufgestellte - These als Konsequenz seiner Theorie der diskursiven Modalitäten begreift. Man könnte auch sagen, dass für Alexy die These des Anspruchs auf die einzig richtige Entscheidung gewissermaßen den Annex zu seinen Ausführungen bezüglich der diskursiven Modalitäten bildet. Im Folgenden behandele ich demnach das eigentliche Erkenntnisinteresse und -ziel Alexys in der Theorie der juristischen Argumentation. Im Verlaufe der Arbeit wird zu zeigen sein, dass Alexys Begründungszusammenhang für die These des Anspruchs auf die einzig richtige Entscheidung nicht alternativlos ist. Es wird sich zeigen, dass auch der umgekehrte Zusammenhang eines Anspruchs auf die einzig richtige Entscheidung trotz nur relativer Richtigkeit möglich ist.

„Richtig" sind allgemein-praktische wie juristische Aussagen in der Theorie Alexys, wenn sie das Ergebnis einer bestimmten Diskursprozedur sein können.[90] Für meine Zwecke ist entscheidend, dass Alexy vor dem Hintergrund dieses prozeduralen Richtigkeitskriteriums von einem gespaltenen Richtigkeitsbegriff ausgeht. Danach sind in praktischen Fragen im Regelfall nur relativ richtige Aussagen zu erzielen, nur im Ausnahmefall absolut oder einzig richtige Aussagen.[91]

Diesen zwei Seiten des Richtigkeitsbegriffs entsprechen die diskursiven Modalitäten, wonach der Regelfall durch den Bereich der diskursiven Möglichkeit, der Ausnahmefall durch die diskursive Notwendigkeit, bzw. diskursive Unmöglichkeit abgedeckt wird. Zu beachten ist, dass sich bei Alexy in kategorieller Hinsicht diskursiv mögliche Ergebnisse einerseits und diskursiv notwendige oder -unmögliche Ergebnisse andererseits gegenüberstehen.[92] Sowohl bei diskursiv notwendigen wie bei diskursiv unmöglichen Ergebnissen gibt es die - noch zu erläuternde - Ergebnisrelativität und Entscheidungsin-

90 Alexy, Robert, *Theorie der juristischen Argumentation. Die Theorie des rationalen Diskurses als Theorie der juristischen Begründung*, s. Anm. 14, 31 ff. Alexy, Robert, „Probleme der Diskurstheorie", s. Anm. 14, 118 ff.

91 ebd., 124 ff.

92 ebd., S. 123.

definitheit diskursiv möglicher Ergebnisse nicht. Zwischen diskursiver Notwendigkeit und Unmöglichkeit besteht also kategoriell Übereinstimmung.[93]

Diskursiv notwendige Aussagen bezeichnen bei Alexy Aussagen, die ungeachtet von Ort und Zeit richtig oder einzig richtig sind. Alexys Paradebeispiel hierfür ist das Verbot bestimmter Formen der Sklaverei.[94] Der erste Begründungsschritt für die im vorangehenden Abschnitt vorgestellte These des Anspruchs auf die einzig richtige Antwort beruht also auf dem Konzept der diskursiven Notwendigkeit.

Das prozedurale Richtigkeitskriterium ist geprägt durch diejenigen Regeln, welche die Prozedur konstituieren.[95] In der Diskurstheorie Alexys handelt es sich bei diesen Regeln um Diskursregeln, die so Unterschiedliches umfassen wie eine allgemeine Begründungspflicht, die Forderung nach umfassender Beteiligung, empirischer Informiertheit und sprachlicher Klarheit der Teilnehmer.[96] Es liegt auf der Hand und wird von Alexy umstandslos eingeräumt, dass jedenfalls einige dieser Regeln nur annäherungsweise erfüllbar sind. Dies wird beispielshalber an der Forderung nach umfassender Beteiligung deutlich: Evidenter Weise kann nicht die ganze Welt an dem gleichen Diskurs zur gleichen Zeit teilhaben.[97] Die Prozedur als Kriterium und Maßstab der Richtigkeit der in ihr generierten praktischen Aussagen ist bei Alexy weiter dadurch gekennzeichnet, dass sie auf der Grundlage der faktisch vorhandenen normativen Überzeugungen der Teilnehmer beginnt - es werden keine fiktiven, idealen Diskursteilnehmer vorausgesetzt, sondern vorurteilsbeladene Normalbürger.[98]

Aus der nur approximativen Erfüllbarkeit einiger der Diskursregeln, dem Ausgang des Diskurses von den Prämissen und Vorurteilen der Teilnehmer

93 Vgl. Alexy, Robert, *Theorie der juristischen Argumentation. Die Theorie des rationalen Diskurses als Theorie der juristischen Begründung*, s. Anm. 14, S. 35. Wegen dieser Übereinstimmung werde ich im Folgenden nur noch von diskursiver Notwendigkeit sprechen und damit auch die diskursive Unmöglichkeit meinen.

94 ebd., S. 171; Alexy, Robert, „Law, Discourse, and Time“, s. Anm. 17, 104 ff. Alexy, Robert. „The Existence of Human Rights“. In: *Law, Science, Technology*. Hrsg. von Neumann, Ulfrid, Günther, Klaus und Schulz, Lorenz. Stuttgart 2013, S. 9–18, 15 ff.

95 Alexy, Robert, „Probleme der Diskurstheorie“, s. Anm. 14, 109 f.

96 ebd., 111 ff. Für die vollständige Liste der Diskursregeln siehe Alexy, Robert, *Theorie der juristischen Argumentation. Die Theorie des rationalen Diskurses als Theorie der juristischen Begründung*, s. Anm. 14, S. 361.

97 ebd., S. 170; Alexy, Robert, „Probleme der Diskurstheorie“, s. Anm. 14, S. 124.

98 Alexy, Robert, *Theorie der juristischen Argumentation. Die Theorie des rationalen Diskurses als Theorie der juristischen Begründung*, s. Anm. 14, S. 35; Alexy, Robert, „Probleme der Diskurstheorie“, s. Anm. 14, S. 124.

und der Tatsache, dass die Diskursregeln nicht alle Argumentationsschritte festlegen, folgt für Alexy, dass die Diskurstheorie in einer endlichen Zahl von Schritten nicht stets zu einem Ergebnis führt, sie also entscheidungsindefinit ist.[99] Das bedeutet, dass zwei sich inhaltlich widersprechende Aussagen die Diskursprozedur überstehen und damit im prozeduralen Paradigma gleichzeitig als „richtig" gelten können. Alexy räumt ein, dass der diskurstheoretische Richtigkeitsbegriff angesichts dessen zu verschwimmen droht:

> „Das Ergebnis der Prozedur wäre dann sowohl N als auch ¬N. Nach der eingangs erwähnten diskurstheoretischen Konzeption der Richtigkeit bedeutet dies, daß sowohl N als auch ¬N als 'richtig' zu bezeichnen wären. Man könnte meinen, daß dies der Bedeutung des Ausdrucks 'richtig' widerspreche."[100]

Naheliegender scheint auf den ersten Blick auch aus Sicht Alexys zu sein, statt von Richtigkeit lieber von Plausibilität oder Vertretbarkeit zu sprechen.[101]

Die Indefinitheit führt nach Alexy aber nicht zur Untauglichkeit des Diskurses als Richtigkeitskriterium. Die Durchführung der Diskursprozedur führe „zwar nicht zur Gewißheit in jeder praktischen Frage, wohl aber zu einer erheblichen Reduktion der Bestände an Irrationalität."[102] Sie führe „zwar nicht in den Bereich der Sicherheit, aber doch aus dem Bereich bloßen Meinens und Entscheidens."[103] Alexys Motto ist insofern „Besser als Nichts", es rechtfertigt für ihn die Verwendung des Richtigkeitsprädikats auch für einander widersprechende Aussagen.

Das diskurstheoretische Plus gegenüber dem Bereich „bloßen Meinens und Entscheidens" wird von Alexy mit dem Begriff der diskursiven Möglich-

---

99 Alexy, Robert, *Theorie der juristischen Argumentation. Die Theorie des rationalen Diskurses als Theorie der juristischen Begründung*, s. Anm. 14, 35 f. Alexy, Robert, „Probleme der Diskurstheorie", s. Anm. 14, 121 f.

100 Alexy, Robert, *Theorie der juristischen Argumentation. Die Theorie des rationalen Diskurses als Theorie der juristischen Begründung*, s. Anm. 14, 413 f. Inhaltlich identisch Alexy, Robert, „Probleme der Diskurstheorie", s. Anm. 14, 121 ff.

101 ebd., S. 125. Die Entscheidungsindefinitheit der Diskurstheorie wird später erneut relevant werden. Im dritten Kapitel werde ich vor dem Hintergrund dieses diskurstheoretischen Problems und in Bezug auf die grundrechtliche Argumentation ein „Indeterminismusproblem" herausarbeiten und diskutieren.

102 Alexy, Robert, *Theorie der juristischen Argumentation. Die Theorie des rationalen Diskurses als Theorie der juristischen Begründung*, s. Anm. 14, S. 416; Inhaltlich identisch Alexy, Robert, „Probleme der Diskurstheorie", s. Anm. 14, S. 126.

103 Alexy, Robert, *Theorie der juristischen Argumentation. Die Theorie des rationalen Diskurses als Theorie der juristischen Begründung*, s. Anm. 14, S. 416. Inhaltlich identisch Alexy, Robert, „Probleme der Diskurstheorie", s. Anm. 14, S. 126.

keit und dem der relativen Richtigkeit zweifach betitelt.[104] Die Relativität der Richtigkeit bezieht sich dabei insbesondere auf die Präferenzen und Vorurteile der Diskursteilnehmer als Ausgangspunkt des Diskurses. Wegen der Relativität des Diskurses zu den normativen Überzeugungen der Teilnehmer und dem Maß der Erfüllung der Diskursregeln generiert der Diskurs im Regelfall nur relativ richtige Ergebnisse.

Die eine Seite des eingangs erwähnten gespaltenen Richtigkeitsbegriffs ist also die relative Richtigkeit oder der Bereich der diskursiven Möglichkeit. Vor dem Hintergrund dieser Seite des zweifachen Richtigkeitsbegriffs ist es folgerichtig, dass Alexy die als sogenannte 'one right answer thesis' auf Dworkin zurückgehende These[105] der Existenz einzig richtiger Antworten auf jede praktische Frage ablehnt.[106]

Die andere Seite von Alexys Richtigkeitsbegriff bezeichnen absolut oder einzig richtige Diskursergebnisse. Diese sind - im Regelfall - nur fiktiv. Von Relevanz ist die absolut oder einzig richtige Antwort für Alexy nämlich als Vorstellung oder regulative Idee realer Diskurse. Dies formuliert Alexy wie folgt.

> „Daß die These von der Existenz einer einzig richtigen Antwort auf jede praktische Frage nicht zu rechtfertigen ist, bedeutet nicht, daß der Begriff der Richtigkeit in keiner Hinsicht einen absoluten Charakter hat. Einen absoluten Charakter hat er als regulative Idee. Als regulative Idee setzt der Begriff der Richtigkeit nicht voraus, daß es auf jede praktische Frage eine richtige Antwort bereits gibt, die es nur aufzufinden gilt. Vielmehr erhält die einzig richtige Antwort den Charakter eines anzustrebenden Ziels."[107]

---

104 Alexy, Robert, *Theorie der juristischen Argumentation. Die Theorie des rationalen Diskurses als Theorie der juristischen Begründung*, s. Anm. 14, S. 416; Alexy, Robert, „Probleme der Diskurstheorie", s. Anm. 14, S. 126.

105 Dworkin, Ronald, „Can Rights be Controversial?", s. Anm. 10; Dworkin, Ronald, „No Right Answer?", s. Anm. 10.

106 Alexy, Robert, *Theorie der juristischen Argumentation. Die Theorie des rationalen Diskurses als Theorie der juristischen Begründung*, s. Anm. 14, 413 f. Alexy, Robert, „Probleme der Diskurstheorie", s. Anm. 14, S. 122.

107 Alexy, Robert, *Theorie der juristischen Argumentation. Die Theorie des rationalen Diskurses als Theorie der juristischen Begründung*, s. Anm. 14, S. 414; Alexy, Robert, „Probleme der Diskurstheorie", s. Anm. 14, S. 122. Den Begriff der „regulativen Idee" in der Theorie Alexys beschreibt ausführlich Cook, Maeve. „The Dual Character of Concepts and the Discourse Theory of Law". In: *Institutionalized Reason: The Jurisprudence of Robert Alexy*. Hrsg. von Klatt, Matthias. Oxford 2012, S. 275–290, 288 f.

Richtigkeit ist für Alexy bis zu dieser Stelle in seinem Gedankengang tatsächlich nur relativ zu verstehen, absolut dagegen nur fiktiv, als regulative Idee realer Diskurse.

Nun nimmt die Theorie Alexys einen Fortgang, der einerseits überrascht, andererseits in dem von ihm gewählten, realistischen Paradigma[108] folgerichtig ist. Dies betrifft den Ausnahmefall absolut richtiger Diskursergebnisse, bzw. das Konzept der diskursiven Notwendigkeit.[109] Alexy führt aus, dass es einige - diskursiv notwendige - Aussagen gibt, die ungeachtet von Zeit und Ort des Diskurses Richtigkeit beanspruchen könnten.[110]

Diesen Gedanken formuliert Alexy wie folgt. Für die rechtliche Unzulässigkeit bestimmter Formen der Sklaverei gelte, dass sie „a necessary result of a rational practical discourse even under the conditions of ancient Rome" sei.[111] Die umgekehrte Aussage, wonach nicht willkürlich Menschengruppen von jeglichem Diskurs ausgeschlossen werden dürfen, gelte „for all human beings independent of time and space."[112] Ist die Richtigkeit des Verbots bestimmter Formen der Sklaverei in keinster Weise historisch, kulturell oder geographisch relativ, dann sind die entsprechenden Aussagen absolut oder einzig richtig.[113] Nicht auf jede, wohl aber auf einige, oder wenigstens eine praktische Frage gibt es damit auch Alexy zufolge einzig richtige Antworten. Alexys Ablehnung der Dworkinschen These der Existenz einer einzig richtigen Antwort auf jede praktische Frage muss also in der Weise interpretiert werden, dass nur der weite Geltungsbereich der These („auf jede praktische Frage"), bestritten wird. Nicht bestritten wird von Alexy dagegen, dass es prinzipiell einzig richtige praktische Aussagen gibt.[114]

---

108 Lafont, Christina, s. Anm. 57, 297 f. Alexy, Robert, „Comments and Responses", s. Anm. 57, S. 352.

109 Alexy, Robert, *Theorie der juristischen Argumentation. Die Theorie des rationalen Diskurses als Theorie der juristischen Begründung*, s. Anm. 14, S. 256.

110 Dieser Aspekt der Alexyschen Theorie ist Gegenstand vielfältiger Kritik, vgl. Neumann, Ulfrid. „Das Problem der Rechtsgeltung". In: *Recht als Struktur und Argumentation*. Hrsg. von Neumann, Ulfrid. Baden-Baden 2008, S. 224–242, 239 f. Sieckmann, Jan-R., „Human Rights and the Claim to Correctness in the Theory of Robert Alexy", s. Anm. 36, 195 ff. Bäcker, Carsten, *Begründen und Entscheiden. Kritik und Rekonstruktion der Alexyschen Diskurstheorie des Rechts*, s. Anm. 33, S. 116.

111 Alexy, Robert, „Law, Discourse, and Time", s. Anm. 17, S. 107.

112 ebd., S. 104.

113 Dies betont Sieckmann, Jan-R., „Human Rights and the Claim to Correctness in the Theory of Robert Alexy", s. Anm. 36, S. 195 in kritischer Absicht. Sieckmann zufolge ist der tatsächliche Diskurs in diesem Modell obsolet.

114 Lafont, Christina, s. Anm. 57, S. 297.

Dies überrascht angesichts der oben erwähnten, prinzipiellen Relativität der Diskursergebnisse zu den subjektiven Überzeugungen der Diskursteilnehmer. Von dieser Relativität schien eine Ausnahme nicht möglich, weil den Diskursergebnissen über die subjektiven Präferenzen und Vorurteile der Diskursteilnehmer stets ein historisch-kultureller Index eingeschrieben zu sein schien. Das Konstrukt der diskursiven Notwendigkeit oder die diskurstheoretische Konzeption absoluter Richtigkeit bedarf also weitergehender Begründung. Zum Abschluss sei also Alexys Begründung für das Konzept der diskursiven Notwendigkeit, bzw. für die diskurstheoretische Konzeption einzig richtiger Entscheidungen erläutert.

Diskursiv notwendige Aussagen zeichnen sich für Alexy dadurch aus, dass sie unmittelbar aus den Diskursregeln als Prämissen folgen.[115] Die Begründung für das Konzept der diskursiven Notwendigkeit folgt damit der Begründung der Diskursregeln. Diese Begründung ist eine diskurstheoretische Begründung.[116] Klatt zufolge ist hiermit einer der Verbindungspunkte von Alexys Argumentations- und Prinzipientheorie im „System" seiner Rechtsphilosophie bezeichnet.[117] Klatt unterscheidet insofern zwischen einer philosophischen, einer juristischen und einer institutionellen Dimension im Verhältnis von Argumentations- und Prinzipientheorie. Die diskurstheoretische Begründung von Menschenrechten als diskursiv notwendigen Aussagen bezeichnet Klatt als die philosophische Dimension in diesem Verhältnis.[118]

In Alexys Begründung der Diskursregeln geht es im transzendentalpragmatischen Kern darum, die Geltung bestimmter sprachlicher Regeln als Bedingung der Möglichkeit für Kommunikation, also verständigungsorien-

---

115 Alexy, Robert, *Theorie der juristischen Argumentation. Die Theorie des rationalen Diskurses als Theorie der juristischen Begründung*, s. Anm. 14, S. 350. Das grundsätzlich prozedurale Richtigkeitskriterium wird damit, soweit die Diskursregeln als Prämissen herangezogen werden, normativ aufgeladen. Diese Beobachtung stammt ursprünglich von Weinberger, Ota. „Grundlagenprobleme des Institutionalistischen Rechtspositivismus und der Gerechtigkeitstheorie". In: *Institution und Recht. Grazer Internationales Symposion zu Ehren von Ota Weinberger*. Hrsg. von Koller, Peter, Krawietz, Werner und Strasser, Peter. Berlin 1994, S. 261, der sie in kritischer Absicht vorträgt. Neuerdings wird diese Beobachtung von Heidemann, Carsten, „Law's Claim to Correctness", s. Anm. 68, S. 132 wiederholt, wobei offen bleibt, ob Heidemann die kritische Bewertung Weinbergers teilt.

116 Alexy, Robert. „Diskurstheorie und Menschenrechte". In: *Recht, Vernunft, Diskurs. Studien zur Rechtsphilosophie*. Hrsg. von Alexy, Robert. Frankfurt a. M. 1995, S. 127–164, 146 ff.

117 Klatt, Matthias, „Robert Alexy's Philosophy of Law as System", s. Anm. 72, S. 19.

118 ebd., S. 19.

terten Sprachgebrauch auszuweisen.[119] Diesen Ansatz, den Alexy seit der *Theorie der juristischen Argumentation* unverändert verfolgt, bezeichnet er neuerdings - in der Schrift *The Existence of Human Rights* - als explikativ-existentielle Begründung.[120] Dieser Begründungsansatz lautet wie folgt. Alexy meint erstens, dass bestimmte Praktiken des Behauptens, Fragens und Argumentierens notwendiger Weise zur Natur des Menschen gehörten.[121] Er behauptet weiterhin, dass mittels performativer Widersprüche gezeigt werden kann, dass diese Praktik zwangsläufig die Postulate von Gleichbehandlung und Zwanglosigkeit impliziert.[122] Die Anerkennung der Ideen von Gleichbehandlung und Zwanglosigkeit impliziere letztlich die Anerkennung des anderen als autonom und würdebegabt. Die Würdebegabung führt für Alexy zu diskursiv notwendigen Aussagen wie derjenigen, dass Menschen nicht ihre Würde, etwa als Sklaven, abgesprochen werden darf.[123]

Dieses explikative Argument ergänzt Alexy durch ein existentielles.[124] Nicht ausgeschlossen werden könne allein aufgrund des ersteren nämlich, dass eine bestimmte Bevölkerungsgruppe zwar unter sich mit Anspruch auf Richtigkeit Behauptungen, Fragen und Begründungen austausche, jedoch bestimmte andere Bevölkerungsgruppen vollständig von dieser Praxis ausschließt. Die gleiche Situation könne eintreten, wenn zwar im Diskurs Gleichbehandlung und Zwanglosigkeit anerkannt würden, nicht aber im tatsächlichen Handeln.[125] Zur Begründung universell-gültiger, im Handeln anerkannter (Menschenrechts-)Normen, sei daher ein Interesse an Richtigkeit jedes Menschen vorauszusetzen. Dieses Interesse sei faktisch zwar nicht jederzeit und überall gegeben. Jedoch sei anzunehmen, dass die damit er-

119 Alexy, Robert, *Theorie der juristischen Argumentation. Die Theorie des rationalen Diskurses als Theorie der juristischen Begründung*, s. Anm. 14, 225 ff.

120 Alexy, Robert, „The Existence of Human Rights", s. Anm. 94, 15 ff. Gegenüber Alexy, Robert, „Diskurstheorie und Menschenrechte", s. Anm. 116, 144 ff. stellt die neuere Schrift - so weit ich sehe - eine geraffte Zusammenfassung und keine alternative Konzeption dar.

121 Alexy, Robert, „The Existence of Human Rights", s. Anm. 94, 15 f. Alexy, Robert, „Diskurstheorie und Menschenrechte", s. Anm. 116, 133 ff.

122 Alexy, Robert, „The Existence of Human Rights", s. Anm. 94, S. 16; Alexy, Robert, „Diskurstheorie und Menschenrechte", s. Anm. 116, 135 ff.

123 Alexy, Robert, „The Existence of Human Rights", s. Anm. 94, S. 16; in der früheren Schrift wird dieser argumentative Schritt etwas länger, mit Bezug auf ein sogenanntes Autonomie-, Konsens- und Demokratieargument ausgeführt; Alexy, Robert, „Diskurstheorie und Menschenrechte", s. Anm. 116, 148 ff.

124 Alexy, Robert, „The Existence of Human Rights", s. Anm. 94, 17 f. Dieses existentielle Argument fehlte noch in der frühen Schrift.

125 ebd., S. 16.

forderliche, existentielle Entscheidung für Diskursivität und Rationalität als notwendige Eigenschaften des Menschen jedenfalls nicht willkürlich ist.[126]

Damit ist die Darstellung von Alexys Begründung des Konzeptes der diskursiven Notwendigkeit und mit ihr die Darstellung der diskursiven Modalitäten abgeschlossen. Die hiermit von Alexy tatsächlich oder vermeintlich etablierte Existenz einzig richtiger normativer Aussagen ist der erste Schritt zur Begründung seiner These des Anspruchs auf die einzig richtige Entscheidung (Möglichkeitsthese). Der zweite Begründungsschritt lautet wie erwähnt, dass das Beanspruchen der einzig richtigen Antwort deshalb sinnvoll ist, weil stets Unsicherheit darüber herrsche, ob nicht auf die gerade diskutierte Frage eine einzig richtige Antwort bestehe (Erkenntnisunsicherheitsthese). Sie wird von Alexy nicht erläutert und kann somit auch nicht gesondert dargestellt werden. Ich komme daher in dem letzten Abschnitt meiner Darstellung zu Alexys Begriffsklärung zum Anspruch auf Richtigkeit in der Schrift *Recht und Richtigkeit*.[127]

3. Der Begriff des Anspruchs auf Richtigkeit

Die diskursiven Modalitäten als Spezifikation des Richtigkeitsbegriffs sind in erster Linie Alexys Antwort auf das Rationalitätsproblem in der Jurisprudenz. Die hier interessierende Frage, ob mit juristischen Aussagen Ausschließlichkeit (oder „einzig-Richtigkeit") zu beanspruchen ist, wird mit ihnen nicht direkt beantwortet. Vielmehr ist das Konzept der diskursiven Notwendigkeit, bzw. die Möglichkeitsthese einer von Alexys zwei Begründungsschritten für seine These des Anspruchs auf die einzig richtige Entscheidung. Zu den sprechaktbezogenen Implikationen juristischer Aussagen, wie sie mit dieser Arbeit u. A. thematisiert werden, äußert sich Alexy erstmalig in der Schrift *Recht und Richtigkeit*.[128] Hier erläutert Alexy seinen Begriff des Anspruchs auf Richtigkeit. Im Laufe der nun folgenden Darstellung ist herauszuarbeiten, dass sich dieser Begriff und die zu Beginn des ersten Abschnittes angeführte These Alexys aus dem Nachwort zur *Theorie der juristischen Argumentation* entsprechen. In meiner kritischen Diskussion im folgenden Abschnitt werde ich zunächst nachzeichnen, in welcher Weise Alexy seine Begriffsklärung in Reaktion auf Kritiker modifiziert hat. Ich werde darlegen, dass aus dieser

126 Alexy, Robert, „The Existence of Human Rights", s. Anm. 94, S. 17.
127 Alexy, Robert, „Recht und Richtigkeit", s. Anm. 26.
128 ebd., 5 ff.

Modifikation der nunmehr darzustellenden Begriffsklärung eine deutliche Ambivalenz der derzeitigen Position Alexys zu meiner Fragestellung resultiert. Die Begriffsklärung und die Ausgangsthese Alexys weichen nämlich nunmehr voneinander ab. Zunächst zur ursprünglichen Version von Alexys Begriffsklärung.

Die Explikation des Anspruchsbegriffs kann als der Versuch einer theoretischen Bestimmung der in der *Theorie der juristischen Argumentation* noch unspezifischen Umschreibungen des mit juristischen Behauptungen zu Beanspruchenden verstanden werden.[129] Alexy unterscheidet zu diesem Zweck drei Aspekte des Anspruchs auf Richtigkeit: Zunächst - erstens und zweitens - die Fragen, wer den Anspruch gegenüber wem erhebt.[130] Drittens - und für meine Zwecke in erster Linie relevant - erläutert Alexy, was es seiner Auffassung nach bedeutet, einen Anspruch zu erheben.[131] Der Vollständigkeit halber seien im Folgenden alle drei Aspekte dargestellt.

Der rechtliche Anspruch auf Richtigkeit kann Alexy zufolge nur von handlungsfähigen Subjekten erhoben werden. Die Rede von einem Richtigkeitsanspruch „des Rechts" müsse also verstanden werden als ein Anspruch, den Subjekte „für das Recht" erheben.[132] Um zu verhindern, dass der Rekurs auf einzelne Individuen den Anspruch kontingent werden lässt, unterscheidet Alexy ein subjektives und ein objektives Erheben des Anspruchs. Subjektiv werde der Anspruch erhoben, wenn der Sprecher dies wolle. Nicht jeder Sprecher habe aber eine entsprechende Motivation, weshalb das subjektive Erheben bloß zufällig sei.[133] Demgegenüber ist der objektive Richtigkeitsanspruch nach Alexy „mit der Rolle eines Teilnehmers am Rechtssystem notwendig verbunden."[134] Es gelte, dass „jeder, der in einem Rechtssystem entscheidet, urteilt oder argumentiert, diesen Anspruch erheben muß."[135] So sei nicht ausgeschlossen, dass die Teilnehmer eines Gerichtsverfahrens innerlich für falsch hielten, was sie äußerlich notwendiger Weise mit Richtig-

129 Vgl. zur Kritik an dieser Begriffsbestimmung Heidemann, Carsten, „Law's Claim to Correctness", s. Anm. 68, S. 133; Sieckmann, Jan-R., „Human Rights and the Claim to Correctness in the Theory of Robert Alexy", s. Anm. 36, S. 198.

130 Alexy, Robert, „Recht und Richtigkeit", s. Anm. 26, 4 f. Mit der schon im Titel genannten Beschränkung auf die richterliche Begründung ist diese Frage für mich nicht von gesteigerter Bedeutung.

131 ebd., S. 6; Alexy, Robert. „On the Thesis of a Necessary Connection between Law and Morality: Bulygin's Critique". In: *Ratio Juris* 13 (2000), S. 138–147, 140 ff.

132 Alexy, Robert, „Recht und Richtigkeit", s. Anm. 26, S. 5.

133 ebd., S. 4.

134 ebd., S. 4.

135 ebd., S. 5.

keitsanspruch verlautbarten.[136] Im Sinne der Notwendigkeit des Anspruchs für die Teilnehmer am Rechtssystem könne dann auch davon gesprochen werden, dass „das Recht" einen Anspruch erhebt.[137] Der Kreis der Adressaten des Anspruchs auf Richtigkeit geht nach Alexy über den der Adressaten des jeweiligen Rechtsaktes hinaus. Neben den Adressaten der Rechtsakte als institutionellem Adressatenkreis umfasse der (größere) nichtinstitutionelle Adressatenkreis „jeden, der sich auf den Standpunkt eines Teilnehmers des jeweiligen Rechtssystems stellt."[138] Dieser Standpunkt sei äquivalent mit einer inneren Perspektive und verbinde sich mit der Frage danach, „was in dem jeweiligen Rechtssystem geboten, verboten und erlaubt ist und zu was es ermächtigt. Diese Frage kann von jedem gestellt werden, und jeder kann versuchen, eine Antwort zu geben und zu begründen oder eine von anderen gegebene Antwort zu kritisieren".[139] Die Universalität des nichtinstitutionellen Adressatenkreises werde nur dadurch eingeschränkt, dass hierzu nur diejenigen zählten, die sich auf den Standpunkt eines je partikularen Rechtssystems stellten. Das unterscheidet ihn Alexy zufolge von dem einer universalistischen Moral.[140]

Von der Frage, wer gegenüber wem den Anspruch zu erheben hat, ist der für meine Zwecke entscheidende dritte Aspekt des Alexyschen Anspruchsbegriffs zu unterscheiden. Dieser bezeichnet die Frage, was es bedeutet, einen Richtigkeitsanspruch zu erheben. Alexy unterscheidet hier drei Unteraspekte. Hierbei handelt es sich erstens um die Behauptung inhaltlicher und prozedu-

136 Die Unterscheidung eines subjektiven und objektiven Erhebens ähnelt der von der analytischen Rechtstheorie stets betonten Trennung von Urteilsfindung und Urteilsdarstellung. Nur letztere könne Gegenstand der Urteilsanalyse und -kritik sein; auf welchem Wege das Urteil zustande gekommen sei, sei demgegenüber zweitrangig; vgl. nur Neumann, Ulfrid. „Theorie der juristischen Argumentation". In: *Rechtsphilosophie im 21. Jahrhundert*. Hrsg. von Brugger, Winfried, Neumann, Ulfrid und Kirste, Stephan. Frankfurt a. M. 2008, S. 233–260, S. 236. Das subjektive Erheben des Anspruchs auf Richtigkeit könnte man insofern mit der Urteilsfindung in Verbindung bringen, wohingegen das objektive Erheben in der Urteilsdarstellung zum Ausdruck käme. Neuere Ansätze stellen die Unterscheidung von Urteilsfindung und -darstellung zunehmend in Frage; vgl. Anderheiden, Michael, s. Anm. 34, 27 ff. und Herbst, Tobias, s. Anm. 35, 898 ff.

137 Alexy, Robert, „Recht und Richtigkeit", s. Anm. 26, S. 5. Dagegen MacCormick, Neil, „Why Law Makes No Claims", s. Anm. 68, S. 59 mit Erwiderung Alexy, Robert, „Thirteen Replies", s. Anm. 37, 333 ff.

138 Alexy, Robert, „Recht und Richtigkeit", s. Anm. 26, 6 f.

139 ebd., 6 f.

140 ebd., 6 f.

raler Richtigkeit.[141] Die Behauptung der Richtigkeit impliziert Alexy zufolge die Behauptung der Begründbarkeit. Mit dem Anspruch auf Richtigkeit sei daher gleichzeitig ein Anspruch auf Begründbarkeit aufgestellt.[142] Aufgrund dieser Parallelität impliziere die Behauptung der Richtigkeit die weitere Behauptung, die Begründungspflicht so weit wie möglich erfüllt zu haben. Der Anspruch auf Richtigkeit schließe damit zweitens die Garantie der Begründbarkeit ein.[143] Der Vollständigkeit halber sei schließlich der dritte Unteraspekt des Erhebens genannt, wonach Alexy zufolge mit juristischen Behauptungen die Erwartung der Akzeptanz des Rechtsaktes als richtig und begründet seitens der Adressaten verbunden sei.[144] Es ist der zweite (Unter)aspekt in der Begriffsklärung Alexys, also die Garantie der Begründbarkeit, der für meine Zwecke insbesondere relevant ist. Er entspricht nämlich der These Alexys aus dem Nachwort zur *Theorie der juristischen Argumentation*, wonach die Teilnehmer praktischer Diskurse stets beanspruchen müssen, dass ihre Aussagen einzig richtig sind.

Die inhaltliche Übereinstimmung beider Äußerungen kann wie folgt erläutert werden. Das Wort „Garantie" impliziert, dass für eine Aussage so viele oder so gute Gründe bestehen, dass sie sich im Diskurs gegenüber allen widersprechenden Aussagen durchsetzen wird.[145] Wird eine Aussage mit einer „Garantie der Begründbarkeit" verbunden, dann handelt es sich jedenfalls nicht um eine Hypothese, deren Stichhaltigkeit sich erst im Diskurs erweisen wird. Es wird mit einer „Garantie" in keinster Weise die Fallibilität einer Aussage zum Ausdruck gebracht, sondern ganz im Gegenteil wird sie als alternativlos dargestellt. Diese Alternativlosigkeit bedeutet, dass widersprechende Aussagen ausnahmslos als weniger richtig behauptet werden. Es entsteht so ein Bild juristischer Argumentation, bei der sich die juristischen

---

141 ebd., S. 6; Alexy, Robert, „On the Thesis of a Necessary Connection between Law and Morality: Bulygin's Critique", s. Anm. 131, S. 140.

142 Alexy, Robert, „Recht und Richtigkeit", s. Anm. 26, S. 6. Dieser Aspekt entspricht der von Alexy allgemeine Begründungsregel getauften Diskursregel; vgl. Alexy, Robert, *Theorie der juristischen Argumentation. Die Theorie des rationalen Diskurses als Theorie der juristischen Begründung*, s. Anm. 14, 238 f.

143 Alexy, Robert, „Recht und Richtigkeit", s. Anm. 26, S. 6; Alexy, Robert, „On the Thesis of a Necessary Connection between Law and Morality: Bulygin's Critique", s. Anm. 131, S. 140.

144 Alexy, Robert, „Recht und Richtigkeit", s. Anm. 26, S. 6.

145 Sieckmann, Jan-R., „Human Rights and the Claim to Correctness in the Theory of Robert Alexy", s. Anm. 36, S. 198. Vgl. zu den kategoriell verschiedenen Aspekten in der Begriffsklärung Alexys Heidemann, Carsten, „Law's Claim to Correctness", s. Anm. 68, 130 ff.

Aussagen wegen ihrer binären Codierung antagonistisch gegenüberstehen. Dieses Bild ist identisch mit demjenigen, das Alexy im Nachwort zur *Theorie der juristischen Argumentation* mit seiner These des Anspruchs auf die einzig richtige Entscheidung zeichnet.

Diese Einschätzung wird bestätigt durch Äußerungen Sieckmanns anlässlich einer umfangreichen Kritik an Alexys Richtigkeitsanspruch.[146] Zur Verortung des Alexyschen Anspruchs auf Richtigkeit, bzw. des Aspekts der Garantie der Begründbarkeit unterscheidet Sieckmann zunächst drei Varianten von Richtigkeitsansprüchen:

> „Assertions claim to be true, and justifying such an assertion might be understood as proving it to be true, which implies that it is the only correct solution. A weaker claim might be that the assertion cannot be defeated, that is, cannot be proven to be wrong. [...] Another and even weaker option would be to claim that one can give an argument for one's assertion, though perhaps merely a defeasible one."[147]

Sieckmann zufolge lassen sich also verschiedene Stärken oder Intensitäten von Richtigkeitsansprüchen unterscheiden. Am stärksten wäre die Behauptung der Wahrheit („[...] that it is the only correct solution"), schon weniger stark die Behauptung, dass sich die Aussage nicht als falsch erweisen lässt, also etwa plausibel oder vertretbar ist („[...] cannot be proven to be wrong") und am schwächsten der Anspruch, zwar ein Argument für eine Aussage anführen zu können, dieses Argument aber widerlegt werden könne („[...] that one can give an argument").[148] Alexys Garantie identifiziert Sieckmann mit der stärksten, ersten Variante.[149]

Interessanter Weise scheint sich Alexy in Reaktion auf die Kritik Sieckmanns gerade von dem hier interessierenden Aspekt einer Garantie der Begründbarkeit distanzieren zu wollen, wie im folgenden Abschnitt darzustellen und zu kritisieren sein wird. Damit scheint sich ein Meinungswandel gerade in den Teilen der Schriften Alexys abzuzeichnen, die meine Fragestellung am unmittelbarsten betreffen. Bislang hat Alexy diesen Meinungswandel nicht ausdrücklich vollzogen. Es ist daher eine Ambivalenz seiner Position in dieser Frage zu konstatieren. Damit komme ich zu meiner Kritik an den dargestellten Thesen Alexys.

---

146 Sieckmann, Jan-R., „Human Rights and the Claim to Correctness in the Theory of Robert Alexy", s. Anm. 36.

147 ebd., S. 198.

148 ebd., S. 198.

149 ebd., 198 f.

II. Kritik

Die für diese Arbeit zentrale These Alexys ist, dass die Teilnehmer an Diskursen beanspruchen müssen, dass ihre Aussagen einzig richtig seien. Sie formuliert Alexy im Nachwort zur *Theorie der juristischen Argumentation* in eindeutiger Weise.[150] Diese Aussage Alexys stand ursprünglich in Übereinstimmung mit seiner Explikation des Anspruchsbegriffs in der Schrift *Recht und Richtigkeit*.[151] Mittlerweile steht sie jedoch in Widerspruch zu Äußerungen, die er in Reaktion auf Kritik an dieser Begriffsklärung macht.[152] Es scheint so, als wäre Alexy in neueren Schriften von der ursprünglichen These abgerückt; jedenfalls ist seine Position zu meiner Fragestellung in der Zusammenschau der unterschiedlichen Aussagen mittlerweile mehrdeutig geworden. Die problematische Ambivalenz der Position Alexys ist in einem ersten Schritt darzulegen (a.). Meine weitere Kritik wird sich dann ausschließlich gegen die ursprüngliche These richten, die von Alexy nie ausdrücklich revidiert wurde. Alexy begründet seine These eines binär codierten Richtigkeitsanspruchs in zwei, jeweils für-sich kritikwürdigen argumentativen Schritten. Ihm zufolge setzt das Beanspruchen der einzig richtigen Antwort erstens voraus, dass es praktische Fragen gibt, auf die im Diskurs einzig richtige Antworten ausgezeichnet werden können (Möglichkeitsthese). Für diese Behauptung stehen in der Theorie Alexys die diskursiven Modalitäten, bzw. das Konzept der diskursiven Notwendigkeit. Dieses Konzept begegnet grundlegenden Bedenken, da es zweifelhafte Prämissen über das Bestehen getrennter ontologischer „Welten" voraussetzt (b.). Alexys zweitem Begründungsschritt zufolge ist stets unsicher, welche Fragen dies seien, so dass sich die Suche nach der einzig richtigen Antwort in jedem Fall lohne. Auch diese Annahme ist aus meiner Sicht zweifelhaft, da jedenfalls nicht stets Unsicherheit über die diskursiven Modalitäten herrschen kann (c.).

---

150 Alexy, Robert, *Theorie der juristischen Argumentation. Die Theorie des rationalen Diskurses als Theorie der juristischen Begründung*, s. Anm. 14, S. 414. Inhaltlich identisch Alexy, Robert, „Probleme der Diskurstheorie", s. Anm. 14, 122 f.

151 Alexy, Robert, „Recht und Richtigkeit", s. Anm. 26, 5 ff. Alexy, Robert, „On the Thesis of a Necessary Connection between Law and Morality: Bulygin's Critique", s. Anm. 131, S. 140.

152 Alexy, Robert, „Thirteen Replies", s. Anm. 37, 348 f.

1. Die theoretische Ambivalenz

Die Ambivalenz der Position Alexys besteht in dem Widerspruch zweier zeitlich gestaffelter Äußerungen. Eine dieser Äußerungen habe ich bereits mehrfach erwähnt - es handelt sich um die ursprüngliche These Alexys aus dem Nachwort zur *Theorie der juristischen Argumentation*. Ihr zufolge müssen die Teilnehmer juristischer Diskurse stets beanspruchen, dass ihre Aussagen einzig richtig seien.[153] Die spätere, hierzu in Widerspruch stehende Aussage wurde bislang nicht erwähnt. Meiner Kritik ist also eine knappe darstellende Passage voranzustellen, mit der ich diese weitere Aussage Alexys einführe. Der Widerspruch beider Äußerungen zeigt, dass Alexy sich nicht sicher zu sein scheint, ob an seiner ursprünglichen These festzuhalten ist. Jedenfalls ist im Ergebnis eine Ambivalenz seiner Position zu meiner Fragestellung zu konstatieren.

Dem im Nachwort zur *Theorie der juristischen Argumentation* geforderten Beanspruchen einzig richtiger Aussagen entspricht ein bestimmter Aspekt des Anspruchsbegriffs in der späteren Schrift *Recht und Richtigkeit*, wie in meiner Darstellung der Position Alexys angesprochen. Wie ich gesagt hatte, gehört für Alexy zum Erheben eines Anspruches die Garantie der Begründbarkeit als einer von drei Unteraspekten.[154] Alexys Garantie der Begründbarkeit kritisiert Sieckmann im Fortgang der im letzten darstellenden Abschnitt angeführten Äußerung wie folgt:

> „It would be misleading, however, to call such a defeasible claim a 'guarantee' of justifiability. A guarantee of justifiability seems to imply, then, not just that reasons can be given but that these reasons are sound and finally must be accepted. The guarantee of justifiability refers to the result of rational discourse, but one cannot know in advance what the result of discourse will be [...]."[155]

Überraschender Weise - sich hiermit in Widerspruch zu seiner Aussage aus dem Nachwort zur Theorie der juristischen Argumentation setzend - hat Alexy seine Ausgangsthese aus Recht und Richtigkeit in Reaktion auf Sieckmann eingeschränkt: Nicht mehr eine Garantie, sondern nur noch eine Versicherung oder Bekräftigung der Begründbarkeit sei zu fordern. Alexy räumt ein:

---

153 Alexy, Robert, *Theorie der juristischen Argumentation. Die Theorie des rationalen Diskurses als Theorie der juristischen Begründung*, s. Anm. 14, S. 414. Inhaltlich identisch Alexy, Robert, „Probleme der Diskurstheorie", s. Anm. 14, 122 f.

154 Alexy, Robert, „Recht und Richtigkeit", s. Anm. 26, S. 6.

155 Sieckmann, Jan-R., „Human Rights and the Claim to Correctness in the Theory of Robert Alexy", s. Anm. 36, S. 198.

„Now, the expression 'guarantee' might indeed be infelicitous, for it has the connotation of infallibility. It belongs to the nature of claims that they can fail. On the other hand, the claim to correctness not only includes the notion that there are some reasons, whether they be sound or not. It comprises, too, the claim that these reasons are sound. The claim to have sound reasons lies between the claim simply to have some reasons, whether sound or not, and the guarantee of soundness. For this reason, for the expression 'guarantee of justifiability' one should perhaps substitute something like 'affirmation of justifiability'."[156]

Die angekündigte, kritikwürdige Ambivalenz der Position Alexys besteht in dem Widerspruch zwischen dem modifizierten Anspruchsbegriff im Ausgang der Schrift *Recht und Richtigkeit* und der bis heute nicht revidierten Textstelle aus dem Nachwort zur *Theorie der juristischen Argumentation*. Alexy spezifiziert seinen Anspruch in Reaktion auf Sieckmann als „the claim to have sound reasons" und platziert ihn damit zwischen zwei möglichen anderen, nämlich dem schwächeren Anspruch, „simply to have some reasons, whether sound or not" und dem stärkeren einer „guarantee of soundness".[157] Nur die letzte Option („guarantee of soundness") hätte seiner ursprünglichen These aus dem Nachwort zur *Theorie der juristischen Argumentation* entsprochen.

Diese frühere Äußerung, wonach nur der Anspruch auf die einzig richtige Entscheidung sinnvoll sein soll, antizipiert, wie Sieckmann hervorhebt, das Ergebnis des Diskurses.[158] Eine einzig richtige Aussage zu beanspruchen bedeutet, alle inhaltlich widersprechenden Aussagen implizit als falsch zu bezeichnen. Mit der als einzig richtig behaupteten Aussage wird nach plausibler Ansicht Sieckmanns ausgeschlossen, dass sich im Verlaufe des Diskurses eine andere Aussage als gleichermaßen richtig oder gar als überlegen herausstellt.[159] Mit alledem ist Alexys „claim to have sound reasons" nicht vereinbar. Gute Gründe zu haben impliziert nämlich nicht, dass nicht andere Diskursteilnehmer ebenfalls gute Gründe haben. Anders als mit der ursprünglichen These wird somit keine zweiwertige oder binäre Logik des Richtigkeitsanspruchs mehr vertreten. In einer weiteren Äußerung widerspricht Alexy seiner ursprünglichen These sogar ausdrücklich. In der Schrift *Die juristische Argumentation als rationaler Diskurs* sagt er: „Sie [die Rich-

156 Alexy, Robert, „Thirteen Replies", s. Anm. 37, 348 f.

157 ebd., 348 f. Alexy, Robert, „Hauptelemente einer Theorie der Doppelnatur des Rechts", s. Anm. 77, S. 153.

158 Dies kritisiert Sieckmann, Jan-R., „Human Rights and the Claim to Correctness in the Theory of Robert Alexy", s. Anm. 36, 198 f.

159 ebd., S. 199.

ter; P.S.] erheben den Anspruch, daß ihre Entscheidung, wenn schon nicht die einzig richtige, so doch eine richtige ist."[160]

Es bleibt somit festzuhalten, dass Alexys Aussagen, also der modifizierte Anspruchsbegriff im Ausgang der Schrift *Recht und Richtigkeit* und die Äußerung aus der Schrift *Die juristische Argumentation als rationaler Diskurs* einerseits und die ursprüngliche These aus dem Nachwort zur *Theorie der juristischen Argumentation* andererseits widersprüchlich sind. Im Nachwort zur *Theorie der juristischen Argumentation* ist Alexy eindeutig: Der Anspruch auf Richtigkeit ist der binäre Anspruch auf „einzig-Richtigkeit". Später wird mit der These des Anspruchs „*einer* richtigen Entscheidung" und dem Anspruch „guter Gründe" eine tolerantere Fassung gewählt. Bis zu einer Klärung ist die Position Alexys zu meiner Fragestellung also ambivalent.

Die nun folgenden zwei Kritikpunkte richten sich ausschließlich gegen die ursprüngliche These Alexys aus dem Nachwort zur *Theorie der juristischen Argumentation*. Der Grund für diese Schwerpunktsetzung ist, dass Alexy seine These des Anspruchs auf die einzig richtige Aussage bislang nicht ausdrücklich revidiert hat. Insofern liegt es nahe zu vermuten, dass der eben dargelegte Widerspruch zwischen seinen Aussagen durchaus nicht beabsichtigt war und keine implizite Revision der ursprünglichen Meinung anzeigt. Hierfür spricht auch die folgende Äußerung, die Alexy im Fortgang der zuletzt angeführten macht und die wiederum im Sinne der ursprünglichen Auffassung zu sein scheint.

> „Discourses are enterprises in which claims to correctness and soundness are examined. Not all claims succeed. [...] But this does not mean that the participants of discourse cannot begin with the claim that their solution is the right one. They must do so if discourse is to be carried out as a serious enterprise and not simply as an intellectual game."[161]

Die ursprüngliche These eines binär codierten Richtigkeitsanspruchs begründet Alexy, wie zu Beginn dieses darstellenden Abschnittes herausgearbeitet, in zwei Schritten. Beide Schritte werde ich in den folgenden zwei Abschnitten kritisieren.

160 Alexy, Robert, „Die juristische Argumentation als rationaler Diskurs", s. Anm. 53, S. 114.

161 Alexy, Robert, „Thirteen Replies", s. Anm. 37, 348 f.

2. Die diskursive Notwendigkeit und die 'drei-Welten-Lehre'

Der erste Begründungsschritt Alexys beruhte auf der Annahme, dass in praktischen Fragen einzig richtige Aussagen existieren.[162] Diese These hatte ich oben als Möglichkeitsthese bezeichnet. Diese Annahme Alexys wird von vielen Seiten kritisiert.[163] Ich werde im Folgenden zunächst die von Neumann vorgebrachte Kritik - die ich für zutreffend halte - rezipieren. Anschließend werde ich versuchen, diese zu vertiefen. Hierzu werde ich mich mit Alexys Äußerungen zum Bestehen unterschiedlicher ontologischer Sphären, bzw. mit seiner 'drei-Welten-Lehre' auseinandersetzen.[164]

Zunächst sei knapp noch einmal Alexys Konzept der diskursiven Notwendigkeit rekapituliert, welches in näher zu erläuternder Weise mit seiner These zum Bestehen dreier ontologischer Sphären zusammenhängt. Die diskursiven Modalitäten, also der Bereich der diskursiven Möglichkeit einerseits, der der diskursiven Notwendigkeit andererseits, spezifizieren in der Diskurstheorie Alexys den Richtigkeitsbegriff.[165] Der Bereich der diskursiven Möglichkeit umfasst dabei diejenigen Antworten auf praktische Fragen, welche ohne Verstoß gegen Diskursregeln zustande kommen können. Sie sind in der Terminologie Alexys relativ richtig, wobei sich die Relativität hauptsächlich auf die Kontingenzen des tatsächlichen Diskurses bezieht.[166]

Dem Bereich der diskursiven Möglichkeit, bzw. dem relativen Richtigkeitsbegriff steht der Bereich der diskursiven Notwendigkeit kategorial gegenüber.[167] Die besondere Qualität diskursiv notwendiger Aussagen besteht darin, dass sie Alexy zufolge ungeachtet der historisch kulturellen Epoche

162 Alexy, Robert, *Theorie der juristischen Argumentation. Die Theorie des rationalen Diskurses als Theorie der juristischen Begründung*, s. Anm. 14, S. 414. Inhaltlich identisch Alexy, Robert, „Probleme der Diskurstheorie", s. Anm. 14, 122 f.

163 Vgl. nur Neumann, Ulfrid, „Das Problem der Rechtsgeltung", s. Anm. 110, 239 f. Sieckmann, Jan-R., „Human Rights and the Claim to Correctness in the Theory of Robert Alexy", s. Anm. 36, 195 ff. Bäcker, Carsten, *Begründen und Entscheiden. Kritik und Rekonstruktion der Alexyschen Diskurstheorie des Rechts*, s. Anm. 33, S. 116.

164 Vgl. Alexy, Robert. „Menschenrechte ohne Metaphysik?" In: *Deutsche Zeitschrift für Philosophie* 52 (2004), S. 15–24, S. 24.

165 Alexy, Robert, *Theorie der juristischen Argumentation. Die Theorie des rationalen Diskurses als Theorie der juristischen Begründung*, s. Anm. 14, 31 ff. Alexy, Robert, „Probleme der Diskurstheorie", s. Anm. 14, 118 ff.

166 ebd., S. 124.

167 Alexy, Robert, *Theorie der juristischen Argumentation. Die Theorie des rationalen Diskurses als Theorie der juristischen Begründung*, s. Anm. 14, 31 ff. Alexy, Robert, „Probleme der Diskurstheorie", s. Anm. 14, 118 ff.

richtig sind. Da ihre Richtigkeit nicht von den Zufälligkeiten tatsächlicher Diskurse abhängt, könne man sie als absolut richtig bezeichnen.[168] Vom Bereich der diskursiven Notwendigkeit erfasst sind Aussagen, welche von den Diskursregeln unmittelbar gefordert, bzw. im Falle der diskursiven Unmöglichkeit unmittelbar verboten werden.[169] Z. B. der Ausschluss bestimmter Menschen vom Diskurs widerspricht direkt und unmittelbar einer der grundlegenden Diskursregeln, namentlich derjenigen, welche größtmögliche Inklusion fordert.[170] Die Qualität dieser Aussagen steht für Alexy also in einem besonderen Verhältnis zu den Diskursregeln - insbesondere steht und fällt die Begründung für das Konzept diskursiv notwendiger, bzw. einzig richtiger Aussagen mit der Begründung der Diskursregeln.

Gegen die These absolut oder einzig richtiger Entscheidungen können Argumente unterschiedlichster Art vorgebracht werden.[171] An dieser Stelle können nicht alle Gegenargumente diskutiert werden. Ich werde daher nur die aus meiner Sicht schlagkräftigste Kritik, die Neumann vor dem Hintergrund der Sozialphilosophie Searles an Alexy geübt hat, aufnehmen. Anschließend werde ich versuchen, die Kritik Neumanns zu ergänzen und zu vertiefen.

Zunächst zu der Kritik Neumanns an Alexys Konzept der diskursiven Notwendigkeit. Neumann legt in Schriften zum Problem der Rechtsgeltung dar, dass es sich hierbei im Kern um die praktische Frage dreht, wie der Richter bestimmte Fälle entscheiden soll.[172] Das Problem der Rechtsgeltung trete stets in Fällen auf, in denen eine grob ungerechte Norm den zu entscheidenden Fall thematisch erfasst. Aus positivistischer Sicht sei die Geltung von Rechtsnormen bekanntlich unabhängig von moralischer Richtigkeit zu beurteilen, der Richter demnach gehalten, den Fall auf der Grundlage

---

168 Alexy, Robert, *Theorie der juristischen Argumentation. Die Theorie des rationalen Diskurses als Theorie der juristischen Begründung*, s. Anm. 14, S. 171; Alexy, Robert, „Law, Discourse, and Time", s. Anm. 17, 104 ff.

169 Alexy, Robert, *Theorie der juristischen Argumentation. Die Theorie des rationalen Diskurses als Theorie der juristischen Begründung*, s. Anm. 14, S. 171.

170 ebd., S. 171; Alexy, Robert, „Law, Discourse, and Time", s. Anm. 17, 104 ff.

171 Vgl. nur Bäcker, Carsten, *Begründen und Entscheiden. Kritik und Rekonstruktion der Alexyschen Diskurstheorie des Rechts*, s. Anm. 33, S. 161 aus diskurstheoretischer Sicht und Christensen, Ralph und Kudlich, Hans. *Theorie richterlichen Begründens*. Berlin 2001, 238 f. aus dekonstruktivistischer Sichtweise.

172 Neumann, Ulfrid. „Rechtspositivismus, Rechtsrealismus und Rechtsmoralismus in der Diskussion um die strafrechtliche Bewältigung politischer Systemwechsel". In: *Recht als Struktur und Argumentation*. Hrsg. von Neumann, Ulfrid. Baden-Baden 2008, S. 163–187, 174 ff. Neumann, Ulfrid, „Das Problem der Rechtsgeltung", s. Anm. 110, 239 f.

der ungerechten Norm zu entscheiden. Demgegenüber könne ihr aus Sicht nichtpositivistischer Ansätze wegen grober Ungerechtigkeit die Geltung zu versagen sein und sie demzufolge für den zu entscheidenden Fall nicht zu berücksichtigen.[173] Bei beiden Ansätzen handele es sich der Sache nach nicht um theoretische Aussagen zum ontologischen Status der ungerechten Norm, sondern um praktische Forderungen an den entscheidenden Richter. Unabhängig von der Frage, welcher der Theorien man den Vorzug gebe, sei es Neumann zufolge jedenfalls verfehlt, die Frage der Rechtsgeltung als eine theoretische nach der Erkenntnis vorgegebener Entitäten aufzufassen. Eine solche Sichtweise verfehle die Art des Gegenstands der Diskussion.[174]

Neumann betrachtet somit gegenüber dem rechtsphilosophischen Positivismusstreit eine Metaebene. Er plädiert nicht oder jedenfalls nicht direkt für eine Seite in diesem Streit, sondern er macht Aussagen über die zur Debatte stehende Alternative selbst. Vor dem Hintergrund dieser aus meiner Sicht originellen und pragmatischen Sichtweise auf das Problem nimmt Neumann Alexys These der Unzulässigkeit der Sklaverei im antiken Rom und damit das Konzept der diskursiven Notwendigkeit ins Visier. Neumann führt aus, dass bei Beachtung des praktischen Charakters des Problems der Rechtsgeltung die rechtsmoralistische Position in gewisser Weise einer zeitlichen Beschränkung unterliegt.[175] Es ist offensichtlich richtig, dass, wie Neumann ausführt, Forderungen oder Empfehlungen an den Richter - diese liegen ihm zufolge vor, egal, für welche Seite im Positivismusstreit man optiert - für vergangene Rechtsordnungen keinen Sinn ergeben. Denn „wir machen damit nur scheinbar eine Aussage über den Inhalt dieser Rechtssysteme; in Wirklichkeit formulieren wir eine moralisch motivierte Kritik, das heißt: wir formulieren eine Wertung in der Form einer Seinsaussage - der klassische Fall einer

173 Neumann, Ulfrid, „Rechtspositivismus, Rechtsrealismus und Rechtsmoralismus in der Diskussion um die strafrechtliche Bewältigung politischer Systemwechsel“, s. Anm. 172, S. 175; Neumann, Ulfrid, „Das Problem der Rechtsgeltung“, s. Anm. 110, S. 240.

174 Neumann, Ulfrid, „Rechtspositivismus, Rechtsrealismus und Rechtsmoralismus in der Diskussion um die strafrechtliche Bewältigung politischer Systemwechsel“, s. Anm. 172, S. 175; Neumann, Ulfrid, „Das Problem der Rechtsgeltung“, s. Anm. 110, S. 240.

175 Neumann, Ulfrid, „Rechtspositivismus, Rechtsrealismus und Rechtsmoralismus in der Diskussion um die strafrechtliche Bewältigung politischer Systemwechsel“, s. Anm. 172, S. 176; Neumann, Ulfrid, „Das Problem der Rechtsgeltung“, s. Anm. 110, 239 f.

ideologischen Redeweise."[176] Im Anschluss an seine Kritik an bestimmten rechtsmoralistischen Positionen wie derjenigen Alexys entwickelt Neumann auf Grundlage der Sozialphilosophie Searles seinen eigenen Ansatz zum Problem der Rechtsgeltung. Die Quintessenz seines sozialkonstruktiven Ansatzes besteht darin, dass die Geltung des Rechts als institutioneller Tatsache auf kollektiven Deutungsmustern beruht.[177] Die Deutung einer Norm als Rechtsnorm impliziert ihre Geltung, so Neumann. Damit ist sie „um nichts problematischer als die Geltung der Regel, dass ein Versprechen grundsätzlich dazu verpflichtet, das Versprochene zu gewähren."[178]

Obwohl Neumann seine Kritik an Alexys Sklavereibeispiel im Zusammenhang mit dem Problem der Rechtsgeltung vorträgt, ist sie gleichermaßen relevant für das Problem der Existenz einzig richtiger Entscheidungen. Für Alexy sind normative Aussagen zu bestimmten Formen der Sklaverei diskursiv notwendig oder einzig richtig. Neumanns Lösung des Problems der Rechtsgeltung, die er unter Rückgriff auf die Sozialphilosophie Searles, bzw. seine Thesen zur Ontologie institutioneller Tatsachen anbietet, schließt nun ohne Weiteres auch die Möglichkeit einzig richtiger juristischer Aussagen aus: Wenn es in einer vergangenen Rechtsordnung an der Anerkennung des Verbots bestimmter Formen der Sklaverei mangelte, dann existierte die entsprechende Norm im Paradigma Searles in dieser Rechtsordnung aufgrunddessen nicht. Eine juristische Aussage, die diese Norm in Bezug nimmt und dahingehend lauten könnte, dass die Sklaverei rechtlich unzulässig sei, kann in Bezug auf diese vergangene Rechtsordnung dann aber nicht richtig sein. Die Aussage hätte dann nämlich nichts, worauf sie sich bezöge. Ungeachtet von Ort und Zeit richtige juristische Aussagen sind im Paradigma Searles also nicht möglich. Neumanns Ausführungen zum Positivismusstreit sind also auf die Frage der Existenz einzig richtiger juristischer Aussagen unmittelbar anwendbar.

Die Kritik Neumanns ist meines Erachtens zutreffend. Sie soll nun wie angekündigt ergänzt und intensiviert werden. Zu beachten ist, dass es sich bei meiner Ergänzung der Kritik Neumanns um eine theorieexterne Kritik handelt, die naturgemäß von geringerer Schlagkraft ist, als jede Form

---

176 Neumann, Ulfrid, „Rechtspositivismus, Rechtsrealismus und Rechtsmoralismus in der Diskussion um die strafrechtliche Bewältigung politischer Systemwechsel", s. Anm. 172, S. 175.

177 Neumann, Ulfrid, „Das Problem der Rechtsgeltung", s. Anm. 110, 233 ff.

178 ebd., S. 237. Die Sozialphilosophie Searles wird auch im Verlaufe dieser Arbeit - in anderer Weise als bei Neumann - entscheidende Bedeutung erlangen und insbesondere im dritten Kapitel ausführlich erläutert.

theorieinterner Kritik. Insofern kann man die folgenden Ausführungen auch als eine gegenüber dem darstellenden Teil weiterführende Explikation des rechtsphilosophischen Paradigmas Alexys ansehen. Diesem Paradigma werde ich - wie schon Neumann - das sozialphilosophische Paradigma Searles entgegenhalten. Dass dieses gegenüber jenem vorzugswürdig ist, werde ich nicht beweisen können. Immerhin werde ich aber das dem Paradigma Searles zugrundeliegende philosophische Anliegen deutlich machen, was aus meiner Sicht eine weit größere intuitive Plausibilität beanspruchen kann.[179]

Das grundlegende philosophische Anliegen Searles lautet zusammengefasst, die institutionelle Realität als Teil und notwendige Konsequenz der nicht-institutionellen Realität zu erklären, ohne gleichzeitig jene auf diese zu reduzieren. Dieses Anliegen steht mit demjenigen Alexys nun wie folgt in Widerspruch. Alexy meint wie gesehen, dass auf der Grundlage eines transzendentalpragmatischen Arguments die Geltung bestimmter grundlegender moralischer und juristischer Normen unabhängig von Diskursen begründet werden kann.[180] Diese Normen ordnet Alexy in seinen Doppelnaturschriften einer „idealen Sphäre" des Rechts zu.[181] Die transzendentalpragmatische Begründung der Diskursregeln beruht auf der Annahme, dass sprachliche Universalia existieren, die unabhängig vom sprechenden Subjekt sind.[182] Wenn aus sprachlichen Universalia - zu Diskursregeln kondensiert - auch die Geltung einer rechtlichen Norm folgt, nicht willkürlich Personen vom Diskurs auszuschließen, dann impliziert das eine eigenständige ontologische Existenz dieser Normen.

Nicht von ungefähr erinnert diese Annahme an die sogenannte 'drei-Welten-Lehre', die auf Frege zurückgeht und in der neben der Psyche und der Physis eine dritte ontologische Sphäre besteht. In der Schrift *Menschenrechte ohne Metaphysik* vertritt Alexy ausdrücklich und in folgender Formulierung die These, dass das Recht einer dritten ontologischen Sphäre zuzuordnen ist:

---

179 Im rechtsphilosophischen Schrifttum äußert sich zur 'drei Welten Lehre' in Bezug auf Habermas ebenfalls kritisch Bung, Jochen. „Objektivität im Recht als Wahrheitsbezug". In: *Objektivität und Flexibilität im Recht*. Hrsg. von Bäcker, Carsten und Baufeld, Stefan. Stuttgart 2005, S. 1–18, S. 18.

180 Zur Kritik hieran Bäcker, Carsten, *Begründen und Entscheiden. Kritik und Rekonstruktion der Alexyschen Diskurstheorie des Rechts*, s. Anm. 33, 116 ff.

181 Alexy, Robert, „Hauptelemente einer Theorie der Doppelnatur des Rechts", s. Anm. 77, S. 155; Alexy, Robert, „The Dual Nature of Law", s. Anm. 77, 168 ff.

182 Alexy, Robert, *Theorie der juristischen Argumentation. Die Theorie des rationalen Diskurses als Theorie der juristischen Begründung*, s. Anm. 14, 230 ff. Alexy, Robert, „The Existence of Human Rights", s. Anm. 94, 15 ff.

> „Damit schlummert in der diskursiven Natur des Menschen ein System von Begriffen, denen erstens relativ auf unsere diskursiven Kompetenzen Notwendigkeit zukommt, die zweitens normative Bedeutung haben und die drittens dazu führen, dass unsere Welt mit Entitäten bevölkert wird, die die Reiche des Physischen und des Psychischen aus eigener Kraft nicht erzeugen können: mit Personen."[183]

Zwar rekurriert Alexy hiermit nicht auf Frege, sondern, im Fortgang dieser Äußerung, auf Habermas. Habermas entwickelt seine 'drei-Welten-Lehre' wiederum in Abgrenzung zu Popper, der seinerseits auf Frege zurückgeht.[184] Für Habermas gehören der dritten Welt nicht wie bei Frege und Popper objektive Gedanken oder Ideen an, sondern insbesondere Normen.[185] Zwar grenzt sich Habermas ausdrücklich gegenüber dem von Popper fortgeführten Konzept „idealer Entitäten" ab.[186] Jedenfalls bei Alexy bleibt es aber ausweislich der genannten Äußerung bei einer ontologischen Deutung der 'drei-Welten-Lehre'. Klärend kann man der Äußerung Alexys also hinzufügen, dass Personen und grundlegende Menschenrechte, bzw. diskursiv notwendige Normen seine auf Habermas zurückgehende dritte Welt bevölkern.

Seine Begründung grundlegender Menschenrechte, bzw. diskursiv notwendiger juristischer Aussagen folgt der transzendentalpragmatischen Begründung der Diskursregeln, mit der die Existenz notwendiger Präsuppositionen der Kommunikation oder sprachlicher Universalia behauptet wird. Durch den Bezug auf Sprache wird die „dritte Welt" Freges zwar vermeintlich aus dem Gedankenhimmel auf die Erde geholt. Jedoch bleibt es bei der Postulierung getrennter ontologischer Bereiche. Der „dritten Welt" im Sinne Freges gehören Alexy zufolge die diskursiv notwendigen Normen an.

Kritisch zu fragen ist nun nach dem Erklärungswert der 'drei-Welten-These' Alexys. Wie dargestellt zeigt Neumann, dass die Annahme der Existenz des Rechts im Status einer eigenständigen ontologischen Sphäre für die Begründung der Geltung des Rechts jedenfalls nicht unumgänglich ist, wenn nicht gar ihrerseits unplausibel. Es ist nun im Anschluss an die Kritik Neumanns zu fragen, was mit der Postulierung der Zugehörigkeit des Rechts zu dieser Sphäre gewonnen ist. Aus meiner Sicht macht die 'drei-Welten-Lehre' ein grundsätzliches philosophisches Problem immerhin anschaulich, löst es aber

---

183 Alexy, Robert, „Menschenrechte ohne Metaphysik?", s. Anm. 164, S. 24.
184 Habermas, Jürgen, *Theorie des kommunikativen Handelns. Band 1*, s. Anm. 39, 115 ff.
185 ebd., 125 f.
186 ebd., 116 ff.

nicht.[187] Dieses Grundproblem besteht, der plausiblen Annahme Searles zufolge, darin, verschiedene Lebensbereiche oder „Welten" in unserer „einen Welt", konsistent zu erklären, ohne sie aufeinander zu reduzieren. Searle formuliert den Verzicht auf jede Form von 'drei Welten Lehre' stets zu Beginn seiner Werke als grundlegende Voraussetzung für jeden Erklärungsversuch sozialer Phänomene.[188]

Bei Annahme dieses philosophischen Grundanliegens der Sozialphilosophie Searles erscheint es als eine philosophische Vermeidungsstrategie, Ästethik, Recht und Physik unterschiedlichen ontologischen Sphären zuzuordnen. Die Unterschiede zwischen offensichtlich verschiedenartigen Lebensbereichen werden nämlich nicht erklärt, indem man behauptet, sie unterschieden sich in ontologischer Hinsicht.[189] Vielmehr wird so ihre Verschiedenartigkeit besonders betont. Die Vertreter einer 'drei-Welten-Lehre' wie Alexy enthalten sich damit einer Antwort auf die drängende Frage, wie es in einem aus Atomen bestehenden Universum ohne Geist der Fall sein kann, dass etwas wie Recht oder Moral tatsächlich existiert. Alexys „dritte Welt der Personen" gibt hierauf keine Antwort und sie bleibt aufgrund dessen obskur. Zugespitzt könnte man sagen, dass mit der 'drei-Welten-Lehre' die Komplexität der Welt als unauflösbar konstruiert wird.[190] Jeder Erklärungsversuch wird so unweigerlich dem Vorwurf des Reduktionismus ausgesetzt.

Holzschnittartig kann man die in der Sozialphilosophie oder Theorie der Ontologie institutioneller Wirklichkeit Searles intakte theoretische Einheit der Welt in Bezug auf das Recht so beschreiben, dass für Searle - wie für Habermas und Alexy - die institutionelle Realität auf linguistischen Strukturen gründet und - hierin von beiden abweichend - Sprache ihrerseits eine Erweiterung prälinguistischer Intentionalität, also letztlich ein biologisches Phänomen ist.[191] Mit dieser Annahme ist die 'drei-Welten-Lehre' unvereinbar. Damit ist, um auf den Ausgangspunkt meiner Überlegungen zurückzukom-

187 So auch Bung, Jochen, „Objektivität im Recht als Wahrheitsbezug", s. Anm. 179, S. 18.

188 Searle, John R., *Making the social world: the structure of human civilization*, s. Anm. 46, 3 f. Searle, John R., *The Construction of Social Reality*, s. Anm. 45, S. 11.

189 So auch Bung, Jochen, „Objektivität im Recht als Wahrheitsbezug", s. Anm. 179, S. 18.

190 Searle, John R., *Making the social world: the structure of human civilization*, s. Anm. 46, 3 f. Searle, John R., *The Construction of Social Reality*, s. Anm. 45, S. 11.

191 Searle, John R., *Making the social world: the structure of human civilization*, s. Anm. 46, 61 ff. Searle, John R. „What is Language? Some Preliminary Remarks". In: *Etica & Politica,* 11 (2009), S. 173–202, 173 f. Die Sozialphilosophie Searles werde ich schwerpunktmäßig im dritten Kapitel vorstellen. In diesem Kapitel wird sie

men, meine Kritik des ersten Schrittes in der zweistufigen Begründung Alexys für seine These des Anspruchs auf die einzig richtige Entscheidung, d. h. die Kritik an der Möglichkeitsthese abgeschlossen. Festgehalten werden kann, dass Alexys Begründung seiner These einzig richtiger Entscheidungen, bzw. seinem Konzept der diskursiven Notwendigkeit zweifelhafte ontologische Annahmen zugrunde liegen.[192] Die These der Existenz einzig richtiger Antworten (Möglichkeitsthese) ist demnach nicht aufrecht zu erhalten. Alexys These vom Anspruch auf die einzig richtige Entscheidung ist damit gleichzeitig unzutreffend begründet.

Im dritten Kapitel wird zu klären sein, ob für die These des Anspruchs auf die einzig richtige Entscheidung nicht eine andere, stichhaltige Begründung gefunden werden kann. Ich komme nun zu meiner Kritik an Alexys zweitem Begründungsschritt für die These des Anspruchs auf die einzig richtige Entscheidung.

3. Die diskursiven Modalitäten und epistemische Unsicherheit

Seine Behauptung der binären Codierung jedes Richtigkeitsanspruchs begründet Alexy wie gesehen in zwei Schritten.[193] Eben war mit dem Konzept der diskursiven Notwendigkeit die erste, ontologische Unterthese Alexys kritisiert worden. Zweitens, so Alexy, könne man nie sicher sein, ob nicht zu der jeweils gerade diskutierten Frage eine diskursiv notwendige oder

nichtsdestotrotz noch einmal, bei der Darstellung der Theorie Neumanns, erwähnt werden.

192 Es ergibt sich bei wissenschaftshistorischer Betrachtung ein weiterer Einwand: Es ist anzunehmen, dass die ursprüngliche 'drei-Welten-Lehre' Freges bei geistesgeschichtlicher Betrachtung dem bewusstseinsphilosophischen Dualismus Descartes' geschuldet ist, der damals dominierte; vgl. Searle, John R. *Mind: A Brief Introduction*. Oxford 2004, 14 ff. Ersichtlich ist die Annahme dreier getrennter ontologischer Sphären bei Frege der cartesianischen These zweier getrennter ontologischer Sphären verpflichtet. Die cartesianische Form des Dualismus gilt in der Bewusstseinsphilosophie heutiger Zeit als überholt; vgl. ebd., 107 ff. Dies wirft nun gleichzeitig ein schlechtes Licht auf jede Version der 'drei-Welten-Lehre'.

193 Alexy, Robert, *Theorie der juristischen Argumentation. Die Theorie des rationalen Diskurses als Theorie der juristischen Begründung*, s. Anm. 14, S. 414; Alexy, Robert, „Probleme der Diskurstheorie“, s. Anm. 14, 122 f.

einzig richtige Antwort existiere (Erkenntnisunsicherheitsthese).[194] Kritisiert werden soll im Folgenden diese zweite, epistemische These. Zum Abschluss werde ich weiterhin meine Zweifel an Alexys These des Anspruchs auf die einzig richtige Entscheidung sprechakttheoretisch zuspitzen.

Zunächst zu meinen Bedenken in tatsächlicher Hinsicht. Es ist nicht bestreitbar, dass in den für eine demokratisch verfasste Gemeinschaft bedeutenden allgemein-praktischen Fragen die tatsächlich vertretenen Aussagen begründet werden (können). Beispielsweise über die Höhe staatlicher Steuern als Fall einer jedenfalls auch allgemein-praktischen Frage kann man mit guten Gründen unterschiedlicher Meinung sein. Sowohl deren Erhöhung, als auch deren Senkung oder Abschaffung kann mit Gründen ökonomischer, juristischer und moralischer Art vertreten werden. Die in derartigen Fragen existierenden Auffassungen müssen im Regelfall jedenfalls teilweise als rational und damit als diskursiv möglich gelten. Von Alexy werden als Kandidaten diskursiv notwendiger Aussagen dagegen stets solche im Zusammenhang von Sklaverei oder Verletzungen grundlegender Menschenrechte genannt.[195] Eine Aussage, die z. B. eine bestimmte Personengruppe von jeglicher Mitwirkung an der Meinungsbildung ausschließt, würde in-praxi wohl kaum vertreten und begründet werden (können).[196] Zwar ist dies kein prinzipielles Argument gegen Alexys These allgegenwärtiger epistemischer Unsicherheit. Rein tatsächlich kann man aber davon ausgehen, dass über diejenigen Fragen, auf die Alexys diskursiv notwendige Aussagen eine Antwort darstellen könnten, derzeit überhaupt keine Diskurse geführt werden. Alexy argumentiert mit seiner epistemischen These also vom Ausnahmefall.

Was für die politische Debatte gilt, gilt erst-recht für die juristische. Im Gerichtsprozess werden tatsächlich oder juristisch schwer zu beurteilende Fragen verhandelt, zu denen einander widersprechende Antworten vertreten werden. Entscheidend ist, dass für beide Antworten regelmäßig gute

---

194 Alexy, Robert, *Theorie der juristischen Argumentation. Die Theorie des rationalen Diskurses als Theorie der juristischen Begründung*, s. Anm. 14, S. 414; Alexy, Robert, „Probleme der Diskurstheorie", s. Anm. 14, 122 f.

195 Alexy, Robert, *Theorie der juristischen Argumentation. Die Theorie des rationalen Diskurses als Theorie der juristischen Begründung*, s. Anm. 14, S. 171; Alexy, Robert, „Law, Discourse, and Time", s. Anm. 17, 104 ff. Alexy, Robert, „The Existence of Human Rights", s. Anm. 94, 15 ff.

196 Bäcker, Carsten, *Begründen und Entscheiden. Kritik und Rekonstruktion der Alexyschen Diskurstheorie des Rechts*, s. Anm. 33, S. 159 nennt als Beispiele für diskursiv notwendige, bzw. diskursiv unmögliche Aussagen das Frauenwahlrecht, das Züchtigungsrecht der Lehrer und den Antisemitismus.

rechtliche Gründe sprechen.[197] Schon der Anwaltszwang in manchen Prozessformen führt dazu, dass in der Regel von der Begründbarkeit, Rationalität oder Vertretbarkeit beider widerstreitender Rechtsmeinungen ausgegangen werden kann.[198] Dass dies so sei, so mein pragmatischer Einwand gegen Alexy, ist von vornherein und für alle Beteiligten erkennbar. Die Vertretbarkeit der zwei inhaltlich unvereinbaren rechtlichen Positionen gibt dem Rechtsstreit das Konfrontative, die Schärfe und das Antagonistische. Die Rationalität beider widerstreitender Rechtsauffassungen, die jedenfalls durch die Professionalität des Anwalts verbürgt wird, macht die Entscheidung allererst problematisch.[199] Das auch in der internen Perspektive des Richters bestehende Dilemma, zwischen zwei vertretbaren Positionen wählen zu müssen, besteht gerade in der epistemischen Sicherheit, dass die widerstreitenden Aussagen jeweils für-sich rational sind. Damit ist auch im juristischen Diskurs nicht in jedem Fall unsicher, wie Alexy im zweiten Schritt der Begründung seiner These des Anspruchs auf die einzig richtige Entscheidung behauptet, dass keine diskursiv notwendigen Aussagen vorliegen.

Meine Beobachtung in praktischer Hinsicht wird in einem anderen Zusammenhang von Klatt theoretisch untermauert. Zum Nachweis der Unterscheidbarkeit normativ-epistemischer und struktureller Spielräume in der Abwägung ist es Klatt zufolge notwendig, dass es jedenfalls einige Fälle gibt, in denen keine normativen Unsicherheiten in epistemischer Hinsicht bestehen.[200] Genau dies nimmt nun Klatt mit seiner These „of the necessary incorporation of normative-epistemically clear cases" an.[201] Es sei schwer

---

197 Christensen, Ralph und Sokolowski, Michael, „Die Krise der Kommunikation und die Möglichkeit juristischen Argumentierens", s. Anm. 25, 106 ff. Christensen, Ralph und Kudlich, Hans, *Theorie richterlichen Begründens*, s. Anm. 171, S. 233.

198 Christensen, Ralph und Sokolowski, Michael, „Die Krise der Kommunikation und die Möglichkeit juristischen Argumentierens", s. Anm. 25, S. 109; Christensen, Ralph und Kudlich, Hans, *Theorie richterlichen Begründens*, s. Anm. 171, S. 233.

199 Christensen, Ralph und Sokolowski, Michael, „Die Krise der Kommunikation und die Möglichkeit juristischen Argumentierens", s. Anm. 25, S. 109. Aus systemtheoretischer Sicht kreeirt die Vertretbarkeit beider widerstreitender Positionen die Entscheidungssituation - als Paradox; vgl. Luhmann, Niklas. „Die Paradoxie des Entscheidens". In: *Verwaltungs-Archiv* 84 (1993), S. 287–310, 287 ff. Fischer-Lescano, Andreas und Christensen, Ralph. „Auctoritatis Interpositio. Die Dekonstruktion des Dezisionismus durch die Systemtheorie". In: *Der Staat* 44 (2005), S. 213–241, 220 ff.

200 Klatt, Matthias, „Taking Rights Less Seriously. A structural analysis of judicial discretion", s. Anm. 11, 525 f.

201 ebd., S. 526.

vorstellbar, dass es entwickelte Rechtssysteme gebe, in denen in jedem einzelnen Fall normativ-epistemische Unsicherheiten auftreten würden.[202] Implizit widerspricht also auch Klatt der zweiten, epistemischen These Alexys, dass man nie sicher sein könne, ob nicht eine diskursiv notwendige Aussage im Raume steht.

Die in diesem und dem vorangehenden Abschnitt dargelegten Zweifel an Alexys These des Anspruchs auf die einzig richtige Entscheidung möchte ich abschließend sprechakttheoretisch reformulieren und zuspitzen. Nach Austin leidet eine Aussage wie, „die Katze ist auf der Matte, aber ich glaube es nicht", an einem Fehler; der Sprechakt missglückt.[203] Bei Geltung der Aussagen Alexys könnte nach hier vertretener Ansicht in eben diesem Sinne ein Missglücken juristischer Sprechakte anzunehmen sein. Zwar geht es Alexy im Zusammenhang mit dem Anspruch auf Richtigkeit grundsätzlich nicht um die subjektive Überzeugung der Diskursteilnehmer. Wie oben dargelegt möchte Alexy mit den Stichworten des „objektiven Erhebens", bzw. mit dem Anspruch auf Richtigkeit des Rechts ja gerade darlegen, dass mit juristischen Aussagen eine Überzeugung zum Ausdruck gebracht wird, ungeachtet dessen, ob diese subjektiv vorliegt oder nicht.[204] In diesem Sinne geht es mir darum zu zeigen, dass bei sprechakttheoretischer Betrachtung ein objektiver Aspekt betroffen ist. Auch mir geht es somit nicht um die subjektive Einstellung der Sprecher, bzw. um die Aufrichtigkeit bestimmter Sprechakte.[205]

Alexy zufolge impliziert jede juristische Aussage u. A. die Garantie[206] (bzw. nach Modifikation dieser These: die Versicherung oder Bekräftigung[207]), die mit ihr aufgestellte Behauptung begründet zu haben. Wenn nun aus grundsätzlichen Erwägungen feststeht, dass die Begründungspflicht nicht erfüllt werden kann, ist mit der Unmöglichkeit auch ein objektiver Aspekt des Richtigkeitsanspruchs betroffen (unabhängig davon, ob von einer Garantie oder von einer Bekräftigung die Rede ist). Alexys These des Anspruchs auf die einzig richtige Entscheidung könnte im Falle einer

202 ebd., S. 526.

203 Austin, John L., s. Anm. 38, 58 ff. Das Austinsche Beispiel wird von Alexy selbst zum Beleg für seine These des Anspruchs auf Richtigkeit herangezogen; Alexy, Robert, *Theorie der juristischen Argumentation. Die Theorie des rationalen Diskurses als Theorie der juristischen Begründung*, s. Anm. 14, S. 266.

204 Alexy, Robert, „Recht und Richtigkeit", s. Anm. 26, 4 ff. und oben, S.

205 Dies ist aber ausdrücklich der Ansatz von Herbst, Tobias, s. Anm. 35, S. 898 der von der „subjektiv einzig richtigen Entscheidung" spricht.

206 So noch in Alexy, Robert, „Recht und Richtigkeit", s. Anm. 26, S. 6.

207 Alexy, Robert, „Thirteen Replies", s. Anm. 37, 348 f. Alexy, Robert, „Hauptelemente einer Theorie der Doppelnatur des Rechts", s. Anm. 77, S. 156.

umstrittenen Rechtsfrage mit guten Argumenten auf beiden Seiten etwa mit einer Aussage wie, „meine Behauptung ist die einzig richtige, aber ich weiß, dass es nicht stimmt" angemessen illustriert werden. Ihre Ähnlichkeit mit Austins Beispiel ist frappierend. [208] Das ursprünglich von Alexy unterstützend zur Begründung des Anspruchs auf Richtigkeit herangezogene Austinsche Beispiel kann somit gegen seine These des Anspruchs auf die einzig richtige Entscheidung angeführt werden.

III. Zusammenfassung

Als Ausgangspunkt der Überlegungen wurde die These Alexys aus dem Nachwort zur *Theorie der juristischen Argumentation* vorgestellt, wonach die Teilnehmer allgemein-praktischer wie juristischer Diskurse mit ihren Aussagen beanspruchen, voraussetzen oder implizieren müssen, dass diese einzig richtig sind. Weiterhin habe ich die zweistufige Begründung Alexys für diese These dargelegt. Danach setzt der Anspruch auf die einzig richtige Entscheidung einerseits die Möglichkeit der Existenz einzig richtiger Entscheidungen voraus (Möglichkeitsthese). Andererseits bestehe auf Seiten der Diskursteilnehmer stets epistemische Unsicherheit über die diskursiven Modalitäten (Erkenntnisunsicherheitsthese). Das Beanspruchen der einzig richtigen Entscheidung lohne sich aufgrunddessen in jedem einzelnen Fall.[209]

Weiterhin habe ich mit der Theorie der diskursiven Modalitäten Alexys einen Kernaspekt seiner in metaethischer Hinsicht realistischen Diskurstheorie zu rekonstruieren versucht. Hierbei hatte sich gezeigt, dass Alexys Ablehnung der Dworkinschen 'one-right-answer-thesis' nur darauf bezogen ist, dass in jedem einzelnen Fall nur eine richtige Antwort bestehe. Die grundsätzliche Möglichkeit einzig richtiger Antworten wird dagegen nicht bestritten. Vielmehr steht der Bereich der diskursiven Notwendigkeit für einzig richtige Aussagen in praktischen und juristischen Diskursen.[210] Schließlich

---

208 Kritisch gegenüber Alexys Anspruch auf die einzig richtige Entscheidung ist auch Pavlakos, George, „Correctness and Cognitivism. Remarks on Robert Alexy's Argument from the Claim to Correctness", s. Anm. 68, S. 25 interpretierbar. Pavlakos führt eine sogenannte 'knowledge rule' ein, wonach eine Proposition nur dann zu behaupten sein soll, wenn der Sprecher von ihrer Richtigkeit überzeugt ist. Eine Überzeugung davon, dass die eigene Aussage alternativlos und in diesem Sinne einzig richtig ist, liegt, wie eben erwähnt, aber nur in den seltensten Fällen vor.

209 Siehe oben, S. 19 f.

210 Siehe oben, S. 25 ff.

wurde die Begriffsklärung zum Anspruch auf Richtigkeit in der Schrift *Recht und Richtigkeit* dargestellt, in der Alexy drei Aspekte dessen unterscheidet, was es bedeutet, einen Anspruch zu erheben. Hierbei war die „Garantie der Begründbarkeit" als Entsprechung zu der ursprünglichen These aus dem Nachwort zur *Theorie der juristischen Argumentation* bestimmt worden.[211]

Kritisiert habe ich, dass Alexys Position seit seiner neuesten Äußerungen im Zusammenhang der Diskussion um seine Begriffsklärung in der Schrift *Recht und Richtigkeit* an einer bedeutenden Uneindeutigkeit leidet. Ein Aspekt des seit kurzem modifizierten Anspruchsbegriffs widerspricht nämlich Alexys These aus dem Nachwort zur *Theorie der juristischen Argumentation.*[212] Meine weiteren zwei Kritikpunkte richteten sich ausschließlich gegen diese frühe These, bzw. gegen die zweistufige Begründung dieser These. Der zweite Kritikpunkt insgesamt betraf also den ersten Begründungsschritt, der dritte Kritikpunkt den zweiten Begründungsschritt. Zweitens also kann gegen das Konzept diskursiv notwendiger Aussagen eingewandt werden, dass mit ihm metaphysische Probleme verbunden sind, die in Verbindung mit der Annahme Alexys getrennter ontologischer „Welten" entstehen.[213] Drittens war die Plausibilität des zweiten Begründungsschrittes bezweifelt worden, wonach stets Unsicherheit über die diskursiven Modalitäten herrsche. Ich hatte argumentiert, dass es sich bei dieser Annahme in Hinblick auf den prozessualen Regelfall, in dem sich - für die Parteien erkennbar - jeweils vertretbare oder relativ richtige Aussagen gegenüberstehen, um eine fragwürdige Verallgemeinerung handelt.[214]

Festzuhalten ist, dass die Begründung Alexys der von ihm vertretenen These einer binären Codierung des mit juristischen Aussagen verbundenen Richtigkeitsanspruchs auf beiden Stufen angreifbar ist. Ausblickend lässt sich sagen, dass die These des Anspruchs auf die einzig richtige Entscheidung vor dem Hintergrund dieser Kritik normativ fragwürdig wird. Wenn nämlich die einzig richtige Entscheidung theoretisch nicht gerechtfertigt werden kann, dann kann der Anspruch, es handele sich bei der jeweiligen juristischen Aussage um eine solche, nicht eingelöst werden. Damit müsste die These des Anspruchs auf die einzig richtige Entscheidung - wie in einer der angeführten Äußerungen Alexys vermutet wird - tatsächlich „fehlertheoretisch" gerechtfertigt werden.[215] Da dies nicht geschieht, scheint die These Alexys

211 Siehe oben, S. 29 ff.
212 Siehe oben, S. 31 ff.
213 Siehe oben, S. 34 ff.
214 Siehe oben, S. 39 ff.
215 Siehe oben, S. 22.

auf eine rechtsstaatlich bedenkliche Täuschung der Urteilsadressaten über die theoretischen Grundlagen der richterlichen Tätigkeit, in den Worten Alexys: über die diskursiven Modalitäten hinauszulaufen.

Es ist darauf hinzuweisen, dass dieser Einwand ursprünglich von Bäcker stammt, der ihn aber nur gegenüber Neumann erhebt.[216] Zu beachten ist, dass die gerade auch von mir gewählte Bezeichnung „Täuschung" zwar eine deutlich negative Konnotation hat, hiermit jedoch nicht ausgeschlossen werden soll, dass gute Gründe für sie bestehen oder sie das kleinere von zwei Übeln darstellt. Um zu dieser Schlussfolgerung zu gelangen, ist aber ein anderer Begründungszusammenhang als Alexys zu wählen. Bäckers Thesen, die auf den ersten Blick zu denjenigen Alexys in diametralem Gegensatz stehen, möchte ich im Folgenden vorstellen.

B. C. Bäcker

Mit der Arbeit *Begründen und Entscheiden. Kritik und Rekonstruktion der Alexyschen Diskurstheorie des Rechts*[217] nimmt Bäcker eine grundlegende Umdeutung der eben vorgestellten Diskurstheorie vor. Im Kern besteht der Ansatz Bäckers in einer Rekonstruktion der Alexyschen Theorie, die ohne Idealisierungen auskommen möchte.[218] Als „vielleicht bedeutendste Konsequenz"[219] seiner Untersuchung, bzw. der in ihr entwickelten alternativen Diskurstheorie vertritt Bäcker an deren Ende die für die Zwecke meiner Ar-

216 Bäcker, Carsten. *Begründen und Entscheiden. Kritik und Rekonstruktion der Alexyschen Diskurstheorie des Rechts*. Baden-Baden 2008, S. 308. Bei meiner Kritik an Neumann wird der Einwand Bäckers erneut rezipiert werden. Die schwerpunktmäßige Diskussion dieses Aspekts bei Neumann und nicht bei Alexy rechtfertigt sich daraus, dass Neumann das Problem der Kritikfähigkeit selbst thematisiert.

217 Bäcker, Carsten, *Begründen und Entscheiden. Kritik und Rekonstruktion der Alexyschen Diskurstheorie des Rechts*, s. Anm. 33.

218 Dieses Anliegen verfolgt Bäcker schon in Bäcker, Carsten. „Die diskurstheoretische Notwendigkeit der Flexibilität im Recht". In: *Objektivität und Flexibilität im Recht*. Hrsg. von Bäcker, Carsten und Baufeld, Stefan. Stuttgart 2005, S. 96–110, 97 ff. zuletzt Bäcker, Carsten. „Rationalität ohne Idealität. Grundzüge einer relativistischen Diskurstheorie des Rechts". In: *Junge Rechtsphilosophie*. Hrsg. von Bäcker, Carsten und Ziemann, Sascha. Stuttgart 2012, S. 9–22, 9 ff.

219 So der Wortlaut in der Erstauflage, Bäcker, Carsten, *Begründen und Entscheiden. Kritik und Rekonstruktion der Alexyschen Diskurstheorie des Rechts*, s. Anm. 216, S. 304 - inhaltlich gleichbleibend in der Neuauflage, Bäcker, Carsten, *Begründen und Entscheiden. Kritik und Rekonstruktion der Alexyschen Diskurstheorie des Rechts*, s. Anm. 33, 326 ff.

beit ausschlaggebende These, dass der Richter nicht, wie bei Alexy, die einzig richtige Entscheidung zu beanspruchen oder zu implizieren habe, sondern bloß eine optimal richtige oder vertretbare.[220] Die These eines Anspruchs auf optimale oder relative Richtigkeit spitzt Bäcker als Kritik an der Gegenposition Neumanns dahingehend zu, dass die Verpflichtung des Richters auf die einzig richtige Entscheidung auf eine „Täuschung" der Urteilsadressaten hinausläuft.[221] In der Zweitauflage schwächt Bäcker diesen Vorwurf nur formulierungshalber, nicht aber inhaltlich ab.[222]

Im Ergebnis stehen sich die Auffassungen Alexys und seines Schülers Bäcker also diametral gegenüber. In der Begründung ähneln sie sich jedoch in einem für meine Arbeit wesentlichen Aspekt. All dies ist zunächst darzustellen (1.). Zu kritisieren ist, dass Bäcker mit seinem diskurstheoretischen Alternativmodell die bekannten Probleme in der Diskurstheorie nicht beheben kann. Weiter ist darzulegen, dass seine Ablehnung von Idealisierungsstrategien jedweder Art in der jetzigen Form seiner Theorie unplausibel ist. Schließlich ist zu zeigen, dass die für meine Zwecke ausschlaggebende These Bäckers, wonach der Richter lediglich Vertretbarkeit seiner Entscheidungen und Begründungen zu beanspruchen habe, nicht hinreichend begründet ist (2.). Wie im vorangehenden Abschnitt folgt auf Darstellung und Kritik der Theorie Bäckers eine Zusammenfassung der wesentlichen Aspekte (3.).

I. Darstellung

Die Arbeit Bäckers ist der Versuch, die Diskurstheorie Alexys unter Verzicht auf Idealisierungen zu rekonstruieren. Der Schlüssel dieser Rekonstruktion ist das von ihm so genannte eindimensionale Modell des allgemeinen praktischen Diskurses, das Bäcker ausgehend von der Kritik an dem von ihm so bezeichneten zweidimensionalen Modell Alexys entwickelt. Das Erkenntnisinteresse Bäckers ist dabei dasjenige Alexys. Es geht ihm, wie schon Alexy mit seiner Theorie der juristischen Argumentation um das Rationalitätsproblem in der Jurisprudenz. Anders als Alexy möchte Bäcker jedoch nicht in erster Linie zeigen, dass Rationalität und Objektivität der Jurisprudenz

220 ebd., 329 ff.
221 Bäcker, Carsten, *Begründen und Entscheiden. Kritik und Rekonstruktion der Alexyschen Diskurstheorie des Rechts*, s. Anm. 216, S. 308.
222 Vgl. Bäcker, Carsten, *Begründen und Entscheiden. Kritik und Rekonstruktion der Alexyschen Diskurstheorie des Rechts*, s. Anm. 33, 332 ff.

möglich sind, sondern es geht ihm vielmehr um die Bestimmung von deren Grenzen.

Seine Kritik an Alexys Modell, die am Anfang meiner Darstellung seiner alternativen Diskurstheorie steht, ist, dass Alexy mit dem idealisierenden Konzept des idealen Diskurses die Grenzen von Rationalität und Objektivität in der Jurisprudenz verwischt (a.). Bäckers eigene, konstruktive Antwort auf das Rationalitätsproblem lautet, dass die Rationalität juristischer Urteile relativ zu den realen juristischen Diskursen ist. Von dieser Relativität gibt es bei Bäcker - anders als bei Alexy - keinerlei Ausnahmen (b.). Als Konsequenz des eindimensionalen Modells vertritt Bäcker am Schluss seiner Arbeit die für meine Zwecke ausschlaggebende These, dass der Richter nur den Anspruch auf eine optimal richtige oder vertretbare Antwort zu erheben habe (c.).

Zu beachten ist, dass die Darstellung der Position Bäckers in anderer Reihenfolge der relevanten Aspekte erfolgt, als die Darstellung der Position Alexys. Während ich dort mit der für meine Zwecke ausschlaggebenden These zum Anspruch auf die einzig richtige Entscheidung begonnen habe, werde ich im Folgenden umgekehrt vorgehen, die These Bäckers des Anspruchs auf die vertretbare Entscheidung also erst zum Schluss, als letzten von drei Schritten präsentieren. Der Grund für diese Darstellungsweise ist, dass der in der hier interessierenden Frage von Bäcker verfolgte Begründungszusammenhang auf diese Weise deutlicher zu Tage tritt.

1. Die Kritik am zweidimensionalen Modell des Diskurses

Die von Bäcker zu meiner Fragestellung vertretene Position findet sich auf knappem Raum zum Schluss seiner Arbeit. Ausdrücklich bezeichnet Bäcker seine These des Anspruchs auf die vertretbare Entscheidung als Konsequenz seiner vorangehenden Ausführungen.[223] Das eigentliche Erkenntnisziel seiner Arbeit ist das Rationalitätsproblem in der Jurisprudenz. Seine Position zu dem mit meiner Arbeit verfolgten Erkenntnisinteresse ist daher bei Bäcker - wie schon bei Alexy - als Annex zu einem anderen rechtstheoretischen Problem konzipiert. Auf das Rationalitätsproblem antwortet Bäcker zunächst mit einem part destruens - seiner Kritik an Alexys Diskurstheorie.

223 Bäcker, Carsten, *Begründen und Entscheiden. Kritik und Rekonstruktion der Alexyschen Diskurstheorie des Rechts*, s. Anm. 216, S. 304. Inhaltlich gleichbleibend in der Neuauflage Bäcker, Carsten, *Begründen und Entscheiden. Kritik und Rekonstruktion der Alexyschen Diskurstheorie des Rechts*, s. Anm. 33, 329 ff.

Zentral für die Kritik Bäckers ist seine Diskussion des Theorieelements des idealen Diskurses bei Alexy. Das Konzept des idealen Diskurses steht für Bäcker gleichsam stellvertretend für den kritikwürdigen Idealismus der Alexyschen Diskurstheorie. Der ideale Diskurs, so Bäcker über Alexy, trete neben die realen Diskurse als „zweite Ebene".[224] Der ideale Diskurs in der Theorie Alexys ist durch die vollkommene Erfüllung aller Diskursregeln, d. h. durch vollkommene Zwanglosigkeit, Inklusion, sprachliche Klarheit und Informiertheit etc. definiert.[225] Für Alexy, so Bäcker, rechtfertige sich das Element des idealen Diskurses aus seiner Wirksamkeit auch für reale Diskurse. Stets sei, so Alexy, eine „approximative Erfüllung" der Bedingungen des idealen Diskurses in realen Diskursen möglich, womit die beiden Ebenen nicht unverbunden nebeneinander stünden.[226] Diese Approximation des Realen an das Ideale verwirkliche sich durch die Orientierung der Diskursteilnehmer am idealen Diskurs, genauer: an den in ihm herrschenden idealen Diskursbedingungen als regulativer Idee.[227]

Eine Kernthese Bäckers bildet die Behauptung, dass die von Alexy behauptete Approximation unmöglich sei und das Konzept des idealen Diskurses damit jeden Wert verliere. Bäcker formuliert wie folgt.

> „Das eindimensionale Modell gesteht ein, daß der ideale Diskurs auch nicht als ein hypothetisches Kriterium der Richtigkeit taugt, da er nicht durchführbar ist. Ein faktisch unmöglicher Diskurs kann für bestehende praktische Fragen keine Antworten liefern. Deswegen ist es vollständig irrelevant zu fragen, ob diese Antworten denn richtige Antworten wären."[228]

---

224 ebd., 116 ff.

225 Alexy, Robert, *Theorie der juristischen Argumentation. Die Theorie des rationalen Diskurses als Theorie der juristischen Begründung*, s. Anm. 14, 412 ff.

226 Bäcker, Carsten, *Begründen und Entscheiden. Kritik und Rekonstruktion der Alexyschen Diskurstheorie des Rechts*, s. Anm. 33; vgl. auch Alexy, Robert, „Probleme der Diskurstheorie", s. Anm. 14, S. 122.

227 Bäcker, Carsten, *Begründen und Entscheiden. Kritik und Rekonstruktion der Alexyschen Diskurstheorie des Rechts*, s. Anm. 33; vgl. auch Alexy, Robert, „Probleme der Diskurstheorie", s. Anm. 14, S. 122. Neuerdings wird die Approximationsthese Alexys von Cook als „dialectical movement from the relative to the absolute" bezeichnet; Cook, Maeve, „The Dual Character of Concepts and the Discourse Theory of Law", s. Anm. 107, S. 279. Diese Bezeichnung hat sich Alexy in Reaktion auf Cook zu eigen gemacht; vgl. Alexy, Robert, „Comments and Responses", s. Anm. 57, S. 349.

228 Bäcker, Carsten, *Begründen und Entscheiden. Kritik und Rekonstruktion der Alexyschen Diskurstheorie des Rechts*, s. Anm. 33, 154 f. Dieser Einwand erinnert an Weinberger, Ota, s. Anm. 115, 259 ff. der Alexys Begriff des idealen Diskurses

Die Unmöglichkeit, Diskurse in vollständiger sprachlicher Klarheit, empirischer Informiertheit etc. durchzuführen, räumt zwar auch Alexy ein. Für ihn ist der ideale Diskurs aber dennoch nicht wertlos, da er als Ideal unverzichtbar sei.[229]

Stattdessen, so Bäcker, sollen ausschließlich tatsächliche Diskurse die Richtigkeit der Antworten auf praktische Fragen verbürgen. Das eindimensionale Modell des Diskurses als theoretische Rekonstruktion realer Diskurse soll in diesem Sinne Maßstab und Kriterium für die Richtigkeit normativer Aussagen sein.[230]

Dessen drei, im Folgenden zu beschreibende wesentliche Strukturelemente sind erstens das Diskursideal, zweitens die Diskursprinzipien und drittens die tatsächlichen Diskurse.[231]

2. Das eindimensionale Modell des Diskurses

Das erste Element des Bäckerschen Modells ist das Diskursideal als nichtidealem Gegenstück zu Alexys idealem Diskurs. Letzterer sei trotz seiner Untauglichkeit als Richtigkeitskriterium dennoch bedeutsam. Alexys Begriff

---

dafür kritisiert, dass die Approximation oder Annäherung an Etwas stets das Be- und Feststehen dieses Etwas voraussetzt, an das sich angenähert werden soll.

229 Alexy, Robert, *Theorie der juristischen Argumentation. Die Theorie des rationalen Diskurses als Theorie der juristischen Begründung*, s. Anm. 14, S. 414; Alexy, Robert, „Hauptelemente einer Theorie der Doppelnatur des Rechts“, s. Anm. 77, S. 157; Alexy, Robert, „The Dual Nature of Law“, s. Anm. 77, S. 174.

230 Bäcker, Carsten, *Begründen und Entscheiden. Kritik und Rekonstruktion der Alexyschen Diskurstheorie des Rechts*, s. Anm. 33, 127 ff. Zuletzt spricht Bäcker von einem eindimensionalen Drei-Ebenen-Modell des Diskurses; vgl. Bäcker, Carsten, „Rationalität ohne Idealität. Grundzüge einer relativistischen Diskurstheorie des Rechts“, s. Anm. 218, 15 ff. Hiermit sind aus meiner Sicht keine Unterschiede in der Sache verbunden, ich werde daher im Folgenden die in der Zweitauflage der ausführlichen Arbeit *Begründen und Entscheiden* gewählte Terminologie verwenden.

231 Bäcker, Carsten, *Begründen und Entscheiden. Kritik und Rekonstruktion der Alexyschen Diskurstheorie des Rechts*, s. Anm. 33, 127 ff. In vorangegangenen Arbeiten waren diese drei Elemente noch namensgebend: Aus dem Drei-Ebenen-Modell des Diskurses wurde erst in der Neuauflage seiner Dissertation das eindimensionale Modell des Diskurses; vgl. Bäcker, Carsten, *Begründen und Entscheiden. Kritik und Rekonstruktion der Alexyschen Diskurstheorie des Rechts*, s. Anm. 216, 117 ff. und Bäcker, Carsten, „Die diskurstheoretische Notwendigkeit der Flexibilität im Recht“, s. Anm. 218, 102 ff. Inhaltlich ist mit dieser Neuetikettierung aus meiner Sicht keine Änderung verbunden.

des idealen Diskurses könne nämlich als Beschreibung unserer Vorstellungen von einem perfekten Diskurs gelten.[232] Das Diskursideal stehe stellvertretend für unsere in stetem Wandel begriffenen Vorstellungen von einem perfekten Diskurs und könne damit nicht mehr als eine partikulare Geltung aufweisen. Es ist, so Bäcker, kulturell und historisch kontingent.[233]

Zu erinnern ist, dass bei Alexy, der sich hierin im Wesentlichen auf Habermas stützt, die grundlegenden Diskursregeln im Wesentlichen transzendentalpragmatisch begründet sind.[234] Alexy versucht zu zeigen, dass es sich bei den grundlegenden Diskursregeln um Bedingungen der Möglichkeit sinnvollen Sprechens handelt und als solche um sprachliche Universalia.[235] Insofern es sich um Regeln handelt, die für alle Menschen gelten, kann Alexys Begründung mit Bäcker als eine „Letztbegründung" bezeichnet werden.[236] Für Alexy besteht nun die Idealität des idealen Diskurses darin, dass in ihm die Diskursregeln vollständig erfüllt sind. Dieses Ideal lehnt Bäcker, wie ich im vorangehenden Abschnitt sagte, als wirkungslos ab. An seine Stelle tritt im eindimensionalen Modell des Diskurses die vom Kollektiv geteilte Vorstellung eines idealen Diskurses als erstes von drei Elementen.[237] Das philosophisch aufwendige Projekt einer Letztbegründung der Diskursregeln und damit des idealen Diskurses wird von Bäcker nun durch eine „Jetztbegründung", relativierend bezogen auf die historische Kontingenz einer kollektiv geteilten Meinung ersetzt.[238]

Ideal ist in Bäckers Modell also das, was die Mehrheit für ideal hält. Als Konsequenz seiner Relativität zur schwankenden Mehrheitsmeinung von einem Diskursideal ist das eindimensionale Modell des Diskurses damit inhaltlich unbestimmt.[239] Aus der inhaltlichen Unbestimmtheit folgt nach

232 Bäcker, Carsten, *Begründen und Entscheiden. Kritik und Rekonstruktion der Alexyschen Diskurstheorie des Rechts*, s. Anm. 33, S. 131.

233 ebd., S. 158.

234 Alexy, Robert, *Theorie der juristischen Argumentation. Die Theorie des rationalen Diskurses als Theorie der juristischen Begründung*, s. Anm. 14, 230 ff. Alexy, Robert, „The Existence of Human Rights", s. Anm. 94, 15 f.

235 Alexy, Robert, *Theorie der juristischen Argumentation. Die Theorie des rationalen Diskurses als Theorie der juristischen Begründung*, s. Anm. 14, 230 ff. Alexy, Robert, „The Existence of Human Rights", s. Anm. 94, 15 f.

236 Bäcker, Carsten, *Begründen und Entscheiden. Kritik und Rekonstruktion der Alexyschen Diskurstheorie des Rechts*, s. Anm. 33, 44 ff.

237 ebd., 128 ff.

238 ebd., 53 ff.

239 ebd., S. 158. Dies ist bei Alexy anders. Mit Weinberger, Ota, s. Anm. 115, S. 261 und Heidemann, Carsten. „The Concept of Validity in a Theory of Social Action". In: *Law, Rights and Discourse. The Legal Philosophy of Robert Alexy*. Hrsg. von

Bäcker jedoch nicht Willkür, da nur das als Diskursideal eingesetzt werden könne, was begründet als Vorstellung hiervon gelten kann.[240] Als Beispiel der inhaltlichen Unbestimmtheit führt Bäcker den deutschen Antisemitismus bis zur Mitte des 20. Jahrhunderts an. Dieser sei damals anders als heute „salonfähig und daher tatsächlich diskursiv möglich, ehe er zerstörerisch wurde."[241] In Abhängigkeit vom jeweiligen Diskursideal wandelt sich Bäcker zufolge auch der Bereich der diskursiven Möglichkeit bzw. dieser ist genau wie jenes dem Wandel der Zeit unterworfen.[242]

Hiermit sieht sich Bäcker in ausdrücklichem Gegensatz zu Alexys Konzept der diskursiven Notwendigkeit. Alexy meint wie gesehen, dass z. B. die Sklaverei als der generelle Ausschluss bestimmter Menschengruppen vom Diskurs ungeachtet tatsächlich anders verlaufener Diskurse in vergangenen historischen Epochen ein diskursiv unmögliches Resultat sei.[243] Das Konzept der diskursiven Notwendigkeit steht Bäcker zufolge aber vor dem gravierenden Problem, nicht erklären zu können,

> „wie sich die richtigen Diskursergebnisse erkennen lassen sollen, wenn nicht im tatsächlichen Diskurs. [...] Es liegt die Vermutung nahe, daß diejenigen Diskursregeln, die nach Alexy schon im alten Rom zur diskursiven Unmöglichkeit der Sklaverei geführt hätten, keine anderen als die gegenwärtig geltenden sind."[244]

Die dieser Kritik zugrunde liegende inhaltliche Unbestimmtheit seines Modells führt nach Auffassung Bäckers zu einem „kulturgeschichtlichen Nut-

---

Pavlakos, George. Oxford 2007, S. 301–318, S. 132 ist nämlich anzunehmen, dass Alexys Diskursregeln materiale normative Annahmen beinhalten.

240 Bäcker, Carsten, *Begründen und Entscheiden. Kritik und Rekonstruktion der Alexyschen Diskurstheorie des Rechts*, s. Anm. 33, S. 158.

241 ebd., S. 159. Der letzte Halbsatz, wonach der Antisemitismus diskursiv möglich nur solange war, „ehe er zerstörerisch wurde", fehlte noch in der Erstauflage; vgl. Bäcker, Carsten, *Begründen und Entscheiden. Kritik und Rekonstruktion der Alexyschen Diskurstheorie des Rechts*, s. Anm. 216, S. 152. Die Hinzufügung dieses Halbsatzes kann als Zugeständnis gegenüber Alexy gewertet werden. Es ist aber zweifelhaft, ob sie im Modell Bäckers konsistent ist. Denn es ist nicht ersichtlich, woraus im relativistischen Diskursmodell Bäckers der Schutz gegen unmoralische Ergebnisse folgen sollte.

242 Bäcker, Carsten, *Begründen und Entscheiden. Kritik und Rekonstruktion der Alexyschen Diskurstheorie des Rechts*, s. Anm. 33, S. 158.

243 Alexy, Robert, *Theorie der juristischen Argumentation. Die Theorie des rationalen Diskurses als Theorie der juristischen Begründung*, s. Anm. 14, S. 256; Alexy, Robert, „Law, Discourse, and Time", s. Anm. 17, S. 107.

244 Bäcker, Carsten, *Begründen und Entscheiden. Kritik und Rekonstruktion der Alexyschen Diskurstheorie des Rechts*, s. Anm. 33, S. 161.

zen".[245] Sein Modell könne „den historischen Wandel tatsächlicher Diskursergebnisse, insbesondere moralischer Vorstellungen, aber auch des Rechts", unter Verweis auf die Wandelbarkeit unserer Vorstellungen von einem Diskursideal, erklären.[246] Damit komme ich zur Darstellung des zweiten Elements des eindimensionalen Modells, den Diskursprinzipien.

Die zweite Ebene des dreigliedrigen Modells ist die der Diskursprinzipien. Mit ihrer Hilfe unternimmt es Bäcker, „die weiterhin bestehende Schwäche der ersten Ebene, die Unmöglichkeit der Realisierung des Diskursideals zu beheben."[247] Bäcker schlägt zu diesem Zwecke vor, einige der Diskursregeln Alexys als Diskursprinzipien zu rekonstruieren.[248] Wie Alexy selbst einräumt, sind zahlreiche Diskursregeln, insbesondere die so genannten Vernunftregeln, nur approximativ erfüllbar.[249] Normentheoretisch handele es sich daher nicht um Regeln, sondern um Prinzipien.[250] Ein Beispiel einer als Diskursprinzip reformulierten Diskursregel lautet bei Bäcker: „Möglichst jeder soll an möglichst jedem Diskurs teilnehmen."[251]

Die Diskursprinzipien sind Bäcker zufolge das der Diskurstheorie bislang fehlende Bindeglied zwischen dem Idealen und dem Realen.[252] Da eine Orientierung an etwas nicht-Realem unmöglich sei, führe im zweidimensionalen Modell Alexys kein Weg von den realen Diskursen zum idealen Diskurs. Diesen 'missing link' stellten im eindimensionalen Modell die Diskursprinzipien dar. Die Vermittlung zwischen dem (derzeitigen) Diskursideal und den tatsächlichen Diskursen leisten bei Bäcker also Prinzipien, bzw. Optimierungsgebote.[253] Die Diskursprinzipien, so Bäcker, würden „ein Ziel [bieten], daß immer dann erreicht ist, wenn die Gegenstände der Diskursprinzipien relativ auf die gegebenen Umstände möglichst weitgehend erfüllt sind".[254]

---

245 ebd., S. 158.
246 ebd., 158 f.
247 ebd., S. 131.
248 ebd., 143 ff.
249 Alexy, Robert, *Theorie der juristischen Argumentation. Die Theorie des rationalen Diskurses als Theorie der juristischen Begründung*, s. Anm. 14, S. 411.
250 Bäcker, Carsten, *Begründen und Entscheiden. Kritik und Rekonstruktion der Alexyschen Diskurstheorie des Rechts*, s. Anm. 33, S. 144. Diese Erkenntnis findet sich in Bäcker, Carsten, „Die diskurstheoretische Notwendigkeit der Flexibilität im Recht", s. Anm. 218, 98 ff.
251 Bäcker, Carsten, *Begründen und Entscheiden. Kritik und Rekonstruktion der Alexyschen Diskurstheorie des Rechts*, s. Anm. 216, S. 147.
252 Bäcker, Carsten, *Begründen und Entscheiden. Kritik und Rekonstruktion der Alexyschen Diskurstheorie des Rechts*, s. Anm. 33, 148 ff.
253 ebd., S. 149.
254 ebd., S. 149.

Ein partikulares Ideal als zu optimierender Gegenstand der Diskursprinzipien soll damit nicht bloß angestrebt, sondern vermittels der Diskursprinzipien auch erreicht werden können. Dies sei immer dann anzunehmen, wenn das Ideal, bzw. unsere Vorstellung davon, möglichst weitgehend erfüllt sei, also ein Optimum erzielt wurde. Damit komme ich zum dritten und letzten Theorieelement in Bäckers alternativer Diskurstheorie, den tatsächlichen Diskursen.

Die Grenzen der Optimierung des Diskursideals bestehen Bäcker zufolge schließlich auf der dritten Ebene der tatsächlichen Diskurse.[255] Hier sei die Diskurssituation gemessen am (derzeitigen) Diskursideal unbegrenzter Zeit, vollkommener Zwanglosigkeit, etc. stets defizitär. Zu erreichen sei lediglich ein Höchstmaß oder ein Optimum der Verwirklichung des Diskursideals in einer gegebenen tatsächlichen Diskurssituation. Der optimale Diskurs verbürgt für Bäcker die relative Richtigkeit seiner Ergebnisse. Relativ richtig sei eine allgemein-praktische Aussage, „wenn im zugrundeliegenden Diskurs eine optimale Verwirklichung der Gegenstände der Diskursprinzipien unter den gegebenen Umstände gewährleistet ist, also ein optimaler Diskurs vorliegt."[256]

An die Stelle der von Alexy behaupteten Orientierung an der Idee des idealen Diskurses, bzw. der einzig richtigen Entscheidung tritt bei Bäcker somit die Optimierung der Gegenstände der Diskursprinzipien. Der so erzielte Verzicht auf die unerreichbare und nach Bäcker aus diesem Grund aufzugebende Ebene des idealen Diskurses hat ihm selbst zufolge aber den gravierenden Nachteil, dass die auf der dritten Ebene der tatsächlichen Diskurse ermittelten Ergebnisse stets mehrfach relativiert sind. Insbesondere seien „auch die Ergebnisse tatsächlicher Diskurse immer [...] nur relativ richtig."[257] Für Bäcker gibt es nur diskursiv mögliche und relativ richtige Aussagen in praktischen Fragen. Absolut oder einzig richtige Entscheidungen hält Bäcker im allgemein-praktischen Diskurs damit für unmöglich.

> „Alles, was in tatsächlichen Diskursen erreicht werden kann, ist eine bloß relativ auf den Diskurs richtige Antwort. Damit mag die einzige vertretbare Antwort zwar, im besten Fall, die eine richtige oder einzige relativ richtige Antwort sein, nicht aber die einzig richtige - zumindest können wir das nicht wissen."[258]

---

255 Bäcker, Carsten, *Begründen und Entscheiden. Kritik und Rekonstruktion der Alexyschen Diskurstheorie des Rechts*, s. Anm. 33, 148 ff.

256 ebd., S. 149.

257 ebd., S. 164.

258 ebd., S. 330.

Abschließend ist zu erinnern, dass für Alexy relative Richtigkeit und diskursive Möglichkeit untrennbar verknüpft sind, zu diesem Begriffspaar jedoch die absolute Richtigkeit diskursiv notwendiger Aussagen hinzutritt. In Bäckers Modell, so meine bisherigen Ausführungen, fällt die zweite Entsprechung ersatzlos weg.

Damit ist meine Darstellung des aus drei Elementen bestehenden eindimensionalen Modells Bäckers abgeschlossen. Wie gesagt bilden die diesbezüglichen Äußerungen Bäckers sein eigenes, hauptsächliches Erkenntnisinteresse ab. Die aus Alledem gezogene Schlussfolgerung eines relativierten Anspruchs auf Richtigkeit ist Gegenstand des nun folgenden Abschnitts.

3. Der Anspruch auf die vertretbare Entscheidung

Am Schluss seiner Arbeit stellt Bäcker als Konsequenz seiner modifizierten, „relativistischen Diskurstheorie"[259] die These auf, dass der Richter mit seiner Entscheidung nur den Anspruch erheben könne, dass diese relativ richtig oder vertretbar, nicht einzig richtig ist.[260] Diese Position formuliert Bäcker sowohl in Abgrenzung zu Neumann, als auch - jedenfalls in der Neuauflage - in Abgrenzung zu Alexy.[261] Wie sich bei der Darstellung der Position Neumanns im nächsten Abschnitt zeigen wird, verbindet Neumann mit Alexy in Bezug auf die These der einzig richtigen Entscheidung nicht viel, dagegen stimmen Neumann und Bäcker in ihrer Ablehnung dieser These überein. Die fehlende Differenzierung zwischen Neumann und Alexy durch Bäcker deutet dabei den gewählten Begründungszusammenhang für seine These an. Dieser Begründungszusammenhang ist identisch mit demjenigen Alexys. Wie bei

---

259 Bäcker beansprucht ausdrücklich, mit seinem eindimensionalen Modell eine relativistische Diskurstheorie aufgestellt zu haben; Bäcker, Carsten. „Recht als institutionalisierte Vernunft?" In: *Archiv für Rechts- und Sozialphilosophie* 97 (2011), S. 346–359, S. 346. Zu den mit diesem Anspruch verbundenen Schwierigkeiten siehe unten, S.

260 Bäcker, Carsten, *Begründen und Entscheiden. Kritik und Rekonstruktion der Alexyschen Diskurstheorie des Rechts*, s. Anm. 33, S. 329.

261 ebd., S. 331. In der Vorauflage meinte Bäcker noch, mit seiner These in Übereinstimmung mit Alexy zu argumentieren; vgl. Bäcker, Carsten, *Begründen und Entscheiden. Kritik und Rekonstruktion der Alexyschen Diskurstheorie des Rechts*, s. Anm. 216, 306 f. Auch in der früheren Schrift Bäcker, Carsten, „Die diskurstheoretische Notwendigkeit der Flexibilität im Recht", s. Anm. 218, 109 f. kritisiert er ausschließlich Neumann.

diesem folgt die Auffassung Bäckers zum Anspruch des richterlichen Urteils aus theoretischen Erwägungen zur Richtigkeit.[262]

Zur Stützung seiner These eines den - im eindimensionalen Modell relativierten - Erkenntnismöglichkeiten entsprechenden relativen Anspruchs argumentiert Bäcker normativ. Tugendhaftigkeit oder Redlichkeit des Richters forderten, dass dieser nur das beanspruche, was sich rechtstheoretisch einholen lässt - Rationalität, Vertretbarkeit, relative Richtigkeit.[263] Weil der rechtstheoretisch aufgeklärte Richter wisse, dass seine Entscheidungen höchstens vertretbar oder relativ richtig sind, sei mit einem Urteil, das die einzig richtige Entscheidung beanspruche, eine unaufrichtige und abzulehnende Suggestion verbunden. Dies formuliert Bäcker folgendermaßen.

> „Der Anspruch einzig richtiger Antworten in juristischen Fragen als praktischen Fragen setzt daher nicht nur in den meisten Fällen, sondern in allen Fällen eine Illusion über deren Existenz voraus. Wenn der Richter nun, dessen ungeachtet, dem Rechtsunterworfenen Richtigkeit qua seines richterlichen Anspruchs auf die einzig richtige Entscheidung suggeriert, gibt er etwas vor, was er nicht einlösen kann."[264]

Die vorzugswürdige, redlichere Variante ist es nach Bäcker, der erkenntnistheoretischen Einsicht entsprechend, die einzig richtige Entscheidung auch als regulatives Ideal aufzugeben und damit erkenntnistheoretische Analyse und praktisch umzusetzenden Richtigkeitsanspruch in Übereinstimmung zu bringen. Bäcker räumt im Fortgang der zitierten Äußerung ein, dass es „gute rechtspolitische" Gründe für die Suggestion des Anspruchs auf die einzig richtige Entscheidung geben mag.[265] Hiermit spricht er die alternative Begründungsstrategie Neumanns für die These des Anspruchs auf die einzig richtige Entscheidung an. Leider setzt er sich nicht substantiell mit ihr auseinander. Auf der Grundlage der Annahme einer stets nur als relativ erkennbaren Richtigkeit plädiert Bäcker also - spiegelbildlich identisch zu Alexy - für einen Anspruch auf relative Richtigkeit.

Positiv hervorgehoben sei zum Schluss, dass Bäcker erstmalig in der analytischen Schule die normative Brisanz andeutet, die in der Bestimmung des

---

262 Bäcker, Carsten, *Begründen und Entscheiden. Kritik und Rekonstruktion der Alexyschen Diskurstheorie des Rechts*, s. Anm. 33, S. 330. In Bäcker, Carsten, „Die diskurstheoretische Notwendigkeit der Flexibilität im Recht", s. Anm. 218, 109 f. kritisiert Bäcker ausdrücklich den von Neumann gewählten praktischen Begründungsansatz. In den späteren Schriften bleibt diese Kritik mehr implizit.

263 Bäcker, Carsten, *Begründen und Entscheiden. Kritik und Rekonstruktion der Alexyschen Diskurstheorie des Rechts*, s. Anm. 33, 329 ff.

264 ebd., S. 330.

265 ebd., S. 330.

mit richterlichen Urteilen verbundenen Anspruchs steckt. Wenn die einzig richtige Entscheidung theoretisch nicht ausweisbar sein sollte, dann ist der richterliche Anspruch auf die einzig richtige Entscheidung, wie Bäcker hervorhebt, kontrafaktisch. Diese Kontrafaktizität illustriert Bäcker mit Begriffen wie „Illusion"[266], „Suggestion"[267], „Täuschung"[268] oder „Maskierung"[269]. Bäcker zeigt mit dieser Begriffswahl, dass die Kontrafaktizität der Argumentationsfigur der einzig richtigen Entscheidung rechtfertigungsbedürftig ist. Dabei ist nicht nur der sozusagen psychologische Effekt zu nennen, dass ein als einzig richtig dargestelltes Urteil von den Urteilsadressaten weniger wahrscheinlich mit Rechtsmitteln angefochten wird. Man kann und sollte, wie Bäcker, vielmehr die andere - staatliche - Seite fokussieren. Ist nicht in jeder Prozessordnung letztlich der Gedanke verkörpert, das Prozedere für die Betroffenen, insbesondere für die Unterliegenden transparent zu gestalten? Was ist angesichts dessen von der - seiner Meinung nach: kontrafaktischen - Darstellung richterlicher Begründungen als einzig richtig zu halten? Warum sollte es möglich oder gar geboten sein, theoretische Erkenntnisse über die Grundlagen der richterlichen Tätigkeit den Urteilsadressaten vorzuenthalten?[270] Diese rechtspolitischen Fragen sind in den Ausführungen Bäckers jedenfalls angelegt.Weitergedacht führen Bäckers Thesen potentiell zur Kritik an der tatsächlichen Rechtsprechungspraxis. Hierzu muss man sich nur klarmachen, dass in der Praxis die Argumentationsfigur der einzig richtige Entscheidung wohl die Standardform der Urteilsdarstellungen ist. Leider bleibt dieser kritische Aspekt bei Bäcker unausgesprochen.

Damit komme ich zu meiner Kritik an den Thesen Bäckers.

---

266 ebd., S. 329.

267 ebd., S. 330.

268 Bäcker, Carsten, *Begründen und Entscheiden. Kritik und Rekonstruktion der Alexyschen Diskurstheorie des Rechts*, s. Anm. 216, S. 308.

269 Bäcker, Carsten, „Die diskurstheoretische Notwendigkeit der Flexibilität im Recht", s. Anm. 218, 109 f.

270 Von Klatt stammt die Aussage, die Falschheit der Dworkinschen These der Existenz einzig richtiger Entscheidungen sei ein „Allgemeinplatz" in der Rechtstheorie; Klatt, Matthias, „Taking Rights Less Seriously. A structural analysis of judicial discretion", s. Anm. 11, S. 512. In gewisser Weise erstaunt die umstandslose Aussage des Alexy-Schülers Klatt, da die These der Existenz einzig richtiger Entscheidungen, wie im ersten Abschnitt dieses Kapitels gezeigt, auch von Alexy selbst vertreten wird. Der Unterschied zwischen Alexy und Dworkin ist, wie ich dargelegt habe, kein qualitativer, sondern nur ein quantitativer; siehe oben, S. 26. Die Aussage Klatts differenziert jedenfalls nicht zwischen dem Gehalt und der Reichweite der These.

II. Kritik

Bäckers Rekonstruktion der Alexyschen Diskurstheorie und die aus dieser Rekonstruktion gezogenen Konsequenzen lassen zahlreiche Fragen offen. Von einem bestimmten Standpunkt aus ist schon das Grundanliegen Bäckers einer Bereinigung der Alexyschen Theorie von ihren universalistischen und idealistischen Tendenzen verfehlt. Mit Klatt ist in allgemeiner Weise davon auszugehen, dass die aus den drei Werken *Theorie der juristischen Argumentation*, *Theorie der Grundrechte* und *Begriff und Geltung des Rechts* bestehende Gesamttheorie Alexys ein einheitliches System bildet.[271] Man könnte also gegen Bäcker argumentieren, dass die Argumentationstheorie Alexys nur in der Zusammenschau mit den anderen Teilen richtig zu verstehen sei. Die von Bäcker vorgenommene, isolierte Betrachtung und Rekonstruktion des argumentationstheoretischen Teils erscheint angesichts dessen fragwürdig. Zu beachten ist nämlich, dass die Rekonstruktion der Argumentationstheorie Alexys bei Bäcker wegen des Verzichts auf ideale Elemente jedenfalls nicht mit den Arbeiten Alexys zum Rechtsbegriff vereinbar ist.[272] Bäcker interpretiert Alexys Theorie der juristischen Argumentation also unter Außerachtlassung der systembildenden Intention seines Autors. Gerade in Bezug auf die relativistische Interpretation der Argumentationstheorie kann man zudem einwenden, dass die Diskurstheorie Alexys als eine kantische konzipiert ist.[273] Durch die Subtraktion der idealistischen Elemente, so könnte man argumentieren, ist eine Diskurstheorie als solche nicht mehr existent.

Dies sind Einwände allgemeiner Art. Es lassen sich aber mehrere Einwände formulieren, die sich theorieintern auf die Thesen Bäckers beziehen. Auf sie werde ich mich im Folgenden beschränken. In vorliegendem Zusammenhang sind drei Probleme von besonderem Interesse, wobei sich meine ersten beiden Kritikpunkte auf das eindimensionale Modell des Diskurses beziehen, der letzte auf die hieraus gezogene Konsequenz der These des Anspruchs auf die relativ richtige Entscheidung. Mit Einführung des Begriffs der Opti-

---

271 Klatt, Matthias, „Robert Alexy's Philosophy of Law as System", s. Anm. 72, 1 ff.

272 Alexy, Robert, *Begriff und Geltung des Rechts*, s. Anm. 70, 64 ff. Vgl. aus neuester Zeit Alexy, Robert, „Hauptelemente einer Theorie der Doppelnatur des Rechts", s. Anm. 77, 152 ff. Alexy, Robert, „The Dual Nature of Law", s. Anm. 77, 168 ff.

273 Alexy, Robert. „Eine diskurstheoretische Konzeption der praktischen Vernunft". In: *Rechtssystem und praktische Vernunft*. Hrsg. von Alexy, Robert und Dreier, Ralf. Stuttgart 1993, S. 11–29, 14 ff. Alexy, Robert, *Theorie der juristischen Argumentation. Die Theorie des rationalen Diskurses als Theorie der juristischen Begründung*, s. Anm. 14, S. 153; Lafont, Christina, s. Anm. 57, S. 294.

mierung im eindimensionalen Modell entsteht, so mein erster Kritikpunkt, in gleicher Weise wie im Modell Alexys das Problem der Maßstabsbildung aus einer Approximation (a.). Dieses Problem verschärft sich - zweitens - dadurch, dass Bäcker trotz seiner relativistischen Modifikation der Diskurstheorie von der Existenz einzig richtiger Entscheidungen ausgeht. Vor diesem Hintergrund ist zweifelhaft, ob Bäcker das regulative Ideal der einzig richtigen Entscheidung aus seinem Modell streichen kann (b.). Schließlich wird sich - drittens - zeigen, dass auch der als Konsequenz des eindimensionalen Modells gedachte Anspruch auf relative Richtigkeit Schwächen aufweist. Es wird sich herausstellen, dass die These Bäckers die negative Folge hat, dass rechtswissenschaftliche Urteilskritik erschwert, wenn nicht unmöglich gemacht wird (c.).

1. Das Optimum als Maßstab?

Mein erster Kritikpunkt lautet, dass eine - von Bäcker klar benannte - Schwäche von Alexys Modell nicht ausgeräumt, sondern nur umbenannt wird. Diese Schwäche besteht bei Alexy wie bei Bäcker darin, dass aus einer Approximation ein Maßstab oder ein Kriterium für die Richtigkeit praktischer Aussagen gebildet wird. Bezweifeln möchte ich insofern, dass mit Bäckers „diskursivem Optimum" gegenüber Alexys „regulativer Idee der einzig richtigen Entscheidung" irgendetwas gewonnen sei. Im Folgenden möchte ich zunächst Bäckers Begriff des diskursiven Optimums rekapitulieren und anschließend einen kritischen Vergleich zur Theorie Alexys ziehen.

Zunächst sei Bäckers Konstrukt des diskursiven Optimums kurz in Erinnerung gerufen. Bäcker führt wie gesehen die Diskursprinzipien als Bindeglied zwischen den nichtrealisierbaren Diskursidealen und den tatsächlichen Diskursen in sein eindimensionales Modell ein.[274] Als zweites Element sollen sie zwischen den (Vorstellungen von einem) Diskursideal auf der ersten Ebene und den realen Diskursen auf der dritten Ebene vermitteln und die „Schwäche der Nichtrealisierbarkeit des Diskursideals" beseitigen.[275] Vermieden werden könne damit, den fiktiven idealen Diskurs als Richtigkeitskriterium tatsächlicher Diskurse verwenden zu müssen. Für das Modell Alexys, so Bäcker, stelle diese Art Richtigkeitskriterium eine bedeutende Schwäche

274 Bäcker, Carsten, *Begründen und Entscheiden. Kritik und Rekonstruktion der Alexyschen Diskurstheorie des Rechts*, s. Anm. 33, 148 ff.
275 ebd., S. 148.

dar, weil im zweidimensionalen Modell Alexys kein Weg von den realen Diskursen zum idealen Diskurs führe. Auch eine Annäherung oder Orientierung am idealen Diskurs ist für Bäcker nicht möglich - ein in jeder Hinsicht nicht-realer Diskurs kann für ihn real keine Wirkung entfalten.[276] Diese Nicht-Realität des idealen Diskurses soll nun durch die Diskursprinzipien überwunden werden. In normtheoretischer Hinsicht als Optimierungsgebote aufzufassen, gebieten sie die „optimale Verwirklichung der idealen Bedingungen des idealen Diskurses relativ auf die gegebenen Umstände und die jeweils anderen Diskursprinzipien."[277]

Ich komme nun zu meinem Vergleich der Begriffe Bäckers und Alexys in kritischer Absicht. Mein Einwand lautet, dass Bäcker mit seiner Begrifflichkeit das von ihm ausgemachte und tatsächlich bestehende Problem des Alexyschen Modells nicht lösen kann, sondern bloß dessen Verlagerung oder Umbenennung betreibt. Mit Einführung eines diskursiven Optimums und den hiermit verbundenen Begriffen der „möglichst weitgehenden Erfüllung"[278], der „optimalen Verwirklichung"[279] oder der „Annäherung an"[280] das nichtrealisierbare Diskursideal versucht Bäcker nämlich erfolglos, einen Grenzwert als feststehendes Kriterium aufzubauen. Erstmals hat Weinberger diesen Einwand gegen Alexy und in Bezug auf die regulative Idee des idealen Diskurses wie folgt formuliert: „Zwischen idealem und realem Diskurs muss eine gewisse Beziehung bestehen" und hierzu der ideale Diskurs „wenigstens asymptotisch definit sein, d. h. sich einem bestimmten Wert stetig nähern."[281] Da der ideale Diskurs nicht feststehe, so Weinberger, schlage der Versuch einer Annäherung oder Approximation notwendig fehl. Bäckers Lösungsversuch für das von ihm unter Rückgriff auf die Kritik Weinbergers an Alexy konstatierte Problem läuft, wie nun zu erläutern ist, bestenfalls auf dessen Neuetikettierung hinaus.

---

276 Bäcker, Carsten, *Begründen und Entscheiden. Kritik und Rekonstruktion der Alexyschen Diskurstheorie des Rechts*, s. Anm. 33, 154 f.

277 ebd., S. 147.

278 ebd., S. 149.

279 ebd., S. 152.

280 ebd., S. 157.

281 Weinberger, Ota, s. Anm. 115, S. 260. Alexy selbst räumt in gewisser Weise ein, dass dies nicht der Fall ist. Denn es kann ihm zufolge nicht ausgeschlossen werden, dass auch im idealen Diskurs kein Konsens hergestellt werden kann, bzw. zwei widersprechende Normen als gleichermaßen richtig auszuzeichnen sind; Alexy, Robert, *Theorie der juristischen Argumentation. Die Theorie des rationalen Diskurses als Theorie der juristischen Begründung*, s. Anm. 14, S. 409; Alexy, Robert, „Probleme der Diskurstheorie", s. Anm. 14, S. 118.

Den Begriff des Diskursprinzips konkretisiert Bäcker wie erwähnt als „ein Ziel, dass immer dann erreicht ist, wenn die Gegenstände der Diskursprinzipien relativ auf die gegebenen Umstände möglichst weitgehend erfüllt sind."[282] Entscheidend ist nun, dass sich Bäcker zufolge

> „[d]araus ein Maßstab für die Richtigkeit der Ergebnisse tatsächlicher Diskurse [...] gewinnen [läßt]: Das Ergebnis eines tatsächlichen Diskurses ist [...] dann (relativ) richtig, wenn im zugrundeliegenden Diskurs eine optimale Verwirklichung der Gegenstände der Diskursprinzipien unter den gegebenen Umständen gewährleistet ist, also ein optimaler Diskurs vorliegt."[283]

Nach Bäcker soll also ein Maßstab für die Richtigkeit praktischer Aussagen aus einer optimalen oder möglichst weitgehenden Erfüllung der Gegenstände der Diskursprinzipien folgen. Wichtig ist für Bäcker, dass, anders als bei Alexy, ein Ziel erreicht werden können soll.

Betrachtet man das evozierte Ziel des jeweiligen diskursiven Optimums genauer, dann zeigt sich, dass ein „Optimum" (Bäcker) begrifflich genauso wenig als Maßstab taugt wie ein „Ideal" (Alexy). Es impliziert nämlich in gleicher Weise eine Approximation. Bäcker räumt selbst ein, dass in realen Diskursen nicht geklärt werden kann, wann ein Optimum erreicht ist. Denn über die Frage, ob ein Optimum erreicht ist, entscheidet in seinem Modell wiederum ein realer Diskurs, dessen Ergebnisse wiederum nur relativ richtig und damit entscheidungsindefinit sind.[284] Das Optimum ist also gar nicht bestimmt und das „Ziel" damit genauso wenig greifbar wie bei einem Ideal.

Zusätzlich zum fehlenden Lösungspotential angesichts bekannter Probleme spricht folgende Erwägung gegen Bäckers eindimensionales Modell: Wie gesehen ist in Bäckers Theorie die optimale Verwirklichung der Gegenstände der Diskursprinzipien „unter den gegebenen Umständen" Kriterium und Maßstab der Richtigkeit.[285] An anderer Stelle heißt es, das Modell weise „auf die Grenzen der Leistungsfähigkeit der Diskurstheorie hin, die sich mit den gegebenen Diskursumständen verändern."[286] Die vorgegebenen Diskursumstände sind damit zunächst gar nicht Gegenstand der Optimierung, sondern ganz im Gegenteil bilden sie für jene einen Rahmen. Hiermit scheint fataler

---

282 Bäcker, Carsten, *Begründen und Entscheiden. Kritik und Rekonstruktion der Alexyschen Diskurstheorie des Rechts*, s. Anm. 33, S. 149.

283 Bäcker, Carsten, *Begründen und Entscheiden. Kritik und Rekonstruktion der Alexyschen Diskurstheorie des Rechts*, s. Anm. 216, S. 149.

284 Bäcker, Carsten, *Begründen und Entscheiden. Kritik und Rekonstruktion der Alexyschen Diskurstheorie des Rechts*, s. Anm. 33, S. 166.

285 ebd., S. 156.

286 ebd., S. 169.

Weise jeder noch so verzerrte Diskurs „richtige" Ergebnisse generieren zu können. „Unter den gegebenen Umständen" kann nämlich auch heißen „unter besonders schlechten Umständen". Bäcker zufolge lässt sich nun aus dem eindimensionalen Modell ein „Postulat der Optimierung der Diskursumstände" ableiten.[287] Auf diesem Postulat lastet dementsprechend eine große Begründungslast, wenn es nicht bei optimierten und dennoch verzerrten Diskursen bleiben soll. Dem Problem der Optimierung der Diskursumstände widmet Bäcker aber nur wenige Zeilen. Statt sein Optimierungspostulat zu substantiieren, erfolgt lediglich ein Verweis auf die sogenannte Gewichtsformel Alexys zur Abwägung von Prinzipien.[288] Die Gewichtsformel ist als Schema der internen Rechtfertigung aber bekannter Maßen inhaltlich-substantiell leer.[289] So bleibt es dabei, dass bei Bäcker ein optimaler Diskurs gleichzeitig ein verzerrter Diskurs sein kann.

Es soll mit dem gemachten Einwand nicht bestritten werden, dass sich ein Postulat zur Optimierung von Diskursumständen finden ließe. Ich möchte nur bestreiten, dass Bäcker dies zu Recht beanspruchen kann. Es bleibt festzuhalten, dass das Modell Bäckers in Bezug auf die in diesem Abschnitt genannten Aspekte eine Kopie des Modells von Alexy darstellt und nicht dessen ernstzunehmende Alternative. Diese Tendenz wird sich in dem nun folgenden Abschnitt erneut zeigen, in welchem ich einen unvollendeten Relativismus des eindimensionalen Modells feststellen und kritisieren werde.

2. Der unvollendete Relativismus

Eben hatte ich bemängelt, dass mit der Ersetzung des Begriffs des idealen durch den des optimalen Diskurses gegenüber dem Modell Alexys nichts gewonnen sei. Diese Kritik lässt sich mit Blick auf den „Relativismus" von Bäckers alternativer Diskurstheorie weiter vertiefen.[290] Wie darzulegen sein wird, ist Bäckers Modell durch einen inkonsequenten, sozusagen unvollende-

287 Bäcker, Carsten, *Begründen und Entscheiden. Kritik und Rekonstruktion der Alexyschen Diskurstheorie des Rechts*, s. Anm. 33, S. 174.

288 ebd., 173 f.

289 Vgl. hierzu Klatt, Matthias und Schmidt, Johannes. *Spielräume im Öffentlichen Recht*. Tübingen 2010, 13 f.

290 Als ein weiterer, allgemeiner Kritikpunkt ließe sich noch folgender Einwand anführen. Jede relativistische Wahrheits- oder Richtigkeitstheorie fordert zu der Frage heraus, ob mit ihr selbst nur relative Richtigkeit beansprucht wird. Es fragt sich in Bezug auf die Arbeit Bäckers konkret, ob er für seine Arbeit eine Ausnahme von der für ihn zentralen, nur relativen Richtigkeit beansprucht, die „bitte wie?" begründet werden

ten Relativismus geprägt. Aufgrund der Inkonsequenz des eindimensionalen Modells kann das anzustrebende Optimum diskursiver Rationalität aus meiner Sicht nicht anders gedacht werden, als auf einzig richtige Antworten bezogen.

Von normativer Richtigkeit oder Objektivität zu sprechen, ist aus antirealistischer, skeptischer oder relativistischer Perspektive nichts weiter als eine emphatische Darstellungsweise subjektiver, zur Sprecherperson relativer Präferenzen und Meinungen. Eine relativistische Rechtstheorie zeichnet sich dementsprechend dadurch aus, dass es für sie in normativen Fragen das binäre Schema von richtig und falsch nicht gibt.[291] Dies ist im Ansatzpunkt auch die Auffassung Bäckers, wenn er vom diskursiven Optimum als relativer Richtigkeit spricht. In den allein ausschlaggebenden tatsächlichen Diskursen kann es ihm zufolge stets nur relativ richtige Ergebnisse geben. Die aus meiner Sicht kritikwürdige Inkonsequenz Bäckers besteht darin, dass er neben relativer Richtigkeit, Rationalität oder Vertretbarkeit auch von absoluter Richtigkeit, bzw. einzig richtigen Antworten auszugehen scheint.

Dies kommt in folgenden, teilweise bereits angeführten Äußerungen zum Ausdruck.

> „Selbst wenn der Diskurs zufällig auf ein *absolut richtiges Ergebnis* stößt, könnten die Diskursteilnehmer das nie sicher wissen, denn es kann nie die Möglichkeit ausgeschlossen werden, daß ein zukünftiger Diskurs entweder das Ergebnis selbst oder einen der Bezugspunkte des Diskurses falsifiziert."[292]
>
> „Alles, was in tatsächlichen Diskursen erreicht werden kann, ist eine bloß relativ auf den Diskurs richtige Antwort. Damit mag die einzige vertretbare Antwort zwar, im besten Fall, die eine richtige oder einzige relativ richtige Antwort sein, nicht aber die einzig richtige - *zumindest können wir das nicht wissen*."[293]

Wenn, wie in den Äußerungen impliziert wird, wir nur nicht wissen können, ob wir die einzig richtige Antwort erzielt haben, auf sie aber zufälliger Weise

---

könnte, oder ob auch mit ihr nur eine relativ richtige These behauptet wird. Hiermit ist das generelle Problem relativistischer Theorien bezeichnet, dass sie schwerlich konsistent vorgetragen werden können; vgl. Searle, John R. „The Refutation of Relativism". http://socrates.berkeley.edu/~jsearle/articles.html. 2001. Dieser Einwand soll im Folgenden jedoch auf sich beruhen, weil er wie gesagt gegen jede relativistische Theorie vorgetragen werden kann. Ich möchte mich stattdessen auf die aus meiner Sicht bestehenden Mängel gerade des Modells Bäckers konzentrieren.

291 Vgl. hierzu illustrativ Postema, Gerald J. „Objectivity Fit for Law". In: *Objectivity in Law and Morals*. Hrsg. von Leiter, Brian. Cambridge 2002, S. 99–143, S. 100.

292 Bäcker, Carsten, *Begründen und Entscheiden. Kritik und Rekonstruktion der Alexyschen Diskurstheorie des Rechts*, s. Anm. 33, S. 165. Hervorhebung eingefügt.

293 ebd., S. 330. Hervorhebung eingefügt.

gestoßen werden kann, dann wird sie jedenfalls als existierend zugrunde gelegt. Bäckers Kritik an Alexys Universalismus bezieht sich damit offenbar nur auf die Erkennbarkeit einzig richtiger Antworten im Recht.[294]

Entscheidend ist, dass als Folge dieses epistemischen Relativismus bei ontologischem Realismus der im Ausgangspunkt behauptete Verzicht auf Alexys regulative Idee einzig richtiger Entscheidungen unplausibel wird. Es ist aus meiner Sicht nicht nachvollziehbar, dass die Optimierung von Diskursprinzipien gegenüber der Orientierung an der einzig richtigen Entscheidung etwas substantiell anderes sein soll, wenn einzig richtige Entscheidungen auch für Bäcker existieren. Die Optimierung der Diskursprinzipien kann ja doch nicht Selbstzweck sein, sondern soll größtmögliche Rationalität sichern. Wenn hinter oder über dieser erkennbaren Rationalität Wahrheit existiert, dann ist aus meiner Sicht die Anstrengung der Optimierung nicht anders denkbar, als eben an Wahrheit orientiert. Dies wird nochmals deutlich unter Berücksichtigung der folgenden Äußerung Bäckers.

> „Wenn es das Ziel aller Erkenntnis ist, richtige Ergebnisse und damit Wahrheit zu erlangen, und es, jedenfalls solange die Menschen sich nicht zu perfekten Diskursteilnehmern gewandelt haben, im Diskurs keine absolute Wahrheit oder Richtigkeit zu erreichen gibt, sondern immer nur eine Rationalität, die definitionsgemäß relativ ist, wird zum Ziel der Erkenntnis die Rationalität oder optimale Richtigkeit."[295]

Bäcker zufolge wandelt sich also das Ziel der Erkenntnis (von Wahrheit zu Rationalität), weil im Diskurs keine Wahrheit zu erreichen ist. Geht man aber wie Bäcker davon aus, dass Wahrheit existiert, dann lässt sich das Anstreben optimaler Richtigkeit nicht vom Streben nach Wahrheit unterscheiden. Rationalität wird Willkür auch von Bäcker vorgezogen, weil sie „richtigen Ergebnissen und damit Wahrheit" näher kommt.[296]

Die von Bäcker verworfene regulative Idee der einzig richtigen Entscheidung kehrt damit über den Umweg seines unvollendeten Relativismus wieder.

---

294 Fraglich ist, ob man die hervorgehobenen Äußerungen zugunsten Bäckers so interpretieren könnte, dass sie nur das grundsätzliche Problem des Skeptikers ansprechen sollen, dass seine These der Negierung von Wahrheit ebenfalls unwahr sein könnte. Ich meine, dass den zitierten Aussagen Bäckers kein Hinweis auf diese Metaebene zu entnehmen ist. Es im Rahmen einer (auch) konstitutiv relativistischen Weltsicht unmöglich, dass „zufällig auf ein absolut richtiges Ergebnis" gestoßen werden kann. Die Tatsache, dass die skeptische Weltsicht insgesamt falsch sein könnte, liegt demgegenüber auf einer anderen Ebene. Diese Unterscheidung kommt in den angeführten Äußerungen aus meiner Sicht nicht zum Ausdruck.

295 Bäcker, Carsten, *Begründen und Entscheiden. Kritik und Rekonstruktion der Alexyschen Diskurstheorie des Rechts*, s. Anm. 33, 192 f.

296 ebd., 193 f.

Akzeptiert man wie Bäcker, dass es neben den relativ richtigen Antworten realer Diskurse noch einzig richtige Antworten gibt, dann ist höchst zweifelhaft, ob in Verbindung mit dem Konzept der Optimierung auf sie verzichtet werden kann. Das erkennbare Relative verweist damit auch im Modell Bäckers letztlich auf das unerkennbare Absolute. Dies ist das Modell Alexys mit dem einzigen Unterschied, dass sich bei Alexy im Grenzfall der diskursiven Notwendigkeit beide Sphären berühren. Weil Bäcker sich nicht zu einem vollständigen, auch konstitutiven Relativismus durchringen kann, ist erneut zu konstatieren, dass die „relativistische" Theorie Bäckers der „idealistischen" Alexys zu sehr verhaftet bleibt, um für sich konsistent zu sein.

Damit ist meine kritische Diskussion des eindimensionalen Modells abgeschlossen und ich komme zu meiner Kritik an der Konsequenz, die Bäcker aus diesem Modell zieht. Hierbei handelt es sich, wie erwähnt, um die These des Anspruchs auf eine relativ richtige Entscheidung. Wie sich zeigen wird, sieht sich diese These dem Einwand ausgesetzt, dass sie Urteilskritik teilweise unmöglich macht. Diesen Einwand werde ich im Folgenden als „Problem der Kritikfähigkeit - I" diskutieren. Wie sich im Verlaufe der Arbeit zeigen wird, ist eine einfache Lösung des Problems der Urteilskritik nicht in Sicht. Es wird sich im nächsten Abschnitt erweisen, dass die entgegengesetzte Position Neumanns, die ich als „Problem der Kritikfähigkeit - II" diskutieren werde, ebenfalls kritikwürdig ist. Mein eigener Lösungsvorschlag wird darin bestehen, beide Positionen unter einem übergeordneten Gesichtspunkt zu versöhnen.

3. Das Problem der Kritikfähigkeit - I

Am Schluss seiner Arbeit stellt Bäcker als Konsequenz der von ihm behaupteten Unmöglichkeit einzig richtiger Antworten die These auf, dass der Richter bloß den Anspruch auf eine relativ richtige Entscheidung zu erheben habe. Diese These folgt für Bäcker, wie schon - spiegelbildlich identisch - für Alexy, aus seinem Ergebnis zur theoretischen (Un-)Möglichkeit einzig richtiger Antworten auf juristische Fragen. Zur Begründung des Anspruchs auf die relativ richtige Entscheidung argumentiert Bäcker normativ mit der Tugendhaftigkeit oder Redlichkeit des Entscheiders.[297]

Diese Begründung ist unvollständig, so mein abschließender Einwand, weil sie Grundlagen und Voraussetzungen rechtswissenschaftlicher Urteilskritik

297 ebd., S. 156.

nicht angemessen reflektiert. Die folgende Kritik wird aber erheblich dadurch relativiert, dass die zum Thema vorgetragenen Behauptungen Neumanns, die denjenigen Bäckers genau entgegengesetzt sind, sich in vergleichbarer Weise als einseitig erweisen werden. Wie sich zeigen wird, betrachten Bäcker und Neumann das gleiche Problem aus je einer Perspektive. Im dritten Kapitel möchte ich versuchen, das insofern dilemmatisch scheinende Problem durch die Kombination beider Perspektiven zu lösen.

Die Ablehnung der These des Anspruchs auf die einzig richtige Entscheidung bei Alexy und Neumann folgert Bäcker ohne Weiteres aus seiner epistemischen These, dass einzig richtige Aussagen diskursiv nicht ausgezeichnet werden können. Es sei redlicher, nur das zu Beanspruchen, was sich theoretisch ausweisen lasse.[298] Eine weitergehende Begründung gibt Bäcker - so weit ich sehe - nicht. Dass seine eigene These des Anspruchs auf relative Richtigkeit aber über die vorgetragene rechtspolitische Forderung hinaus begründungsbedürftig ist, folgt aus alternativen Vorschlägen diesbezüglich. Der Übergang von der mangelnden Erkennbarkeit einzig richtiger Antworten zu einem entsprechend dargestellten richterlichen Urteil ist nämlich keineswegs zwingend, wie das Konzept Neumanns zur Funktionalisierung von Wahrheitsansprüchen im Recht zeigt. Neumann, dessen Position im nächsten Abschnitt vorgestellt werden soll, vertritt in der für meine Arbeit zentralen Schrift *Wahrheit im Recht* die Auffassung, dass Antworten auf die rechtstheoretische Frage nach der Möglichkeit einzig richtiger Antworten für das Problem des vom Richter zu Implizierenden oder Vorauszusetzenden nicht ausschlaggebend sind.[299] Vielmehr müsse der Richter sein Urteil aufgrund institutioneller Voraussetzungen so darstellen und präsentieren, „als ob" es einzig richtige Antworten tatsächlich gebe.[300] Das Beanspruchen der einzig richtigen Entscheidung ist also auch für Neumann kontrafaktisch - gerechtfertigt wird es, entgegen Alexy und Bäcker, institutionell oder praktisch.

Bäcker setzt sich mit der erwähnten Schrift Neumanns in *Begründen und Entscheiden* schwerpunktmäßig auseinander; ausgerechnet die institutionelle Begründung Neumanns eines kontrafaktischen Anspruchs auf die einzig richtige Entscheidung wird aber überhaupt nicht aufgegriffen. Bäcker erwähnt nur am Rande, dass es für das Beanspruchen einzig richtiger Antworten „gute

---

298 Bäcker, Carsten, *Begründen und Entscheiden. Kritik und Rekonstruktion der Alexyschen Diskurstheorie des Rechts*, s. Anm. 33, S. 330.

299 Neumann, Ulfrid, *Wahrheit im Recht. Zu Problematik und Legitimität einer fragwürdigen Denkform*, s. Anm. 19, 41 ff.

300 ebd., 48 ff.

rechtspolitische und in diesem Sinne pragmatische Gründe geben mag."[301] Diese Gründe werden aber nicht weiter angeführt, geschweige denn widerlegt. Eine vollständige Begründung für seine These des Anspruchs auf die relativ richtige Entscheidung bleibt Bäcker damit schuldig.

Vor diesem Hintergrund lässt Bäckers Argumentation mit der Tugendhaftigkeit oder Redlichkeit des Richters viele Fragen offen. Seine These eines eingeschränkten Richtigkeitsanspruchs folgt zunächst dem nachvollziehbaren Gedanken, dass das richterliche Urteil gegenüber seinen Adressaten nur das Beanspruchen oder Implizieren sollte, was sich wissenschaftlich ausweisen lässt. Dies ist in dem Modell Bäckers die relativ richtige oder rationale, nicht aber die einzig richtige Entscheidung. Die Alternative eines Urteils, das mit dem Impetus der Verkündung ewiger Wahrheit auftritt, ist als Konsequenz der Argumentation Bäckers als „Illusion"[302], „Suggestion"[303], „Täuschung"[304] oder „Maskierung"[305] abzulehnen. Diese Position ist einerseits höchst plausibel, andererseits scheint sie paradoxer Weise zu dem Problem zu führen, dass aus der Perspektive der Rechtswissenschaft Kritik unmöglich gemacht wird.

Dieser auf Neumann[306] zurückgehende Einwand lässt sich anhand der Grundaussagen des Modells Bäckers wie folgt erläutern. Das Richteramt besteht Bäcker zufolge, weil die realen Diskurse nicht entscheidungsdefinit sind und es damit zu einer Rechtsfrage zwei gleichermaßen vernünftige, doch widersprüchliche Antworten geben kann. Da ein Rechtsstreit nicht durch widersprüchliche Aussagen gelöst werden kann, ist eine Entscheidung zwischen den zwei gleichermaßen vertretbaren Antworten zu treffen. Das richterliche Urteil ist damit Bäcker zufolge in Bezug auf den Aspekt der Wahl zwischen gleichermaßen vertretbaren Entscheidungen Ausdruck nicht-juristischer Vorurteile und Präferenzen des Richters.[307] Wird diese

301 Bäcker, Carsten, *Begründen und Entscheiden. Kritik und Rekonstruktion der Alexyschen Diskurstheorie des Rechts*, s. Anm. 33, S. 333.

302 ebd., S. 329.

303 ebd., S. 330.

304 Bäcker, Carsten, *Begründen und Entscheiden. Kritik und Rekonstruktion der Alexyschen Diskurstheorie des Rechts*, s. Anm. 216, S. 308.

305 Bäcker, Carsten, „Die diskurstheoretische Notwendigkeit der Flexibilität im Recht", s. Anm. 218, 109 f.

306 Neumann, Ulfrid, „Wahrheit statt Autorität. Möglichkeit und Grenzen einer Legitimation durch Begründung im Recht", s. Anm. 31, 48 ff. ebd., 76 ff.

307 Zu beachten ist, dass Bäcker zufolge jedes Urteil für sich rational begründbar, bzw. relativ richtig sein muss, vgl. Bäcker, Carsten, *Begründen und Entscheiden. Kritik und Rekonstruktion der Alexyschen Diskurstheorie des Rechts*, s. Anm. 33, 333 f.

Einsicht handlungsleitend, beansprucht der Richter also nicht mehr als eine rationale oder vertretbare Entscheidung, dann scheint das Urteil in Bezug auf den Aspekt der Wahl zwischen gleichermaßen vertretbaren Entscheidungen paradoxer Weise nicht kritisierbar zu sein.[308] Der Wahl zwischen gleichermaßen gut begründbaren Rechtsauffassungen liegen Bäcker zufolge stets außerjuristische, in der Richterpersönlichkeit zu verortende subjektive Präferenzen und Vorurteile zugrunde.[309] Die gefühlsmäßige Wahl zwischen Entscheidungsmöglichkeiten ist jedoch nicht in der Dimension von wahr und falsch beurteilbar und damit - hierauf kommt es mir im Anschluss an Neumann an - nicht rechtlich kritisierbar.[310]

Ist das Urteil in Bezug auf den Aspekt der Wahl zwischen gleichermaßen vertretbaren Antworten nicht als falsch beurteilbar, dann ist es in diesem Ausmaß immun gegen rechtswissenschaftliche Kritik.[311] Zwar wird der Urteilsadressat in der Regel eher geneigt sein, mit Rechtsmitteln gegen eine Entscheidung vorzugehen, die im Sinne Bäckers nicht als unumstößliche Wahrheit präsentiert wird. Eine solche Art der Darstellung und Präsentation des Urteils begegnete jedenfalls auch keinen Bedenken in rechtsstaatlicher Hinsicht. Es entspricht, wie Bäcker ausführt, in der Tat der Redlichkeit, nur das zu beanspruchen, was sich theoretisch ausweisen lässt.[312] Aus Sicht der Rechtswissenschaft ergibt sich jedoch das Problem, dass Meinungsäußerungen definitionsgemäß nicht als wahr oder falsch bezeichnet werden können. Eine Urteilskritik scheint unter diesen Voraussetzungen jedenfalls teilweise unmöglich, was Bäcker übergeht.

Lässt man mit Bäcker den Richter also nur den Anspruch auf relative Richtigkeit erheben, bleibt in Bezug auf die vom Justizverweigerungsverbot geforderte Entscheidung nur der achselzuckende Verweis des Richters auf die Kraft der Autorität seines Amtes. Dieses Ergebnis befördert ggf. den Widerspruch des Urteilsadressaten, lässt aber die rechtswissenschaftliche

308 Neumann, Ulfrid, „Wahrheit statt Autorität. Möglichkeit und Grenzen einer Legitimation durch Begründung im Recht“, s. Anm. 31, S. 48; ebd., S. 76.

309 Bäcker, Carsten, *Begründen und Entscheiden. Kritik und Rekonstruktion der Alexyschen Diskurstheorie des Rechts*, s. Anm. 33, S. 333.

310 Neumann, Ulfrid, „Wahrheit statt Autorität. Möglichkeit und Grenzen einer Legitimation durch Begründung im Recht“, s. Anm. 31, S. 48; ebd., S. 76. Ähnlich Herbst, Tobias, s. Anm. 35, S. 900 in direkter Kritik an Bäcker.

311 Neumann, Ulfrid, „Wahrheit statt Autorität. Möglichkeit und Grenzen einer Legitimation durch Begründung im Recht“, s. Anm. 31, S. 48; ebd., S. 76.

312 In diese Richtung geht auch Pavlakos, George, „Correctness and Cognitivism. Remarks on Robert Alexy's Argument from the Claim to Correctness“, s. Anm. 68, S. 10 mit seiner 'knowledge rule'.

Kritik (teilweise) sprachlos zurück. Zu beachten ist, dass mit dieser Kritik nur ein wunder Punkt in der Theorie Bäckers bezeichnet sein soll, keinesfalls aber eine Lösung des insistierenden Problems der Kritikfähigkeit geleistet ist. Im Zusammenhang mit der von mir an Alexy geübten Kritik ergibt sich vielmehr bis zu dieser Stelle ein Dilemma - sowohl der absolute Anspruch Alexys wie der relative Anspruch Bäckers weisen in Bezug auf das Problem der Kritikfähigkeit spezifische Schwächen auf. Unter Anderem dieses Dilemma gilt es im nun folgenden Abschnitt bei der Auseinandersetzung mit Neumann weiter zu entfalten.

III. Zusammenfassung

Die Theorie Bäckers ist der Versuch, die Diskurstheorie Alexys ohne ihre idealistischen und universalistischen Aspekte zu reformulieren. Im sogenannten eindimensionalen Modell des allgemeinen praktischen Diskurses wird auf den idealen Diskurs als zweiter Ebene der Diskurstheorie Alexys verzichtet.[313] An dessen Stelle tritt ein Diskursideal, welches mit den Vorstellungen der am Diskurs teilnehmenden Menschen ein regional und historisch kontingentes ist. Die Richtigkeit der Ergebnisse tatsächlicher Diskurse nimmt, vermittelt über die von Bäcker eingeführten Diskursprinzipien, an dieser Wandelbarkeit teil. Richtigkeit kann damit nur relativ zu einem bestimmten Diskursideal und zu den jeweiligen Diskursumständen bestimmt werden.[314] Für die vorliegende Untersuchung zentral ist der Schluss der Arbeit, an dem Bäcker aus der grundsätzlichen Relativität einer von jeglichem Idealismus freien Diskurstheorie die Konsequenz eines Anspruchs auf relative Richtigkeit richterlicher Begründungen zieht.[315]

Diese These sieht sich mit Alexy - und wie sich sogleich zeigen wird, auch mit Neumann - prominenten Gegenstimmen gegenüber. Beide behaupten - wenn auch mit unterschiedlicher Begründung, dass es aus der Perspektive des Richters einen eingeschränkten oder relativierten Richtigkeitsanspruch nicht geben kann. Ich habe dargelegt, dass in anderer Hinsicht eine bedeutende Übereinstimmung mit Alexy besteht. Diese liegt darin, dass für beide Autoren das mit der richterlichen Entscheidung zu Beanspruchende aus rechtstheoretischen Erwägungen folgt. Für Alexy wie für Bäcker folgt die These des

313 Siehe oben, S. 44 ff.
314 Siehe oben, S. 46 ff.
315 Siehe oben, S. 49 ff.

Anspruchs auf absolut (Alexy) oder relativ (Bäcker) richtige Antworten aus den - ihrem Erkenntnisinterresse entsprechend - vorrangigen Thesen zu Existenz (Alexy) und Erkennbarkeit (Bäcker) einzig richtiger Antworten. Dieser Begründungszusammenhang wird von Neumann, dessen Position ich im folgenden Abschnitt darstellen werde, jedenfalls implizit bestritten.

Ich habe kritisiert, dass das eindimensionale Modell mit der Optimierung von Gegenständen der Diskursprinzipien auf der zweiten Ebene eine Grenzwertbildung erfordert, die unmöglich als feststehendes Richtigkeitskriterium fungieren kann. Es entsteht bei Bäckers Begriff der Optimierung in gleicher Weise wie bei Alexys Begriff der Orientierung oder Approximation.[316] Weiterhin habe ich bemängelt, dass Bäcker die Möglichkeit einzig richtiger Entscheidungen nur in epistemischer, nicht in konstitutiver Hinsicht abzulehnen scheint. Der beanspruchte Relativismus bleibt somit auf halber Strecke stehen. Hieraus folgt, dass die Verabschiedung des Alexyschen Konstrukts der einzig richtigen Entscheidung als regulativer Idee nicht recht gelingt. Bei Annahme der Existenz einzig richtiger Entscheidungen kann die Optimierung der Diskursprinzipien nämlich nicht anders gedacht werden, als auf diese bezogen.[317] Schließlich habe ich die für meine Zwecke relevanteste These Bäckers des Anspruchs auf relative Richtigkeit kritisiert. Angesichts alternativer Begründungsansätze wie demjenigen Neumanns ist jedenfalls die Kontrafaktizität des Anspruchs auf die einzig richtige Entscheidung in keinster Weise ausreichend für die Begründung des Anspruchs auf die relativ richtige Entscheidung. An dieser Stelle zeigte sich erneut, dass der von Bäcker angenommene und mit Alexy übereinstimmende Begründungszusammenhang einseitig ist. Schließlich habe ich kritisiert, dass mit dem Anspruch auf relative Richtigkeit das Problem entsteht, wie seitens der Rechtswissenschaft umfassende Urteilskritik geübt werden kann, wenn dieses partiell als Meinungs- oder Gefühlsäußerung kategorisiert wird.[318] Das Problem der Kritikfähigkeit von richterlichen Urteilen werde ich im nun folgenden Abschnitt wieder aufgreifen. Es wird sich zeigen, dass Bäcker und Neumann unter dem gleichen Gesichtspunkt zu zwei diametral entgegengesetzten Positionen gelangen. Insofern soll im Verlaufe dieser Arbeit nach einer Möglichkeit gesucht werden, beide Auffassungen auf einer abstrakteren Ebene zu verbinden, bzw. den Konflikt der Meinungen auf einer anderen Ebene aufzulösen.

---

316 Siehe oben, S. 52 ff.
317 Siehe oben, S. 54 ff.
318 Siehe oben, S. 57 ff.

C. U. Neumann

Die neueren Arbeiten Neumanns zur juristischen Argumentationstheorie, insbesondere die Schrift *Wahrheit im Recht*[319] aus 2004 und daran anschließende Aufsätze[320], sind in einem wesentlichen Aspekt Vorbild und Inspirationsquelle dieser Arbeit. Hierbei handelt es sich um die Überzeugung, dass in Bezug auf juristische Aussagen wie die in der richterlichen Begründung zusammengefassten zwischen Wahrheitsfähigkeit oder Objektivierbarkeit einerseits und linguistischer Form andererseits grundsätzlich zu unterscheiden ist. Neumann formuliert dies so, dass nicht die „theoretische Ausweisbarkeit", sondern die „praktische Funktion" von Wahrheitsansprüchen juristischer Aussagen entscheidend sei.[321] Hierin unterscheidet sich die Auffassung Neumanns zu meiner Ausgangsfrage von derjenigen Alexys und Bäckers in fundamentaler Weise. Während die Thesen Alexys und Bäckers in Bezug auf den gewählten Begründungszusammenhang gewissermaßen spiegelbildlich-identisch sind, formuliert Neumann mit der gesonderten Betrachtung der Funktion von Wahrheitsansprüchen die Gegenthese.

Es sei erinnert, dass Alexy zufolge die Teilnehmer an juristischen Diskursen stets beanspruchen müssen, dass ihre Antworten die einzig richtigen sind, weil diese - was Alexy mit dem Konzept der diskursiven Notwendigkeit voraussetzt - existieren. Gleiches gilt für die Theorie Bäckers: Auch er befasst sich in seiner Arbeit fast ausschließlich mit der theoretischen Frage, was es für eine juristische Aussage bedeutet, „richtig" zu sein. Auch Bäcker stellt erst am Ende, als Konsequenz aus seiner Befassung mit dem Richtigkeitsbegriff die These auf, dass das zu Beanspruchende in bestimmter Weise „relativ" zu sein hat. Das zu Beanspruchende ist damit für Alexy wie für Bäcker vom Richtigkeitsbegriff abgeleitet. Diese Auffassung wird von Neumann,

---

319 Neumann, Ulfrid, *Wahrheit im Recht. Zu Problematik und Legitimität einer fragwürdigen Denkform*, s. Anm. 19.

320 Neumann, Ulfrid, „Wahrheit statt Autorität. Möglichkeit und Grenzen einer Legitimation durch Begründung im Recht", s. Anm. 31; Neumann, Ulfrid, „Richtigkeitsanspruch und Überprüfbarkeit rechtlicher Entscheidungen", s. Anm. 29.

321 Neumann, Ulfrid, *Wahrheit im Recht. Zu Problematik und Legitimität einer fragwürdigen Denkform*, s. Anm. 19, S. 41. Die Differenzierung zwischen der Objektivierbarkeit juristischer Aussagen einerseits und der Art ihrer Darstellung oder Präsentation andererseits impliziert, dass sich beide Aspekte nicht aufeinander reduzieren lassen. Im zweiten Kapitel werde ich dies ich unter Rückgriff auf die Sprechakttheorien Searles und Habermas' im Einzelnen darlegen. An dieser Stelle reicht die intuitive Feststellung Neumanns, dass die theoretische Ausweisbarkeit und der praktische Umgang mit dem Wahrheitsprädikat zwei unterschiedliche Dinge sind.

wie ich darstellen werde, grundsätzlich in Frage gestellt (1.). Bei meiner Kritik an Neumann werde ich die Grenzen des Ansatzes in Bezug auf das Problem der Kritikfähigkeit richterlicher Entscheidungen ausloten und dabei eine gewisse Theorielosigkeit der Ausführungen Neumanns bemängeln (2.). Die wichtigsten Aspekte aus Darstellung und Kritik werde ich abschließend zusammenfassen (3.).

I. Darstellung

Neumann äußert sich zu meiner Ausgangsfrage in seiner Arbeit *Wahrheit im Recht.*[322] Die nur ca. sechzig Seiten umfassende Arbeit hat zwischenzeitlich eine eigenständige Debatte in der deutschen Rechtsphilosophie begründet, eine Debatte, deren Gegenstand ich einleitend mit Schulz als „Pragmatik der einzig richtigen Entscheidung" bezeichnet habe. In der Hauptsache wird diese Debatte zwischen Neumann und dessen Epigonen wie Schulz[323] und Saliger[324] einerseits und Bäcker[325] andererseits geführt. Ohne Bezug auf Neumann wird das Problem von Anderheiden[326], Herbst[327], Sieckmann[328], Pavlakos[329] und schließlich von Alexy[330] diskutiert. Mit meiner Arbeit möchte ich diese Debatte einerseits als solche rekonstruieren, andererseits positioniere ich mich selbst in ihr.

Die Arbeit Neumanns gliedert sich in zwei konstruktiv eigenständig Teile. Im ersten Teil diskutiert Neumann kritisch die herkömmliche Art der Auseinandersetzung mit dem Wahrheitsbegriff, in meiner Arbeit anhand der Theorien Alexys und Bäckers exemplifiziert. Am Ende der Diskussion mehrerer Wahrheitsmodelle stellt er fest, dass die Behauptung der Existenz

322 Neumann, Ulfrid, *Wahrheit im Recht. Zu Problematik und Legitimität einer fragwürdigen Denkform*, s. Anm. 19.

323 Schulz, Lorenz, „Wahrheit im Recht. Neues zur Pragmatik der einzig richtigen Entscheidung", s. Anm. 22, 355 ff.

324 Saliger, Frank, s. Anm. 8, 142 f.

325 Bäcker, Carsten, *Begründen und Entscheiden. Kritik und Rekonstruktion der Alexyschen Diskurstheorie des Rechts*, s. Anm. 33, 329 ff.

326 Anderheiden, Michael, s. Anm. 34, 35 ff.

327 Herbst, Tobias, s. Anm. 35, 898 ff.

328 Sieckmann, Jan-R., „Human Rights and the Claim to Correctness in the Theory of Robert Alexy", s. Anm. 36, 198 f.

329 Pavlakos, George, „Correctness and Cognitivism. Remarks on Robert Alexy's Argument from the Claim to Correctness", s. Anm. 68, S. 25.

330 Alexy, Robert, „Recht und Richtigkeit", s. Anm. 26, 5 ff. Alexy, Robert, „Thirteen Replies", s. Anm. 37, 348 f.

und der Erkennbarkeit einzig richtiger Entscheidungen der philosophischen Kritik nicht standhält. Der zweite, vom ersten grundsätzlich unabhängige und eigenständige Teil enthält die eigentliche Kernthese Neumanns. Sie besagt, dass die theoretische Frage nach der Existenz und Erkennbarkeit wahrer, bzw. einzig richtiger juristischer Aussagen von der praktischen Frage nach der Verwendung des Wahrheitsprädikats zu trennen ist. Ihm zufolge kann es für den Richter geboten sein, die Wahrheit seiner Begründung zu beanspruchen, obwohl nach keiner möglichen Sichtweise die Behauptung einer einzig richtigen juristischen Aussagen gerechtfertigt sein kann. Wissenschaftliche Erkenntnis und justizielle Praxis können somit für Neumann auseinanderfallen.

Die innovative These Neumanns sei zunächst in den weiteren Rahmen seiner Rechtsphilosophie gestellt. Bedeutsam ist im Zusammenhang meiner Arbeit insbesondere die Rezeption Neumanns der Sozialphilosophie Searles. Wie sich im Verlaufe meiner Arbeit zeigen wird, ist diese für die Beantwortung meiner Ausgangsfrage von entscheidender Bedeutung. In Beantwortung meiner Ausgangsfrage ist damit gleichzeitig die Fortführung der Rezeption Searles für die deutsche Rechtsphilosophie beabsichtigt (a.). Im Anschluss ist die skizzierte, zweistufige These Neumanns ausführlich vorzustellen. Hierbei werde ich - seiner eigenen Gliederung entsprechend - seine Ausführungen zunächst bezüglich des herkömmlichen, theoretischen Umgangs mit Wahrheit darstellen und anschließend bezüglich seines eigenen, funktionalen. Wollte man in gliederungstechnischer Hinsicht einen Vergleich zu den bisher besprochenen Autoren anstellen, dann müsste man wohl sagen, dass die ersten beiden Abschnitte in etwa dem entsprechen, was bei Alexy und Bäcker die Bearbeitung des Rationalitätsproblems darstellte. Zu beachten ist jedoch, dass der dritte und letzte Abschnitt bei Neumann die eigentliche Kernthese beinhaltet, bei Bäcker dagegen lediglich eine Konsequenz aus vorangegangenen Ausführungen (b. und c.).

1. Das Recht als System institutioneller Tatsachen

Die Rezeption der Sozialphilosophie Searles für die deutsche Rechtsphilosophie durch Neumann ist an dieser Stelle mindestens aus zwei Gründen relevant. Zunächst resultiert aus Neumanns Anleihen bei Searle die - für meine Zwecke relevante - Haltung Neumanns in Bezug auf Alexys These der Existenz einzig richtiger Entscheidungen. Weiterhin soll, sozusagen nebenbei, auch der status quo der Rezeption des Searleschen Werkes für die deutsche Rechtsphilosophie dargelegt werden. Wie sich nämlich zeigen wird, sind weite Teile des Searleschen Werks auch für die Zwecke dieser Arbeit von größter Relevanz.

In der bezüglich der Rezeption Searles aussagekräftigsten Schrift *Das Problem der Rechtsgeltung*[331] entfaltet Neumann zunächst verschiedene Theorien der Rechtsgeltung, verwirft diese schließlich aber ausnahmslos, um abschließend seine Konzeption einer Rechtsgeltung auf Grundlage der Sozialphilosophie Searles vorzustellen.[332] Zunächst zu Neumanns Kritik an herkömmlichen Theorien der Rechtsgeltung. Ungenügend seien soziologisch-realistische Modelle der Rechtsgeltung, weil sie das Selbstverständnis des Rechtssystems „in geradezu grotesker Weise" verfehlten.[333] Dieses Selbstverständnis identifiziert Neumann mit der Perspektive des Richters, „der sich nicht darauf beschränken kann, sein eigenes Urteil empirisch-soziologisch vorherzusagen."[334] Für den Richter als Teilnehmer am Rechtssystem sei vielmehr die Normativität des Rechts essentiell. Der Richter könne sich nicht auf den Umstand stützen, dass ein Gesetz überwiegend befolgt wird. Vielmehr gehe es für ihn um die Frage, ob das Gesetz befolgt werden soll.[335] Soziologisch-realistische Theorien der Rechtsgeltung, die das Recht als eine Summe faktischer Verhaltensweisen beschrieben, könnten diese, mit der internen Perspektive verbundene Normativität des Rechts überhaupt nicht darstellen.[336]

Gleichermaßen defizitär sind Neumann zufolge die hierzu in scharfem Gegensatz stehenden, vom ihm so genannten moralisch-reduktionistischen Positionen, die Rechtsgeltung auf moralische Verbindlichkeit reduzierten.

---

331 Neumann, Ulfrid, „Das Problem der Rechtsgeltung", s. Anm. 110.

332 Das institutionalistische Rechtsverständnis findet sich neben der genannten in weiteren Schriften Neumanns; vgl. nur Neumann, Ulfrid, *Wahrheit im Recht. Zu Problematik und Legitimität einer fragwürdigen Denkform*, s. Anm. 19, 21 ff. Neumann, Ulfrid, „Rechtspositivismus, Rechtsrealismus und Rechtsmoralismus in der Diskussion um die strafrechtliche Bewältigung politischer Systemwechsel", s. Anm. 172, 173 ff. Neumann, Ulfrid. „Theorien der Rechtsgeltung". In: *Recht als Struktur und Argumentation*. Hrsg. von Neumann, Ulfrid. Baden-Baden 2008, S. 93–113, 106 ff. Neumann, Ulfrid. „Rechtswissenschaft als säkulare Theologie. Anmerkungen zu einem wissenschaftstheoretischen Topos des Kritischen Rationalismus". In: *Recht als Struktur und Argumentation*. Hrsg. von Neumann, Ulfrid. Baden-Baden 2008, 325 ff. Diese weiteren Schriften werde ich im Folgenden ergänzend zitieren.

333 Neumann, Ulfrid, „Das Problem der Rechtsgeltung", s. Anm. 110, S. 226; inhaltlich identisch Neumann, Ulfrid, „Theorien der Rechtsgeltung", s. Anm. 332, S. 107.

334 Neumann, Ulfrid, „Das Problem der Rechtsgeltung", s. Anm. 110, S. 226.

335 ebd., 229 f. Neumann, Ulfrid, „Theorien der Rechtsgeltung", s. Anm. 332, 106 f.

336 Neumann, Ulfrid, „Das Problem der Rechtsgeltung", s. Anm. 110, 226 f. Neumann, Ulfrid, „Theorien der Rechtsgeltung", s. Anm. 332, 106 f.

Damit sei, so Neumann, letztlich dem Urteil des Einzelnen anheimgestellt, ob eine rechtliche Norm als verbindlich anzuerkennen oder aber als unverbindlich zu verwerfen sei. Eine solche Position schreibt Neumann Habermas und Günther zu.[337] Es ist anzunehmen, obwohl es von Neumann an dieser Stelle offengelassen wird, ob auch Alexys Theorie dieser Richtung zugeordnet wird. Jedenfalls übt Neumann an anderer Stelle deutliche Kritik an Alexys Position im Streit um Begriff und Geltung.[338] Es sei gerade die spezifische Leistung des Rechts, die Verbindlichkeit bestimmter Regeln „von der allgemeinen Anerkennung ihrer inhaltlichen Richtigkeit unabhängig zu stellen."[339] Die Unabhängigkeit der Verbindlichkeit des Rechts von moralischen Kriterien sei für die Jurisprudenz konstitutiv.[340]

Für Neumann stellt sich angesichts des Ungenügens der soziologisch-realistischen und der moralisch-reduktionistischen Positionen die Frage, wie eine auf Normativität beruhende Geltung des Rechts ohne Rekurs auf moralische Kriterien begründet werden kann. Hierfür gibt es ihm zufolge in der Geschichte der Rechtsphilosophie zwei Vorschläge, die jeweils spezifische Schwächen aufweisen. Jedenfalls abzulehnen sei die metaphysische Annahme, der Rechtsnorm komme ein „geistiges Sein besonderer Art" zu, in welches die Norm mit ihrer Positivierung als das „ihr zugedachte Leben ein[tritt]".[341] Der Verzicht auf diese, für Neumann unhaltbare metaphysische Behauptung ende dagegen in dem gleichermaßen inakzeptablen Verzicht auf normative Geltung, wenn nur die faktische Geltung des Rechts betrachtet werde.[342] In der Theorie der Grundnorm Kelsens sieht Neumann diese fatale Alternativität zwar umgangen, nicht aber gelöst. Es sei zwar gerade das Ziel

337 Neumann, Ulfrid, „Das Problem der Rechtsgeltung", s. Anm. 110, S. 227.

338 Neumann, Ulfrid, „Rechtspositivismus, Rechtsrealismus und Rechtsmoralismus in der Diskussion um die strafrechtliche Bewältigung politischer Systemwechsel", s. Anm. 172, 173 ff.

339 Neumann, Ulfrid, „Das Problem der Rechtsgeltung", s. Anm. 110, S. 227. Inhaltlich identisch Neumann, Ulfrid, „Rechtswissenschaft als säkulare Theologie. Anmerkungen zu einem wissenschaftstheoretischen Topos des Kritischen Rationalismus", s. Anm. 332, S. 320.

340 Neumann, Ulfrid, „Das Problem der Rechtsgeltung", s. Anm. 110, S. 227; Neumann, Ulfrid, „Rechtswissenschaft als säkulare Theologie. Anmerkungen zu einem wissenschaftstheoretischen Topos des Kritischen Rationalismus", s. Anm. 332, S. 320.

341 Neumann, Ulfrid, „Das Problem der Rechtsgeltung", s. Anm. 110, S. 228 in Bezug auf Henkel. Inhaltlich identisch Neumann, Ulfrid, „Rechtswissenschaft als säkulare Theologie. Anmerkungen zu einem wissenschaftstheoretischen Topos des Kritischen Rationalismus", s. Anm. 332, 321 f.

342 Neumann, Ulfrid, „Das Problem der Rechtsgeltung", s. Anm. 110, S. 229; Neumann, Ulfrid, „Rechtswissenschaft als säkulare Theologie. Anmerkungen zu einem

der Reinen Rechtslehre gewesen, das Rechtsdenken von allen erkenntnistheoretisch fragwürdigen Elementen zu befreien. Jedoch würden auch ihre Anhänger einräumen, dass die Begründung des spezifischen Sollenscharakters der Rechtsnorm durch die Grundnorm nicht ohne ein „Minimum an Metaphysik" auskommt.[343] Neumann zufolge ermöglicht die Theorie der Grundnorm, eine Gesamtheit gesetzter Normen als objektiv geltende Rechtsnormen zu deuten. Die Grundnorm sei „Bedingung der Möglichkeit eines Verständnisses von Recht als geltendes Normsystem" und damit Erkenntnisbedingung.[344] Als solche liege sie zwar jenseits des empirisch Erfahrbaren, aber auch jenseits dessen, was Metaphysik als Annahme der Existenz idealer Entitäten meint.[345]

Die Suche nach einer Geltungsbegründung auf der Grundlage normativer Verbindlichkeit ist damit Neumann zufolge aber noch nicht geleistet. Denn das Sollen, das durch die Annahme einer Grundnorm begründet ist, sei eine logische Kategorie, nicht aber eine Kategorie der praktischen Philosophie.[346] Sie könne damit weder den Bürger noch den Richter in einem spezifisch rechtlichen Sinne zu einem bestimmten Verhalten verpflichten. Diese Leistung des Rechts sucht Neumann nun, nach dem (für ihn enttäuschenden) Durchgang durch die rechtsphilosophische Literatur unter Rückgriff auf die Sozialphilosophie Searles zu begründen.[347]

Zentral für das Verständnis von Searles Theorie zur Ontologie institutioneller Wirklichkeit ist Neumann zufolge dessen Regelbegriff. Zu unterscheiden seien einerseits regulative Regeln, die ein menschliches Verhalten zum Gegenstand haben, welches vor Regelerlass bereits praktiziert wurde und unabhängig von ihnen ist.[348] Regulative Regeln haben nach Searle die

---

wissenschaftstheoretischen Topos des Kritischen Rationalismus", s. Anm. 332, 322 f.

343 Neumann, Ulfrid, „Das Problem der Rechtsgeltung", s. Anm. 110, S. 230;

344 ebd., S. 232.

345 ebd., S. 232. Dieser Begriff der „Metaphysik" ähnelt demjenigen Alexys in Alexy, Robert, „Menschenrechte ohne Metaphysik?", s. Anm. 164. In dieser Schrift stellt sich Alexy der Frage nach den metaphysischen Prämissen seiner transzendentalpragmatischen Begründung der Menschenrechte. Letztlich kommt er dazu zu sagen, dass Menschenrechte (oder: diskursiv notwendige Aussagen) nicht ohne eine als „universell und rational" verstandene Metaphysik begründbar sind; ebd., 23 f.

346 Neumann, Ulfrid, „Das Problem der Rechtsgeltung", s. Anm. 110, S. 233.

347 ebd., 233 ff. Neumann, Ulfrid, „Rechtswissenschaft als säkulare Theologie. Anmerkungen zu einem wissenschaftstheoretischen Topos des Kritischen Rationalismus", s. Anm. 332, 325 ff.

348 Neumann, Ulfrid, „Das Problem der Rechtsgeltung", s. Anm. 110, 234 f. Eine ähnliche Unterscheidung wie die zwischen regulativen und konstitutiven Regeln

Form 'Do act A'.[349] Andererseits würden Institutionen oder institutionelle Tatsachen durch konstitutive Regeln definiert und allererst hervorgebracht. Sie ermöglichten so ein Verhalten, das es ohne diese Regeln als solches überhaupt nicht gebe.[350] Konstitutive Regeln haben nach Searle die Form 'X counts as Y in C'.[351]

Das von Neumann in Anlehnung an Searle wiederholt angeführte Beispiel sind die Regeln des Schachspiels. Diese bestünden nicht zur Koordination eines Verhaltens, das es immer schon, auch vor Erfindung des Spiels gegeben habe (regulative Regeln). Stattdessen dienten sie der Konstitution des Verhaltens „Schach spielen" und der ihm entsprechenden Institution des Schachspiels. Die Institution des Schachspiels existiere strukturell als System konstitutiver Regeln.[352]

Das Paradebeispiel einer Institution oder einer institutionellen Tatsache ist für Neumann das Recht in allen seinen Ausprägungen. Hervorzuheben ist, dass Searle selbst einige juristische Beispiele für institutionelle Tatsachen nennt, sich aber nicht zu den rechtsphilosophischen Implikationen seiner Theorie äußert. Diese für dei Rechtsphilosophie auszubuchstabieren ist - soweit geschehen - Neumanns Verdienst.[353] Das von Neumann zur Illustration

---

findet sich bei Rawls, John. „Two Concepts of Rules". In: *Philosophical Review* 64 (1955), S. 3–32, 3 ff.

349 Searle, John R., *The Construction of Social Reality*, s. Anm. 45, S. 50.

350 ebd., S. 50.

351 ebd., S. 50. Smith weist daraufhin, dass die Formel fälschlicher Weise suggeriert, dass soziale Phänomene stets auf eine physikalische Basis zurückgeführt werden können müssen; Smith, Barry und Searle, John R. „The Construction of Social Reality. An Exchange". In: *John Searle's ideas about social reality: Extensions, Criticisms, and Reconstructions*. Hrsg. von Koepsell, David und Moss, Laurence C. London 2003, 287 ff. Beispielsweise sei Geld auf einem Bankkonto in keinster Weise verkörpert. In seinem neueren Werk räumt Searle ein, dass es institutionelle Tatsachen gibt, bei denen es in diesem Sinne „freistehende" Y-Terme gebe; vgl. Searle, John R., *Making the social world: the structure of human civilization*, s. Anm. 46, 20 f.

352 Neumann, Ulfrid, „Das Problem der Rechtsgeltung", s. Anm. 110, S. 235; Neumann, Ulfrid, „Rechtswissenschaft als säkulare Theologie. Anmerkungen zu einem wissenschaftstheoretischen Topos des Kritischen Rationalismus", s. Anm. 332, 326 f.

353 Die Gemeinschaftsarbeit Weinberger, Ota und MacCormick, Neil. *Grundlagen des institutionalistischen Rechtspositivismus*. Berlin 1985 berücksichtigt einige grundlegende Aspekte der Theorie Searles wie die Unterscheidung zwischen regulativen und konstitutiven Regeln. Die Einzelheiten der Searleschen Sozialphilosophie enthält sie - ob ihres frühen Erscheinens naturgemäß - nicht. Bezüglich der rechtsphilosophischen Implikationen der Theorie Searles äußern sich Zaibert, Leo und Smith,

zitierte Beispiel ist das Handaufheben einer Gruppe von Menschen, welches aufgrund der institutionellen Tatsachen, bzw. der konstitutiven Regeln des Gesetzgebungsverfahrens - bei uns Art. 76 ff. GG - als Beschluss eines Parlamentes angesehen wird. Institutionelle Tatsachen wie das verfassungsrechtlich geregelte Gesetzgebungsverfahren ermöglichten es nun, natürliche Tatsachen wie das Handaufheben als weitere institutionelle Tatsache zu deuten.[354]

Neumanns These einer Rechtsgeltung auf der Grundlage kollektiver Deutungsmuster beruht nun entscheidend auf der von ihm gezogenen Analogie zwischen Spielregeln und Rechtsnormen. Seine These lautet: Wird eine Norm als Rechtsnorm gedeutet, dann impliziert das ihre Geltung.[355] Entscheidend sei, dass die Regeln des Schachspiels - genau wie die des Gesetzgebungsverfahrens - weder mit der bloßen Faktizität gleichmäßigen Verhaltens, noch mit metaphysischen Voraussetzungen erklärt werden müssten.[356] Neumann zufolge kommt ihnen Geltung zu, weil und soweit die Regeln für das Schachspiel konstitutiv seien. Missachte man die Regel, dass der Läufer nur diagonal, nicht horizontal ziehen kann, dann verlasse man die Institution des Schachspiels. Spiele man tatsächlich Schach, nicht etwa „Räuberschach", bei dem der Läufer auch horizontal zieht, dann akzeptiere man die Geltung besagter Regeln als konstitutiv für das Spiel.[357]

Die Struktur des Rechts als System institutioneller Tatsachen in der Form konstitutiver Regeln führt nun nach Neumann zu seiner doppelten Relativität. Zum Einen seien alle konstitutiven Regeln zeitlichem und kulturellem Wan-

Barry. „The Varieties of Normativity: An Essay on Social Ontology". In: *Intentional Acts and Institutional Facts. Essays on John Searle's Social Ontology*. Hrsg. von Tsohatzidis, Savas. New York 2007, S. 157–173, 165 ff. und Fletcher, George P. „Law". In: *John Searle*. Hrsg. von Smith, Barry. Cambridge 2003, S. 85–101, 94 f. die Searle insbesondere mit der Rechtsphilosophie Harts in Verbindung bringen. Interessant ist hierbei insbesondere die Parallele zwischen der Hartschen 'rule of recognition' - vgl. Hart, Herbert L. A., s. Anm. 9, 94 f. - und Searles Begriff der 'kollektiven Intentionalität'.

354 Neumann, Ulfrid, „Das Problem der Rechtsgeltung", s. Anm. 110, 235 f. Neumann, Ulfrid, „Rechtswissenschaft als säkulare Theologie. Anmerkungen zu einem wissenschaftstheoretischen Topos des Kritischen Rationalismus", s. Anm. 332, S. 327.

355 Neumann, Ulfrid, „Das Problem der Rechtsgeltung", s. Anm. 110, S. 237; Neumann, Ulfrid, „Rechtswissenschaft als säkulare Theologie. Anmerkungen zu einem wissenschaftstheoretischen Topos des Kritischen Rationalismus", s. Anm. 332, S. 327.

356 Neumann, Ulfrid, „Das Problem der Rechtsgeltung", s. Anm. 110, S. 237.

357 ebd., S. 237; Neumann, Ulfrid, „Rechtswissenschaft als säkulare Theologie. Anmerkungen zu einem wissenschaftstheoretischen Topos des Kritischen Rationalismus", s. Anm. 332, S. 327.

del unterworfen. So beziehe sich die Deutung einer Norm als Rechtsnorm in einem theokratischen System auf andere Geltungskriterien als in einer parlamentarischen Demokratie.[358] In der These der zeitlichen und kulturellen Relativität liegt aus meiner Sicht eine bedeutende Gemeinsamkeit mit Bäcker. Mit dieser These stehen Bäcker und Neumann jedenfalls in gleicher Weise in Gegensatz zur Auffassung Alexys von der Existenz einzig richtiger oder diskursiv notwendiger Aussagen. Zum Anderen folge aus der Erkenntnis, dass Institutionen wie das Recht auf kollektiven Deutungsmustern und kollektiven Übereinkünften beruhen, dass sich ein Einzelner diesem Muster verweigern könne.[359]

Bereits im ersten Abschnitt dieses Kapitels hatte ich die Kritik Neumanns dargestellt, die dieser im Zusammenhang mit dem Problem der Rechtsgeltung an Alexy übt. Dort hatte ich gesagt, dass Neumann zufolge das Problem der Rechtsgeltung ein praktisches sei. Es sei mit ihm die Frage aufgeworfen, wie sich der Rechtsstab angesichts einer grob ungerechten Norm verhalten soll.[360] Da es sich bei Rechtsnormen nicht um ideale Entitäten handele, sei die Entscheidung des Richters darüber, ob einer Rechtsnorm wegen moralischer Fehlerhaftigkeit die Geltung abzusprechen sei, keine Behauptung, sondern ein Vorschlag, es in einer bestimmten Weise zu interpretieren. Es sei vor diesem Hintergrund verfehlt, und diese Auffassung schreibt Neumann Alexy zu, die rechtsmoralistische Position auf vergangene Rechtsordnungen anzuwenden.[361] Die These Alexys, schon im antiken Rom sei ein rechtliches Verbot

358 Neumann, Ulfrid, „Das Problem der Rechtsgeltung“, s. Anm. 110, S. 238; Neumann, Ulfrid, „Rechtswissenschaft als säkulare Theologie. Anmerkungen zu einem wissenschaftstheoretischen Topos des Kritischen Rationalismus“, s. Anm. 332, 327 f. Neumann selbst zieht zur Illustration dessen Harts 'rule of recognition' heran. Die Parallele zum Searleschen Begriff der kollektiven Intentionalität zieht Neumann dagegen nicht.

359 Neumann, Ulfrid, „Das Problem der Rechtsgeltung“, s. Anm. 110, S. 238; Neumann, Ulfrid, „Rechtswissenschaft als säkulare Theologie. Anmerkungen zu einem wissenschaftstheoretischen Topos des Kritischen Rationalismus“, s. Anm. 332, S. 328. Die hiermit verbundenen Implikationen für das Problem der Normativität besprechen Zaibert, Leo und Smith, Barry, s. Anm. 353, 165 ff.

360 Neumann, Ulfrid, „Rechtspositivismus, Rechtsrealismus und Rechtsmoralismus in der Diskussion um die strafrechtliche Bewältigung politischer Systemwechsel“, s. Anm. 172, 174 ff. Neumann, Ulfrid, „Das Problem der Rechtsgeltung“, s. Anm. 110, 238 f. und oben, S.

361 Neumann, Ulfrid, „Rechtspositivismus, Rechtsrealismus und Rechtsmoralismus in der Diskussion um die strafrechtliche Bewältigung politischer Systemwechsel“, s. Anm. 172, S. 174; Neumann, Ulfrid, „Das Problem der Rechtsgeltung“, s. Anm. 110, S. 239 und oben, S.

bestimmter Formen der Sklaverei in Geltung gewesen und es wurde nur nicht anerkannt, lehnt Neumann vor dem Hintergrund der Annahme des Rechts als System institutioneller Tatsachen konsequenter Weise ab. Recht existiert in der institutionellen Interpretation nur als das, was in einer bestimmten Zeit und Region als solches gedeutet wird. Wenn eine rechtliche Norm - wie das Verbot der Sklaverei im antiken Rom - nicht anerkannt wird, dann mangelt es eben an der für ihre Geltung konstitutiven kollektiven Deutung als rechtlicher Norm.[362] Aufgrund der konstitutiven Bedeutung kollektiver Intentionalität für jede Form von institutioneller Realität ist das Recht also stets beobachter- oder intentionalitätsrelativ. Es handelt sich in anderen Worten um einen ontologisch subjektiven Bereich.[363] Neumanns Theorie vom Recht als System institutioneller Tatsachen im Sinne Searles impliziert also die Gegenthese zu Alexys Konzept der diskursiven Notwendigkeit in ontologischer Hinsicht. Wie ich oben dargestellt hatte, wird es von Bäcker in epistemischer Hinsicht angegriffen.[364]

In der im Folgenden in zwei Abschnitten zu besprechenden Schrift *Wahrheit im Recht* kommt Neumann im ersten Teil auf der Grundlage argumentationstheoretischer Erwägungen zum gleichen Ergebnis in Bezug auf die These einzig richtiger Entscheidungen.[365] Der zweite, konstruktiv eigenständige Teil enthält die eigentliche Kernthese Neumanns. Danach ist die theoretische Debatte um die Möglichkeit einzig richtiger Entscheidungen nicht ausschlaggebend für das vom Richter zu Beanspruchende oder zu Implizierende. Entsprechend der Gliederung seiner Arbeit sollen im Folgenden zunächst Neumanns Ausführungen zu „Wahrheit als Existenzbehauptung" und anschließend zu „Wahrheit als Fiktion" vorgestellt werden.

---

362 Neumann, Ulfrid, „Rechtspositivismus, Rechtsrealismus und Rechtsmoralismus in der Diskussion um die strafrechtliche Bewältigung politischer Systemwechsel", s. Anm. 172, S. 175; Neumann, Ulfrid, „Das Problem der Rechtsgeltung", s. Anm. 110, 239 f. und oben, S.

363 Searle, John R., *The Construction of Social Reality*, s. Anm. 45, 7 ff. Searle, John R., *Making the social world: the structure of human civilization*, s. Anm. 46, 17 f.

364 Bäcker, Carsten, *Begründen und Entscheiden. Kritik und Rekonstruktion der Alexyschen Diskurstheorie des Rechts*, s. Anm. 33, 116 ff. und oben, S.

365 Die Ausführungen dort finden sich in ähnlicher Weise an verschiedener Stelle im Werk Neumanns; vgl. nur Neumann, Ulfrid. *Juristische Argumentationslehre*. Darmstadt 1986; Neumann, Ulfrid, „Wahrheit statt Autorität. Möglichkeit und Grenzen einer Legitimation durch Begründung im Recht", s. Anm. 31, 82 ff. Neumann, Ulfrid, „Theorie der juristischen Argumentation", s. Anm. 136, 241 ff.

2. Wahrheit als Existenzbehauptung

Unter der Überschrift „Wahrheit als Existenzbehauptung" geht es Neumann im ersten Teil der Arbeit *Wahrheit im Recht* um die Frage, ob juristische Aussagen stets entweder wahr oder falsch sind.[366] Mit dem Begriff der Wahrheit möchte Neumann in diesem Sinne einen zweiwertigen, nicht graduierbaren oder relativierbaren Begriff bezeichnet wissen. Die Relativierung der Richtigkeit kommt bei Alexy und Bäcker im Konzept der diskursiven Möglichkeit zum Ausdruck. Neumanns Ausführungen beziehen sich in der Terminologie Alexys und Bäckers damit von vornherein nur auf das Konzept der diskursiven Notwendigkeit. Für Neumann steht also mit dem Stichwort „Wahrheit als Existenzbehauptung" die mit dem Wahrheitsbegriff evozierte, zweiwertige Logik auf dem Spiel.

Die Diskussion verschiedener Wahrheitsmodelle, insbesondere der Konsens- und Kohärenztheorie der Wahrheit führt Neumann zunächst zu der von ihm geteilten Annahme, dass die Wahrheit einer Aussage über das Recht als Funktion ihrer Begründbarkeit aufzufassen ist.[367] Bezogen auf das Verhältnis von Wahrheit und Richtigkeit fragt sich Neumann nun, ob die Begründbarkeit als Wahrheitskriterium die angesprochene Nichtgraduierbarkeit oder Zweiwertigkeit gewährleistet. Dies hängt ihm zufolge davon ab, wie der Begriff der Begründetheit verstanden wird. Empirisch-soziologisch interpretiert, resultiere Neumann zufolge ein „erhebliche[r] Spielraum für einander widersprechende, aber in gleicher Weise vertretbare Positionen."[368] Möglich sei aber gleichermaßen eine strenge, „normativ aufgeladene" Deutung des Begriffs der Begründbarkeit. In diesem Fall sei begründbar

> „nur die Auffassung, die sich als Funktion der richtigen Begründung ergibt [...]. Der Rekurs auf die Begründung als Richtigkeitskriterium ist deshalb mit einem anspruchsvollen Verständnis der Wahrheit rechtlicher Aussagen durchaus vereinbar. [...] Die entscheidende Frage heißt, ob die Annahme, es gebe für alle Rechtsfälle nur eine einzig richtige Entscheidung, erkenntnistheoretischer Kritik standhält."[369]

---

366 Neumann, Ulfrid, *Wahrheit im Recht. Zu Problematik und Legitimität einer fragwürdigen Denkform*, s. Anm. 19, S. 10.

367 ebd., S. 29; Neumann, Ulfrid, „Wahrheit statt Autorität. Möglichkeit und Grenzen einer Legitimation durch Begründung im Recht", s. Anm. 31, 79 ff.

368 Neumann, Ulfrid, *Wahrheit im Recht. Zu Problematik und Legitimität einer fragwürdigen Denkform*, s. Anm. 19, 36 f. Inhaltlich identisch Neumann, Ulfrid, „Wahrheit statt Autorität. Möglichkeit und Grenzen einer Legitimation durch Begründung im Recht", s. Anm. 31, 85 ff.

369 Neumann, Ulfrid, *Wahrheit im Recht. Zu Problematik und Legitimität einer fragwürdigen Denkform*, s. Anm. 19, S. 37.

Die Vergleichbarkeit des Wahrheitsbegriffs Neumanns mit dem der Richtigkeit bei Alexy und Bäcker ergibt sich nach Alledem daraus, dass für Neumann wie für Alexy und Bäcker die Wahrheit oder Richtigkeit einer juristischen Aussage eine Funktion ihrer Begründbarkeit ist. Neumann stellt selbst die Vergleichbarkeit seines und Alexys Wahrheitsbegriffs fest, wenn er Alexy als Rechtsphilosophen charakterisiert, der, wie er selbst, dem Modell der „Richtigkeit kraft Begründung" nahesteht.[370]

Ist die Wahrheit rechtlicher Aussagen als Funktion ihrer Begründbarkeit etabliert, dann, so Neumann, ist entscheidend, ob die juristische Begründungsarbeit stets zu einer einzigen richtigen Entscheidung führt.[371] Sollte dies nicht der Fall sein, wäre folgerichtig nicht Wahrheit, sondern bloß Vertretbarkeit rechtlicher Aussagen begründend realisierbar. Die juristische Argumentation könnte in letzterem Fall nicht als Anwendungsfall des Binaritätsprinzips von wahr oder falsch verstanden werden. Die Möglichkeit, dass auf eine juristische Frage mehrere gleichermaßen vertretbare Antworten existierten, würde vielmehr zur Annahme eines dritten Wertes zwingen. Insbesondere hätte die Vertretbarkeit von Proposition P1 nicht die Unvertretbarkeit der inhaltlich gegenläufigen Proposition P2 zur Folge; anders dagegen in Bezug auf den Wahrheitsbegriff, der genau diesen Zusammenhang implizierte.

Im Anschluss hieran rezipiert Neumann seine eigenen Thesen zu den theoretischen Grundlagen der juristischen Argumentation, die er unabhängig von der Schrift *Wahrheit im Recht* entwickelt hat und stetig weiter fortschreibt.[372] Neumann geht darin von der Feststellung aus, dass die These der Existenz einzig richtiger Antworten sowohl universell, wie in Bezug auf eine geltende Rechtsordnung gestellt werden kann.[373] Als „einzig richtig" können juristische Aussagen nämlich sowohl - wie bei Alexy und Dworkin - bezeichnet

370 Neumann, Ulfrid, *Wahrheit im Recht. Zu Problematik und Legitimität einer fragwürdigen Denkform*, s. Anm. 19, S. 37.

371 ebd., S. 37.

372 Vgl. aus früherer Zeit Neumann, Ulfrid, *Juristische Argumentationslehre*, s. Anm. 365; zuletzt Neumann, Ulfrid, „Sprache und juristische Argumentation", s. Anm. 29.

373 Neumann, Ulfrid, *Wahrheit im Recht. Zu Problematik und Legitimität einer fragwürdigen Denkform*, s. Anm. 19, S. 29; dem entspricht Neumanns Differenzierung zwischen einer materiell vernünftigen Argumentation und einer vernünftigen Argumentation relativ zu einem unvernünftigen Gesetz in Neumann, Ulfrid, *Juristische Argumentationslehre*, s. Anm. 365, S. 90.

werden, wenn sie unabhängig von Zeit und Raum richtig sind, als auch, wenn sie in einer konkreten, für sich kontingenten Rechtsordnung richtig sind.[374]

Entsprechend seiner Aussagen in Bezug auf das Kriterium für die Wahrheit juristischer Aussagen stellt Neumann zunächst fest, dass „die Qualität der juristischen Begründung die Qualität der von ihr gestützten Entscheidung [konstituiert]."[375] Die Qualität der juristischen Begründung bemesse sich ihrerseits an „Argumentationsstandards, die in der Rechtskultur einer Gesellschaft wurzeln".[376] Nicht überraschend ist Neumanns anschließende Feststellung, dass die Verwurzelung dieser Standards in konkreten Rechtsordnungen ihre historisch-kulturelle Relativität nach sich zieht. Argumentationsstandards als Ausdruck dessen, was eine juristische Begründung ausmacht, so Neumanns Résumée, unterliegen zeitlichem Wandel.[377] Festzuhalten ist, dass Neumann aufgrund von argumentationstheoretischen Überlegungen in Bezug auf die Frage der Existenz universell richtiger Entscheidungen zum gleichen Ergebnis kommt, wie aufgrund von sozialphilosophischen. Die ausdrückliche Verbindung beider Begründungszusammenhänge unterbleibt leider.

Zu beachten ist, dass Neumann mit der These, dass es unabhängig von Zeit und Raum richtige juristische Aussagen nicht geben kann, noch keine vollständige Antwort auf seine Ausgangsfrage im ersten Abschnitt seiner Arbeit vorgelegt hat. Diese Frage lautete, ob juristische Aussagen stets dem Binaritätsprinzip von wahr oder falsch folgen. Denn, so Neumanns plausible Interpretation des Stichwortes „Wahrheit als Existenzbehauptung", dieses Prinzip könne immerhin noch für juristische Aussagen innerhalb des geltenden Rechtssystems gelten.[378] Hinzuzufügen ist, dass Neumanns These auf der philosophischen Prämisse basiert, dass in ontologisch subjektiven Bereichen epistemisch objektive Aussagen bestehen können. Die entscheidende Frage lautet für Neumann, ob „nach dem Kriterium der Begründbarkeit [...] in

---

374 Neumann, Ulfrid, *Wahrheit im Recht. Zu Problematik und Legitimität einer fragwürdigen Denkform*, s. Anm. 19, S. 30; vgl. auch Neumann, Ulfrid, *Juristische Argumentationslehre*, s. Anm. 365, S. 90.

375 Neumann, Ulfrid, *Wahrheit im Recht. Zu Problematik und Legitimität einer fragwürdigen Denkform*, s. Anm. 19, S. 30. Inhaltlich identisch Neumann, Ulfrid, „Wahrheit statt Autorität. Möglichkeit und Grenzen einer Legitimation durch Begründung im Recht", s. Anm. 31, S. 87.

376 Neumann, Ulfrid, *Wahrheit im Recht. Zu Problematik und Legitimität einer fragwürdigen Denkform*, s. Anm. 19, S. 30.

377 ebd., S. 30.

378 ebd., S. 30; vgl. auch Neumann, Ulfrid, *Juristische Argumentationslehre*, s. Anm. 365, S. 90.

zahlreichen Fällen unterschiedliche Entscheidungen vertretbar" sein könnten, auch wenn diese Frage auf das geltende Rechtssystem bezogen würde.[379]

Neumanns Antwort fällt knapp und eindeutig aus. Die Möglichkeit der Vertretbarkeit mehrerer inhaltlich widersprüchlicher Aussagen, also die Negation des Prinzips der Binarität, liegt Neumann zufolge einerseits in Hinsicht auf die Heterogenität juristischer Argumentationsstandards und andererseits hinsichtlich der Struktur juristischer Abwägungsprozesse nahe. Kategoriell zu unterscheiden seien insofern Autoritätsargumente, die sich auf das vom Gesetzgeber Vorgegebene bezögen und Sachargumente, die Gesichtspunkte der Gerechtigkeit und praktischen Vernunft zum Ausdruck bringen.[380] Diese heterogene Basis der juristischen Argumentation mache letztlich stets eine Abwägung verschiedenster Argumente erforderlich - für die verbindliche Regeln wiederum fehlten. Schon die Einsicht in den prinzipiell unabschließbaren Katalog möglicher Auslegungskriterien sowie einer fehlenden verbindlichen Rangfolge stelle die These einzig richtiger Entscheidungen schon in Bezug auf eine geltende Rechtsordnung in Zweifel.[381]

Neumann formuliert diese Zweifel wie folgt:

> „Denn die Möglichkeit einer einzig richtigen Entscheidung setzt voraus, dass sich all die kontroversen Präjudizien und Rechtsprinzipien einer Gesellschaft zu einem ausgewogenen Ganzen fügen, [...]. Das aber setzt wiederum eine Gesellschaft voraus, in der eine unterschiedliche Gewichtung von Rechtsprinzipien nicht möglich ist. Diese Voraussetzung ist für pluralistische Gesellschaften wenig plausibel."[382]

Neumann vertritt also auch in Bezug auf die Konkretion seiner Ausgangsfrage eine skeptische Position. Auch in Bezug auf eine geltende, historisch-kulturell kontingente Rechtsordnung folge die juristische Argumentation nicht einer zweiwertigen Logik. Die Berechtigung der Rede von Wahrheit juristischer Aussagen als einem nicht graduierbaren Begriff ist für Neumann damit weder in Form von universellen juristischen Aussagen, noch aufgrund innerhalb einer bestimmten Rechtsordnung bestehender juristischer Aussagen „theore-

379 Neumann, Ulfrid, *Wahrheit im Recht. Zu Problematik und Legitimität einer fragwürdigen Denkform*, s. Anm. 19, S. 30.

380 Vgl. ebd., S. 35; Neumann, Ulfrid, „Wahrheit statt Autorität. Möglichkeit und Grenzen einer Legitimation durch Begründung im Recht", s. Anm. 31, 82 ff.

381 Neumann, Ulfrid, *Wahrheit im Recht. Zu Problematik und Legitimität einer fragwürdigen Denkform*, s. Anm. 19, S. 35; Neumann, Ulfrid, „Wahrheit statt Autorität. Möglichkeit und Grenzen einer Legitimation durch Begründung im Recht", s. Anm. 31, S. 84; Neumann, Ulfrid, „Theorie der juristischen Argumentation", s. Anm. 136, S. 247.

382 Neumann, Ulfrid, *Wahrheit im Recht. Zu Problematik und Legitimität einer fragwürdigen Denkform*, s. Anm. 19, S. 39.

tisch ausweisbar". Juristische Aussagen teilen für Neumann also nicht das Binaritätsprinzip von wahr und falsch.

Neumann teilt damit - wenn auch mit anderer Begründung - die Analyse Bäckers. Wie sich im Folgenden zeigen wird, zieht jener aus der Annahme der Falschheit der These einzig richtiger Entscheidungen aber völlig andere Schlüsse als dieser. Die „Umstellung von einer rechtstheoretischen auf eine rechtspraktische Argumentation" lässt Neumann das Konstrukt der wahren oder einzig richtigen Entscheidung nämlich aufrecht erhalten.[383]

3. Wahrheit als Fiktion

Der in keinem notwendigen Zusammenhang mit den zunächst diskutierten Wahrheitstheorien stehende zweite Teil von Wahrheit im Recht enthält die eigentliche Kernthese Neumanns. Sie besteht darin, dass die theoretische Frage nach der Existenz wahrer juristischer Aussagen zugunsten der praktischen Frage nach der Funktion von Wahrheitsansprüchen im Recht zurückzustellen sei.[384] Für Neumann folgt aus der Einsicht, dass es weder in universeller Hinsicht noch in Bezug auf eine geltende Rechtsordnung auf jede normative Frage eine einzig richtige Antwort geben kann, nicht, dass die entsprechende These Dworkins oder die „Denkfigur der einzig richtigen Entscheidung" generell aufzugeben ist.[385]

Die Fiktion der Wahrheit entfaltet, so die Leitidee Neumanns, „kritisches Potential", das sich im Verhältnis der Rechtswissenschaft zur Rechtspraxis zeige oder in justizinternen Kontrollverhältnissen.[386] Zuletzt spricht Neumann ohne erkennbaren Unterschied von der einzig richtigen Entscheidung als „notwendiger Idealisierung", die als Vorstellung rechtlich institutionalisiert sei.[387] Ich gehe im Folgenden also davon aus, dass Neumann die Begriffe Fiktion und Idealisierung synonym verwendet. Für die Aufrechterhaltung

383 ebd., S. 41.

384 ebd., 41 ff. Zuletzt Neumann, Ulfrid, „Richtigkeitsanspruch und Überprüfbarkeit rechtlicher Entscheidungen", s. Anm. 29, 149 f.

385 Neumann, Ulfrid, *Wahrheit im Recht. Zu Problematik und Legitimität einer fragwürdigen Denkform*, s. Anm. 19, 41 ff. Neumann, Ulfrid, „Richtigkeitsanspruch und Überprüfbarkeit rechtlicher Entscheidungen", s. Anm. 29, 149 f.

386 Neumann, Ulfrid, *Wahrheit im Recht. Zu Problematik und Legitimität einer fragwürdigen Denkform*, s. Anm. 19, 41 ff. Neumann, Ulfrid, „Wahrheit statt Autorität. Möglichkeit und Grenzen einer Legitimation durch Begründung im Recht", s. Anm. 31, S. 90.

387 Neumann, Ulfrid, „Sprache und juristische Argumentation", s. Anm. 29, 139 f.

von Dworkins These einzig richtiger Entscheidungen als Fiktion spricht für Neumann die Analyse einer Rechtspraxis, die auf die Denkform der einzig richtigen Entscheidung angewiesen sei. Letztere entspreche zudem der Perspektive des Richters, „der nach der einzig richtigen Entscheidung zu suchen, nicht aber zwischen mehreren vertretbaren Entscheidungen zu würfeln hat."[388] Damit bleibt die auch von Neumann geteilte theoretische Erkenntnis, dass juristische Aussagen nicht das Binaritätsprinzip von richtig und falsch teilen, für die praktische Frage nach dem mit dem richterlichen Urteil zu Beanspruchenden ohne Folgen.

Die nicht zweiwertige Kategorie der Vertretbarkeit taugt nach Neumann nämlich aus institutionellen - nicht, wie bei Alexy, aus sprachlichen - Gründen nicht als Handlungsanweisung für den Richter. Neumann:

> „Die rechtstheoretische Einsicht, dass jedenfalls in zahlreichen Fällen unterschiedliche Entscheidungen mit guten Gründen vertreten werden können, taugt nicht als Maxime richterlichen Handelns. Der Richter sollte in seiner Entscheidungspraxis so verfahren, *als ob* in jedem Fall nur eine Entscheidung richtig wäre."[389]

Zu beachten ist, dass Neumann explizit nicht sagen möchte, dass aufgrund institutioneller Voraussetzungen Entscheidungen als einzig richtig „gelten" können. Die Differenz des „so tun als ob" gegenüber dem „gelten als" macht Neumann in Auseinandersetzung mit den sogenannten materiellen Rechtskraftlehren deutlich.[390] Zwar wäre es Neumann zufolge im Paradigma der materiellen Rechtskraftlehren nicht nötig, die Alternativlosigkeit der Entscheidung kontrafaktisch vorzuspiegeln. Die für Neumann zentrale Kritik an richterlichen Entscheidungen wäre in diesem Falle aber gerade nicht möglich. Neumann ist also nicht so zu verstehen, dass Entscheidungen als einzig richtige zu fingieren sind.

In einer neueren Schrift wird der gleiche Gedanke in Bezug auf die Psyche des Entscheiders weiter ausgeführt.

> „Das Bewusstsein, dass bei der Entscheidung persönliche Überzeugungen und damit subjektive Momente im Spiel sind, beeinträchtigt den Anspruch, dass gerade diese Entscheidung die einzig richtige sei, nicht. Denn für den Richter haben seine eigenen Überzeugungen per definitionem ein höheres Gewicht als abweichende Überzeugun-

---

388 Neumann, Ulfrid, *Wahrheit im Recht. Zu Problematik und Legitimität einer fragwürdigen Denkform*, s. Anm. 19, S. 40.

389 ebd., S. 40. Hervorhebung im Original. Inhaltlich identisch Neumann, Ulfrid, „Richtigkeitsanspruch und Überprüfbarkeit rechtlicher Entscheidungen", s. Anm. 29, S. 150.

390 Neumann, Ulfrid, *Wahrheit im Recht. Zu Problematik und Legitimität einer fragwürdigen Denkform*, s. Anm. 19, 24 f.

> gen seiner Kolleginnen und Kollegen. Die Forderung, dass der Richter sich für ein bestimmtes Urteil als das aus seiner Sicht allein richtige entscheiden müsse, stellt deshalb auch keine psychologische Überforderung dar."[391]

Diese Behauptung Neumanns, wonach es stets eine Überzeugung des Entscheiders gibt, die ihm stets stichhaltiger als inhaltlich abweichende Auffassungen vorkommen muss, ist aus meiner Sicht nur eine Behauptung. Es erscheint ohne Weiteres möglich, dass sich der Richter zwischen zwei Rechtsauffassungen nicht entscheiden kann und damit die von Neumann im Fortgang der Äußerung mit der Figur des Esels Buridans illustrierte Situation eintritt, dass der Richter nur mit Blick auf die Richtigkeit der Entscheidung nicht weiterkommt. In Bezug auf diesen psychologischen Aspekt teile ich Neumanns Ansicht also nicht.[392]

Für Neumann kann es aus der internen Perspektive des Richters jedenfalls nur um die Wahrheit, nicht um die Vertretbarkeit seiner Entscheidung gehen. Eine Begründung, welche die Möglichkeit einer alternativen Entscheidung eingesteht und im Sinne Neumanns etwa lauten könnte, „Im Namen des Volkes, Herr N. wird zu 10 Jahren Gefängnis verurteilt. Gleichermaßen vertretbar wäre es gewesen, 10 Jahre und zwei Monate zu verhängen" wäre ihm zufolge fehlerhaft:

> „Eine „Begründung", der zufolge das Urteil ebenso gut anders hätte ausfallen können, wäre nicht nur seltsam, sie wäre fehlerhaft. Der Richter muss sich nicht nur entscheiden, er muss auch den Anspruch der Richtigkeit seiner Entscheidung erheben. Dieser Befund lässt sich in der These formulieren: Nicht als Existenzbehauptung, wohl aber als „regulative Idee" ist die Idee der einzig richtigen Entscheidung in Rechtswissenschaft und Rechtspraxis zugrunde zu legen."[393]

---

391 Neumann, Ulfrid, „Richtigkeitsanspruch und Überprüfbarkeit rechtlicher Entscheidungen", s. Anm. 29, S. 150.

392 Die psychologische Seite der Argumentationsfigur der einzig richtigen Entscheidung fokussiert Herbst, Tobias, s. Anm. 35, 898 ff. unter dem Stichwort der „subjektiv einzig richtigen Entscheidung. Herbst stimmt im Ergebnis mit Neumann überein, dass die getroffene Entscheidung dem Richter selbst als die einzig richtige erscheinen müsse; ebd., S. 899.

393 Neumann, Ulfrid, *Wahrheit im Recht. Zu Problematik und Legitimität einer fragwürdigen Denkform*, s. Anm. 19, S. 41. Ihm folgend Saliger, Frank, s. Anm. 8, S. 143; Giannoulis, Jorgos. „Studien zur Strafzumessung. Ein Beitrag zur Dogmatik, Rechtstheorie und Rechtsinformatik mit Vertiefung in den Eigentums- und Vermögensdelikten". 2014. Die - zugegebener Maßen unspezifische - Behauptung Neumanns ist, versteht man die hervorgehobene Äußerung im Sinne von „rechtlich fehlerhaft", nicht zutreffend, wie ich im zweiten Abschnitt des folgenden Kapitels zeigen werde. Denn die prozessualen Begründungspflichten fordern nach einhelliger Meinung in der Literatur keine umfassende Auseinandersetzung mit allen zum The-

Der Richter muss sich Neumann zufolge also nicht nur zwischen zwei alternativen und ggf. gleichermaßen vertretbaren Entscheidungsmöglichkeiten entscheiden, sondern mit seiner Entscheidung auch beanspruchen, dass diese wahr, alle anderen falsch seien. Da das Binaritätsprinzip für die juristische Argumentation nicht greife, beide Entscheidungsmöglichkeiten also gleichermaßen vertretbar sein können, müsse er so verfahren, *als ob* in jedem Fall nur eine Entscheidung richtig wäre.[394] Die Priorität der aus richterlicher Perspektive zugrunde zu legenden Annahme der einen einzig richtigen Entscheidung über die rechtstheoretische Einsicht in die Vertretbarkeit vieler rechtfertigt sich für Neumann wie angedeutet funktional.[395] Die erwähnte Funktion der Freisetzung kritischen Potentials entspreche Rechtssystemen, deren Entscheidungen sich durch die Idee der Wahrheit, nicht der Autorität legitimierten.[396]

Diese These versucht Neumann zunächst in Auseinandersetzung mit Kelsen für das Verhältnis von Rechtswissenschaft und -praxis zu schärfen: Für Kelsen besteht Neumann zufolge das richterliche Urteil einerseits aus einem kognitiven, andererseits aus einem nie vermeidbaren volitiven Aspekt.[397] Aufgabe der akademischen Jurisprudenz könne nach Kelsen nur die Kritik des kognitiven Aspekts sein, d. h. die Beurteilung, ob der Richter sich in dem durch die Normen vorgegebenen Rahmen hält. Dagegen sei nach Kelsen der volitive Aspekt der Kritik grundsätzlich entzogen.[398] Es ist diese letzte These Kelsens, die Neumann, gestützt auf sein Konzept der einzig richtigen Entscheidung als Denkform, bzw. als funktional notwendiger Fiktion, angreift.[399]

---

ma vertretenen Rechtsmeinungen. Dies besagt in Bezug auf meine Ausgangsfrage nichts anderes, als dass die richterliche Begründung jedenfalls nicht kraft positiven Rechts als einzig richtige darzustellen ist.

394 Neumann, Ulfrid, *Wahrheit im Recht. Zu Problematik und Legitimität einer fragwürdigen Denkform*, s. Anm. 19, S. 40; Neumann, Ulfrid, „Richtigkeitsanspruch und Überprüfbarkeit rechtlicher Entscheidungen“, s. Anm. 29, S. 150.

395 Neumann, Ulfrid, *Wahrheit im Recht. Zu Problematik und Legitimität einer fragwürdigen Denkform*, s. Anm. 19, 41 ff. Neumann, Ulfrid, „Richtigkeitsanspruch und Überprüfbarkeit rechtlicher Entscheidungen“, s. Anm. 29, 151 f.

396 Neumann, Ulfrid, *Wahrheit im Recht. Zu Problematik und Legitimität einer fragwürdigen Denkform*, s. Anm. 19, 48 ff. Neumann, Ulfrid, „Wahrheit statt Autorität. Möglichkeit und Grenzen einer Legitimation durch Begründung im Recht“, s. Anm. 31, S. 90. Die Entgegensetzung der Begriffe Wahrheit und Autorität ist, wie sich im dritten Kapitel zeigen wird, nicht schlüssig.

397 Neumann, Ulfrid, *Wahrheit im Recht. Zu Problematik und Legitimität einer fragwürdigen Denkform*, s. Anm. 19, S. 51.

398 ebd., S. 51.

399 ebd., S. 51.

Zwar erschöpft sich auch für Neumann die richterliche Entscheidung nicht in einem Erkenntnisakt, jedoch folgt für ihn hieraus nicht die Notwendigkeit der „Einschränkung der Möglichkeiten rechtswissenschaftlicher Kritik."[400] Die Kritik richte sich nämlich nicht gegen die Entscheidung als solche, sondern stets gegen die für sie gegebene Begründung. Diese sei, obwohl sie das richterliche Urteil letztlich nicht vollends tragen könne, unbeschränkt angreifbar:

> „Das 'sic volo, sic iubeo' lässt keinen Raum für wissenschaftliche Kritik. Umgekehrt unterstellt der Anspruch auf vollständige rationale Begründbarkeit der Entscheidung, wie er sich aus der regulativen Idee der einzig richtigen Entscheidung ergibt, das richterliche Urteil dieser Kritik ohne Einschränkungen."[401]

Neumann selbst legt also, wie im vorangegangenen Abschnitt erwähnt, einen „normativ aufgeladenen" Begriff der Begründung - wenn auch, wie ebenfalls erwähnt: kontrafaktisch - zugrunde.

Eine weitere Begründung der Wahrheitsfiktion versucht Neumann mit Verweis auf Kontrollverhältnisse zwischen unterschiedlichen rechtsanwendenden Instanzen zu entwickeln.[402] Die zwischen Behörden und Verwaltungsgerichtsbarkeit bei der Anwendung unbestimmter Rechtsbegriffe geltende Annahme vollständiger Überprüfbarkeit kann Neumann zufolge nur bei kontrafaktischer Annahme rechtlicher Wahrheit oder einzig richtiger Entscheidungen folgen.[403] Es gelte in gleicher Weise für den Instanzenzug, dass die uneingeschränkte Revisibilität der Rechtsfrage nur bei Zugrundelegung der Fiktion der einzig richtigen Entscheidung verständlich sei.[404] Institutionell entspreche das Prinzip der uneingeschränkten Überprüfbarkeit rechtlicher Entscheidungen der Fiktion der einzig richtigen Entscheidung und umgekehrt eine eingeschränkte Überprüfbarkeit der tatsächlichen Vertretbarkeit unterschiedlicher Rechtsauffassungen.[405]

Die für Neumann entscheidende Frage laute also, „weshalb, in Hinblick auf welche allgemeinen Kriterien, das Rechtssystem gegenüber einer Ent-

---

400 ebd., S. 51.

401 ebd., 51 f.

402 ebd., 52 f. Neumann, Ulfrid, „Richtigkeitsanspruch und Überprüfbarkeit rechtlicher Entscheidungen", s. Anm. 29, 153 f.

403 Neumann, Ulfrid, *Wahrheit im Recht. Zu Problematik und Legitimität einer fragwürdigen Denkform*, s. Anm. 19, 52 f.

404 ebd., S. 53; Neumann, Ulfrid, „Richtigkeitsanspruch und Überprüfbarkeit rechtlicher Entscheidungen", s. Anm. 29, 153 f.

405 Neumann, Ulfrid, *Wahrheit im Recht. Zu Problematik und Legitimität einer fragwürdigen Denkform*, s. Anm. 19, S. 54.

scheidung das eine Mal die idealisierende, das andere Mal eine realistische Sichtweise einnimmt."[406] Neumann beantwortet diese Frage pragmatisch: Der Ausgleich neben- und gegeneinander bestehender unterschiedlicher Perspektiven sei keine rechtstheoretische, sondern eine verfassungspolitische Frage:

> „Die Grenze zwischen dem Herrschaftsbereich der regulativen Idee der einzig richtigen Entscheidung einerseits und dem der Einsicht in die tatsächliche Vertretbarkeit unterschiedlicher Rechtsauffassungen andererseits wird jedenfalls nicht von rechtstheoretischen Erwägungen, sondern von institutionellen Vorgaben bestimmt. Maßgebend sind die Bedürfnisse des Rechtssystems, nicht die Erkenntnisse der Rechtswissenschaft."[407]

In dieser Äußerung kommt erneut die These der Differenzierung zwischen theoretischem und praktischem Umgang mit dem Wahrheitsprädikat zum Ausdruck, die ich, wie gesagt, teile.

Vor dem Hintergrund dieser gemeinsamen Grundannahme versteht sich die nun folgende kritische Diskussion der dargestellten Thesen Neumanns. In ihr werde ich zeigen, dass Neumanns Aussage, entscheidend für den praktischen Umgang mit dem Wahrheitsprädikat seien institutionelle Vorgaben oder Bedürfnisse des Rechtssystems, letztlich zu oberflächlich bleibt. Ursache hierfür ist aus meiner Sicht die mangelnde sprach- und sozialtheoretische Fundierung der ansonsten innovativen Thesen Neumanns und Folge die Einseitigkeit in Bezug auf das Problem der Kritikfähigkeit. Wesentliche Teile dieser Arbeit sind vor dem Hintergrund dieser Mängel als Versuch zu verstehen, die Analysen Neumanns zu vertiefen und zu intensivieren.

II. Kritik

Die von Neumann erstmals in der analytischen Schule vorgetragene Idee, die pragmatische Seite des Wahrheitsbegriffs gesondert zu fokussieren, entspricht einer Grundintention dieser Arbeit. Gegenüber den bisher dargestellten Theorien Alexys und Bäckers ist es aus meiner Sicht ein wesentlicher Fortschritt, nicht ausschließlich das Rationalitätsproblem in der Jurisprudenz - in den Begriffen Neumanns: „Wahrheit als Existenzbehauptung" - zu analysieren, sondern ergänzend den Blick auf die Funktionen des Wahrheitsprädikats im Rechtssystem zu weiten. Neumann kommt das Verdienst zu, das Problem des

---

406 Neumann, Ulfrid, *Wahrheit im Recht. Zu Problematik und Legitimität einer fragwürdigen Denkform*, s. Anm. 19, S. 57.

407 ebd., S. 58.

praktischen Umgangs mit der Behauptung oder Implikation der Wahrheit erstmals in der analytischen Schule nicht als abgeleitete Frage zu betrachten.

Die gleichwohl bestehenden Schwächen bei Neumann sind aus meiner Sicht erstens, dass das bei meiner Auseinandersetzung mit Bäcker bereits diskutierte Problem der Kritikfähigkeit richterlicher Entscheidungen nicht vollständig gelöst werden kann. Seine These, rechtswissenschaftliche Urteilskritik sei nur möglich, wenn der Richter „so tut als ob" seine Begründung die einzig richtige sei, lässt aus meiner Sicht die Perspektive der Urteilsadressaten außer Betrachtung (a.). Zweitens ist die bei Neumann bislang unvollständige Rezeption der Searleschen Sozialphilosophie zu bemängeln. Neumanns Thesen zum Problem der Rechtsgeltung und die zuletzt dargestellten stehen derzeit unverbunden nebeneinander. Hieraus resultiert, dass Neumann die Bedeutung der sozialphilosophischen Begrifflichkeit für die interessierende Fragestellung verkennt (b.). Drittens ist zu kritisieren, dass der Topos des richterlichen „so tun als ob" sprachtheoretisch unterbelichtet ist (c.).

1. Das Problem der Kritikfähigkeit - II

Wahrheit ist, wie dargestellt, für Neumann als funktional notwendige Fiktion zu betrachten. Neumann zufolge zeigt die Analyse bestimmter Aspekte unseres Rechtssystems, dass dieses wesentlich auf dem Gedanken der Legitimation durch Wahrheit gründe. Die akademische Rechtswissenschaft müsse, obwohl das richterliche Urteil für Neumann tatsächlich aus einer Kombination kognitiver und volitiver Elemente besteht, die regulative Idee der einzig richtigen Entscheidung für ihre Kritik an der Justiz funktionalisieren können. Mit dieser These liegt ein weiterer Beitrag zum Problem der Kritikfähigkeit richterlicher Entscheidungen vor, das ich bei meiner Auseinandersetzung mit Bäcker zum ersten Mal angesprochen hatte. Neumann bezieht sich auf das gleiche Problem wie Bäcker, kommt aber - wie dieser - aufgrund von plausiblen Erwägungen zu dem diametral entgegengesetzten Schluss. Das Problem erscheint also, wie ich ausführen werde, dilemmatisch.

An der eingangs rekapitulierten und im vorangehenden Abschnitt in zwei Schritten dargestellten These Neumanns ist in Bezug auf das Problem, wie vermittels der Darstellung richterlicher Entscheidungen deren Kritisierbarkeit oder Kritikfähigkeit zu gewährleisten ist, zu bemängeln, dass das Verhältnis von Justiz und Urteilsadressaten aus dem Blick gerät. So ist zwar plausibel, dass die Implikation einer einzig richtigen Entscheidung einem Verständnis von Legitimation durch inhaltliche Richtigkeit entspricht. Nur durch ihren Wahrheitsbezug sind juristische Aussagen im engeren Sinne kritisierbar.[408] Das Urteil kann sich also nach der plausiblen Annahme Neumanns nur durch Wahrheit legitimieren, wenn es diese auch beansprucht, bzw. wenn mit ihm die Überzeugung von seiner Wahrheit verbunden ist oder verbunden wird.[409] Jedoch liegt der zuerst von Bäcker vorgebrachte Einwand nahe, dass in schwierigen Fällen das richterliche so tun als ob (die Entscheidung einzig richtig sei) gegenüber einem Verurteilten die Legitimationswirkung einer tatsächlich einzig richtigen Entscheidung notwendig verfehlen müsse.[410] Es ist - so könnte man Bäckers Einwand fortsetzen - nicht ersichtlich, weshalb die Richterperspektive für die Adressaten des Urteils überhaupt von Relevanz sei. Vielmehr liegt auf der Hand, dass die Adressaten, da jedenfalls nicht an der Abfassung des Urteils beteiligt, es zwangsläufig aus einer anderen Perspektive betrachten. Das Nachvollziehen des nach Neumann aus Sicht des Richters herrschenden Zwangs, seine Entscheidung als einzig richtige auszugeben, mag zwar möglich sein, keinesfalls aber ist dies unvermeidlich oder rechtlich geboten.

Vom Standpunkt der Urteilsadressaten besteht damit kein Anlass, der nach Neumann in der Richterperspektive vorauszusetzenden Wahrheit als regulativer Idee eine legitimierende oder kritische Wirkung zuzuerkennen. Das Urteil kann sich für sie nur in dem Maße durch Wahrheit oder Objektivität legitimieren, in dem es tatsächlich wahr oder objektiv ist. Sind die in ihm getroffenen juristischen Aussagen dagegen nur vertretbar, gilt das binäre Prinzip einer einzigen richtigen und unendlich vielen falschen Entscheidungen nicht, dann kann auch Legitimation nur in diesem abgestuften Maße bestehen.[411] Der zu einer Haftstrafe von zehn Jahren und zwei Monaten Verurteilte muss das Urteil also hinnehmen, obwohl auch eine Verurteilung zu glatten zehn Jahren vertretbar gewesen wäre. Legitim, weil vertretbar, wären beide Strafmaße.[412] Gegenüber dem Verurteilten wird das „so tun als ob" des Richters je nach dessen Kenntnisstand unterschiedliche Wirkungen haben. Ist ihm bekannt, dass - wie Neumann selbst zeigt - juristische Aussagen in schwierigen Fällen

---

408 Anderheiden, Michael, s. Anm. 34, 38 f.

409 ebd., S. 39.

410 Bäcker, Carsten, *Begründen und Entscheiden. Kritik und Rekonstruktion der Alexyschen Diskurstheorie des Rechts*, s. Anm. 33, 330 f.

411 Vgl. Fischer-Lescano, Andreas und Christensen, Ralph, s. Anm. 199, 218 f. Christensen, Ralph und Lerch, Kent D., s. Anm. 59, S. 120.

412 Vgl. Bäcker, Carsten, *Begründen und Entscheiden. Kritik und Rekonstruktion der Alexyschen Diskurstheorie des Rechts*, s. Anm. 33, 254 f.

höchstens vertretbar, nicht aber wahr sind, wird er den Alternativlosigkeit zelebrierenden Richter als unaufrichtig wahrnehmen. Geht er dagegen - nach Neumann: zu Unrecht - von dem Modell des Richters als „Subsumtionsautomat" aus, dessen Urteilsbegründung auch in schwierigen Fällen aus einzig richtigen juristischen Aussagen besteht, wird nicht nur sein Wissensrückstand gegenüber der rechtswissenschaftlichen Forschung zementiert, sondern er ist zusätzlich einer Irreführung seitens des Richters ausgesetzt.

Die sozusagen überschießende Argumentationsfigur der einzig richtigen Entscheidung legitimiert das Urteil aus meiner Sicht jedenfalls nicht durch Wahrheit. Dies muss umso mehr gelten, als auch bei Neumann der Begriff der regulativen Idee unterbestimmt und methodisch wirkungslos bleibt. Neumann verbindet mit ihm - wie Alexy - eine „Orientierung am Ziel der einzig richtigen Entscheidung"[413], wobei unklar bleibt, was hiermit für die gerichtliche Entscheidungspraxis gewonnen sein soll.[414] Um die von Neumann behauptete, legitimierende Funktion erfüllen zu können, wäre zumindest eine methodische Aufbereitung der Orientierungsmetapher erforderlich gewesen.[415]

An dieser Stelle zeichnet sich ein Dilemma ab: Oben war die - inhaltlich entgegengesetzte - These Bäckers mit ähnlicher Argumentation kritisiert worden. Ich hatte unter Bezugnahme auf Neumann dargelegt, dass der bei Bäcker potentiell gegebene dezisionistische „Rest" einer richterlichen Entscheidung, der Bäckers These des Anspruchs auf die relativ richtige Entscheidung zufolge als solcher ausgewiesen wird, dem Verurteilten die Möglichkeit zur Kritik nimmt. Die in Fällen zweier gleichermaßen vertretbarer Entscheidungen nach Bäcker erforderliche Wahl ist für ihn irrational.[416] Angesichts der Kritik eines Verurteilten an seiner Entscheidung bliebe dem Richter damit nur der achselzuckende Verweis, dass er eben ehrlich sei - gleichermaßen vertretbar wäre auch die Verhängung einer Freiheitsstrafe von zehn Jahren

413 Neumann, Ulfrid, *Wahrheit im Recht. Zu Problematik und Legitimität einer fragwürdigen Denkform*, s. Anm. 19, S. 40.

414 Kritisch auch Schulz, Lorenz, „Wahrheit im Recht. Neues zur Pragmatik der einzig richtigen Entscheidung", s. Anm. 22, S. 357.

415 Dies versucht Schulz mittels der Schlussform der Abduktion; Schulz, Lorenz, „Recht und Pragmatismus", s. Anm. 32, 305 ff. In Bezug auf die Alexysche Diskurstheorie unternimmt es Hennig, Jonas. *Mediation als rationaler Diskurs. Überpositive Legitimation der Mediation und Vergleich zum Zivil- und Strafprozess am Maßstab der Alexyschen Diskurstheorie*. Berlin 2014 in ähnlicher Weise, mit bestimmten Mediationsprinzipien eine „ideal-approximative" Wirkung darzustellen.

416 Bäcker, Carsten, *Begründen und Entscheiden. Kritik und Rekonstruktion der Alexyschen Diskurstheorie des Rechts*, s. Anm. 33, 332 f.

glatt, es sei jedoch nun einmal seine Aufgabe zu entscheiden, er könne selbst nicht genau sagen, warum sein Bauchgefühl die für ihn, den Verurteilten, negativere Entscheidung von zehn Jahren und zwei Monaten herbeigeführt habe. Die Devise lautete fataler Weise: „Über Geschmack lässt sich nicht streiten!"[417] Nun erweist sich, dass auch der von Neumann verfochtene umfassende Richtigkeitsanspruch wegen seiner Fiktionalität problematisch ist.

Während für Bäcker also die Perspektive der Urteilsadressaten, bzw. das Staat-Bürger Verhältnis maßgeblich ist, ist es für Neumann die Perspektive der Rechtswissenschaft und der das Urteil kontrollierenden Gerichte. Es scheint damit so zu sein, dass zwei sich widersprechende Thesen unter dem gleichen Gesichtspunkt, nämlich in Hinblick auf das Problem der Kritisierbarkeit richterlicher Urteile, kritikwürdig sind. Wenn dem so ist, dann muss nach einem Weg gesucht werden, beide zu kombinieren, bzw. den Widerspruch unter einem gemeinsamen theoretischen Gesichtspunkt aufzuheben. Das Verbindende zwischen Bäcker und Neumann besteht darin, dass Neumann wie Bäcker das - der Sache, selbstverständlich nicht dem Begriff nach - adressierte Problem der kommunikativen Kraft als ein Problem der Legitimation und Kritikfähigkeit der richterlichen Begründung verstehen. Verkürzt gesagt liegt der Schlüssel zu diesem Problem in der Struktur des richterlichen Urteils als einer institutionellen Tatsache verborgen, wie ich im dritten Kapitel zeigen werde.

Die Eigenschaft des richterlichen Urteils als institutioneller Tatsache verkennt Neumann jedenfalls, was in meinem nächsten Kritikpunkt nachzuzeichnen ist. Gleichzeitig ist zu monieren, dass bei Neumann die Rezeption der Searleschen Sozialphilosophie unvollständig bleibt.

2. Der Mangel an Sozialtheorie

Die innovative These Neumanns, wonach institutionelle Vorgaben und die Bedürfnisse des Rechtssystems ausschlaggebend seien für die Frage der Verwendung des Wahrheitsbegriffs in richterlichen Entscheidungen, ist, so mein folgender Kritikpunkt, in entscheidender Weise untertheoretisiert. Auf diese Weise bleibt die Analyse Neumanns letztlich zu oberflächlich. Ich werde im dritten Kapitel versuchen, die - aus meiner Sicht - zutreffende Analyse Neumanns zu intensivieren und damit das bis dorthin dilemmatisch wirkende

417 Eine unmittelbare Kritik an Bäcker findet sich bei Herbst, Tobias, s. Anm. 35, 899 f. zum Problem generell Anderheiden, Michael, s. Anm. 34, 38 f.

Problem der Kritikfähigkeit zu lösen. In theoriekonstruktiver Sicht werde ich zu diesem Zwecke die Sprechakttheorie Searles mit seiner Sozialtheorie verbinden. Gleichzeitig werde ich auf diese Weise die von Neumann begonnene Rezeption des Searleschen Werkes fortführen.

In keiner Weise theorielos ist der erste Teil von *Wahrheit im Recht*, in dem Neumann sich im mit zahlreichen Wahrheitstheorien auseinandersetzt.[418] Umso negativer wirkt es sich aber aus, dass der zweite Teil, der die eigentliche Kernthese Neumanns enthält, auf philosophische Fundierung vollständig verzichtet. Diese Kritik möchte ich nun spezifizieren, indem ich die Relevanz bestimmter Aspekte der Sozialphilosophie Searles für das von Neumann adressierte Problem der Darstellung richterlicher Entscheidungen und Begründungen zeige. An mehreren Stellen rezipiert Neumann selbst die Sozialphilosophie Searles, wie im vorangegangenen Abschnitt gezeigt.[419] Der Transfer der sozialphilosophischen Anleihen auf das mit *Wahrheit im Recht* schwerpunktmäßig angesprochene Problem des praktischen Umgangs mit Wahrheit fehlt jedoch bei Neumann. Hier spricht Neumann im entscheidenden zweiten Teil nicht von der logischen Struktur des richterlichen Urteils als institutioneller Tatsache. Dies hätte aus folgenden Gründen nahe gelegen. Die logische Struktur institutioneller Tatsachen ist im sozialkonstruktivistischen Paradigma Searles, welches ich mir hiermit zu eigen mache - in der Formulierung des frühen Werkes *The Construction of Social Reality* - diejenige konstitutiver Regeln der Form 'X counts as Y in C'.[420] In diesem Paradigma stellen bestimmte Sprechakte (in der Formel: „X") ein richterliches Urteil dar, nicht wegen ihrer Lautfolge oder Betonung, sondern weil sie in bestimmten Kontexten („C") als Urteil („Y") gezählt oder gedeutet werden. In den Begriffen des späten Werkes *Making the social world* könnte man auch sagen,

418 Neumann, Ulfrid, *Wahrheit im Recht. Zu Problematik und Legitimität einer fragwürdigen Denkform*, s. Anm. 19, 14 ff.

419 Neumann, Ulfrid, „Das Problem der Rechtsgeltung", s. Anm. 110, 233 ff. Neumann, Ulfrid, *Wahrheit im Recht. Zu Problematik und Legitimität einer fragwürdigen Denkform*, s. Anm. 19, 21 ff. Neumann, Ulfrid, „Rechtspositivismus, Rechtsrealismus und Rechtsmoralismus in der Diskussion um die strafrechtliche Bewältigung politischer Systemwechsel", s. Anm. 172, 173 ff. Neumann, Ulfrid, „Theorien der Rechtsgeltung", s. Anm. 332, 106 ff. Neumann, Ulfrid, „Rechtswissenschaft als säkulare Theologie. Anmerkungen zu einem wissenschaftstheoretischen Topos des Kritischen Rationalismus", s. Anm. 332, 325 ff.

420 Searle, John R., *The Construction of Social Reality*, s. Anm. 45, 27 ff.

dass die mit dem Richteramt verbundenen statusbezogenen Funktionen in gleicher Weise auf Deutung basieren.[421]

Würden institutionelle Tatsachen seitens der gesellschaftlichen Mehrheit nicht als solche anerkannt, gezählt oder gedeutet, dann gäbe es sie nicht.[422] Die Existenz von Gesetzen, Verwaltungsakten und Urteilen als paradigmatischen Fällen institutioneller Tatsachen hängt also davon ab, dass bestimmte Sprechakte von der Mehrheit in einer Gesellschaft als Gesetze, Verwaltungsakte und Urteile angesehen werden.[423] Es liegt an dieser Stelle die - bewusst vage formulierte - Vermutung nahe, dass auch die Argumentationsfigur der einzig richtigen Entscheidung von der bewusstseinsmäßigen Tätigkeit des „Deuten als", „Zählen als" oder „Anerkennen als" abhängt. Neumann selbst erkennt in *Wahrheit im Recht* die Funktionsrelevanz der Argumentationsfigur der einzig richtigen Entscheidung. Seiner plausiblen These zufolge wird sie in bestimmten institutionellen Kontexten von der Rechtsordnung funktional vorausgesetzt.[424] Die Funktionen des Rechtssystems sind im sozialphilosophischen Paradigma Searles intentionalitätsrelativ. Sie basieren auf der kollektiven Anerkennung oder Akzeptanz der Gesellschaft als Ausdruck und Ergebnis gesellschaftlicher Verständigungsprozesse. Die relevanten Verständigungsprozesse über die Argumentationsfigur der einzig richtigen Entscheidung werden also durch die Kommunikation zwischen Justiz und Urteilsadressat, bzw. zwischen Justiz und Rechtswissenschaft nicht erschöpft.

Weil Neumann die dem richterlichen Urteil zugrundeliegende logische Struktur nicht in Betracht zieht, verkennt er die Bedeutung kollektiver Deutungsmuster für die Frage des praktischen Umgangs mit Wahrheit. Hierauf werde ich im dritten Kapitel erneut zurückkommen. Ein in gewisser Weise harmloserer Mangel besteht in Neumanns Verzicht auf eine sprachtheoreti-

---

421 Searle, John R., *Making the social world: the structure of human civilization*, s. Anm. 46, 42 ff.

422 ebd., 42 ff. Searle, John R., *The Construction of Social Reality*, s. Anm. 45, 23 ff.

423 Neumann, Ulfrid, „Theorien der Rechtsgeltung", s. Anm. 332, 106 f. in Bezug auf Hart, Herbert L. A., s. Anm. 9, S. 155. Die Abhängigkeit von kollektiven Deutungsmustern erklärt das Phänomen des schleichenden oder graduellen Außerkrafttretens von Rechtsakten; dieses Phänomen beschreibt anschaulich Stolleis, Michael. „Vom Verschwinden verbrauchten Rechts". In: *Summa. Dieter Simon zum 75.* Hrsg. von Kiesow, Rainer Maria, Ogorek, Regina und Simitis, Spiros. Frankfurt a. M. 2005, S. 539–558, freilich ohne Verweis auf die Sozialphilosophie Searles.

424 Neumann, Ulfrid, *Wahrheit im Recht. Zu Problematik und Legitimität einer fragwürdigen Denkform*, s. Anm. 19, 41 ff. zuletzt Neumann, Ulfrid, „Richtigkeitsanspruch und Überprüfbarkeit rechtlicher Entscheidungen", s. Anm. 29, 146 ff.

sche Auflösung des von ihm gebrauchten Topos des „so tun als ob". Damit komme ich zu meinem letzten Kritikpunkt.

3. Der Mangel an Sprachtheorie

Ein von dem eben dargestellten unabhängiger Mangel an theoretischer Fundierung ergibt sich in Bezug auf den für Neumann wichtigen Topos des „so tun als ob" im zweiten Teil der Arbeit *Wahrheit im Recht.* Wie gesehen muss der Richter Neumann zufolge in bestimmten institutionellen Kontexten, z. B. bei vollumfänglicher Überprüfbarkeit von Rechtsakten im Instanzenzug „so tun als ob" seine Entscheidung einzig richtig sei.[425] Man kann nun nicht sagen, dass nicht klar würde, was Neumann sagen möchte. Vor dem Hintergrund seiner Überzeugung von der Falschheit der These der Existenz einzig richtiger Entscheidungen ist klar, dass für Neumann die Darstellungsweise als einzig richtig kontrafaktisch ist. Insofern wird sie treffend mit „so tun als ob" umschrieben. Eine sprachtheoretische Begrifflichkeit sucht und findet Neumann hierfür nicht.

Der Mangel an sprachtheoretischer Fundierung findet sich in gleicher Weise bei Alexy. Alexy spricht unspezifisch davon, der Richter müsse Richtigkeit oder Vertretbarkeit „beanspruchen", „implizieren" oder „voraussetzen".[426] Die einleitend in der jurisprudentiellen Praxis festgestellte Darstellungsweise richterlicher Entscheidungen als einzig richtig kann mit den Verben „beanspruchen" (Alexy) und „so tun als ob" (Neumann) in gleicher Weise zum Ausdruck gebracht werden. In dem Topos des „so tun als ob" kommt nur zusätzlich zum Ausdruck, dass diese Darstellungsweise für kontrafaktisch gehalten wird.[427] Mein Einwand der Theorielosigkeit hätte somit auch schon in Bezug auf Alexy und Bäcker vorgebracht werden können. Der Grund für meine Kritik ausgerechnet an Neumann besteht darin, dass ich mich wie

---

425 Neumann, Ulfrid, *Wahrheit im Recht. Zu Problematik und Legitimität einer fragwürdigen Denkform*, s. Anm. 19, S. 40; zuletzt Neumann, Ulfrid, „Richtigkeitsanspruch und Überprüfbarkeit rechtlicher Entscheidungen", s. Anm. 29, S. 150.

426 Vgl. nur Alexy, Robert, *Theorie der juristischen Argumentation. Die Theorie des rationalen Diskurses als Theorie der juristischen Begründung*, s. Anm. 14, S. 414.

427 Eine weitere Umschreibung des gleichen Verhaltens wäre etwa das „Inszenieren". Hiermit kommt in gleicher Weise die Kontrafaktizität zum Ausdruck. Diese Vokabel wird von der Strukturierenden Rechtslehre verwendet; vgl. Christensen, Ralph und Lerch, Kent D., s. Anm. 59, 122 ff.

erwähnt in weiten Teilen in Übereinstimmung mit seinen Thesen sehe und seine Theorie also in gesteigertem Maße für verbesserungsfähig halte.

Die sprachtheoretische Anspruchslosigkeit Neumanns stellt selbstverständlich nur dann einen echten Mangel seines Ansatzes dar, wenn gezeigt werden kann, dass die sprachtheoretische Untermauerung dieses Ansatzes im Ergebnis, d. h. in Bezug auf meine Ausgangsfrage gewinnbringend ist. Erst im Verlaufe des dritten Kapitels werde ich in diesem Sinne zeigen können, dass auf die Ausgangsfrage nur bei genauer sprechakttheoretischer Analyse der einzelnen Teile des richterlichen Urteils angemessen geantwortet werden kann. Dies kann jedenfalls nicht gelingen, wenn man sich - wie Neumann - darauf beschränkt, suggestiv aber letztlich unspezifisch zu sagen, der Richter müsse „so tun als ob" seine Entscheidung einzig richtig sei. Ich werde im zweiten Kapitel darlegen, dass der Topos des „so tun als ob" mithilfe eines Theorieelements der Sprechakttheorie Searles theoretisch angemessen reformuliert werden kann. Ich werde zudem zeigen, dass zwischen den einzelnen Teilen des richterlichen Urteils - Begründung und Tenor - sprechakttheoretisch eine bedeutende Differenz besteht. Wie sich im dritten Kapitel zeigen wird, ist die sprechakttheoretische Differenz zwischen Begründung und Tenor entscheidend für die Lösung des Problems der kommunikativen Kraft.

Damit ist meine Kritik an Neumann abgeschlossen, die vor dem Hintergrund geteilter Grundannahmen zu verstehen ist. Die grundlegenden Thesen sind im Folgenden mitsamt der kritischen Diskussion festzuhalten.

III. Zusammenfassung

Ausgehend von einer Deutung des Rechts als institutioneller Tatsache im Sinne der Theorie Searles zur Ontologie sozialer Tatsachen ist für Neumann Alexys These einzig richtiger juristischer Aussagen unhaltbar.[428] Hieraus folgt für ihn aber nicht, dass die Argumentationsfigur der einzig richtigen Entscheidung generell aufzugeben ist. Als Fiktion, so Neumann in der für meine Zwecke bedeutendsten Schrift *Wahrheit im Recht*, sei sie im Rechtssystem unentbehrlich. So sei nur unter der Voraussetzung der Fiktion wahrer juristischer Aussagen erklärlich, warum das richterliche Urteil als Kombination aus kognitiven und volitiven Elementen der rechtswissenschaftlichen

428 Siehe oben, S. 62 ff.

Kritik in vollem Umfang ausgesetzt sein sollte.[429] „Über Geschmack lässt sich nicht streiten", könnte nach Auffassung Neumanns anderenfalls der Richter auf die rechtswissenschaftliche Urteilskritik erwidern, eine Konsequenz, die ich im vorangegangenen Abschnitt im Sinne Neumanns Bäckers Ansatz zugeschrieben habe.[430] Zudem seien bestimmte inter-institutionelle Kontrollverhältnisse, namentlich solche, in denen eine umfassende Überprüfung rechtlicher Entscheidungen vorgenommen werde, nur unter Bezugnahme auf die regulative Idee der einzig richtigen Entscheidung erklärbar.[431] Bezüglich der Darstellungsweise richterlicher Entscheidungen stehen folglich Neumann und Alexy im Ergebnis in Übereinstimmung, bezüglich der Begründung widersprechen sie sich diametral. Bäcker widerspricht Neumann sowohl im Ergebnis, wie in der Begründung. Interessanter Weise stimmen Bäcker und Neumann jedoch in ihrer Ablehnung der Alexyschen These der Existenz einzig richtiger Aussagen überein, wenn auch vor dem Hintergrund unterschiedlicher philosophischer Paradigmen. Diese Zusammenhänge werde ich im folgenden Kapitel unter dem Stichwort „Modelle kommunikativer Kraft" weiter explizieren.

Die eben zusammenfassend skizzierte These Neumanns stellt eine wesentliche Inspirationsquelle meiner Arbeit dar. Die Überzeugung von der Notwendigkeit, den rechtsphilosophischen Umgang mit dem Wahrheitsprädikat aus der herkömmlichen, nur theoretischen Betrachtung zu lösen, teile ich. Es war dennoch zu bemängeln, dass durch die Fiktion der einzig richtigen Entscheidung aus Sicht der Urteilsadressaten keine Legitimationswirkung erzielt und das Problem der Kritikfähigkeit nur einseitig betrachtet wird.[432] Es musste erstaunen, dass die inhaltlich entgegengesetzte These Bäckers zum gleichen Problem führt. Auch Bäckers Anspruch auf die relativ richtige Antwort lässt das Problem der Kritikfähigkeit zur Hälfte ungelöst. Eine bedeutende Aufgabe dieser Arbeit besteht darin, zwischen den beiden Positionen mit einer einheitlichen Begründung zu vermitteln.

Weiterhin wurde - in gewisser Weise als Ursache der gerade angesprochenen, kritikwürdigen Folge - kritisiert, dass die für meine Zwecke entscheidende Arbeit Neumanns in zentralen Aspekten untertheoretisiert ist. Die Erkenntnisse der Searleschen Sozialphilosophie, die Neumann im Zusammenhang mit dem Problem der Rechtsgeltung zugrundelegt, bleiben in der Schrift *Wahrheit im Recht* unberücksichtigt. Damit verkennt Neumann die Be-

429 Siehe oben, S. 70 ff.
430 Siehe oben, S. 57 ff.
431 Siehe oben, S. 74.
432 Siehe oben, S. 75 ff.

deutung der Eigenschaft des richterlichen Urteils als intentionalitätsrelativer institutioneller Tatsache.[433] Schließlich wird auch das linguistische Phänomen des richterlichen „so tun als ob" nicht sprechakttheoretisch fundiert.[434] Wie sich aber zeigen wird, kann Neumanns (und meine) Ausgangsfrage nach dem praktischen Umgang mit dem Wahrheitsprädikat nur bei einer differenzierten sprechaktmäßigen Klassifikation der einzelnen Teile des richterlichen Urteils - Begründung und Tenor - angemessen beantwortet werden.

Der Sache nach könnte man das sprachliche Verhalten des „so tun als ob", d. h. die kontrafaktische Unterstellung einzig richtiger Entscheidungen auch mit Verben wie „vortäuschen" oder „inszenieren" (als einzig richtig) beschreiben. Die zuletzt genannte Vokabel wird an zentraler Stelle von der im Folgenden darzustellenden Strukturierenden Rechtslehre verwendet. Eine wesentliche Übereinstimmung mit der Position Neumanns (und derjenigen Bäckers) liegt also in der Auffassung der Strukturierenden Rechtslehre von der Kontrafaktizität der Darstellung richterlicher Entscheidungen als einzig richtig. Damit komme ich zum nächsten Abschnitt, in dem die Position der Strukturierenden Rechtslehre als Gegenpart zu den bisherigen, der analytischen Schule zuzurechnenden Autoren, darzustellen und zu kritisieren sein wird.

D. Strukturierende Rechtslehre

Im Folgenden soll unter der geläufigen Sammelbezeichnung „Strukturierende Rechtslehre" die Argumentations- und Rechtstheorie von Müller, Christensen, Kudlich u. A. vorgestellt werden. Hiermit soll ein Gegenpart zu den bisherigen Autoren ins Spiel gebracht werden, die allesamt als Vertreter „analytischer Rechtstheorie" gelten können. Mit dieser Gegenüberstellung soll nicht zuletzt mein eigener Standpunkt in dem zwischen der analytischen und der strukturierenden Rechtstheorie herrschenden „Streit der Schulen" reflektiert werden. Diesem Zweck dient die Vorbemerkung (1.). Im Übrigen ist dieser Abschnitt wie die vorangehenden durch Darstellung, Kritik und Zusammenfassung gegliedert (2.-4.).

---

433 Siehe oben, S. 77 ff.

434 Siehe oben, S. 79 f.

I. Vorbemerkung: Strukturierende Rechtslehre und analytische Rechtstheorie

Der theoretische Ausgangspunkt der Strukturierenden Rechtslehre ist das alternative Normkonzept Müllers, in dem Normtext und Sachverhalt als genuin normativ gelten.[435] Hiervon ausgehend beziehen sich ihre Autoren auf rechtsphilosophische Probleme unterschiedlichster Art. Sie rezipieren hierzu eine Vielfalt sozialwissenschaftlicher und philosophischer Theorien und Autoren, u. A. die Systemtheorie Luhmanns, die Philosophie der Dekonstruktion Derridas, postmoderne Autoren wie Lyotard und Foucault, die Soziolinguistik, Medientheorie etc.

Zur analytischen Rechtstheorie, als deren Hauptvertreter die Strukturierende Rechtslehre in jüngerer Vergangenheit insbesondere Alexy und dessen Schüler Klatt kritisch diskutiert, ist sie in Bezug auf Theoriedesign und Duktus der paradigmatische Gegenpart. Das Idealtypische der Gegenüberstellung wird im weiteren Verlauf der Arbeit zu der schwierigen Aufgabe führen, die scheinbare Inkommensurabilität der Theorie- und Sprachspiele aufzubrechen und unter allgemeinen Begriffen vergleichbar werden zu lassen. Meine Vermutung ist, dass sich bei vergleichender Betrachtung von Strukturierender Rechtslehre und analytischer Rechtstheorie interessante Parallelen in Bezug auf das hier interessierende Problem ergeben. Meine Intention ist es jedenfalls, den seit ihrer Auseinandersetzung mit Klatt über die Objektivität und Normativität normtextlicher Bedeutung fallengelassenen Gesprächsfaden zwischen Strukturierender Rechtslehre und analytischer Rechtstheorie wieder aufzunehmen.[436] Die im Zusammenhang dieser Arbeit zu berücksichtigende theoretische Ausgangslage stellt sich hierbei wie folgt dar.

---

435 Müller, Friedrich und Christensen, Ralph. *Juristische Methodik. Band I.* Berlin 2009, 182 ff. Vgl. zur Kritik hieran Alexy, Robert. *Theorie der Grundrechte*. 3. Aufl. Frankfurt a. M. 1996, 63 ff.

436 Vgl. zu diesem Streit einerseits Klatt, Matthias. *Die Theorie der Wortlautgrenze. Semantische Normativität in der juristischen Argumentation.* Nomos 2003, 82 ff. und andererseits Kudlich, Hans und Christensen, Ralph. „Wortlautgrenze: Spekulativ oder pragmatisch?“ In: *Archiv für Rechts- und Sozialphilosophie* 93 (2007), S. 128–142, 130 ff. Christensen, Ralph und Kudlich, Hans. *Gesetzesbindung: Vom vertikalen zum horizontalen Verständnis.* Berlin 2008, 104 ff. Aus neuester Zeit vgl. zur Kritik der Strukturierenden Rechtslehre an der These der Objektivität sprachlicher Bedeutung Felder, Ekkehard. „Unendliche Semiose im Recht als Garant der Rechtssicherheit“. In: *Sprache - Recht - Gesellschaft.* Hrsg. von Bäcker, Carsten, Klatt, Matthias und Zucca-Soest, Sabrina. Tübingen 2012, S. 141–162, 143 ff.

Im Sinne der von mir einleitend zitierten Äußerung der Critical Legal Studies meint Müller, „Ein-Eindeutigkeit und „die einzig richtige Entscheidung" sind im Recht zumeist Chimären, bleiben virtuell."[437] Im Fortgang dieser Äußerung bezeichnet Müller die entgegengesetzte Position der Verfassungsjustiz als „der Tradition verpflichtete Haltung" und als „Glaubensbekenntnis", das jedoch vom BVerfG ungewollt selbst dementiert werde.[438] Implizit ist dieser justizkritischen Äußerung die Kritik an der dargestellten Position Alexys, der, wie zu Beginn dieses Kapitels gesehen meint, dass der Richter beanspruchen muss, dass seine Entscheidung einzig richtig ist.[439] Die Strukturierende Rechtslehre fordert Alexy damit nicht zuletzt als rechtsphilosophischen Statthalter einer theoretisch rückwärtsgewandten Justiz heraus. Diese Herausforderung könnte man in Anlehnung an Klatt, der die Strukturierende Rechtslehre in anderem Zusammenhang als „dekonstruktivistische Herausforderung" bezeichnet[440], als eine kritische oder politische Herausforderung bezeichnen.

Zwar wendet sich die Strukturierende Rechtslehre - wie eingangs erwähnt, schwerpunktmäßig gegen Alexy, recht besehen müsste sie ihre Kritik aber in gleicher Weise gegen Neumann richten, dessen Position zu meiner Fragestellung zwar nicht in der Begründung, wohl aber im Ergebnis derjenigen Alexys entspricht.[441] Neumanns Idee der gesonderten Fokussierung der praktischen Funktion des Wahrheitsprädikats entspricht wiederum der grundsätzlichen Ausrichtung der Strukturierenden Rechtslehre, deren Anspruch es ist, eine „Theorie der Praxis" bieten zu können.[442] Neumann kann insofern als „miss-

437 Müller, Friedrich und Christensen, Ralph, s. Anm. 435, S. 131.

438 ebd., S. 131.

439 Alexy, Robert, *Theorie der juristischen Argumentation. Die Theorie des rationalen Diskurses als Theorie der juristischen Begründung*, s. Anm. 14, S. 414.

440 Klatt, Matthias, *Die Theorie der Wortlautgrenze. Semantische Normativität in der juristischen Argumentation*, s. Anm. 436, 82 ff.

441 Vgl. Neumann, Ulfrid, *Wahrheit im Recht. Zu Problematik und Legitimität einer fragwürdigen Denkform*, s. Anm. 19, S. 40 und oben, S. 70.

442 Vgl. nur Müller, Friedrich und Christensen, Ralph, s. Anm. 435, S. 549; Christensen, Ralph und Sokolowski, Michael. „Theorie und Praxis aus der Sicht der Strukturierenden Rechtslehre". In: *Rechtstheorie* 32 (2001), S. 327–341, S. 328; Christensen, Ralph und Kudlich, Hans, *Theorie richterlichen Begründens*, s. Anm. 171, 269 ff. Neuerdings wird der Ansatz der Strukturierenden Rechtslehre auch als eine „Theorie rechtlichen Wissens" bezeichnet; Forgó, Nikolaus und Somek, Alexander. „Nachpositivistisches Rechtsdenken". In: *Neue Theorien des Rechts*. Hrsg. von Buckel, Sonja, Christensen, Ralph und Fischer-Lescano, Andreas. 2. Aufl. Stuttgart 2009, S. 253–270, 264 f.

ing link" zwischen analytischer und strukturierender Rechtstheorie angesehen werden.

II. Darstellung

Die Thesen der Strukturierenden Rechtslehre stehen zum Theoriedesign der bisher erläuterten Konzepte zwar in auffälligem Widerspruch, jedenfalls in Bezug auf die Zentralstellung der juristischen Argumentation aber in Übereinstimmung. In drei Schritten möchte ich die für meine Ausgangsfrage relevante argumentationstheoretische Position der Strukturierenden Rechtslehre herausarbeiten.

Den Ausgangspunkt der Überlegungen bildet für die Strukturierende Rechtslehre die fundamentale Unvereinbarkeit der von den Parteien zum Ausdruck gebrachten Überzeugungen und damit die Konflikthaftigkeit des Rechtsstreits als „Kampf um das Recht" (a.). Die zur Durchsetzung der gegensätzlichen Interessen jeweils vorgebrachten Argumente müsse der Richter in der Entscheidungsfindung entweder widerlegen oder in seine Entscheidungsbegründung integrieren. Ziel und Kriterium der gerichtlichen Argumentation sei in diesem Sinne „Geltung als Einwandfreiheit" (b.). Diese Tätigkeit und das Urteil als deren Ergebnis wird als „Inszenierung von Legitimität" bezeichnet (c.). Der bedeutendste Unterschied zum Ansatz Alexys ist die Ablehnung von dessen metaethischer Position des Realismus unter Bezugnahme insbesondere auf die Systemtheorie und die Philosophie des Dekonstruktivismus. Gleichwohl behält für die Strukturierende Rechtslehre der Begriff der Gerechtigkeit „als Problem" der richterlichen Entscheidung zentrale Bedeutung (d.).

1. Der Kampf der Parteien um das Recht

Zentrale Bedeutung hat in der Argumentationstheorie der Strukturierenden Rechtslehre der Konflikt der Parteien als Ausgangspunkt jedes Rechtsstreits.[443] Im Grundsatz jedem sonstigen sprachlichen Konflikt vergleichbar, zeichne er sich durch die grundsätzliche Unvereinbarkeit der sprachlich

443 Christensen, Ralph und Sokolowski, Michael, „Die Krise der Kommunikation und die Möglichkeit juristischen Argumentierens", s. Anm. 25, 106 ff. Christensen, Ralph und Kudlich, Hans, *Theorie richterlichen Begründens*, s. Anm. 171, 15 ff.

konstituierten Überzeugungen aus.[444] Die wesentliche Besonderheit des juristischen gegenüber sonstigen sprachlich ausgetragenen Konflikten bestehe in der Normtextbezogenheit.[445]

In der umfassenden Schrift *Die Krise der Kommunikation und die Möglichkeit juristischen Argumentierens*[446] werden die hier relevanten Aspekte der Position der Strukturierenden Rechtslehre vollständig aufgeführt. Diese Aspekte finden sich inhaltlich identisch an verschiedener Stelle im Werk der Strukturierenden Rechtslehre. Auf diese weiteren Quellen werde ich zu gegebener Zeit ergänzend verweisen. In der genannten Schrift beschreiben Christensen und Sokolowski den Konflikt der Parteien mit dem postmodernen Theoretiker Lyotard als eine Situation, in der aufgrund des Fehlens eines übergeordneten Vergleichsmaßstabs die Vermittlung zwischen gegensätzlichen Aussagen unmöglich sei.[447] „Sprachspiele" seien nicht nur teilweise verschiedenartig, sondern die Verschiedenartigkeit sei Lyotard zufolge absolut. Gerieten die Sprachspiele in Widerspruch, z. B. weil sie in motivationeller Hinsicht beide dasselbe Ziel hätten, so gerate die Verschiedenartigkeit zum Konflikt oder zum Kampf.[448] In dieser Situation kann in der Interpretation Lyotards durch die Strukturierende Rechtslehre Sprache nicht mal mehr eine gemeinsame Verständigungsbasis bieten, da sie nurmehr den Konflikt mediatisiere oder gar katalysiere.[449] Die Sprachspiele der Parteien seien Lyotard zufolge inkommensurabel, d. h. es fehle eine für beide Seiten geltende Regel, den Konflikt zu entscheiden. Jede Entscheidung zwischen beiden tue daher notwendig einer der Parteien Unrecht.[450]

Im Ausgangspunkt teilt die Strukturierende Rechtslehre die Analyse Lyotards, dass Sprachspiele nicht aufeinander reduziert oder voneinander abge-

444 Christensen, Ralph und Sokolowski, Michael, „Die Krise der Kommunikation und die Möglichkeit juristischen Argumentierens", s. Anm. 25, 106 ff. Christensen, Ralph und Kudlich, Hans, *Theorie richterlichen Begründens*, s. Anm. 171, 15 ff.

445 Christensen, Ralph und Sokolowski, Michael, „Die Krise der Kommunikation und die Möglichkeit juristischen Argumentierens", s. Anm. 25, 142 ff. Müller, Friedrich und Christensen, Ralph, s. Anm. 435, 178 f.

446 Christensen, Ralph und Sokolowski, Michael, „Die Krise der Kommunikation und die Möglichkeit juristischen Argumentierens", s. Anm. 25.

447 ebd., 106 ff. Christensen, Ralph und Kudlich, Hans, *Theorie richterlichen Begründens*, s. Anm. 171, 93 ff.

448 Vgl. zum Topos des „Kampfes" auch ebd., 112 ff. Müller, Friedrich und Christensen, Ralph, s. Anm. 435, S. 195.

449 Christensen, Ralph und Sokolowski, Michael, „Die Krise der Kommunikation und die Möglichkeit juristischen Argumentierens", s. Anm. 25, S. 110.

450 ebd., 108 f. Christensen, Ralph und Kudlich, Hans, *Theorie richterlichen Begründens*, s. Anm. 171, S. 97.

leitet werden können.[451] Dies ist der Strukturierenden Rechtslehre zufolge im Rechtsstreit gleichermaßen der Fall, weil dieser wesentlich ein „Streit um Begriffe" sei.[452] Sollten Inkommensurabilität und Unentscheidbarkeit auch im Rechtsstreit das letzte Wort bleiben, dann wäre dies nach Auffassung der Strukturierenden Rechtslehre aber fatal. Denn „jede Entscheidung im Konflikt der Rechtsmeinungen und Lesarten der Normtexte ließe sich nur noch durch einen Akt der Gewalt, durch das Machtwort fällen."[453]

Die Parteien müssen nach Auffassung der Strukturierenden Rechtslehre aber nicht bis zum Machtwort des Richters in der Inkommensurabilität und Unentscheidbarkeit verharren, sondern es werde - und hiermit weicht die Strukturierende Rechtslehre von der pessimistischen Feststellung Lyotards ab - eine echte Auseinandersetzung aufgrund der institutionellen Besonderheiten des rechtlichen Konflikts möglich. Die wesentliche Besonderheit in diesem Sinne seien die prozessualen Begründungspflichten und die Normtextbezogenheit der juristischen Argumentation.[454]

Zu erklären ist aus Sicht der Strukturierenden Rechtslehre also, wie die stets notwendige juristische Argumentation die im Ausgangspunkt bestehende Inkommensurabilität der Sprachspiele aufbrechen könne:

> „Es stellt sich also nicht die Frage, ob argumentiert werden kann und soll. Es stellt sich vielmehr die Frage, wie angesichts der kommunikativen Verhältnisse, das heißt unter den Bedingungen der Inkommensurabilität und des Entscheidungszwangs, so argumentiert werden kann, dass das als Arbeit am Widerstreit unvermeidliche

---

451 Christensen, Ralph und Sokolowski, Michael, „Die Krise der Kommunikation und die Möglichkeit juristischen Argumentierens", s. Anm. 25, 106 ff. Müller, Friedrich und Christensen, Ralph, s. Anm. 435, S. 195.

452 Christensen, Ralph und Sokolowski, Michael, „Die Krise der Kommunikation und die Möglichkeit juristischen Argumentierens", s. Anm. 25, S. 107; Müller, Friedrich und Christensen, Ralph, s. Anm. 435, 195 f.

453 Christensen, Ralph und Sokolowski, Michael, „Die Krise der Kommunikation und die Möglichkeit juristischen Argumentierens", s. Anm. 25, S. 111; auch die Bezeichnung der richterlichen Entscheidung als „Gewalt" findet sich in vielen Schriften, vgl. nur Müller, Friedrich, Christensen, Ralph und Sokolowski, Michael, s. Anm. 12, 99 f. jedoch weist Müller, Friedrich und Christensen, Ralph, s. Anm. 435, 316 f. darauf hin, dass dieser Begriff nicht notwendig negativ konnotiert werden muss.

454 Christensen, Ralph und Sokolowski, Michael, „Die Krise der Kommunikation und die Möglichkeit juristischen Argumentierens", s. Anm. 25, 145 ff. Christensen, Ralph und Sokolowski, Michael, „Theorie und Praxis aus der Sicht der Strukturierenden Rechtslehre", s. Anm. 442, S. 339.

> Unrecht darin nicht nur stumm ertragen werden muss, sondern vielmehr selbst noch einmal zur Sprache kommen kann."[455]

Die positive Wendung der Lyotardschen Analyse nennt die Strukturierende Rechtslehre die „Arbeit am Widerstreit".[456] Der Versuch, den Widerstreit aufzulösen, ist nach Auffassung der Strukturierenden Rechtslehre wegen der Normtextbezogenheit juristischer Argumentation jedenfalls nicht prinzipiell zum Scheitern verurteilt. Der Streit als Rechtsstreit zwinge die Parteien, ihre gegensätzlichen Positionen jeweils in Bezug auf den Normtext und damit als Rechtsmeinung zu artikulieren.[457] Das Recht verlange somit, dass die Parteien ihre interessenentsprechenden Positionen anhand der Normtexte in einen interessenunabhängigen Bezug stellten, und sprachlich reformulierten.[458] Hiermit sei keine inhaltliche Einigkeit der juristischen Überzeugungen hergestellt, sondern eine gemeinsame Praxis der Bezugnahme - das Verbindende zwischen zwei konfligierenden Rechtsauffassungen sei insofern die Verbindlichkeit der einschlägigen Normtexte.[459] Die juristische Argumentation unterscheide sich demzufolge von sonstigen sprachlichen Konflikten durch den Zwang, in Hinsicht auf einen gemeinsamen Bezugspunkt zu argumentieren. Die Argumentation als solche ist den Parteien dabei nicht freigestellt, sondern wegen prozessualer Begründungspflichten verbindlich.[460]

Da aber Positionen zu reformulieren seien, die nach wie vor gegensätzlich sind, könne der Normtext nicht die Koexistenz der Lesarten gewährleisten.[461] Der Normtext könne den Widerstreit damit keinesfalls auflösen, vielmehr

455 Christensen, Ralph und Sokolowski, Michael, „Die Krise der Kommunikation und die Möglichkeit juristischen Argumentierens", s. Anm. 25, S. 115.

456 ebd., S. 113.

457 ebd., S. 113; Müller, Friedrich, Christensen, Ralph und Sokolowski, Michael, s. Anm. 12, 68 ff.

458 Christensen, Ralph und Sokolowski, Michael, „Die Krise der Kommunikation und die Möglichkeit juristischen Argumentierens", s. Anm. 25, S. 145; Müller, Friedrich, Christensen, Ralph und Sokolowski, Michael, s. Anm. 12, 69 f. Dies erinnert stark an die These Alexys, dass der Anspruch auf Richtigkeit von Teilnehmern eines Gerichtsverfahrens notwendig erhoben werde, bzw. das im Recht ein „objektives Erheben" des Anspruchs auf Richtigkeit vorliegt; Alexy, Robert, „Recht und Richtigkeit", s. Anm. 26, 4 f.

459 Christensen, Ralph und Sokolowski, Michael, „Die Krise der Kommunikation und die Möglichkeit juristischen Argumentierens", s. Anm. 25, S. 145; Müller, Friedrich, Christensen, Ralph und Sokolowski, Michael, s. Anm. 12, 72 ff.

460 Christensen, Ralph und Sokolowski, Michael, „Die Krise der Kommunikation und die Möglichkeit juristischen Argumentierens", s. Anm. 25, S. 145.

461 ebd., S. 145; Müller, Friedrich, Christensen, Ralph und Sokolowski, Michael, s. Anm. 12, S. 73.

zeige sich dieser nunmehr darin, dass, wie in einem Kippbild, entweder nur die eine oder die andere Interpretation gleichzeitig möglich sei.[462] Dies formulieren Christensen und Sokolowski wie folgt.

> „Im Bezug zu den jeweils einschlägigen Normtexten verkörpert sich gewissermaßen der Sinn des Verfahrens als ein Streit um Recht sprachlich. Von daher ist es zugleich auch dieses Übereinkommen im Text, das ihn changierend in die sich diametral gegenüberstehenden Lesarten kippen lässt, ohne dass umgekehrt der Text in seiner Bedeutung als Recht anders gegeben wäre als darin."[463]

Gegenüber der von Lyotard konstatierten Inkommensurabilität der Sprachspiele ist damit bis zu dieser Stelle für die Strukturierende Rechtslehre nur die Übersetzung der jeweiligen Meinung in eine Rechtsmeinung gelungen, die sich aber nach wie vor unvereinbar gegenüberstünden. Erst nach Transformation von Meinungen in Rechtsmeinungen werden Ausmaß und Grenzen des Dissenses deutlich, ohne dass begonnen wäre, ihn zu beheben.[464]

In diesem Moment kommt in der Konzeption der Strukturierenden Rechtslehre der Richter ins Spiel, d. h. in einem Stadium des Konflikts, in dem lediglich eine Transformation und Übersetzung der von partikularen Interessen bestimmten Auffassungen in Rechtsauffassungen erreicht ist. Da sich die Rechtsauffassungen gegenseitig ausschließen, ist der Widerstreit weiter präsent; er hat lediglich den Zustand gewechselt.[465]

An dieser Stelle zeigt sich für die Autoren der Strukturierenden Rechtslehre die Bedeutung der juristischen Argumentation. Wohlverstanden sei - im Sinne der eingangs dieses Abschnittes erwähnten Kritik der Strukturierenden Rechtslehre an der Argumentationsfigur der einzig richtigen Entscheidung Ziel und Kriterium juristischer Argumentation die „Geltung als Einwandfreiheit". Dieses Konzept ist im folgenden Abschnitt darzulegen.

2. Das Kriterium der Geltung als Einwandfreiheit

In der Folge unterscheiden die Autoren der Schrift *Die Krise der Kommunikation und die Möglichkeit juristischen Argumentierens* verschiedene Argumentationstheorien, namentlich konsensorientierte, werbeorientierte,

---

462 Christensen, Ralph und Sokolowski, Michael, „Die Krise der Kommunikation und die Möglichkeit juristischen Argumentierens", s. Anm. 25, S. 145.

463 ebd., S. 145.

464 ebd., S. 146.

465 ebd., 137 ff. Müller, Friedrich, Christensen, Ralph und Sokolowski, Michael, s. Anm. 12, 76 ff.

formorientierte und regelorientierte Ansätze.[466] Ausnahmslos würden jedoch spezifische Schwächen bestehen - der eigene, vorzugswürdige Ansatz wird von der Strukturierenden Rechtslehre schließlich als geltungsorientierter Ansatz in Kombination mehrerer der von ihr beschriebenen Ansätze eingeführt.[467]

An dieser Stelle interessieren neben dem letztlich vertretenen, geltungsorientierten Ansatz auch die Kritik der Strukturierenden Rechtslehre an den als konsens- und werbeorientierten Ansätzen bezeichneten Argumentationstheorien: Die Auseinandersetzung mit dem konsensorientierten Ansatz bringt nämlich den Kern der Meinungsverschiedenheit zwischen ihr und dem analytischen oder vielmehr diskurstheoretischen „Mainstream" zum Ausdruck. Man könnte auch sagen, dass in der Kritik der Strukturierenden Rechtslehre an Alexy (und an Habermas) das Aufeinanderprallen unterschiedlicher philosophischer Paradigmen zum Ausdruck kommt, wie in der Vorbemerkung angekündigt.

Zunächst werden die Diskurstheorien Alexys und Habermas' dafür kritisiert, dass sie mit den transzendentalpragmatisch begründeten Diskursregeln die Diversität der praktischen Argumentation verfehlten.[468] Der Vielgestaltigkeit juristischer Argumentation sei es keineswegs angemessen, wenn die Diskursregeln z. B. forderten, dass verschiedene Sprecher den gleichen Ausdruck nicht mit verschiedenen Bedeutungen benutzen dürften.[469] Die mit den Diskursregeln aufgestellten Bedingungen eines idealen Diskurses „blendeten geradezu alles [aus], was den Konflikt etwa im Rechtsstreit ausmacht".[470] Zudem würde nicht gesehen, dass die für die Diskurstheorie zentralen Begriffe wie Verständigung, Kommunikation und Argumentation im Diskurs für sich streitig würden. Vollkommen ignoriert werde schließlich die Gegensätzlichkeit der Überzeugungen und Orientierungen, die das Konflikthafte des Rechtsstreits ausmachten. Das Erzielen einer einvernehmlichen Regelung

---

466 Christensen, Ralph und Sokolowski, Michael, „Die Krise der Kommunikation und die Möglichkeit juristischen Argumentierens", s. Anm. 25, 116 ff.

467 ebd., 116 ff. in enger Anlehnung an Wohlrapp, Harald. *Der Begriff des Arguments*. Würzburg 2009, 347 ff.

468 Christensen, Ralph und Sokolowski, Michael, „Die Krise der Kommunikation und die Möglichkeit juristischen Argumentierens", s. Anm. 25, 116 f. Christensen, Ralph und Kudlich, Hans, *Theorie richterlichen Begründens*, s. Anm. 171, 236 f.

469 Christensen, Ralph und Sokolowski, Michael, „Die Krise der Kommunikation und die Möglichkeit juristischen Argumentierens", s. Anm. 25, S. 116; Christensen, Ralph und Kudlich, Hans, *Theorie richterlichen Begründens*, s. Anm. 171, S. 239.

470 Christensen, Ralph und Sokolowski, Michael, „Die Krise der Kommunikation und die Möglichkeit juristischen Argumentierens", s. Anm. 25, S. 117.

könne durchaus das Ergebnis des juristischen Diskutierens sein, niemals jedoch Voraussetzung oder gar „wesensmäßige Bestimmung".[471] Indem der konsenstheoretische Ansatz dies annehme, verleugne er um seiner Grundlagen willen die realen, konflikthaften Verhältnisse.[472]

Schließlich wird das von der Diskurstheorie zugrundegelegte Vorrangverhältnis zwischen verständigungsorientierter und strategischer Kommunikation als deren parasitäre Abwandlung kritisiert.[473] Die Annahme, dass Argumentation durch „immer schon vorausgesetzte idealisierte Bedingungen" stets auf Verständigung ziele, führe zum Ausschluss strategisch Argumentierender aus der Kommunikation überhaupt. So sei der konsenstheoretische Ansatz „mit einer ganz massiven ordnungshüterischen Absicht verbunden. [...] Damit verwandelt sich die freundliche Utopie der Herrschaftsfreiheit in eine kommunikative Supermacht."[474]

Der mit der Rhetorik identifizierte werbeorientierte Ansatz juristischer Argumentation wird von der Strukturierenden Rechtslehre differenzierter gesehen und partiell als Teil der eigenen Konzeption anerkannt.[475] Die Rhetorik leiste gegenüber den „transzendentalen Zumutungen" der Diskurstheorie die Rehabilitierung der strategischen Argumentation als zulässige Möglichkeit juristischer Argumentation. Umgekehrt drohe aber, dass rhetorische Ansätze Sprache „als widerstandsloses Durchzugsgebiet von kommunikativer Macht"

---

471 ebd., S. 117.

472 ebd., S. 118. Offenbar gehen die Vertreter der Strukturierenden Rechtslehre davon aus, dass der von der Diskurstheorie in der Tat vorausgesetzte Richtigkeitsanspruch beider Parteien dem Diskurs zwangsläufig ein harmonistisches Gepräge gibt. Nach meiner Auffassung ist das Gegenteil der Fall.

473 ebd., 118 f. Christensen, Ralph und Kudlich, Hans, *Theorie richterlichen Begründens*, s. Anm. 171, S. 240.

474 Christensen, Ralph und Sokolowski, Michael, „Die Krise der Kommunikation und die Möglichkeit juristischen Argumentierens", s. Anm. 25, 118 f. Diese Kritik ist in grundlegender Hinsicht als Kritik am Paradigma analytischer Philosophie insgesamt anzusehen. Eingehend wird hierzu von der Strukturierenden Rechtslehre die Kritik von Derrida rezipiert, die dieser an der Searleschen Interpretation von Austins Sprechakttheorie übt; vgl. Christensen, Ralph und Lerch, Kent D., s. Anm. 59, 80 ff. Ich hatte oben gesagt, dass ich diesen Streit zweier sprachphilosophischer Paradigmen nicht eingehend diskutieren werde. Vielmehr werde ich meinen weiteren Ausführungen die analytische Prämisse zugrundelegen, dass Sprache grundsätzlich regelgeleitet ist - eine Annahme, die von der Strukturierenden Rechtslehre in Anlehung an Derrida bezweifelt wird.

475 Christensen, Ralph und Sokolowski, Michael, „Die Krise der Kommunikation und die Möglichkeit juristischen Argumentierens", s. Anm. 25, S. 120.

fehldeuteten.[476] Die ausschließliche Erfolgsorientierung rhetorischer Ansätze werde den normativen Praktiken nicht gerecht, die sich in und durch Sprache vollziehen.[477] Diese Praktiken generierten Konventionen, Regeln, Normen und Werte, an denen unser Sprachgebrauch bemessen werde. Es sei aufgrund dieser normativen Praxis möglich, Fehler im Sprachgebrauch festzustellen.[478]

Reduziere man die juristische Argumentation darauf, „die eigene Bedeutungsgebung dem Text als die ihm eigene aufoktroyieren zu wollen", dann „setzt man sich über den entscheidenden Punkt der argumentativen Praktiken hinweg."[479] Rhetorik dürfe insofern nicht - wie von philosophischer Seite geschehen - auf die bloße Frage nach der Wirkung von Argumenten verkürzt werden.[480] Ihre vorzugswürdige Interpretation sei, sie als „Reflexion auf die Grenzen der Leistungsfähigkeit von Schriftsprache" zu verstehen. Insofern sei die Rhetorik als frühe Medientheorie zu verstehen und nur so verstanden sei ihr Anliegen sinnvoll.[481]

Die eigene, geltungsorientierte Argumentationstheorie wird von der Strukturierenden Rechtslehre wie folgt vorgestellt: Entstanden als Widerstreit von Meinungen zeichnet sich der Rechtsstreit durch eine Distanzierung von den Meinungen durch ihre Transformation in Rechtsmeinungen aus.[482] Der gemeinsame Bezug auf die Rechtstexte ermögliche die Bearbeitung des nach wie vor bestehenden Konflikts. Ansonsten sei der Argumentationsprozess frei und weder durch transzendentale Vorgaben, noch durch die Logik des Verfahrens vorgeordnet.[483] Geltung sei in diesem Verfahren erreicht, wenn gegen eine bestimmte Auffassung keine Einwände mehr vorlägen; Geltung ist nach Auffassung der Strukturierenden Rechtslehre - in enger Anlehnung an

476 Christensen, Ralph und Sokolowski, Michael, „Die Krise der Kommunikation und die Möglichkeit juristischen Argumentierens", s. Anm. 25, S. 121.

477 ebd., S. 121 unter Verweis auf Brandom. Vgl. für eine vertiefte Auseinandersetzung der Strukturierenden Rechtslehre mit Brandom Christensen, Ralph und Sokolowski, Michael. „Neo-Pragmatismus: Brandom". In: *Neue Theorien des Rechts*. Hrsg. von Buckel, Sonja, Christensen, Ralph und Fischer-Lescano, Andreas. 2. Aufl. Tübingen 2009, S. 285–306.

478 Christensen, Ralph und Sokolowski, Michael, „Die Krise der Kommunikation und die Möglichkeit juristischen Argumentierens", s. Anm. 25, S. 121.

479 ebd., S. 123.

480 ebd., S. 123.

481 ebd., S. 123.

482 ebd., S. 138; Christensen, Ralph und Kudlich, Hans, *Theorie richterlichen Begründens*, s. Anm. 171, 240 f.

483 Christensen, Ralph und Sokolowski, Michael, „Die Krise der Kommunikation und die Möglichkeit juristischen Argumentierens", s. Anm. 25, S. 137; Christensen, Ralph und Kudlich, Hans, *Theorie richterlichen Begründens*, s. Anm. 171, S. 241.

Wohlrapp[484] - „Einwandfreiheit". Ihre Umschreibung dieses Begriffs lautet wie folgt.

> „Vor Gericht beendet die Entscheidung den Streit dann, wenn die Argumente erschöpft sind. Sie kann sich ihrerseits nur dadurch gegenüber einer Willkür des Eingriffs in den Streit rechtfertigen, dass sie Geltung beanspruchen kann. [...] Sind diese [die Gründe; P.S.] unumgänglich, nicht mehr zu widerlegen, spricht also nichts mehr gegen ein in der Argumentation erreichtes Ergebnis, so ist jene Einwandfreiheit erreicht, die es rechtfertigt, den Streit mit ihm zu entscheiden."[485]

Zu beachten sei, dass Einwandfreiheit stets relativ zu einem bestimmten Argumentationszusammenhang ist und damit keinesfalls mit Objektivität oder Gerechtigkeit verwechselt werden dürfe.[486] Die am Ende bestehende, gültige weil „einwandfreie" juristische These ist damit nur so gut, wie die ihr zugrundeliegende Argumentation und damit stets vorläufig. Finde sich in der Rechtsmittelinstanz oder in der Wissenschaft ein Argument, das bislang nicht berücksichtigt wurde, verliere die These ihren Status der Einwandfreiheit und die Argumentation beginne erneut.[487]

Die Konzeption einer Geltung qua Einwandfreiheit findet auch auf die richterliche Begründung Anwendung. Wie der Richter sie nach Auffassung der Strukturierenden Rechtslehre im Verfahren zu verwirklichen oder herzustellen hat, soll im Folgenden dargestellt werden.

3. Die richterliche Inszenierung von Legitimität

Nach Auffassung der Strukturierenden Rechtslehre steht der Richter vor der schwierigen Aufgabe, die von den Parteien vorgetragenen gegensätzlichen

Lesarten einer Norm - hierzu gehören im Normkonzept der Strukturierenden Rechtslehre der Gesetzestext und der Sachverhalt - auf eine Lesart zu reduzieren. Da jede Seite die Norm auf ihre Weise richtig verstanden habe, hafte der Entscheidung stets ein Moment der Gewaltsamkeit an. Diese

---

484 Wohlrapp, Harald. „Argumentative Geltung". In: *Wege der Argumentationsforschung*. Stuttgart-Bad Cannstatt 1995, 247 ff.

485 Christensen, Ralph und Sokolowski, Michael, „Die Krise der Kommunikation und die Möglichkeit juristischen Argumentierens", s. Anm. 25, S. 142.

486 ebd., S. 152; Christensen, Ralph und Kudlich, Hans, *Theorie richterlichen Begründens*, s. Anm. 171, S. 243.

487 Christensen, Ralph und Sokolowski, Michael, „Die Krise der Kommunikation und die Möglichkeit juristischen Argumentierens", s. Anm. 25, S. 153; Christensen, Ralph und Kudlich, Hans, *Theorie richterlichen Begründens*, s. Anm. 171, S. 245.

Gewaltsamkeit könne der Richter durch die „Inszenierung von Legitimität" sublimieren und transformieren - niemals aber eliminieren.

Im Ausgangspunkt machen es nach Auffassung der Strukturierenden Rechtslehre die gegensätzlichen Interessen unmöglich, dass die Parteien in Bezug auf den Rechtsstreit die Beobachterperspektive einnehmen könnten. Aus der Beobachterperspektive würde sichtbar werden, dass beide Auffassungen gleichermaßen zulässige Rechtsmeinungen darstellen.[488] Als Teilnehmer eines Rechtsstreits stehe für die Parteien aber zu viel auf dem Spiel, als dass sie sich von ihren Lesarten des Gesetzes und damit von ihren Interessen distanzieren könnten. Akzeptanz für eine nachteilige Entscheidung könne in dieser Situation von der unterlegenen Partei nicht erwartet werden.[489]

An die Stelle von Akzeptanz trete argumentative Geltung als Einwandfreiheit, herzustellen durch den Richter.[490] Aus der Perspektive des Richters stelle sich der Kampf der Parteien zunächst als inhaltlich unauflösbar dar. Beide haben nämlich gute, potentiell sogar gleich gute Gründe auf ihrer Seite und beide möchten verständlicher Weise diese Gründe durch ein entsprechendes Urteil validiert sehen.[491] Die beste, einzig richtige Lösung ist Müller zufolge und im Sinne der eingangs erwähnten Kritik aber „nichts als virtuell. Real - in allen typischen Fällen der Praxis - ist die 'vertretbare.[...] Die legitimierbaren Entscheidungen reduzieren sich nicht auf die 'einzig richtige'."[492] Die Frage sei, wie die erforderliche Wahl zwischen mehreren möglichen Entscheidungen legitim sein könne, wenn jeweils gute, nicht aber bessere Gründe vorlägen.[493] Das Gesetz sei in dieser Situation nicht Lösung, sondern vielmehr Katalysator des Streits. Gestützt auf das Gesetz hätten die Parteien nämlich sogar gute rechtliche Gründe für ihre jeweilige Sichtweise.[494] Die

488 Christensen, Ralph und Sokolowski, Michael, „Die Krise der Kommunikation und die Möglichkeit juristischen Argumentierens", s. Anm. 25, S. 152.

489 ebd., S. 158.

490 ebd., S. 152

491 Christensen, Ralph und Lerch, Kent D., s. Anm. 59, S. 132; Christensen, Ralph und Kudlich, Hans, *Theorie richterlichen Begründens*, s. Anm. 171, S. 228.

492 Müller, Friedrich und Christensen, Ralph, s. Anm. 435, 547 f. inhaltlich identisch Müller, Friedrich. „Virtualität im Rahmen der Strukturierenden Rechtslehre". In: *Rechtstheorie* 32 (2001), S. 359–371, S. 370.

493 Christensen, Ralph und Lerch, Kent D., s. Anm. 59, S. 132; Christensen, Ralph und Sokolowski, Michael, „Die Krise der Kommunikation und die Möglichkeit juristischen Argumentierens", s. Anm. 25, S. 106.

494 Christensen, Ralph und Lerch, Kent D., s. Anm. 59, S. 132; Christensen, Ralph und Sokolowski, Michael, „Die Krise der Kommunikation und die Möglichkeit juristischen Argumentierens", s. Anm. 25, S. 106.

Parteien könnten ihre jeweils vertretene Rechtsauffassung damit nicht bloß durch ihr Interesse motiviert, sondern durch das Gesetz legitimiert sehen.[495]

Das Gesetz sage dem Richter in dieser Situation nur, dass die vorgetragenen Gründe jeweils vertretbare Rechtsmeinungen seien. Damit stehe zur Entscheidung, was nicht zur besseren Erkenntnis stehe.[496] Nicht weil der Richter in Bezug auf die umstrittene Rechtsfrage überlegenes Wissen hätte, sondern weil es seine Berufspflicht sei, ist er nach Auffassung der Strukturierenden Rechtslehre zur Entscheidung berufen.[497] Hierdurch werde der mangelnde Maßstab, die Kriterienlosigkeit der Entscheidung offenbar. Zur Entscheidung stehe damit letztlich Unentscheidbares - das richterliche Urteil werde zum Paradox.[498]

Die Auffassung der Strukturierenden Rechtslehre ist eindeutig bezüglich dessen, was der Richter in dieser Situation nicht zu tun habe: Verfehlt sei jedenfalls die herkömmliche Art und Weise des Umgangs mit dem Paradox, nämlich die Stilisierung der Entscheidung als Rechtsanwendung.[499] Indem die Gerichte vorgäben, die Entscheidung folge entweder direkt aus

495 Christensen, Ralph und Lerch, Kent D., s. Anm. 59, S. 132; Christensen, Ralph und Sokolowski, Michael, „Die Krise der Kommunikation und die Möglichkeit juristischen Argumentierens", s. Anm. 25, S. 106.

496 Fischer-Lescano, Andreas und Christensen, Ralph, s. Anm. 199, S. 215; Müller, Friedrich, Christensen, Ralph und Sokolowski, Michael, s. Anm. 12, 99 ff.

497 Müller, Friedrich und Christensen, Ralph, s. Anm. 435, S. 372. Die Betonung des richterlichen Entscheidens als Berufspflicht erinnert an die entsprechende Äußerung von Bäcker, Carsten, *Begründen und Entscheiden. Kritik und Rekonstruktion der Alexyschen Diskurstheorie des Rechts*, s. Anm. 33, S. 333.

498 Ihr Konzept der Entscheidung als Paradoxon explizieren die Autoren der Strukturierenden Rechtslehre ausführlich in Christensen, Ralph und Kudlich, Hans, *Gesetzesbindung: Vom vertikalen zum horizontalen Verständnis*, s. Anm. 436, 21 ff. und Fischer-Lescano, Andreas und Christensen, Ralph, s. Anm. 199, 220 ff. jeweils in enger Anknüpfung an Luhmann, Niklas, „Die Paradoxie des Entscheidens", s. Anm. 199, 292 ff. Zur Kritik an der Verwendung dieses Begriffs in der Rechtsphilosophie vgl. Günther, Klaus. „Kopf oder Füße? Das Rechtsprojekt der Moderne und seine vermeintlichen Paradoxien". In: *Summa. Dieter Simon zum 70. Geburtstag*. Hrsg. von Kiesow, Rainer Maria, Ogorek, Regina und Simitis, Spiros. Frankfurt a. M. 2005, S. 255–274, 267 ff. Bung, Jochen. „Das Bett des Karneades. Zur Metakritik der Paradoxologie". In: *Rechtsphilosophie im 21. Jahrhundert*. Hrsg. von Brugger, Winfried, Neumann, Ulfrid und Kirste, Stephan. Frankfurt a. M. 2008, S. 72–89, 80 ff.

499 Fischer-Lescano, Andreas und Christensen, Ralph, s. Anm. 199, 218 f. Christensen, Ralph und Lerch, Kent D., s. Anm. 59, S. 120.

dem Gesetz, oder - bei sogenannten „Lücken"[500] - aus einem übergeordneten Gerechtigkeitsbegriff, versuchten sie, „einen unentscheidbaren Konflikt als schon entschieden zu behandeln."[501] Herkömmlicher Weise werde die Entscheidung als Erkenntnis einer richtigen oder vorzugswürdigen Gesetzesauslegung dargestellt und damit gleichzeitig als Entscheidung verleugnet.[502] Hiermit, so die Strukturierende Rechtslehre, immunisiere sich die Rechtspraxis gegen Kritik.

Diesen Einwand formuliert Christensen wie folgt.

> „Die Unterworfenheit unter die Rechtsquelle ist die Fassade, hinter der sich der Übergang zur willkürlichen Entscheidung vollziehen kann. Die Rechtsquellenlehre liefert damit die Selbstdarstellung nach außen gegenüber anderen sozialen Systemen und insbesondere die Rechtfertigung gegen Kritik."[503]

An dieser Stelle zeigen sich die interessanten Parallelen zu den bereits dargestellten Theorien Bäckers und Neumanns. Auch für die Strukturierende Rechtslehre ist die Art der Darstellung einer Entscheidung relevant für die Frage der Kritikfähigkeit des Rechtssystems. Vergleichbar der These Bäckers ist auch für sie die Stilisierung der Entscheidung als einzig richtige als Immunisierung gegen Kritik anzusehen. Sie steht damit in Bezug auf das insistierende Problem der Kritikfähigkeit ebenfalls in Gegensatz zu Neumann, der entgegen Bäcker davon ausgeht, dass gerade die Darstellung der Ent-

---

500 Vgl. zur Kritik der Strukturierenden Rechtslehre am Topos der „Lücke" Christensen, Ralph und Kudlich, Hans. „Die Lücken-Lüge". In: *Juristenzeitung* 19 (2009), S. 943–949, 943 ff.

501 Christensen, Ralph und Lerch, Kent D., s. Anm. 59, S. 120.

502 Diese Einschätzung wird geteilt von Luhmann, Niklas, *Das Recht der Gesellschaft*, s. Anm. 9, S. 370.

503 Fischer-Lescano, Andreas und Christensen, Ralph, s. Anm. 199, 218 f. Mit dem Dezisionismus Schmitts identifizieren die Vertreter der Strukturierenden Rechtslehre eine alternative Selbstreflexion angesichts des Paradoxons. Nicht die richtige, sondern irgendeine der zur Wahl stehenden Gesetzesinterpretationen, nicht die Gerechtigkeit, sondern der Wille des Entscheiders bestimmten danach den Inhalt und die Darstellung der Entscheidung. Vorzugswürdig gegenüber der zwar aufrichtigen, aber in seinen Konsequenzen fatalen Schmittschen Deutung der Entscheidungssituation ist nach der Strukturierenden Rechtslehre eine Kombination von Aspekten des Dekonstruktivismus Derridas und der Systemtheorie Luhmanns, wie sie von Teubner vorgeschlagen wird; ebd., 238 f. Teubner, Gunther. „Selbstsubversive Gerechtigkeit: Kontingenz- oder Transzendenzformel des Rechts?" In: *Zeitschrift für Rechtssoziologie* 29 (2008), S. 9–36, 9 ff. Die Theoriekombination Teubners wird von Habermas als „modifizierte Systemtheorie" apostrophiert und kritisiert in Habermas, Jürgen. *Faktizität und Geltung*. Frankfurt a. M. 1994, 73 ff.

scheidung als einzig richtige die Kritik der Rechtswissenschaft überhaupt erst ermöglicht.[504]

Der Vorschlag der Strukturierenden Rechtslehre zur Bearbeitung des Entscheidungsparadoxons findet sich insbesondere in der Schrift *Performanz. Die Kunst, Recht geschehen zu lassen*[505]. Ihre Autoren legen hierin dar, wie der Richter die konträren Argumente der Parteien und den einschlägigen Normtext im Verfahren so in Verbindung bringen kann, dass einerseits der Konflikt der Parteien mit der Entscheidung zu seinem (vorläufigen) Ende kommt und andererseits Legitimität erzielt wird.[506] Die Aufgabe des Richters sei nicht, eine (nur vermeintlich vorzugswürdige) Rechtsauffassung jenseits derjenigen der Parteien zu suchen, sondern er habe die Parteibeiträge entweder zu widerlegen oder zu integrieren.[507] Habe der Richter alle von den Parteien vorgebrachten Argumente in seine Urteilsbegründung integriert oder widerlegt, sei (die im vorangehenden Abschnitt erläuterte) Geltung als Einwandfreiheit, bezogen auf den jeweiligen Argumentationszusammenhang hergestellt.[508] Damit rechtfertige sich die Entscheidung nicht durch Objektivität, sondern verfahrensmäßig durch die Berücksichtigung der von den Parteien vorgetragenen Gesichtspunkte. Die Kombinierung der vorgetrage-

---

504 Neumann, Ulfrid, *Wahrheit im Recht. Zu Problematik und Legitimität einer fragwürdigen Denkform*, s. Anm. 19, 41 ff. Neumann, Ulfrid, „Wahrheit statt Autorität. Möglichkeit und Grenzen einer Legitimation durch Begründung im Recht", s. Anm. 31, S. 90. Das Problem der Kritikfähigkeit hatte ich in Auseinandersetzung mit Bäcker und Neumann in zwei Schritten entfaltet. Es erscheint im Moment dilemmatisch, da die sich diametral gegenüberstehenden Positionen dieser Autoren unter dem gleichen Gesichtspunkt kritikwürdig sind oder, positiv, „etwas für sich haben"; siehe oben, S. 57 ff. und 75 ff.

505 Christensen, Ralph und Lerch, Kent D., s. Anm. 59.

506 ebd., 56 ff.

507 ebd., 130 f. Christensen, Ralph und Sokolowski, Michael, „Die Krise der Kommunikation und die Möglichkeit juristischen Argumentierens", s. Anm. 25, S. 143. Diese Position wird getragen von dem Vertrauen, dass die Parteien, weil unmittelbar in ihren Interessen betroffen, die relevanten Argumente für die ihnen günstige Rechtsauffassung selbst vorbringen werden. Diese Auffassung findet sich auch bei Alexy, wonach der juristische Diskurs unter Anderem dazu dient, den Richter auf intensive Art mit den möglichen Argumenten für und wider eine Rechtsmeinung vertraut zu machen; Alexy, Robert, *Theorie der juristischen Argumentation. Die Theorie des rationalen Diskurses als Theorie der juristischen Begründung*, s. Anm. 14, 261 ff.

508 Christensen, Ralph und Lerch, Kent D., s. Anm. 59, S. 131. Den Begriff der „argumentativen Geltung" übernehmen Christensen und Lerch von Wohlrapp, Harald, *Der Begriff des Arguments*, s. Anm. 467, 247 ff.

nen Argumente wird als „Performanz" und „Inszenierung" apostrophiert und wie folgt umschrieben.

> „Das Verfahren als Performanz des Rechts ist keine Ausführung des Gesetzes, sondern eine Inszenierung, in der sich immer wieder Neues ereignet. Seine Ausgangspunkte sind die Fallerzählung und die geltenden Normtexte. Das Verfahren organisiert einen Streit sowohl um die Fallerzählung, als auch um die Lesarten des Normtextes. Die Normtexte gelten zwar, das ist unstreitig. Aber ihre Bedeutung für den Fall ist noch offen. Darum wird gestritten."[509]
> „Der Richter kann Legitimität nicht aus dem Gesetzbuch ableiten, sondern muss sie sich in seinem Tun verdienen. [...] Jede Performance kann gut oder schlecht sein. Dies ist an ihren immanenten normativen Maßstäben zu überprüfen. Genau wie ein Regisseur nicht einen bunten Abend, sondern ein Stück inszeniert, hat auch der Richter nicht irgendein Verfahren zu inszenieren, sondern ein Verfahren, das zu einer legitimen Entscheidung führt."[510]

Nicht erforderlich (und nach Auffassung der Strukturierenden Rechtslehre eben auch nicht einlösbar) sei der richterliche Anspruch, die gegenüber den Parteien richtigere oder objektivere Rechtsauffassung zu haben.[511]

Mit einer gelungenen Inszenierung von Legitimität sei zwar der Konflikt ruhiggestellt - dies jedoch nur vorläufig.[512] Denn Geltung als Einwandfreiheit sei stets auf einen je zufälligen Argumentationsstand bezogen. Die Verknüpfung der Legitimität mit dem argumentativen Prozess, dieser verstanden als „Inszenierung", impliziere, dass die Legitimität oder Gerechtigkeit des Ergebnisses stets ungeklärt bliebe. Ob den Parteien Gerechtigkeit widerfahren ist, bleibe offen.[513] Der Zweifel hierüber lässt der Strukturierenden Rechtslehre zufolge die Gerechtigkeit als „Unruh im Uhrwerk", als nicht zum Schweigen zu bringende Stimme der Moral erscheinen.

---

509 Christensen, Ralph und Lerch, Kent D., s. Anm. 59, S. 94.

510 ebd., S. 123. Eine dieser vergleichbare Konzeption schlägt Lege, Joachim. „Was Juristen wirklich tun. Jurisprudential Realism". In: *Rechtsphilosophie im 21. Jahrhundert.* Hrsg. von Brugger, Winfried, Neumann, Ulfrid und Kirste, Stephan. Frankfurt a. M. 2008, S. 207–232, 226 ff. vor. Lege zufolge basiert die richterliche Entscheidung letztlich auf einem „Gespür für das Richtige", bzw. einer „Ästethik der Jurisprudenz".

511 Christensen, Ralph und Lerch, Kent D., s. Anm. 59, S. 131.

512 Christensen, Ralph und Sokolowski, Michael, „Die Krise der Kommunikation und die Möglichkeit juristischen Argumentierens", s. Anm. 25, S. 153; Christensen, Ralph und Kudlich, Hans, *Theorie richterlichen Begründens*, s. Anm. 171, 245 f.

513 Christensen, Ralph und Sokolowski, Michael, „Die Krise der Kommunikation und die Möglichkeit juristischen Argumentierens", s. Anm. 25, S. 153; Christensen, Ralph und Kudlich, Hans, *Theorie richterlichen Begründens*, s. Anm. 171, S. 246.

4. Die Notwendigkeit der Gerechtigkeit als Problem

Das Gerechtigkeitskonzept der Strukturierenden Rechtslehre wird in weiten Teilen explizit in Abgrenzung zu einem tatsächlichen oder vermeintlichen Mainstream in der rechtsphilosophischen Literatur und in kritischer Einstellung gegenüber der Rechtspraxis entwickelt - in Bezug auf Begriff und Funktion der Gerechtigkeit wird als Mehrheitsmeinung die Diskurstheorie Habermas' und Alexys identifiziert - und kritisiert.[514] Vehement wird die Rechtspraxis und die sie - tatsächlich oder vermeintlich - stützende Diskurstheorie dafür angegriffen, dass sie für das genuin juristische Problem der richterlichen Entscheidungsfindung übergeordnete Rationalitätsmaßstäbe und damit außerjuristische Kriterien heranziehe. Die Einbindung juristischer Entscheidungen in eine „Ordnung zweiter Stufe", die mit den - in Bezug auf ihre Höherstufigkeit ähnlichen - Begriffen Wahrheit, Objektivität und Gerechtigkeit operiert, könne der Entscheidungsfindung nicht Weise förderlich sein, weil diese Begriffe bei jedem Versuch der Annäherung in den Widerstreit der Sprachspiele gerieten.[515] Den Termini Wahrheit oder Objektivität komme in dem falschen „Modell der Gegenstandserkenntnis" des Gesetzes, das nach Auffassung der Strukturierenden Rechtslehre von der Mehrheit vertreten wird, die Funktion zu, bei vermeintlichen Lücken des Erkenntnisgegenstandes die Entscheidung ohne Rückbindung an das Gesetz zu bestimmen.[516]

Dieses Modell basiert für die Strukturierende Rechtslehre auf dem Irrtum der herrschenden Lehre, die Worte und Sätze des Gesetzes hätten für sich und ohne Zutun der Verfahrensbeteiligten eine feststehende Bedeutung.[517]

514 Vgl. ebd., 238 f. Müller, Friedrich und Christensen, Ralph, s. Anm. 435, S. 134; Müller, Friedrich. „Die Unruh im Uhrwerk". In: *Gerechtigkeit als "Die Unruh im Uhrwerk". Debatten, Gespräche, Aufsätze zu Rechtstheorie, Rechtslinguistik und Methodik, zu Verfassungslehre und Verfassungsvergleichung*. Hrsg. von Müller, Friedrich. Berlin 2009, S. 275–280, S. 34; . Zu den mit dieser Argumentationsweise verbundenen Schwierigkeiten siehe unten, S.

515 Müller, Friedrich, Christensen, Ralph und Sokolowski, Michael, s. Anm. 12, 100 ff. Fischer-Lescano, Andreas und Christensen, Ralph, s. Anm. 199, 231 ff.

516 Christensen, Ralph und Kudlich, Hans, „Die Lücken-Lüge", s. Anm. 500, S. 945; Müller, Friedrich, Christensen, Ralph und Sokolowski, Michael, s. Anm. 12, S. 102.

517 In dieser Frage hat sich - wie erwähnt - zwischen der Strukturierenden Rechtslehre und Klatt als Vertreter der analytischen Schule eine eigenständige Kontroverse entsponnen; vgl. einerseits Klatt, Matthias, *Die Theorie der Wortlautgrenze. Semantische Normativität in der juristischen Argumentation*, s. Anm. 436, 82 ff. und hierauf antwortend Kudlich, Hans und Christensen, Ralph, s. Anm. 436, 130 ff.

Die Gesetzesinterpretation werde daher fälschlicher Weise als Deduktion der Entscheidung aus dem Gesetz verstanden. Es werde angenommen, so die Strukturierende Rechtslehre, die Bedeutung des Gesetzes müsse - als feststehende - nur erkannt werden, um zur Entscheidung zu gelangen.[518] Diese Auffassung führe ihrerseits zur Figur der Gesetzes-Lücke. Behauptet werden könne letztere nämlich nur wegen der stipulierten Unveränderlichkeit der Bedeutung des Gesetzestextes - immer dann, wenn der Gesetzestext für den Fall vermeintlich nichts austrägt.[519] Auf diese Weise könne sich der Richter der Bindung an das Gesetz entledigen und ihn anhand von Codes zweiter Ordnung wie Wahrheit oder Gerechtigkeit lösen.[520] So werde der (richtige) juristische Streit um das Gesetz durch den (falschen) Streit um Moral oder Objektivität ersetzt.

Diesen Einwand formulieren Autoren der Strukturierenden Rechtslehre wie folgt.

> „Die Gerechtigkeit als Metacode ist aber nicht einfach eine Unwahrheit, sondern eine Lebenslüge. Das heißt, sie erfüllt für das Rechtssystem vitale Aufgaben. Die Selbsttäuschung entlastet den oft höchst invasiv handelnden Juristen von der Verantwortung. Der Richter kann den Geruch von Gewalt vermeiden, indem er vorgibt, nur im Code zu suchen."[521]

> „Nach wie vor beschreiben die Juristen also Sprache nach dem Muster einer frühzeitlichen agrarischen Gemeinschaft: Bei allen Sprachteilnehmern wird dasselbe Regelwissen vorgehalten. Sollte es doch einmal zu Divergenzen kommen, kann man die Ältesten nach den Prinzipien fragen, und zur Not erhebt der Priester die Stimme der Gerechtigkeit."[522]

Gerechtigkeit werde nach diesem (falschen) Verständnis als ein feststehender Maßstab konstruiert, aus dem die Entscheidung letztlich zu deduzieren sei. Der Richter könne sich so der Verantwortung für seine Entscheidung im Offenheitsbereich entziehen.[523] Der Gerechtigkeitsbegriff, so die Strukturie-

---

Christensen, Ralph und Kudlich, Hans, *Gesetzesbindung: Vom vertikalen zum horizontalen Verständnis*, s. Anm. 436, 104 ff. Zu diesem Thema aus neuester Zeit Felder, Ekkehard, s. Anm. 436.

518 Christensen, Ralph und Kudlich, Hans, „Die Lücken-Lüge", s. Anm. 500, S. 945.

519 ebd., S. 945; Christensen, Ralph und Kudlich, Hans. „Die Auslegungslehre als implizite Sprachtheorie der Juristen". In: *Archiv für Rechts- und Sozialphilosophie* 88 (2002), S. 231–246, S. 231.

520 Müller, Friedrich, Christensen, Ralph und Sokolowski, Michael, s. Anm. 12, S. 102

521 ebd., S. 104.

522 Christensen, Ralph und Lerch, Kent D., s. Anm. 59, 60 f.

523 Müller, Friedrich, Christensen, Ralph und Sokolowski, Michael, s. Anm. 12, S. 104.

rende Rechtslehre, kann aber tatsächlich der Entscheidungsfindung keinerlei Sicherheit geben, da er naturgemäß unbestimmt und ideologieträchtig sei.[524]

Gerechtigkeit ist nichtsdestotrotz auch für die Strukturierende Rechtslehre ein Zentralbegriff.[525] Nicht als Maßstab, wohl aber als Problem der Entscheidung. Für den Richter begründe die Gerechtigkeit als Problem das „Gefühl für die Notwendigkeit weiterer Argumente".[526] Die Strukturierende Rechtslehre bezeichnet damit die auf Gerechtigkeit bezogene Argumentation einerseits in kritischer Absicht als Möglichkeit für den Richter, sich mit ihrer

---

524 ebd., S. 104.

525 Zur Explikation des Gerechtigkeitsbegriffs der Strukturierenden Rechtslehre kann außerdem auf einen ihrer philosophischen Gewährsmänner, namentlich Luhmann, hingewiesen werden. Dessen Systemtheorie nimmt in Bezug auf Gerechtigkeit nämlich eine ganz ähnliche Wendung wie eben für die Strukturierende Rechtslehre dargestellt. Die Grundannahme Luhmanns einer autopoietischen Geschlossenheit des Rechts(systems) ist das Paradebeispiel einer positivistischen Rechtstheorie. Recht ist nur in entsprechend codierten Kommunikationen überhaupt denkbar, Moral kann Recht also nicht einmal erreichen. Hinzu kommt die von Luhmann in einigen Aufsätzen angedeutete, skeptische Position gegenüber einem - systemtheoretisch und damit: funktional verstandenen - Begriff der Moral überhaupt. Moralische Argumentation werde stets dann in Anspruch genommen, wenn ihre Agenten eine Debatte kurzschließen wollten, sich in eigentlich rechtlichen Kontexten der Diskussion entledigen wollten, indem sie mit moralischen Aussagen auf eine vermeintlich höherstufige Ordnung zu verweisen suchten um beim Gegenüber Gefühle von Scham und Empörung auszulösen; vgl. Luhmann, Niklas. „Normen in soziologischer Perspektive". In: *Die Moral der Gesellschaft*. Frankfurt a. M. 2008, 42 f. Moral als Prämisse zu verwenden, ist für Luhmann damit eine Taktik zur Verschleierung anderweitiger Motive. Dennoch schlägt Luhmann nunmehr eine positive Bestimmung vor: Gerechtigkeit sei als „Kontingenzformel des Rechts" die Forderung nach angemessener Komplexität des Rechtssytems. Positiv verstanden fordere Gerechtigkeit die richtige Bestimmung von Redundanz und Varianz im Rechtssystem; Luhmann, Niklas, *Das Recht der Gesellschaft*, s. Anm. 9, 214 ff. Ganz vergleichbar der Strukturierenden Rechtslehre nimmt also auch Luhmann zunächst eine negative, dann eine positive Bestimmung des Gerechtigkeitsbegriffs vor. Im Gegensatz zu Luhmann enthält sich die Strukturierende Rechtslehre bezüglich der ersten, negativen Bestimmung aber nicht der Wertung. In der Wortwahl („Lebenslüge", „agrarische Gemeinschaft") zeigt sich deutlich ein kritischer Impetus. Hierin ähnelt sie nicht nur der einleitend zitierten Äußerung von MacKinnon, sondern außerdem den Umschreibungen Bäckers zur Argumentationsfigur der einzig richtigen Entscheidung („Suggestion", „Illusion", „Täuschung").

526 Christensen, Ralph und Sokolowski, Michael, „Die Krise der Kommunikation und die Möglichkeit juristischen Argumentierens", s. Anm. 25, S. 153; Müller, Friedrich und Christensen, Ralph, s. Anm. 435, S. 171.

Hilfe der Verantwortung für die Entscheidung zu entziehen.[527] Andererseits scheint sie selbst eine Gerechtigkeitskonzeption ähnlich der einer regulativen Idee im Sinne Habermas und Alexys zu vertreten, wenn sie von Gerechtigkeit als „Problem", „Anforderung" und „Stachel" spricht.[528]

Damit komme ich zu meiner Kritik an der Strukturierenden Rechtslehre.

III. Kritik

Im Streit um die Objektivität sprachlicher Bedeutung hat Klatt herausgearbeitet, dass die Strukturierende Rechtslehre in Bezug auf die Gebundenheit des Richters letztlich zum gleichen Ergebnis kommt wie der analytische Mainstream.[529] Die schon von Klatt konstatierte Alternativenlosigkeit der Strukturierenden Rechtslehre, ihre „überraschende Rückkehr in den Hafen der herrschenden Meinung"[530] folgt meines Erachtens auch bezüglich des Problems der kommunikativen Kraft. Bei der Darstellung sollte jedenfalls deutlich geworden sein, dass die Strukturierende Rechtslehre ihre Positionen oftmals aus einer pointiert vorgetragenen Kritik an einem tatsächlichen oder vermeintlichen Mainstream in der Literatur heraus entwickelt. Diese Kritik ist nicht selten plausibel. Es fällt jedoch auf, dass sie analytische Theoretiker wiederholt für Positionen in Anspruch nimmt, die diese überhaupt nicht vertreten. In Bezug auf das Problem der kommunikativen Kraft kritisiert sie die Diskurstheorie zu Unrecht für eine konsensuale, verzerrte Deutung des Rechtsstreits (a.). Darüber hinaus ist bei genauerem Hinsehen zweifelhaft, ob sich die Strukturierende Rechtslehre - abgesehen von einem anderen Theo-

527 Müller, Friedrich, Christensen, Ralph und Sokolowski, Michael, s. Anm. 12, S. 104.

528 In Abweichung von der ansonsten geläufigen Begrifflichkeit der Strukturierenden Rechtslehre sagt Müller an einer Stelle sogar ausdrücklich, „'Gerechtigkeit' wirkt als regulative Idee; als glücklicherweise nicht zum Schweigen zu bringende Unruhe im Getriebe. Sie ist aber kein Gegenstand, der dem Recht praktische Festigkeit geben könnte, ist gerade keine Gegebenheit"; Müller, Friedrich, „Virtualität im Rahmen der Strukturierenden Rechtslehre", s. Anm. 492, S. 365. Interessant ist, dass ein wichtiger philosophischer Gewährsmann der Strukturierenden Rechtslehre, Derrida, an einer Stelle ausdrücklich sagt, Gerechtigkeit sei keine regulative Idee - Derrida, Jacques. *Gesetzeskraft. Der "mystische Grund der Autorität"*. Frankfurt a. M. 1991, S. 52 - dagegen ihre theoretischen Gegenspieler Alexy und Habermas diesen Begriff stets zugrundelegen.

529 Klatt, Matthias, *Die Theorie der Wortlautgrenze. Semantische Normativität in der juristischen Argumentation*, s. Anm. 436, 103 ff.

530 ebd., S. 108.

riedesign - von der überwiegenden Auffassung in der Rechtsphilosophie in substantieller Weise unterscheidet. Es ist zweifelhaft, ob der kritische Impetus der Strukturierenden Rechtslehre in Bezug auf die Argumentationsfigur der einzig richtigen Entscheidung eingeholt wird (b.).

1. Die Fehldeutung

Wie gesehen werden die Diskurstheorien Alexys und Habermas' dafür kritisiert, dass ihre prozedurale Richtigkeitskonzeption die Realität des Rechtsstreites als Konflikt verfehle.[531] Dies ist aus meiner Sicht eine kritikwürdige, offensichtliche Fehldeutung. Die Fehldeutung liegt aus meiner Sicht darin zu behaupten, dass aus der Diskurstheorie Alexys zwangsläufig eine harmonistische und damit falsche Interpretation der juristischen Argumentation folge.[532] Ich hatte diese, aus meiner Sicht verfehlte Interpretation der Alexyschen Diskurstheorie durch die Strukturierende Rechtslehre in der Einleitung bereits angesprochen. Ich hatte dort gesagt, dass diejenige Interpretation des Anspruchs auf Richtigkeit fehlgeht, die aus diesem Konzept Schlüsse auf die Deutung des juristischen Diskurses als „diskursiv" im Sinne von „einverständlich" ziehen will.[533] Andersherum formuliert könnte man auch sagen, dass die real bestehende Konflikthaftigkeit von Alexy nicht *negiert*, sondern vielmehr im Rahmen seiner Untersuchungen *ignoriert* wird. Dies erhellt daraus, dass - wie erwähnt - Alexys Erkenntnisinteresse die Frage nach der Rationalität juristischer Entscheidungen im Offenheitsbereich des Rechts ist. Diese Frage ist eine Andere, als die in dieser Arbeit gestellte nach einem bestimmten linguistischen Merkmal der richterlichen Begründung.

Mit den transzendentalpragmatisch begründeten Diskursregeln wird der Strukturierenden Rechtslehre zufolge jedenfalls die Vielgestaltigkeit juristischer Argumentation negiert und die mit den Diskursregeln aufgestellten

---

531 Christensen, Ralph und Sokolowski, Michael, „Die Krise der Kommunikation und die Möglichkeit juristischen Argumentierens", s. Anm. 25, S. 117 und oben, S. 83 ff. Eine ganz ähnliche Kritik findet sich bei Marxsen, Christian. *Macht und Geltung*. München 2012, 49 ff. der den Befund aus einer rein theorieinternen Rekonstruktion der Sprach- und Diskurstheorie Habermas' entwickelt.

532 Diese Deutung könnte man ggf. annehmen in Bezug auf eine Konzeption wie diejenige Bäckers. Dies jedoch nur, wenn man die dargestellten Aussagen Bäckers zum Richtigkeitsanspruch des Richters auf denjenigen der Parteien überträgt, was er nicht ausschließt, jedenfalls aber auch nicht nahelegt.

533 Siehe oben, S. 8.

Bedingungen eines idealen Diskurses „blendeten geradezu alles [aus], was den Konflikt etwa im Rechtsstreit ausmacht".[534] Das Erzielen eines Konsenses könne niemals Voraussetzung oder gar „wesensmäßige Bestimmung" des gerichtlichen Diskurses sein.[535] Indem der konsenstheoretische Ansatz dies annehme, verleugne er um seiner Grundlagen willen die realen, konflikthaften Verhältnisse.[536] Bemängelt wird, dass der in-praxi existierenden Konflikthaftigkeit von Rechtsstreitigkeiten nicht ausreichend Rechnung getragen wird. Die Annahme Alexys, moralische Aussagen seien notwendig mit dem Geltungsanspruch auf Richtigkeit verbunden, interpretiert die Strukturierende Rechtslehre dahingehend, dass die Diskursteilnehmer einverständlich nach Richtigkeit suchten.

Diese Kritik trifft nach den bisher gemachten Ausführungen in keinster Weise auf Alexys Thesen zu. Dieser meint wie gesehen, dass die Teilnehmer juristischer Diskurse mit ihren Aussagen beanspruchen oder voraussetzen müssen, dass ihre jeweiligen Aussagen absolut richtig oder einzig richtig sind.[537] Diese Annahme Alexys impliziert, dass sich ein Sprecher mit einer juristischen Aussage auf die Falschheit aller inhaltlich gegenläufigen Aussagen festlegt. Jegliche Sprechakte sind in diesem Modell in Bezug auf die in Anspruch genommene Alternativlosigkeit exklusiv. All dies ist eine exakte Umschreibung und Reformulierung der These der Strukturierenden Rechtslehre, beide Parteien trügen einen „Kampf um das Recht" aus. Der von Alexy behauptete Bezug der Parteien auf Richtigkeit führt keinesfalls zu Einverständnis und Harmonie. Vielmehr bedeuten gegenläufige Geltungsansprüche auf die eine Richtigkeit das Gegenteil. Mit ihren diesbezüglichen Äußerungen betreibt die Strukturierende Rechtslehre also den Bau eines Strohmannes.

Zu dieser Schwäche tritt hinzu, dass die Strukturierende Rechtslehre keine theoretische Alternative anzubieten hat, wie im Folgenden darzustellen sein wird.

---

534 Christensen, Ralph und Sokolowski, Michael, „Die Krise der Kommunikation und die Möglichkeit juristischen Argumentierens", s. Anm. 25, S. 117.

535 ebd., S. 117.

536 ebd., S. 118.

537 Alexy, Robert, *Theorie der juristischen Argumentation. Die Theorie des rationalen Diskurses als Theorie der juristischen Begründung*, s. Anm. 14, S. 414.

2. Die Alternativenlosigkeit

Der Richter ist nach Auffassung der Strukturierende Rechtslehre berufen, durch seine Entscheidung den Kampf der Parteien um das Recht zu befrieden. Das Mittel der Wahl ist nach ihrer Auffassung die Inszenierung von Legitimität. Diese unterscheidet sich, so meine folgende Kritik, in Bezug auf mein Erkenntnisinteresse nicht von der Argumentationsfigur der einzig richtigen Entscheidung, bzw. deren theoretischer Untermauerung durch Alexy, die von der Strukturierenden Rechtslehre so vehement und mit kritischem Impetus angegriffen wird.

Wie erwähnt lassen sich für die Strukturierende Rechtslehre die legitimierbaren Entscheidungen nicht auf die einzig richtige reduzieren.[538] Die Frage sei, wie die erforderliche Wahl zwischen mehreren möglichen Entscheidungen legitim sein könne, wenn auf beiden Seiten gute rechtliche Gründe vorlägen.[539] Das Gesetz sage dem Richter in dieser Situation nur, dass die vorgetragenen Gründe jeweils vertretbare Rechtsmeinungen seien. Damit stehe zur Entscheidung, was nicht zur besseren Erkenntnis stehe. In dieser Situation kommt es für den Richter nach Ansicht der Strukturierenden Rechtslehre darauf an, Legitimität zu inszenieren.[540]

Zu konstatieren ist zunächst, dass eine Inszenierung (in gleicher Weise wie bei Neumann das richterliche „so tun als ob") impliziert, dass etwas Kontrafaktisches kommuniziert wird. Dies ist tatsächlich auch der Fall, geht es für die Strukturierende Rechtslehre doch nicht um die eine richtige, sondern um eine unter vielen vertretbaren juristischen Aussagen, mit der der Rechtsstreit entschieden wird. Es geht ihr zufolge auch nicht um Richtigkeit juristischer Aussagen, sondern um Geltung als Einwandfreiheit. Was soll also inszeniert werden? Inszeniert wird, so meine Interpretation der Äußerungen der Strukturierenden Rechtslehre, *Alternativlosigkeit.*

Diese Art der Inszenierung unterscheidet sich nicht von der kritisierten Argumentationsfigur der einzig richtigen Entscheidung. Denn auch diese zeichnet sich durch das Prinzip der Alternativlosigkeit oder der Binarität aus, bei dem eine juristische Aussage entweder einzig richtig oder falsch

538 Müller, Friedrich, „Virtualität im Rahmen der Strukturierenden Rechtslehre", s. Anm. 492, S. 370; Müller, Friedrich und Christensen, Ralph, s. Anm. 435, 547 f.

539 Christensen, Ralph und Lerch, Kent D., s. Anm. 59, S. 132; Christensen, Ralph und Sokolowski, Michael, „Die Krise der Kommunikation und die Möglichkeit juristischen Argumentierens", s. Anm. 25, S. 106.

540 Fischer-Lescano, Andreas und Christensen, Ralph, s. Anm. 199, S. 215; Christensen, Ralph und Kudlich, Hans, *Theorie richterlichen Begründens*, s. Anm. 171, 228 f.

ist, bzw. auf diese Art dargestellt wird. Die normative Bewertung der Argumentationsfigur als „Lüge" zeigt, dass die Strukturierende Rechtslehre ihr Konzept einer Inszenierung von Legitimität im Sinne einer aufgeklärten Justiz für vorzugswürdig erachtet. Es stellt jedoch für die Urteilsadressaten keinerlei Unterschied dar, in Bezug worauf (Richtigkeit oder Einwandfreiheit) Alternativlosigkeit inszeniert (bzw. vorgetäuscht) wird. Entscheidend ist, dass es potentiell gegenläufige Rechtsmeinungen gibt, die relativ zu dem gleichen bestimmten Diskursstand gleichermaßen einwandfrei sind, wie sie im diskurstheoretischen Paradigma gleichermaßen richtig sein können. Die Vertreter der Strukturierenden Rechtslehre können nicht darlegen, dass ihr Verfahren von Widerlegung und Integration der von den Parteien vorgebrachten Argumente zwangsläufig nur ein Ergebnis zeitigt. Dies wäre aber erforderlich gewesen, wenn man ihre Inszenierung von Legitimität nicht im Sinne einer kontrafaktischen Praxis verstehen muss, wie sie bei Alexy gerade kritisiert wird.

In diesen Fällen so zu tun als ob, bzw. zu inszenieren, dass die getroffene Entscheidung alternativlos war, sozusagen die einzig einwandfreie, kann vor diesem Hintergrund in gleicher Weise als Lüge bezeichnet werden, wie die potentiell ebenfalls kontrafaktische Argumentationsfigur der einzig richtigen Entscheidung. Die Auffassung der Strukturierenden Rechtslehre erweist sich damit als strukturell identisch mit derjenigen Alexys.

Die eingangs erwähnte politische oder kritische Herausforderung seitens der Strukturierenden Rechtslehre erweist sich damit als pseudo-Herausforderung. Diese Herausforderung stellt sich als solche aber mit unverminderter Dringlichkeit. Die Herausforderung wird jedoch, recht besehen, nicht von der Strukturierenden Rechtslehre gestellt. Wie schon durch Klatt[541] ist auch hier zu konstatieren, dass sich die Auffassung der Strukturierenden Rechtslehre nicht substantiell von derjenigen des analytischen Mainstreams unterscheidet. Jedenfalls kann in Bezug auf den normativen Aspekt des Problems der kommunikativen Kraft der kritische Impetus der Strukturierenden Rechtslehre nicht eingeholt werden.

---

541 Klatt, Matthias, *Die Theorie der Wortlautgrenze. Semantische Normativität in der juristischen Argumentation*, s. Anm. 436, S. 108.

IV. Zusammenfassung

Die Strukturierende Rechtslehre stellt die Konflikthaftigkeit des Rechtsstreits an den Anfang ihrer Überlegungen. Aufgabe der juristischen Argumentation sei es, die dem Konflikt zugrundeliegende Inkommensurabilität der Sprachspiele aufzubrechen. Die Rechtsnormbezogenheit der Argumentation sei in diesem Sinne als Chance der Bearbeitung des Konflikt zu sehen. Beide Parteien hätten vor dem Hintergrund ihrer entgegengesetzten Interessen den Normtext auf ihre Weise richtig verstanden und könnten daher legitimer Weise beanspruchen, dass ihre Rechtsmeinung durch das Urteil validiert werde.[542] In dieser Situation sei eine Entscheidung des Streits gewaltsam, wenn nicht der Richter die vertretbaren Rechtsmeinungen in seiner Entscheidung entweder widerlegt oder integriert. Zu erreichen sei auf diesem Wege und jeweils relativ zum Argumentationsstand Geltung als Einwandfreiheit.[543] Diese stellt sich jedoch nicht von selbst ein, noch wird sie autoritativ vorgegeben. Vielmehr sei der Richter berufen, sie argumentativ herzustellen. Diesen Prozess oder diese Tätigkeit wird als Inszenierung von Legitimität bezeichnet.[544] Da der Abbruch der juristischen Diskussion mit dem richterlichen Urteil unvermeidlich sei, das Ergebnis also stets relativ zu einem bestimmten, kontingenten Stand der Argumentation sei, könne nicht gesagt werden, ob die „gültige" Entscheidung auch „gerecht" sei. Denn bezüglich der Frage nach der Gerechtigkeit seiner Entscheidung könne der Richter keine privilegierte Erkenntnis beanspruchen. Gerechtigkeit sei keinesfalls als Maßstab misszuverstehen. Im Anschluss an diese negative Bestimmung dessen, was Gerechtigkeit nicht sei, behält der Begriff für die Strukturierende Rechtslehre entscheidende Bedeutung. Gerechtigkeit diene als „Unruh", als „Problem" und als „Stachel", welches den Rechtsstreit stets erneut wieder aufflammen lassen könne und für den Richter das Gefühl für das Erfordernis weiterer Argumente begründe.[545]

Zu kritisieren war zunächst, dass der Strukturierenden Rechtslehre bedeutende Fehldeutungen des analytischen Gegenparts unterlaufen. Es kann entgegen der Interpretation der Strukturierenden Rechtslehre keinesfalls angenommen werden, dass die Diskurstheorie des Rechts eine harmonistische und damit falsche Deutung des gerichtlichen Diskurses nahelegt. Für Alexy müssen Teilnehmer gerichtlicher Diskurse beanspruchen, dass ihre

542 Siehe oben, S. 84 ff.
543 Siehe oben, S. 87 ff.
544 Siehe oben, S. 89 ff.
545 Siehe oben, S. 93 ff.

Aussagen einzig richtig sind. Stoßen zwei derartige Aussagen im Prozess aufeinander, dann ist dies nichts anderes als der von der Strukturierenden Rechtslehre vielbeschworene „Konflikt" der Rechtsmeinungen.[546] Zweitens habe ich kritisiert, dass das Konzept einer Inszenierung von Legitimität nicht in nennenswerter Weise von der Argumentationsfigur der einzig richtigen Entscheidung unterschieden wird. In beiden Fällen geht es darum, den Urteilsadressaten etwas vorzugaukeln, was nicht wirklich ist. Namentlich handelt es sich hierbei um das Prinzip der Alternativlosigkeit oder der Binarität. Der kritische Impetus verpufft also, die Auffassung der Strukturierenden Rechtslehre erweist sich als reformulierte Variante der überwiegenden Auffassung in der Lehre.[547]

E. Ergebnisse

Im Verlaufe dieses Kapitels habe ich exemplarisch verschiedene Ansätze dargestellt, die in der rechtstheoretischen Literatur zu meiner Ausgangsfrage, die ich als das *Problem* der kommunikativen Kraft bezeichnet hatte, vertreten werden. Diese Ansätze beziehen sich selbstverständlich nicht auf den *Begriff* der kommunikativen Kraft - dieser wird mit der vorliegenden Arbeit ja erstmals in die Debatte eingeführt. Sie behandeln jedoch allesamt die einleitend aufgeworfene Frage, ob das richterliche Urteil vermittels seiner Begründung als vertretbares oder als einzig richtiges zu präsentieren ist.

Die Ergebnisse bei der Sichtung der rechtstheoretischen Literatur können in drei Forschungsfragen zusammengefasst werden. Sie bezeichnen die blinden Flecken in der Literatur, die ich mit meiner weiteren Arbeit versuchen werde auszuleuchten. Die drei Forschungsfragen seien vorweg aufgeführt und anschließend im Einzelnen erläutert (1.-3.).

1. Entwicklung einer theoretischen Begrifflichkeit anstelle der in der Literatur für das Problem der kommunikativen Kraft verwendeten unspezifischen Vokabeln.
2. Explizierung der möglichen Zusammenhänge oder von linguistischer Form der richterlichen Begründung einerseits und der Objektivität juristischer Aussagen andererseits.
3. Bestimmung der richtigen oder angemessenen linguistischen Form der richterlichen Begründung.

546 Siehe oben, S. 96 f.
547 Siehe oben, S. 97 ff.

Die Fragen 1. und 2. werde ich in dem sogleich folgenden Kapitel zum Begriff der kommunikativen Kraft beantworten. Die Frage 3., die den normativen Aspekt meiner Ausgangsfrage ausmacht, ist dem dritten Kapitel vorbehalten. Da, wie sich zeigen wird, die ersten beiden Fragen in Bezug auf die dritte Frage eine präzisierende, theoretisierende und vorbereitende Funktion haben, wird es nicht ausbleiben, schon in dem folgenden zweiten Kapitel immer wieder schon auf die letzte Forschungsfrage einzugehen und zu verweisen.

I. Forschungsfrage 1: Begrifflichkeit

Erstens hat der Durchgang durch die rechtsphilosophische Literatur gezeigt, dass das einleitend beschriebene Phänomen der Argumentationsfigur der einzig richtigen Entscheidung begrifflich nicht angemessen erfasst wird. Die Autoren Alexy und Bäcker sprechen davon, dass der Richter absolute, respektive relative Richtigkeit seines Urteils und seiner Begründung „beanspruchen" oder „voraussetzen" müsse.[548] Neumann meint, der Richter müsse ggf. „so tun als ob" sein Urteil absolut richtig sei und die Strukturierende Rechtslehre fordert vom Richter gewisse „Inszenierungen".[549] Hervorzuheben ist, dass all diese Vokabeln nicht gänzlich unpassend sind; ich werde selbst bis zum Ende des folgenden Kapitels, also bis zur abschließenden Klärung des Begriffs der kommunikativen Kraft diese Umschreibungen verwenden. Jedoch handelt es sich um theorielose und eher umgangssprachliche Formulierungen, welche die Argumentationsfigur der einzig richtigen Entscheidung nicht in ihrer ganzen Komplexität erkennen lassen. Mir wird es im folgenden Kapitel -. erster Abschnitt - darum gehen, für die charakteristische Selbstdarstellung richterlicher Entscheidungen in der Form der Argumentationsfigur der einzig richtigen Entscheidung eine theoretische Begrifflichkeit zu finden. Diese Begrifflichkeit wird der Tatsache Rechnung tragen müssen, dass diese Selbstdarstellung in konkreten Sprechakten zum Ausdruck kommt. In diesem Sinne sagt MacCormick: „To a very large extent, the acts of higher agencies of government - in legislature, executive and judiciary - are confined to those that fall within the category of 'speech acts'. What they do, they do by issuing formal linguistic utterances. [...] Any claims to correctness or authority associated with law will thus be found in the context of these speech

548 Siehe oben, S. 19 und 50.
549 Siehe oben, S. 71 und 90.

acts."[550] Die charakteristische Selbstdarstellung der richterlichen Begründung in der Form der Argumentationsfigur der einzig richtigen Entscheidung ist demnach in Bezug auf konkrete linguistische Äußerungsformen zu analysieren. Zu suchen ist nach einem begrifflichen Instrumentarium, in dem sich die Argumentationsfigur der einzig richtigen Entscheidung auf Ebene konkreter Sprechakte strukturell wiederfindet. Zu diesem Zweck soll eine sprechakttheoretische Grundlegung für den Begriff der kommunikativen Kraft entwickelt werden. Im zweiten Abschnitt werde ich diese Grundlegung mit den juristischen Spezifika des Sprechaktkonglomerats der richterlichen Begründung anreichern und meinen Begriff über Merkmale kommunikativer Kraft abschließend bestimmen.

II. Forschungsfrage 2: Konnexe

Zweitens wird in der herangezogenen Literatur das Verhältnis zwischen dem - mit der Literatur noch einmal untechnisch gesprochen - zu Beanspruchenden oder zu Implizierenden und der Wahrheit, Richtigkeit oder Objektivität juristischer Aussagen nicht ausreichend expliziert. Alexy geht davon aus, dass die Diskursteilnehmer stets einzig oder absolut richtige Aussagen zu beanspruchen haben, weil diese im Ausnahmefall diskursiver Notwendigkeit tatsächlich bestehen oder existieren.[551] Bäcker zufolge hat der Richter nur die vertretbare oder relativ richtige Entscheidung zu beanspruchen, weil diskursiv nur relativ richtige Aussagen ausgezeichnet oder erkannt werden können.[552] Es scheint also für beide das mit dem richterlichen Urteil beanspruchte oder implizierte ein von ihren jeweiligen Ausführungen zum Richtigkeits- oder Objektivitätsbegriff abgeleitetes und gewissermaßen nachrangiges Phänomen zu sein. Diese identische, von Alexy einerseits und Bäcker andererseits nur mit umgekehrten Vorzeichen vertretene Auffassung begründen beide

550 MacCormick, Neil, „Why Law Makes No Claims", s. Anm. 68, S. 62. Die Äußerung MacCormicks ist als Kritik an Alexy und Raz gemeint, die jeweils von Ansprüchen „des Rechts" sprechen; vgl. Alexy, Robert, *Begriff und Geltung des Rechts*, s. Anm. 70, 64 ff. Raz, Joseph. „The Claims of Law". In: *The Authority of Law*. Hrsg. von Raz, Joseph. 2. Aufl. Oxford 2009, S. 28–36, S. 30. In gleicher Weise und ebenfalls in Abgrenzung zu Alexy und Raz äußert sich auch Gardner, John, s. Anm. 7, S. 29. Hinzuweisen ist auf den Versuch Alexys, die Begrifflichkeit diesbezüglich zu schärfen in Alexy, Robert, „Recht und Richtigkeit", s. Anm. 26, 5 ff.

551 Siehe oben, S. 20.

552 Siehe oben, S. 49 f.

- wenn überhaupt - äußerst knapp.[553] Aus meiner Sicht ist ein Mangel der spiegelbildlich-identischen Positionen Alexys und Bäckers, dass sie in Bezug auf das Problem der kommunikativen Kraft das Spezifikum der juristischen Argumentation, ihre institutionelle Einbettung und Bedingtheit, außer Betracht lassen. Die Bezugnahme der Begründung auf den in vielerlei Hinsicht speziellen Sprechakt des Tenors wird bei Alexy und Bäcker überhaupt nicht reflektiert; vielmehr wird einseitig die Begründung fokussiert. Dies kommt auch darin zum Ausdruck, dass Alexy meint, dass wegen der prozessualen Begründungspflichten das richterliche Urteil unter dem Anspruch auf Richtigkeit steht.[554] Wie zu zeigen sein wird, ist die hiermit bezeichnete Deutung des Urteils als Zusammenfassung *assertiver* Sprechakte auf die richterliche Begründung beschränkt. Trotz der oberflächlich besehen gleichen syntaktischen Form ist nämlich der Tenor als Zusammenfassung *deklarativer* Sprechakt zu klassifizieren.

Die Theorie Neumanns ist diesbezüglich einen Schritt weiter. Obwohl Neumann, wie Bäcker, die Existenz und Erkennbarkeit einzig richtiger Entscheidungen verneint, kann ihm zufolge institutionell gefordert sein, dass der Richter in seiner Begründung dennoch „so tut als ob" seine Entscheidung einzig richtig sei. Hiermit wird erstmals das praktische Problem des vom Richter zu beanspruchenden oder zu implizierenden vom theoretischen Problem der Wahrheit, Richtigkeit oder Objektivität juristischer Aussagen entkoppelt.[555] Dieser, gegenüber Alexy und Bäcker andersartige Begründungszusammenhang liegt, wenngleich auf einer anderen Ebene als bei Neumann, auch dieser Arbeit zugrunde.

Die diesbezügliche Position der Strukturierenden Rechtslehre war nicht eindeutig zu bestimmen. Denn die Rede von Richtigkeit oder Objektivität lehnt sie aus grundsätzlichen Erwägungen und zugunsten des allgemeinen Gedankens einer verfahrensmäßigen Legitimität ab.[556] Das evozierte Problem des Konnexes zwischen Auffassungen zum theoretischen Problem der Richtigkeit oder Objektivität juristischer Aussagen und zum praktischen Problem des Umgangs mit diesen theoretischen Erkenntnissen stellt sich daher

553 Vgl. Alexy, Robert, *Theorie der juristischen Argumentation. Die Theorie des rationalen Diskurses als Theorie der juristischen Begründung*, s. Anm. 14, S. 414; Bäcker, Carsten, *Begründen und Entscheiden. Kritik und Rekonstruktion der Alexyschen Diskurstheorie des Rechts*, s. Anm. 33, 332 f.

554 Vgl. Alexy, Robert, *Theorie der juristischen Argumentation. Die Theorie des rationalen Diskurses als Theorie der juristischen Begründung*, s. Anm. 14, 265 f.

555 Siehe oben, S. 70 f.

556 Siehe oben, S. 87 ff.

in Bezug auf den Ansatz der Strukturierenden Rechtslehre jedenfalls nicht in gleicher Weise.

Es kann schon an dieser Stelle, wenn auch in gewisser Weise prospektiv, gesagt werden, dass bei Alexy und Bäcker eine Art Entsprechung zwischen Theorie und Praxis der einzig richtigen Entscheidung besteht, bei Neumann eine Art Unabhängigkeit. Diese unterschiedlichen Verhältnisse werden von allen Autoren - wenn überhaupt - nur ansatzweise selbst thematisiert. Im folgenden Kapitel - dritter Abschnitt - sollen daher die möglichen Zusammenhänge zwischen linguistischer Form einerseits und Objektivität und Institutionalität andererseits in Form von Modellen kommunikativer Kraft expliziert und kritisch diskutiert werden.

III. Forschungsfrage 3: Angemessenheit

Drittens stellt sich die Frage nach der angemessenen linguistischen Form richterlicher Begründungen. Sie wird von den Autoren der Strukturierenden Rechtslehre ausdrücklich adressiert und sie ist es, die ihren kritischen Impetus befeuert. In der analytischen Schule wird diese Herausforderung seitens der Strukturierenden Rechtslehre der Sache nach erstmalig in der Kontroverse zwischen Neumann und Bäcker explizit angesprochen. Angemessen dargestellt und präsentiert ist das richterliche Urteil nach insoweit einhelliger Auffassung von Strukturierender Rechtslehre, Bäcker und Neumann, wenn es Kritik ermöglicht. Einzig Alexy meint, die richtige Darstellungsweise richterlicher Begründungen nur aufgrund von sprachtheoretischen Erwägungen beurteilen zu können. Weitestgehend Übereinstimmung besteht also darin, dass mein Problem der Darstellungsweise richterlicher Begründungen jedenfalls auch ein praktisches ist.

Unterschiedlich gesehen wird bei Strukturierender Rechtslehre, Bäcker und Neumann jedoch, auf welche Perspektive es hierbei ankommt. Neumann zufolge ist die kontrafaktische Unterstellung einzig richtiger Entscheidungen unumgänglich für die Urteilskritik der akademischen Rechtswissenschaft und institutioneller Kontrollinstanzen.[557] Auch für Bäcker und die Strukturierende Rechtslehre ist die einzig richtige Entscheidung theoretisch nicht haltbar und damit eine jurisprudentielle Praxis, die diese für ihre Entscheidungen in Anspruch nimmt, kontrafaktisch. Im Unterschied zu Neumann betrachtet Bäcker das Problem der Kritikfähigkeit aber in Bezug auf die Perspektive der

557 Siehe oben, S. 70 f.

Urteilsadressaten (bzw. in Bezug auf die Perspektive des Richters im Lichte rechtsstaatlicher Überlegungen). Bäcker zufolge stellt die Präsentation von Urteil und Urteilsbegründung als einzig richtig eine abzulehnende Täuschung der Urteilsadressaten dar. Angemessen präsentiert wäre die Entscheidung für Bäcker, wenn eine kontroverse Rechtsauffassung in der richterlichen Begründung lediglich als vertretbar oder relativ richtig ausgewiesen würde.[558]

Es blieb offen, ob dies auch aus Sicht der Strukturierenden Rechtslehre angemessen wäre. Denn ihr Konstrukt einer Geltung qua Einwandfreiheit scheint in ähnlicher Weise binär codiert zu sein wie die Alternative einer einzig richtigen gegenüber unendlich vielen falschen Entscheidungen. Es fragte sich angesichts dessen, inwiefern die Inszenierung von Legitimität von der Darstellung der Entscheidung als einzig richtig überhaupt zu unterscheiden sei.[559] Zu beachten ist, dass trotz des Scheiterns der Strukturierenden Rechtslehre an ihren eigenen kritischen Ansprüchen die eingangs erwähnten justizkritischen Einwände weiter virulent sind.

Abhängig davon, ob die Perspektive der Urteilsadressaten oder die der Rechtswissenschaft eingenommen wird, kommen also Bäcker einerseits und Neumann andererseits in Bezug auf das Problem der Kritikfähigkeit richterlicher Entscheidungen zu diametral entgegengesetzten Ergebnissen.[560] Dieses erscheint insofern dilemmatisch. Im Verlaufe der Arbeit, namentlich im zweiten Abschnitt des dritten Kapitels möchte ich versuchen, die gegensätzlichen Positionen auf einer höheren Abstraktionsstufe zu versöhnen. Wie sich zeigen wird, entsteht das Dilemma in Bezug auf das Problem der Kritikfähigkeit, weil genannte Autoren die Abhängigkeit des richterlichen Urteils als institutioneller Tatsache von gesellschaftlichen Kommunikationsprozessen außer Betrachtung lassen.

558 Siehe oben, S. 49 ff.
559 Siehe oben, S. 97 f.
560 Siehe oben, S. 57 ff. und 75 ff.

Kapitel 2: Der Begriff der kommunikativen Kraft

In diesem Kapitel sollen die ersten zwei der drei aufgeworfenen Forschungsfragen beantwortet werden.

1. Entwicklung einer theoretischen Begrifflichkeit anstelle der in der Literatur für das Problem der kommunikativen Kraft verwendeten unspezifischen Vokabeln.
2. Explizierung der möglichen Zusammenhänge oder Konnexe von linguistischer Form der richterlichen Begründung einerseits und Objektivität juristischer Aussagen andererseits.

Das Erfordernis einer eigenständigen Begrifflichkeit hatte sich beim Durchgang durch die rechtsphilosophische Literatur gezeigt. In der analytischen Schule bleibt es zur Beschreibung der charakteristischen Selbstdarstellung richterlicher Begründungen als alternativlos, bzw. für die Argumentationsfigur der einzig richtigen Entscheidung bei unspezifischen Umschreibungen wie dem Beanspruchen, Implizieren oder so tun als ob. Die Strukturierende Rechtslehre bestreitet schon, dass in der juristischen Argumentation überhaupt auf Richtigkeit Bezug genommen wird. Ihr eigenes Konzept einer Inszenierung von Legitimität bleibt aber in Bezug auf meine Ausgangsfrage gleichermaßen unbefriedigend, da es sprachtheoretisch nicht aufgelöst wird. Für die Entwicklung der sprechakttheoretischen Grundlagen des Begriffs der kommunikativen Kraft werde ich in einem ersten Schritt die Sprechakttheorien Searles und Habermas' sichten. Hieraus sind - in unterschiedlicher Weise - die Begriffe der illokutionären Stärke (Searle) und des Geltungsanspruchs (Habermas) relevant (I.).

In einem zweiten Schritt werde ich die theoretischen Grundlagen mit den juristischen Spezifika des Sprechaktkonglomerats der richterlichen Begründung anreichern und so drei Merkmale kommunikativer Kraft bestimmen. Die Verbindung von sprechakttheoretischen Grundlagen und Merkmalen komplettiert meinen Begriff der kommunikativen Kraft und damit die Antwort auf meine erste Forschungsfrage (II.).

Hinzufügen möchte ich der Begriffsprägung in diesem Kapitel Modelle kommunikativer Kraft. Mit ihnen werde ich die möglichen Zusammenhänge oder Konnexe zwischen linguistischer Form richterlicher Begründungen einerseits und der Objektivität und Institutionalität der in ihr vorkommenden juristischen Aussagen andererseits formal abbilden und mit der im ersten Kapitel dargestellten rechtstheoretischen Ausgangslage abgleichen können.

Hiermit wird die zweite der drei Forschungsfragen beantwortet sein. Meine Antwort auf die erst im darauffolgenden Kapitel zu bearbeitende dritte Forschungsfrage wird sich einem dieser Modelle zuordnen lassen (III.). All dies ist in einem Ergebnis zusammenzufassen (IV.).

A. *Sprechakttheoretische Grundlagen*

Im Folgenden werde ich den Begriff der kommunikativen Kraft sprachtheoretisch entwickeln. Es geht darum, für die charakteristische Selbstdarstellung richterlicher Begründungen in Form der Argumentationsfigur der einzig richtigen Entscheidung eine angemessene Begrifflichkeit zu finden. Diese Begrifflichkeit wird der Tatsache der Verkörperung der Argumentationsfigur der einzig richtigen Entscheidung in konkreten Sprechakten Rechnung tragen müssen.[561] Die charakteristische Selbstdarstellung der richterlichen Begründung in der Form der Argumentationsfigur der einzig richtigen Entscheidung ist im Ausgangspunkt als linguistisches Phänomen zu analysieren. Hierin unterscheidet sich die folgende sprechakttheoretische Untersuchung von dem Konzept eines Anspruchs „des Rechts", wie es - mit unterschiedlicher inhaltlicher Spezifikation - von Alexy und Raz vertreten wird.[562] Zwar hat Alexy zwischenzeitlich versucht, die Begrifflichkeit diesbezüglich zu schärfen.[563] Jedoch enthalten seine Äußerungen keine Aussagen zu dem hier interessierenden linguistischen Phänomen.

Für eine sprechakttheoretische Grundlegung der Argumentationsfigur der einzig richtigen Entscheidung sind aus meiner Sicht die Sprechakttheorien Habermas' und Searles besonders aussichtsreich. Wie sich zeigen wird, bietet insbesondere Searles Theorie zur Klassifikation illokutionärer Akte als Teil seiner Sprechakttheorie ein in weiten Teilen zu meiner ersten Forschungsfrage passendes begriffliches Instrumentarium.[564] Während für die an dieser Stelle unternommene Einführung des Begriffs der kommunikativen Kraft in erster

561 Vgl. zu diesem Erfordernis MacCormick, Neil, „Why Law Makes No Claims", s. Anm. 68, S. 62; Gardner, John, s. Anm. 7, S. 29:

562 Vgl. Alexy, Robert, *Begriff und Geltung des Rechts*, s. Anm. 70, 64 ff. Raz, Joseph, s. Anm. 550, S. 30.

563 Alexy, Robert, „Recht und Richtigkeit", s. Anm. 26, 5 ff.

564 Die Theorie der Klassifikation illokutionärer Akte findet sich in den Schriften Searle, John R., „A classification of illocutionary acts", s. Anm. 40 und Searle, John R., „A Taxonomy of Illocutionary Acts", s. Anm. 41. Seine Sprechakttheorie entfaltet Searle erstmals in Searle, John R., *Speech Acts*, s. Anm. 3; aus neuester Zeit vgl. Searle, John R., „What is Language? Some Preliminary Remarks", s. Anm. 191. Vgl.

Linie die Sprechakt-, bzw. Klassifikationstheorie relevant ist, wird sich im Verlaufe der Arbeit und in Bezug auf die dritte Forschungsfrage auch Searles hierauf basierende Sozialphilosophie als ausschlaggebend erweisen. Wie sich zeigen wird, basiert die Sozialphilosophie Searles in entscheidender Weise auf seiner Sprechakttheorie.[565] Es wird sich weiterhin zeigen, dass erst die gesonderte Betrachtung der theoriekonstruktiven Verbindungsstücke zwischen Sprach- und Sozialphilosophie die Beantwortung meiner dritten Forschungsfrage ermöglicht.[566] Aus der Klassifikationstheorie ist für meine Zwecke insbesondere das Konstrukt der illokutionären Stärke relevant (1.).

Dem Anspruch nach geht Habermas' Sprechakttheorie über jene Searles hinaus, insbesondere enthält sie in Bezug auf meine dritte Forschungsfrage eine inhaltliche Position. Habermas' Sprechakttheorie insgesamt kann daher auch als Kritik an derjenigen Searles verstanden werden.[567] Dies rechtfertigt es aus meiner Sicht, die Kritik an der Sprechakttheorie Searles im Übrigen nur kursorisch zu behandeln.[568] Die Position Habermas' ähnelt in weiten Teilen der im ersten Kapitel dargelegten Position Alexys. Es sei schon hier erwähnt, dass ich die inhaltliche Position Habermas' für unzutreffend halte.

---

zur Entwicklung der Sprachphilosophie Searles Fotion, Nick. *John Searle*. Princeton 2000, 39 ff.

565 Vgl. Searle, John R., *Making the social world: the structure of human civilization*, s. Anm. 46, 90 ff. Searle, John R., *The Construction of Social Reality*, s. Anm. 45, 59 ff.

566 Im System der Searleschen Philosophie basiert wiederum der sprachphilosophische Teil auf einem bewusstseinsphilosophischen, da Searle Sprache als eine Erweiterung prälinguistischer bewusstseinsmäßiger Fähigkeiten versteht; Searle, John R., „What is Language? Some Preliminary Remarks", s. Anm. 191, 176 ff. Searle, John R., *Making the social world: the structure of human civilization*, s. Anm. 46, 69 f. Es sind mit dem sozialphilosophischen Teil also drei verschiedene Teile eines einheitlichen Werkes zu unterscheiden. Die Bewusstseinsphilosophie Searles wird in meiner Arbeit jedoch keine Rolle spielen; vgl. hierzu Searle, John R., *Mind: A Brief Introduction*, s. Anm. 192.

567 Vgl. zur Kritik Habermas' an Searle Habermas, Jürgen, *Theorie des kommunikativen Handelns. Band 1*, s. Anm. 39, 427 ff. Habermas, Jürgen, „Comments on John Searle: "Meaning, Communication, and Representation"", s. Anm. 39, 17 ff.

568 Zu der grundsätzlichen, die Annahme der Regelhaftigkeit von Sprache angreifenden Kritik an der Sprechakttheorie Searles vgl. Derrida, Jacques. *Ltd. Inc.* Wien 2001, 15 ff. Die Kontroverse zwischen Derrida und Searle besprechen ausführlich Christensen, Ralph und Lerch, Kent D., s. Anm. 59, 80 ff. Zu einer umfassenden Auseinandersetzung mit Searles Sprechakttheorie aus neuerer Zeit vgl. Dörge, Friedrich Christoph, s. Anm. 39.

Aus dem umfangreichen Werk Habermas' ist für meine Zwecke insbesondere der Begriff des Geltungsanspruchs relevant (2.).

I. „Illokutionäre Stärke" (J. Searle)

Die Sprechakttheorie Searles, genauer: seine Theorie der Klassifikation illokutionärer Akte, die Searle in der Schrift *A classification of illocutionary acts*[569] erstmals vorstellt, bietet ein begriffliches Instrumentarium, mit dem mein Problem der kommunikativen Kraft reformulierbar ist. Insbesondere der Begriff der illokutionären Stärke[570] wird sich als äußerst gewinnbringend für die vorliegende Arbeit erweisen. Es ist hervorzuheben, dass Searles Theorie der Klassifikation illokutionärer Akte in Bezug auf meine dritte Forschungsfrage nach der richtigen oder angemessenen kommunikativen Kraft rein formal bleibt. Der Nutzen dieser Begrifflichkeit für meine Zwecke ist damit ein analytischer, kein substantieller.

In dem späteren Werk *Foundations of illocutionary logic*[571] versucht Searle zu zeigen, dass die logischen Standardoperationen auf die entwickelte Klassifikation anwendbar sind. Gegenüber den Klassifikationsarbeiten hat die spätere Arbeit damit ein anderes Erkenntnisziel. Meinem Erkenntnisziel in diesem Abschnitt, ein begriffliches Instrumentarium für die weitere Arbeit zu generieren, entspricht vor Allem die frühe Schrift, auf die ich schwerpunktmäßig zurückgreifen werde.[572]

Mit der Kategorie der illokutionären Stärke eröffnet Searle eine Bandbreite, in der z. B. eine Hypothese von einer Behauptung und eine Bitte von einem Befehl zu unterscheiden ist. Das Verbindende der paarweise genannten Sprechakte liegt darin, dass die Hypothese wie die Behauptung

---

569 Searle, John R., „A classification of illocutionary acts", s. Anm. 40. Nahezu identisch die spätere Schrift Searle, John R., „A Taxonomy of Illocutionary Acts", s. Anm. 41.

570 Searle, John R., „A classification of illocutionary acts", s. Anm. 40, S. 5; Searle, John R., „A Taxonomy of Illocutionary Acts", s. Anm. 41, S. 348.

571 Searle, John R. und Vanderveken, Daniel, s. Anm. 1.

572 Zu beachten ist, dass die Klassifikationstheorie in *Foundations of illocutionary logic* terminologisch modifiziert wird. Searle spricht hier weder von Differenzkategorien, noch von Sprechaktklassen, sondern von den sieben Bestandteilen eines jeden Sprechaktes; ebd., 12 ff. Inhaltlich sind hiermit aber keine Abweichungen zu den Klassifikationsschriften verbunden, die für mich relevanten Differenzkategorien finden sich entweder identisch in den sieben Eigenschaften wieder, oder sie gehen in ihnen auf.

gleichermaßen ein Commitment für die Wahrheit des Gesagten beinhaltet.[573] Der Unterschied liegt darin, dass der Grad dieses Commitment variiert. Wie Searle darlegt, spiegelt sich der Grad des Commitment im Falle behauptender Sprechakte in linguistisch signifikanter Weise in der Art der Präsentation des jeweiligen Sprechaktes.[574]

Die einleitend wiedergegebene Beobachtung, dass richterliche Urteile in der Praxis als einzig richtige dargestellt und präsentiert werden, kann mit der Kategorie der illokutionären Stärke also dahingehend reformuliert werden, dass Urteile mit einer großen oder absoluten illokutionären Stärke verbunden werden. Meine eigenständige Begriffsprägung - kommunikative Kraft statt illokutionärer Stärke - erscheint somit jedenfalls rechtfertigungsbedürftig. Im Ergebnis wird sich das Bedürfnis nach einem neuen, eigenständigen Begriff erstens daraus ergeben, dass der linguistisch signifikante Aspekt der illokutionären Stärke in der Klassifikationstheorie Searles rein intentional erscheint und damit seine Regelhaftigkeit unterbelichtet bleibt. Zweitens fehlt bei Searle selbstverständlich der Bezug auf die juristischen Spezifika des Sprechaktkonglomerats der richterlichen Begründung. Man könnte also - vorgreifend - sagen, dass kommunikative Kraft gleichbedeutend ist mit einem regelhaft verstandenen Begriff der illokutionären Stärke im Kontext einer richterlichen Begründung..

Searles Begriff der illokutionären Stärke sei zunächst in den weiteren Kontext seines sprachphilosophischen Projekts einer allgemeinen Theorie des Sprechaktes gestellt. Zu diesem Zweck ist er mit dem hierin wohl wichtigsten Begriff der illokutionären Rolle ins Verhältnis zu setzen (a.). Anschließend möchte ich die Flexibilität der illokutionären Stärke darstellen, hierzu auf das klassifikatorische Element der Differenzkategorie rekurrierend (b.). Schließlich seien mit dem weiteren klassifikatorischen Element der Sprechaktklasse die möglichen Bezugspunkte illokutionärer Stärke erläutert. Die Sprechaktklassen werden es mir im Verlauf der Arbeit ermöglichen, die Verwobenheit von richterlicher Begründung und Tenor in ihrer Bedeutung für meine Ausgangsfrage theoretisch zu erfassen (c.). Die für meine Zwecke weiterführenden Aspekte der Klassifikationstheorie Searles seien abschließend zusammengefasst (d.).

---

573 Searle, John R., „A classification of illocutionary acts“, s. Anm. 40, S. 10; Searle, John R., „A Taxonomy of Illocutionary Acts“, s. Anm. 41, 354 f.

574 Searle, John R. und Vanderveken, Daniel, s. Anm. 1, 8 ff. Searle, John R. „Speech acts and recent linguistics“. In: *Expression and Meaning. Studies in the Theory of Speech Acts*. Hrsg. von Searle, John R. Cambridge 1979, S. 162–180, S. 162.

1. Illokutionäre Stärke und illokutionäre Rolle

Im Folgenden soll der für mich entscheidende Begriff der illokutionären Stärke mit dem für die Klassifikationstheorie Searles als solcher noch wichtigeren Begriff der illokutionären Rolle ins Verhältnis gesetzt werden. Dies wird es mir im Folgenden erleichtern, kommunikative Kraft als Element der illokutionären Rolle richterlicher Begründungen zu erläutern. Zu diesem Zweck sind an dieser Stelle die weiteren Searleschen Begriffe von illokutionärem Zweck, Sprechaktklasse und Differenzkategorie einzuführen. Auf diese Begriffe werde ich dann in den kommenden Abschnitten zurückgreifen.

Das von Searle ab Ende der sechziger Jahre des letzten Jahrhunderts verfolgte sprachphilosophische Projekt war eine allgemeine Theorie des Sprechaktes im Anschluss an die Arbeiten Austins.[575] In Abgrenzung zur analytischen Tradition in der Nachfolge Freges stellen Searle und vor ihm Austin nicht den Satz als kleinste zu analysierende Einheit der Sprache ins Zentrum, sondern den Sprechakt. Es war die bahnbrechende Leistung Austins, Sprache nicht länger als abstraktes, quasi-mathematisches Phänomen zu betrachten, sondern als eine besondere Form menschlichen Verhaltens.[576] Während Austins posthum veröffentlichte Vorlesungen zur Sprechakttheorie eine eher lose Sammlung relevanter Aspekte blieb, unternahm Searle als sein Schüler deren Systematisierung.[577]

Die allgemeinste Struktur jedes Sprechaktes bezeichnet Searle in seinem Frühwerk Speech Acts formalisiert als F(p), wobei die Variable p für eine beliebige unselbständige Proposition steht, F für die Art ihrer sprachlichen Verwendung. In der sprechakttheoretischen Begrifflichkeit heißt der die Art des sprachlichen Verhaltens bezeichnende Teil F der Formel F(p) seitdem illokutionäre Rolle.[578] Zur Illustration der Bedeutung dieses Begriffes führt Searle an, dass die gleiche Proposition p, „that Sam smokes habitually", in so unterschiedlichen Sprechakten wie „Sam smokes habitually.", „Does

575 Vgl. Austin, John L., s. Anm. 38. Die Auseinandersetzung zwischen Lehrer und Schüler in Bezug auf die Klassifikation illokutionärer Akte findet sich bei Searle, John R. „Austin on locutionary and illocutionary acts". In: *Philolosphical Review* 77 (1968), S. 405–424, 410 ff.

576 Habermas, Jürgen. „Realismus nach der sprachpragmatischen Wende". In: *Wahrheit und Rechtfertigung*. Hrsg. von Habermas, Jürgen. Frankfurt a. M. 1999, S. 7–66, 317 f. beschreibt dies so, dass die analytische Philosophie „Erkenntnistheorie mit anderen Mitteln" geblieben sei.

577 Diese Leistung erkennt ausdrücklich an Habermas, Jürgen, *Theorie des kommunikativen Handelns. Band 1*, s. Anm. 39, 429 f.

578 Searle, John R., *Speech Acts*, s. Anm. 3, 62 ff.

Sam smoke habitually?" und „Sam, smoke habitually!" auftaucht.[579] Diese Sätze unterscheiden sich ausschließlich in Bezug auf ihre unterschiedlichen illokutionären Rollen als Behauptung, Frage und Aufforderung, nicht dagegen in Bezug auf die zum Ausdruck gebrachte Proposition, „that Sam smokes habitually".[580]

Hiervon ausgehend entwickelt Searle in der Schrift *A classification of illocutionary acts*[581] die starke These, dass es nicht - wie bekanntlich der späte Wittgenstein meinte - „unzählige" verschiedene Sprachverwendungen gebe[582], sondern exakt fünf.[583] Zu beachten ist, dass Searle mit der Zahl fünf nicht auf die illokutionären Rollen, sondern auf einen bestimmten, ihm zufolge grundlegenden Unterschied zwischen unterschiedlichen illokutionären Rollen rekurriert. Diesen Unterschied bezeichnet Searle mit dem Begriff des illokutionären Zwecks, der ebenfalls knapp erläutert sei und auf den ich in den kommenden Abschnitten zurückgreifen werde.

Der illokutionäre Zweck ist für Searle der wichtigste Bestandteil der illokutionären Rolle.[584] Er kennzeichnet nach Searle das Charakteristikum eines jeden Sprechakttyps oder das Spezifische des mit dem Sprechakt vollzogenen sprachlichen Verhaltens.[585] So haben z. B. „Bitte" und „Befehl"

---

579 ebd., S. 22.

580 ebd., S. 23. Zu beachten ist, dass Searle in seinen weiteren Arbeiten die illokutionäre Rolle der Frage mit der Aufforderung in der Sprechaktklasse der Direktiva zusammenfasst. Hierzu fasst Searle die Frage als Aufforderung auf, eine Antwort zu geben; vgl. Searle, John R. und Vanderveken, Daniel, s. Anm. 1, 199 f.

581 Searle, John R., „A classification of illocutionary acts", s. Anm. 40.

582 Wittgenstein, Ludwig. *Philosophische Untersuchungen*. Hrsg. von Schulte, Joachim. Frankfurt a. M. 2003, S. 26.

583 Searle, John R., „A classification of illocutionary acts", s. Anm. 40, 10 ff. Searle, John R., „A Taxonomy of Illocutionary Acts", s. Anm. 41, 354 ff.

584 Searle, John R., „A classification of illocutionary acts", s. Anm. 40, S. 3; Searle, John R., „A Taxonomy of Illocutionary Acts", s. Anm. 41, 345 f. Dem illokutionären Zweck entsprechen in der früheren Schrift *Speech Acts* die 'essential conditions'; vgl. Searle, John R., *Speech Acts*, s. Anm. 3, 54 ff.

585 Zu einer umfassenden Kritik am Begriff des illokutionären Zwecks vgl. Siebel, Mark. „What is an illocutionary point?" In: *Speech acts, mind, and social reality. Discussions with John R. Searle*. Hrsg. von Grewendorf, Günther und Meggle, Georg. Dordrecht/ Boston/ London 2002, S. 125–139. Siebel moniert, dass Searle diesen, für seine Klassifikationstheorie so wichtigen Begriff nicht weiter erläutert und insbesondere offenlässt, ob es hierbei um die Intention des Sprecher oder den Effekt beim Hörer geht; ebd., 126 ff. In der Tat hält Searle den illokutionären Zweck für einen so grundlegenden Begriff, dass er keine Anstrengungen unternimmt, ihn als solchen zu erklären; vgl. Searle, John R., „A classification of illocutionary acts", s. Anm. 40, S. 3; Searle, John R., „A Taxonomy of Illocutionary Acts", s. Anm. 41,

unterschiedliche illokutionäre Rollen, beide verwirklichen jedoch den identischen illokutionären Zweck - jeweils versucht der Sprecher, den Hörer zu einem bestimmten Verhalten zu veranlassen.[586] Bei Beachtung der Unterscheidung von illokutionärer Rolle und illokutionärem Zweck relativiert sich die starke These Searles, es gebe nur fünf, statt „unzähliger" Möglichkeiten der Sprachverwendung. Der Widerspruch zu Wittgenstein erscheint vor dem Hintergrund dieser Unterscheidung eher formal als substantiell, denn es können auch für Searle die fünf grundlegenden illokutionären Zwecke über weitere Aspekte zu prinzipiell unendlich vielen illokutionären Rollen variiert werden.

Zur weiteren Erläuterung des Zusammenhangs zwischen illokutionärer Rolle und illokutionärem Zweck sind schon an dieser Stelle zwei weitere Elemente der Klassifikationstheorie Searles einzuführen, die in den folgenden Abschnitten ausführlich besprochen werden sollen. Dies sind einerseits die Differenzkategorien und andererseits die Sprechaktklassen. Die zwölf Differenzkategorien bezeichnen nach Searle linguistisch relevante Aspekte, unter denen sich Sprechakte voneinander unterscheiden können.[587] Diese Differenzierungskategorien versteht Searle als eine Art der Übersicht und Zusammenschau aller Möglichkeiten, Sprechakte zu unterscheiden. Dagegen sind die fünf Sprechaktklassen über die illokutionären Zwecke bestimmt. Sie bezeichnen für Searle abschließend die grundlegenden Möglichkeiten der Sprachverwendung.[588]

Differenzkategorien und Sprechaktklassen seien an dieser Stelle im Zusammenhang aufgeführt. Zunächst die zwölf Differenzkategorien:

> 1) „Differences in the point (or purpose) of the (type of) act",
> 2) „Differences in the direction of fit between words and the world",
> 3) „Differences in expressed psychological states",
> 4) „Differences in the force or strength with which the illocutionary point is presented",

S. 346. Siebel diskutiert unterschiedliche, für Searle hypothetisch denkbare Wege, dies zu tun, verwirft jedoch schließlich alle. Seine pessimistische Konklusion lautet: „In a nutshell, it is hard to grasp the point of illocutionary point"; Siebel, Mark, s. Anm. 585, S. 138.

586 Searle, John R., „A classification of illocutionary acts", s. Anm. 40, S. 11; Searle, John R., „A Taxonomy of Illocutionary Acts", s. Anm. 41, 355 f.

587 Searle, John R., „A classification of illocutionary acts", s. Anm. 40, 2 ff. Searle, John R., „A Taxonomy of Illocutionary Acts", s. Anm. 41, 345 ff.

588 Searle, John R., „A classification of illocutionary acts", s. Anm. 40, 10 ff. Searle, John R., „A Taxonomy of Illocutionary Acts", s. Anm. 41, 354 ff.

5) „Differences in the status or position of the speaker and hearer as these bear on the illocutionary force of the utterance",
6) „Differences in the way the utterance relates to the interests of the speaker and the hearer",
7) „Differences in relations to the rest of the discourse",
8) „Differences in propositional content that are determined by illocutionary-force indicating devices",
9) „Differences between those acts that must always be speech acts, and those that can be, but need not be, performed as speech acts",
10) „Differences between those acts that require extra-linguistic institutions for their performance and those that do not",
11) „Differences between those acts where the corresponding illocutionary verb has a performative use and those where it does not",
12) „Differences in the style of performance of the illocutionary act".[589]

Searle zufolge sind mit diesen zwölf Differenzkategorien alle linguistisch relevanten Aspekte bezeichnet, unter denen sich Sprechakte voneinander unterscheiden können. Der für mich zentrale Begriff der illokutionären Stärke als vierte der Differenzkategorien bezeichnet also einen bestimmten Aspekt der linguistischen Form verschiedener Sprechakte.

Auf Grundlage der Differenzkategorien meint Searle nun, alle erdenklichen Sprechakte in die folgenden fünf, grundlegenden Sprechaktklassen einordnen zu können:

1) Representatives,
2) Directives,
3) Commissives,
4) Expressives,
5) Declarations.[590]

Anhand der bereits genannten Sprechakte von Hypothese und Behauptung kann der Zusammenhang zwischen den eingeführten Begriffen nun wie folgt beschrieben werden. Die Hypothese und die Behauptung gehören, da sie denselben illokutionären Zweck verwirklichen, zu der gleichen Sprechaktklasse; sie unterscheiden sich jedoch über die Differenzkategorie der illokutionären Stärke und haben daher unterschiedliche illokutionäre Rollen. Die letztendlich bestehende illokutionäre Rolle ist damit eine spezifische Kombination, die sich aus einem mit der jeweiligen Sprechaktklasse und dem von Searle mit dem illokutionären Zweck identifizierten Hauptbestandteil und den

589 Searle, John R., „A classification of illocutionary acts", s. Anm. 40, 2 ff. Searle, John R., „A Taxonomy of Illocutionary Acts", s. Anm. 41, 345 f.

590 Searle, John R., „A classification of illocutionary acts", s. Anm. 40, 10 ff. Searle, John R., „A Taxonomy of Illocutionary Acts", s. Anm. 41, 354 ff.

durch die Differenzkategorien wie der illokutionären Stärke identifizierbaren Nebenbestandteilen zusammensetzt.

Diese zugegebener Maßen nicht ganz einfache Begriffsklärung lässt sich in Anlehnung an Fotion zum Abschluss dieses Abschnittes metaphorisch wie folgt illustrieren.[591] Fotion bezeichnet die illokutionäre Rolle und damit den Zusammenhang zwischen illokutionärem Zweck, Sprechaktklassen und Differenzkategorien bei Searle metaphorisch als Mixtur, beispielsweise als Farbmischung.[592] In dieser Metapher sei F aus der oben genannten Formel F (p) eine dunkelgrüne, komplexe Farbmischung - ihre Bestandteile - braun, orange, beige etc. - wären die in den einzelnen Differenzkategorien, z. B. derjenigen der illokutionären Stärke, anzunehmenden Werte.[593] Um weiter im Bild zu bleiben bezeichnete man das Grün in dem komplexen Dunkelgrün als grundlegendsten Bestandteil der Farbmischung und damit die Zuordnung zu einer bestimmten Sprechaktklasse als wichtigsten Bestandteil der illokutionären Rolle.

Vor dem Hintergrund dieser Zusammenfassung der Klassifikationstheorie Searles ist im folgenden Abschnitt die für meine Zwecke ausschlaggebende Differenzkategorie der illokutionären Stärke gesondert in den Blick zu nehmen.

2. Illokutionäre Stärke als Differenzkategorie

In diesem Abschnitt ist die Bedeutung der illokutionären Stärke als Differenzkategorie für meine Zwecke herauszuarbeiten. Diese liegt in einem Wort darin, dass die Differenzkategorie der illokutionären Stärke mit einer Bandbreite möglicher Intensitäten der Präsentation des illokutionären Zwecks (rein formal) das Spektrum möglicher Antworten auf meine zum Schluss des ersten Kapitels formulierte dritte Forschungsfrage nach der richtigen oder angemessenen linguistischen Form richterlicher Begründungen abbildet.

Den Begriff der illokutionären Stärke beschreibt Searle - denkbar knapp - wie folgt:

> „Both 'I suggest we go to the movies' and 'I insist that we go to the movies' have the same illocutionary point, but it is presented with different strengths. Analogously with 'I solemnly swear that Bill stole the money' and 'I guess Bill stole the money'.

591 Fotion, Nick, s. Anm. 564, 40 f.
592 ebd., S. 40.
593 ebd., S. 41.

> Along the same dimension of illocutionary point or purpose there may be varying degrees of strength or commitment."[594]

Und etwas später in der gleichen Schrift:

> „The degree of belief and commitment may approach or even reach zero, but it is clear or will become clear that hypothesizing that p and flatly stating that p are in the same line of business in a way that neither is like requesting."[595]

Die Hypothese impliziert insofern genau wie die Behauptung oder der Schwur ein Commitment für die Wahrheit des Gesagten. Der Unterschied besteht - in analoger Weise wie bei Bitte und Befehl - nur in dem Grad des eingegangenen Commitment. Unterschiedlichen Graden des Commitment entsprechen dabei unterschiedliche linguistische Formen der Darstellung einer Aussage.[596] Diesen Zusammenhang macht Searle anhand der beispielshaft genannten Aussagen „I solemnly swear that Bill stole the money" einerseits und „I guess Bill stole the money" andererseits deutlich.

Die Konsequenz unterschiedlicher Grade des Commitment, bzw. unterschiedlicher linguistischer Formen einer Aussage ist, dass unterschiedliche Begründungspflichten eingegangen werden. In diesem Sinne legt Alexy dar, dass jede Behauptung die Verpflichtung zur Begründung impliziert.[597] Im Verlaufe der Arbeit wird sich als bedeutsam erweisen, dass mit einem Sprechakt wie einer starken Behauptung die Verpflichtung auf die Wahrheit der jeweiligen Aussage einhergeht und damit die Falschheit jeder widersprechenden Aussage vorausgesetzt wird.[598] Mit einer Hypothese wird dagegen für die eigene Aussage lediglich Plausibilität beansprucht, womit nicht ausgeschlossen ist, dass wiedersprechende Aussagen ebenfalls plausibel sind. Mit behauptenden Sprechakten geht also nicht zwangsläufig, wie man bei Searle sieht, die binär codierte Verpflichtung einher, dass die eigene Aussage einzig richtig sei. Möglich sind daneben Sprechakte, die nur beanspruchen, plausibel oder vertretbar zu sein und damit einer toleranteren, nicht zweiwertigen Logik folgen.

Meine dritte Forschungsfrage nach der richtigen oder angemessenen linguistischen Form der richterlichen Begründung bezieht sich also auf die mit

---

594 Searle, John R., „A classification of illocutionary acts", s. Anm. 40, S. 5. Identisch in Searle, John R., „A Taxonomy of Illocutionary Acts", s. Anm. 41, S. 348.

595 Searle, John R., „A classification of illocutionary acts", s. Anm. 40, S. 10. Identisch in Searle, John R., „A Taxonomy of Illocutionary Acts", s. Anm. 41, 354 f.

596 Vgl. Searle, John R., „Speech acts and recent linguistics", s. Anm. 574, 168 f.

597 Alexy, Robert, *Theorie der juristischen Argumentation. Die Theorie des rationalen Diskurses als Theorie der juristischen Begründung*, s. Anm. 14, 238 f.

598 Vgl. ebd., S. 414.

der Kategorie der illokutionären Stärke bezeichnete Bandbreite. Searle formuliert dies wie gesehen dahingehend, dass es „varying degrees of strength or commitment" im Rahmen oder entlang des gleichen illokutionären Zwecks gebe.[599] Meine dritte Forschungsfrage setzt voraus, dass grundsätzlich unterschiedliche Varianten zur Auswahl stehen. Wäre dem nicht so, dann könnte nicht sinnvoll nach der Berechtigung einer bestimmten linguistischen Form gefragt werden. Es ist damit vorläufig festzuhalten, dass sich in der Differenzkategorie der illokutionären Stärke eine Voraussetzung meiner dritten Forschungsfrage wiederfindet. Mit dem Begriff der illokutionären Stärke ist impliziert, dass sowohl die starke Behauptung, als auch die Hypothese als Sprechakte sinnvoll sein können. Für diese Annahme steht der Searlesche Begriff der illokutionären Stärke als Differenzkategorie. In Bezug auf die Beantwortung meiner dritten Forschungsfrage trägt die Theorie Searles dagegen wenig oder gar nichts aus. Denn illokutionäre Stärke ist bei Searle nur intentional bestimmt - es liegt an den Sprechern, ob sie vermuten, vorschlagen, behaupten oder schwören. Die Frage, ob diese oder jene illokutionäre Stärke angemessen oder richtig ist, ob die eine geboten, die andere verboten sein könnte, beantwortet die Searlesche Klassifikation nicht. Die Begrifflichkeit Searles bleibt damit in Bezug auf meine dritte Forschungsfrage inhaltlich leer. Dies stellt ihre Tauglichkeit für meine Zwecke nicht in Frage. Im Gegenteil wird es sich im Verlaufe dieses Abschnittes als ihre größte Stärke gegenüber der Theorie Habermas' erweisen.

Im Folgenden möchte ich die Relevanz des weiteren klassifikatorischen Elementes der Sprechaktklasse für die Zwecke dieser Arbeit herausarbeiten.

3. Illokutionäre Stärke und Sprechaktklassen

Auch das weitere klassifikatorische Element der Sprechaktklasse ist für meine Arbeit weiterführend. Im zweiten Abschnitt dieses Kapitels wird es die sprechakttheoretische Bestimmung des Mediums oder der Träger illokutionärer Stärke ermöglichen. Wie sich im Verlaufe der Arbeit zeigen wird, resultieren aus der Zuordnung der einzelnen Teile des richterlichen Urteils zu unterschiedlichen Sprechaktklassen substantielle Argumente in Bezug auf meine dritte Forschungsfrage. Das Konstrukt der Sprechaktklasse sei im Folgenden erläutert.

599 Searle, John R., „A classification of illocutionary acts", s. Anm. 40, S. 5; Searle, John R., „A Taxonomy of Illocutionary Acts", s. Anm. 41, S. 348.

Das klassifikatorische Element der Sprechaktklasse erschließt sich am Besten in seinem Verhältnis zum bereits dargelegten Begriff der Differenzkategorie. Die mit den Differenzkategorien identifizierten, linguistisch signifikanten Aspekte einer bestimmten illokutionären Rolle können danach unterschieden werden, ob sie feststehend oder variabel konzipiert sind.[600] Wie gesehen trifft bei der für mich entscheidenden vierten Differenzkategorie der illokutionären Stärke letzteres zu. Nur die ersten drei Differenzkategorien, also den illokutionären Zweck, die Ausrichtung und den mentalen Zustand entwirft Searle als feststehend. Insbesondere über die Differenzkategorie des illokutionären Zwecks konstituieren sich die fünf Sprechaktklassen.

Searle formuliert die herausgehobene Bedeutung des illokutionären Zwecks wie folgt:

> „In general, one can say that the notion of illocutionary force is the resultant of several elements of which illocutionary point is only one, though, I believe, the most important one."[601]

Und in der späteren Schrift:

> „In general we can say that the illocutionary point of a type of illocutionary act is that purpose which is essential to its being an act of that type. [...] The other elements of illocutionary force are further specifications and modifications of the illocutionary point or they are consequences of the illocutionary point, but the basic component of illocutionary force is illocutionary point."[602]

Die angeführten Äußerungen Searles legen nahe, dass mit illokutionärem Zweck nichts anderes als die unterschiedlichen Sprechaktklassen, also seine fünf möglichen Arten der Sprachverwendung selbst gemeint sind. Wäre dies aber der Fall, dann, so ist kritisch anzumerken, wäre die Listung dieser ersten Differenzkategorie neben den elf weiteren überflüssig oder missverständlich. Es handelte sich dann nämlich nicht um eine von den Sprechaktklassen grundsätzlich zu unterscheidende Differenzkategorie, sondern um eine begriffliche Entsprechung für die Sprechaktklassen. Dieser Zusammenhang wäre dann aber nicht zum Ausdruck gebracht.

Zu beachten ist, dass es Searle mit dem illokutionären Zweck nicht um die Explikation der unterschiedlichen Sprechakte nach ihrem Effekt beim Adressaten geht. Der beim Adressaten erzielte oder zu erzielende Effekt wird

600 Fotion, Nick, s. Anm. 564, S. 40.

601 Searle, John R., „A classification of illocutionary acts", s. Anm. 40, S. 3. Identisch in Searle, John R., „A Taxonomy of Illocutionary Acts", s. Anm. 41, S. 346.

602 Searle, John R. und Vanderveken, Daniel, s. Anm. 1, S. 14.

üblicher Weise als perlokutionärer Effekt bezeichnet. Er besagt, was mit einem Sprechakt beim Adressaten bewirkt wird.[603]

Während der perlokutionäre Effekt den Adressaten des Sprechakts in den Blick nimmt, bezieht sich der die Sprechaktklassen prägende illokutionäre Zweck auf den Sprecher.[604] Es geht nach Searle darum, was der Sprecher willentlich zum Ausdruck bringen möchte, ungeachtet der Konsequenzen, die daraufhin beim Adressaten eintreten: Eine Aussage kann Searle zufolge nur dann ein Versprechen sein, wenn der Sprecher seine Aussage als solche beabsichtigt, eine Behauptung nur Behauptung, wenn sie nicht eigentlich als Aufforderung gemeint war.[605] Dies gelte ungeachtet dessen, dass in bestimmten Fällen jemand verantwortlich gemacht werde, der zwar nicht tatsächlich eine bestimmte Intention hatte, dies aber für andere so aussah.[606] Dagegen würden perlokutionäre Effekte nicht selten unbeabsichtigt, bzw. entgegen der tatsächlichen Absicht des Sprechers eintreten. So könne ein Comedien entgegen seiner Intention langweilen, - ein Redner amüsieren.[607]

Aus den ersten drei Differenzkategorien resultieren für Searle also fünf grundlegende Sprechaktklassen. Diese repräsentieren für ihn die fünf möglichen Arten der Sprachverwendung.[608] Die fünf Sprechaktklassen lauten: Assertiva, Direktiva, Kommissiva, Expressiva und Deklarationen. Deklarationen teilen laut Searle oftmals die Eigenschaften der Assertiva. Diese Überschneidung der Sprechaktklassen nimmt er zum Anlass, die fünf Sprechaktklassen um eine Unterart zu erweitern. Aufgrund der syntaktischen Identität vieler Deklarationen (etwa: „Hiermit ist die Sitzung beendet.") mit den Assertiva führt Searle die weitere, sechste Sprechaktklasse der Assertiva-Deklarationen ein.[609] Als vierte Differenzkategorie kann sich illokutionäre Stärke auf jede Sprechaktklasse in unterschiedlicher Weise beziehen. Die

603 Searle, John R. „How Language Works: Speech as a Kind of Human Action". In: *Mind, Language and Society. Doing Philosophy in the real World.* Hrsg. von Searle, John R. London 1999, S. 135–161, 136 ff. Zur Kritik an der Unterscheidung illokutionär - perlokutionär als solcher vgl. Derrida, Jacques, *Ltd. Inc*, s. Anm. 568, 15 ff.

604 Searle, John R., „How Language Works: Speech as a Kind of Human Action", s. Anm. 603, S. 137.

605 ebd., S. 137.

606 ebd., 137 f.

607 ebd., 137 f.

608 Searle, John R., „A Taxonomy of Illocutionary Acts", s. Anm. 41, 354 ff. Searle, John R. und Vanderveken, Daniel, s. Anm. 1, 14 ff.

609 Searle, John R., „A classification of illocutionary acts", s. Anm. 40, S. 15; Searle, John R., „A Taxonomy of Illocutionary Acts", s. Anm. 41, 360 f.

Annahme unterschiedlicher Werte in der vierten Differenzkategorie resultiert wie erwähnt in Bezug auf die Sprechaktklasse der Assertiva in den Sprechakten der Hypothese und der Behauptung, in Bezug auf die Sprechaktklasse der Direktiva in Bitte und Befehl.[610] Dabei bleiben der illokutionäre Zweck, die Ausrichtung und der mentale Zustand - also die ersten drei Differenzkategorien - jeweils konstant. Dies hatte ich oben so formuliert, dass sich die Behauptung und die Hypothese jeweils durch ein Commitment für die Wahrheit des Gesagten auszeichnen, wobei der Unterschied zwischen beiden in einer unterschiedlichen illokutionären Stärke besteht.

Die Sprechaktklassen werden im nächsten Abschnitt noch einmal herangezogen und mit Tenor und Begründung des richterlichen Urteils in Verbindung gebracht. Insbesondere die Sprechaktklassen der Assertiva und der Deklarationen werden sich hierbei als relevant erweisen.[611]

4. Ergebnisse

Die Searlesche Begrifflichkeit ermöglicht eine Antwort auf die erste Forschungsfrage nach einer sprachtheoretischen Begrifflichkeit für das Problem der kommunikativen Kraft. Mit der Differenzkategorie der illokutionären Stärke ist derjenige linguistisch relevante Aspekt bezeichnet, in dem sich die Hypothese von der Behauptung oder die Bitte vom Befehl unterscheidet. Mit dem Begriff der illokutionären Stärke als Differenzkategorie eröffnet sich analytisch eine Bandbreite unterschiedlicher Grade des Commitment und damit unterschiedlicher linguistischer Formen der richterlichen Begründung.[612] Mit dem Begriff der illokutionären Stärke kann zudem meine dritte Forschungsfrage theoretisch reformuliert werden. Die Frage nach der richtigen oder angemessenen linguistischen Form richterlicher Begründungen ist

610 Searle, John R., „A classification of illocutionary acts“, s. Anm. 40, S. 5; Searle, John R., „A Taxonomy of Illocutionary Acts“, s. Anm. 41, S. 348.

611 Ihre konstitutiven Eigenschaften, d. h. die in den ersten drei Differenzkategorien anzunehmenden „Werte" listet Searle in seinen Klassifikationsschriften wie folgt. Assertiva: ! / belief / ↓; ebd., S. 12. Deklarationen: D / belief, intend / ↕; ebd., S. 360. Die für Deklarationen charakteristische doppelte Ausrichtung, symbolisiert durch ↕, wird im weiteren Verlauf der Arbeit die Brücke zum institutionellen Aspekt meiner Fragestellung schlagen helfen. Dem hat die sprechaktmäßige Explikation des Sprechaktkonglomerats des richterlichen Urteils voranzugehen. Urteilstenor und Urteilsbegründung werde ich zu diesem Zweck den verschiedenen Sprechaktklassen zuordnen.

612 Siehe oben, S. 112 f.

insofern gleichbedeutend mit der Frage nach der richtigen oder angemessenen illokutionären Stärke in Bezug auf die in der richterlichen Begründung zusammengefassten Sprechakte.

Die Graduierbarkeit illokutionärer Stärke ist eine Grundvoraussetzung meiner Arbeit. Ginge man davon aus, dass in praktischen Fragen nur ein absolutes Commitment sprachlich sinnvoll ist, dann stellte sich überhaupt nicht die Frage nach dem richtigen oder angemessenen, absoluten oder relativen Commitment. Diese vermeintliche Alternativlosigkeit existiert bei Searle nicht. Jedenfalls in seiner Klassifikationstheorie geht er davon aus, dass das mit jedem assertiven Sprechakt verbundene Commitment für die Wahrheit des Gesagten graduierbar ist. Es gilt also nicht, dass entweder die einzig richtige Aussage zu beanspruchen ist oder schon gar kein sinnvoller Sprechakt vorliegt.

Insoweit stimme ich also mit Searle überein und werde im Weiteren auf dieser Auffassung aufbauen. Kritik ist dennoch angebracht. Hinzuweisen ist abschließend auf eine bisher nicht erwähnte Schwäche der Theorie. Diese besteht darin, dass die illokutionäre Stärke in den Klassifikationsschriften Searles einen Nullwert annehmen, bzw. völlig wegfallen kann. Das entsprechende Zitat sei erneut angeführt:

> „The degree of belief and commitment may approach or *even reach zero*, but it is clear or will become clear that hypothesizing that p and flatly stating that p are in the same line of business in a way that neither is like requesting."[613]

Entscheidend ist, dass Searle zufolge der Grad der Überzeugung und des Engagements null werden kann. Hiermit räumt Searle ein, dass der Sprecher überhaupt kein Engagement eingehen muss, dennoch aber einen assertiven Sprechakt äußern kann.[614] Ich gehe entgegen Searle davon aus, dass sich jeder assertive Sprechakt dadurch auszeichnet, dass sich der Sprecher mit ihr in irgendeiner Art verpflichtet. Ein Minimum an illokutionärer Stärke ist Voraussetzung jedes sinnvollen assertiven Sprechaktes. In neuester Zeit scheint diese Auffassung von Searle selbst vertreten zu werden, wenn er Commitment als eine notwendige Eigenschaft von Sprache bezeichnet.[615] Eine notwendige Eigenschaft von Sprache wäre das Commitment aber nicht,

---

613 Searle, John R., „A Taxonomy of Illocutionary Acts", s. Anm. 41, 354 f. Hervorhebung eingefügt.

614 Dies bemerkt auch Siebel, Mark, s. Anm. 585, S. 131 bei seiner Kritik am Searleschen Begriff des illokutionären Zwecks.

615 Searle, John R., „What is Language? Some Preliminary Remarks", s. Anm. 191, 194 ff. inhaltlich identisch Searle, John R., *Making the social world: the structure of human civilization*, s. Anm. 46, 80 ff.

wenn es - wie in den Klassifikationsschriften - einen Nullwert annehmen könnte.

Diese Schwäche stellt den Nutzen der Klassifikationstheorie Searles für den Zweck der sprechaktmäßigen Reformulierung meiner Ausgangsfrage aber nicht in Frage. Searles Klassifikation illokutionärer Akte liefert ein begriffliches Instrumentarium, das zu der im ersten Kapitel dargestellten rechtstheoretischen Debatte passt und mit dem meine erste Forschungsfrage beantwortet werden kann. Diese Frage ging dahin, für die in der Literatur unspezifisch verwendeten Vokabeln, die von beanspruchen, über so tun als ob bis zu inszenieren reichten, eine sprachtheoretische Begrifflichkeit zu finden. All die genannten Umschreibungen können mit Searles vierter Differenzkategorie der illokutionären Stärke erfasst werden. Einer großen illokutionären Stärke entspricht insofern das Beanspruchen oder Implizieren der einzig richtigen Aussage, einer kleinen illokutionären Stärke das Beanspruchen einer vertretbaren Aussage. Searles Klassifikationstheorie bleibt dagegen in Bezug auf meine dritte Forschungsfrage ohne Aussage. Searle bietet mit dem Begriff der illokutionären Stärke zunächst nicht mehr und nicht weniger als eine analytische Kategorie. Im Verlaufe der Arbeit wird sich die Klassifikation aber darüber hinaus als besonders gewinnbringend erweisen. Denn über die sprechaktmäßige Klassifikation der einzelnen Teile des Sprechaktkonglomerats der richterlichen Begründung wird sich der Horizont schließlich auf institutionelle Aspekte weiten lassen.

In ihrer Formalität unterscheidet sich die Theorie Searles von derjenigen Habermas', die im nun folgenden Abschnitt darzustellen ist. Die substantielle Position Habermas' besteht darin, dass Sprecher mit ihren in moralischen Diskursen zu erhebenden Geltungsansprüchen aufgrund universaler Regeln das Bivalenzprinzip von einzig richtig und falsch zugrunde legen müssen. Dem Anspruch nach geht die Sprechakttheorie Habermas' also über ihren theoretischen Ausgangspunkt - die Sprechakttheorie Searles - hinaus. Meine folgende Darstellung der Theorie Habermas' kann insofern als eine grundsätzliche Kritik an derjenigen Searles gelesen werden. Damit komme ich zum nächsten Abschnitt.

II. „Geltungsanspruch" (J. Habermas)

Die Sprachphilosophie Habermas' stellt eine Interpretation und Weiterführung der Sprechakttheorie Searles dar. Im Kern besteht diese Interpretation in der Behauptung Habermas', dass Elemente der von Searle eingeführten illokutionären Rolle ihrerseits unumgängliche Präsuppositionen von Sprache sind. Habermas versucht zu zeigen, dass mit dem illokutiven Akt eines Sprechaktes notwendiger Weise, als Bedingung der Möglichkeit verständigungsorientierten Sprachgebrauchs, bestimmte universale Geltungsansprüche erhoben werden.

Wie sich zeigen wird, lässt sich mit der Theorie Habermas' der normative Aspekt des Problems der kommunikativen Kraft bzw. meine dritte Forschungsfrage reformulieren. Die Sprechakttheorie Habermas' kann zudem als Kritik an der eben dargestellten Position Searles gelesen werden, da sie dem Anspruch nach zeigt, dass Searle mit seiner Klassifikationstheorie nicht weit genug geht. Andererseits bildet sie - wie zu zeigen sein wird - die sprachtheoretische Grundlage für die Thesen Alexys, die damit an dieser Stelle erneut zur Debatte stehen. Im Folgenden möchte ich zunächst einige Annahmen Habermas' zu Möglichkeit und Notwendigkeit einer Universalpragmatik darlegen, um den für meine Zwecke entscheidenden Begriff des Geltungsanspruchs in einem weiteren Zusammenhang zu verorten (a.). Sodann ist das Konzept des Geltungsanspruchs in seiner relativen Selbständigkeit gegenüber den in der Theorie Habermas' ebenfalls zentralen Begriffen von Wahrheit und Richtigkeit zu erläutern. Hierzu werde ich das Problem der Einlösung von Geltungsansprüchen erörtern (b.). Schließlich ist mit der These der binären Codierung des Geltungsanspruchs auf Richtigkeit die Relevanz der Position Habermas' in Bezug auf den normativen Aspekt meiner Fragestellung darzulegen (c.). All dies ist zusammenfassend festzuhalten (d.).

1. Das universalpragmatische Projekt

Der für mich relevante Begriff des Geltungsanspruchs entstammt den sprachphilosophischen Schriften Habermas', welche die Grundlegung für den ersten Band seiner Theorie des kommunikativen Handelns bilden. Den Kern dieser Schriften kann man als Versuch der Bestimmung sprachlicher Universalia in philosophischer Hinsicht zusammenfassen, von Habermas als Universalpragmatik bezeichnet.

Der Begriff des Geltungsanspruchs wird in der Schrift *Was heißt Universalpragmatik?*[616] aus dem Jahre 1976 ausführlich expliziert.[617] Auf ihn rekurriert Habermas auch in späteren Schriften, z. B. in seiner Moral- und Rechtsphilosophie immer wieder, ohne substantielle Änderungen gegenüber der frühen Begriffsbestimmung.[618] In der Schrift *Was heißt Universalpragmatik?* legt Habermas eine Interpretation der Searleschen Sprechakttheorie vor, die in dem Anspruch, die „universale Geltungsbasis der Rede zu rekonstruieren", weit über diese hinausführt.[619] Im Ausgangspunkt teilt Habermas die Annahme Searles und Austins, dass Sprache nicht, wie es die analytische Tradition tut, als abstraktes, quasi-mathematisches Phänomen zu verstehen ist. Vielmehr sei Sprache grundsätzlich handlungsähnlich, da sie über die Aussagefunktion hinaus verschiedene Funktionen verwirkliche.[620] Diesem Handlungsaspekt von Sprache entspricht der eben besprochene Zentralbegriff der Sprechakttheoretiker Austin und Searle, die illokutionäre Rolle. Entgegen Searle meint Habermas aber, dass die illokutionäre Rolle eines Sprechaktes - Habermas spricht ohne erkennbare inhaltliche Abweichungen vom illokutiven Akt - nicht von sprachlichen Konventionen einer konkreten, historisch-kulturell kontingenten Gesellschaft bestimmt wird.[621] Habermas möchte vielmehr zeigen - hierin weit über die Klassifikation Searles hin-

616 Habermas, Jürgen, „Was heißt Universalpragmatik?", s. Anm. 44.

617 Erstmals findet der Begriff Erwähnung in Habermas, Jürgen. „Wahrheitstheorien". In: *Vorstudien und Ergänzungen zur Theorie des kommunikativen Handelns*. Hrsg. von Habermas, Jürgen. Frankfurt a. M. 1995, S. 127–186, S. 129.

618 Vgl. nur ebd., S. 137; Habermas, Jürgen. „Diskursethik. Notizen zu einem Begründungsprogramm". In: *Moralbewusstsein und kommunikatives Handeln*. Hrsg. von Habermas, Jürgen. Frankfurt a. M. 1983, S. 53–126, S. 54; Habermas, Jürgen, *Faktizität und Geltung*, s. Anm. 503, S. 284.

619 Habermas, Jürgen, „Was heißt Universalpragmatik?", s. Anm. 44, S. 357; vgl. auch Habermas, Jürgen, *Theorie des kommunikativen Handelns. Band 1*, s. Anm. 39, 427 ff. Habermas, Jürgen, „Comments on John Searle: "Meaning, Communication, and Representation"", s. Anm. 39, 20 f.

620 Habermas, Jürgen, „Realismus nach der sprachpragmatischen Wende", s. Anm. 576, 34 f. Dem entsprach es, anders als in der analytischen Tradition, nicht den Satz, sondern den Sprechakt als kleinste zu analysierende Einheit anzunehmen. Humboldt ist das Verdienst zuzuschreiben, als erster überhaupt die Handlungsrelevanz von Sprache entdeckt zu haben; vgl. Habermas, Jürgen. „Hermeneutische und analytische Philosophie. Zwei komplementäre Spielarten der linguistischen Wende". In: *Wahrheit und Rechtfertigung*. Hrsg. von Habermas, Jürgen. Frankfurt a. M. 1999, S. 65–101, 67 ff.

621 Habermas, Jürgen, „Was heißt Universalpragmatik?", s. Anm. 44, 357 ff. Habermas, Jürgen, *Theorie des kommunikativen Handelns. Band 1*, s. Anm. 39, S. 405.

ausgehend -, dass die illokutiven Akte universalen Regeln folgen.[622] Jeder gelungene Sprechakt im verständigungsorientierten Normalgebrauch der Sprache ist Habermas zufolge als Ausprägung dieser Regeln anzusehen.[623]

Der Kernbegriff der These universaler Regelhaftigkeit des illokutiven Aktes, der bei Austin und Searle ausschließlich konventionell und damit letztlich kontingent verstanden wird, ist der hier interessierende Begriff des Geltungsanspruchs. Bekanntlich unterscheidet Habermas vier verschiedene Geltungsansprüche, die mit jedem Sprechakt, abhängig vom thematisierten Lebensbereich mit unterschiedlichem Schwerpunkt, prinzipiell aber gleichzeitig zum Ausdruck gebracht werden.[624] Dies sind der Geltungsanspruch auf Wahrheit für den konstativen Teil jedes Sprechaktes, der Geltungsanspruch auf Richtigkeit für den regulativen Teil und die Ansprüche auf die Aufrichtigkeit und Verständlichkeit der Aussage.[625]

Diese Ansprüche werden nach Habermas nicht zufällig oder nur dann erhoben, wenn ein Sprecher dies wünsche. Vielmehr sei jeder sinnvolle Sprechakt notwendig mit genau den vier genannten Ansprüchen verbunden, ungeachtet der ansonsten in einer Gesellschaft geltenden sprachlichen Konventionen.

622 Habermas, Jürgen, „Was heißt Universalpragmatik?", s. Anm. 44, 357 ff. Habermas, Jürgen, *Theorie des kommunikativen Handelns. Band 1*, s. Anm. 39, S. 405. Neuerdings spricht Searle von Commitment als einer notwendigen Eigenschaft jedes assertiven Sprechaktes; Searle, John R., „What is Language? Some Preliminary Remarks", s. Anm. 191, 194 ff. und Searle, John R., *Making the social world: the structure of human civilization*, s. Anm. 46, 80 ff. In den Klassifikationsschriften ging Searle demgegenüber noch davon aus, dass Commitment auch gänzlich wegfallen könne; vgl. Searle, John R., „A classification of illocutionary acts", s. Anm. 40, S. 10. Es ist naheliegend, diese Wendung als spätes Zugeständnis an Habermas zu werten.

623 Habermas, Jürgen, „Was heißt Universalpragmatik?", s. Anm. 44, S. 357; Habermas, Jürgen, *Theorie des kommunikativen Handelns. Band 1*, s. Anm. 39, 405 f.

624 Habermas, Jürgen, „Was heißt Universalpragmatik?", s. Anm. 44, 354 ff. Habermas, Jürgen, „Diskursethik. Notizen zu einem Begründungsprogramm", s. Anm. 618, 63 ff.

625 Habermas, Jürgen, „Was heißt Universalpragmatik?", s. Anm. 44, 354 ff. Habermas, Jürgen, „Diskursethik. Notizen zu einem Begründungsprogramm", s. Anm. 618, S. 73 Dagegen kommt Alexy in seiner Rezeption der Theorie Habermas' für die juristische Argumentation, deren Gegenstand auch für Alexy normative und nicht normative Aussagen sind, mit einem Geltungsanspruch aus, nämlich seinem Anspruch auf Richtigkeit;Alexy, Robert, *Theorie der juristischen Argumentation. Die Theorie des rationalen Diskurses als Theorie der juristischen Begründung*, s. Anm. 14, 238 f. Vgl. zur Auseinandersetzung Alexys mit der Habermasschen Sprechakttheorie ebd., 141 ff.

Zwar ist auch Searle der Auffassung, dass Sprache ein grundsätzlich regelgeleitetes Verhalten darstellt.[626] Anders als Searle meint Habermas aber, dass die sprechaktbezogenen Regeln nicht bloß konventionell bestimmt sind.[627] Die Habermassche These der notwendigen Voraussetzung bestimmter Geltungsansprüche ist also viel stärker, indem sie die Geltung bestimmter sprechaktbezogener Regeln ungeachtet jeder konkreten sprachlichen Gemeinschaft behauptet. Bei der Vermittlung von Kontingenz und Regelhaftigkeit von Sprechakten geht Habermas sehr viel weiter als Searle.

Nach dieser allgemeinen Verortung seien die mit dem Begriff des Geltungsanspruchs verbundenen Implikationen im Folgenden weiter erläutert, wobei es für meine Zwecke insbesondere auf die relative Selbständigkeit der Geltungsansprüche auf Wahrheit und auf Richtigkeit einerseits und den Begriffen von Wahrheit und Richtigkeit andererseits ankommen wird.

2. Die Einlösbarkeit von Geltungsansprüchen

Zur weiteren Klärung der Relevanz des Begriffs des Geltungsanspruchs für die Zwecke meiner Arbeit möchte ich ihn im Folgenden mit weiteren, für die Sprach- und Rationalitätstheorie Habermas' zentralen Begriffen in Verbindung bringen. Als besonders relevant wird sich der Zusammenhang von mit Sprechakten verbundenen „Ansprüchen" und der „Wahrheit" respektive „Richtigkeit" ihres propositionalen Bestandteils erweisen. Die Frage nach dem Zusammenhang dieser Begriffe kann man auch als Frage nach der Einlösbarkeit von Geltungsansprüchen formulieren.

Sprecher erheben mit ihren illokutiven Akten nach Habermas den Anspruch, dass die zum Ausdruck gebrachte Proposition wahr oder richtig ist bzw. bestimmten Gültigkeitsbedingungen entspricht.[628] Diese Ansprüche sind nicht relativ zu Sprecherpersonen, sondern sie werden mit jedem sinnvollen Sprechakt und von jedem Individuum in grundsätzlich gleicher Weise erhoben.[629] Eine hiervon nach Habermas zu trennende Frage ist, ob und wie die vier Geltungsansprüche im konkreten Fall eingelöst werden können.

---

626 Vgl. nur Searle, John R., *Speech Acts*, s. Anm. 3, 54 ff.

627 Habermas, Jürgen, „Was heißt Universalpragmatik?", s. Anm. 44, S. 356.

628 ebd., 354 ff. Habermas, Jürgen, „Diskursethik. Notizen zu einem Begründungsprogramm", s. Anm. 618, 63 ff.

629 Habermas, Jürgen, „Was heißt Universalpragmatik?", s. Anm. 44, 354 f. Habermas, Jürgen, „Diskursethik. Notizen zu einem Begründungsprogramm", s. Anm. 618, S. 64.

Ihre relative Unabhängigkeit oder Eigenständigkeit bringt Habermas in der Schrift *Was heißt Universalpragmatik?* wie folgt zum Ausdruck:

> „Ich unterscheide also die *Bedingungen für die Gültigkeit* eines grammatischen Satzes, einer wahren Proposition, eines wahrhaftigen intentionalen Ausdrucks, einer kontextgerechten, normativ richtigen Äußerung sowohl von den *Ansprüchen*, mit denen Sprecher intersubjektive Anerkennung für die Wohlgeformtheit eines Satzes, die Wahrheit einer Proposition, die Wahrhaftigkeit eines intentionalen Ausdrucks und die Richtigkeit eines Sprechakts verlangen, wie andererseits von der *Einlösung* der zu Recht erhobenen Geltungsansprüche."[630]

Habermas sagt in der gleichen Schrift, dass „die Bindung, die der Sprecher mit dem Vollzug eines illokutiven Aktes einzugehen bereit ist, eine *Garantie* [bedeutet], daß er in der Konsequenz seiner Äußerung bestimmte Bedingungen erfüllen wird [...]"[631] An gleicher Stelle sagt Habermas, dass „[d]ie wesentliche Voraussetzung für das Gelingen eines illokutiven Aktes darin [besteht], daß der Sprecher jeweils ein bestimmtes Engagement eingeht [...]."[632] Hiermit wird zum einen auf die Möglichkeit des Misslingens von Sprechakten verwiesen. Zum Anderen wird der illokutive Akt jedes Sprechaktes und damit das Konzept des Geltungsanspruchs mit einer Verpflichtung oder einem Engagement des Sprechers identifiziert. Aus diesem Engagement resultieren für Habermas Handlungs-, bzw. Begründungspflichten.[633]

Habermas trennt also zwischen Ansprüchen einerseits und Bedingungen für die Gültigkeit sowie der Einlösung von Ansprüchen andererseits. Es folge die Berechtigung eines Geltungsanspruchs daraus, dass er bestimmten Gültigkeitsbedingungen genüge.[634] Mit einem Geltungsanspruch werde weiterhin eine Verpflichtung eingegangen, diese Bedingungen erfüllen zu können. In dem Aufsatz *Wahrheitstheorien* vergleicht Habermas im Sinne dieser Aussage den Geltungsanspruch mit einem Rechtsanspruch. Wie dieser könne jener erhoben, bestritten, verteidigt und anerkannt werden.[635] In der Metapher Habermas' kann der normative Aspekt meiner Ausgangsfrage,

---

630 Habermas, Jürgen, „Was heißt Universalpragmatik?", s. Anm. 44, 356 f. Hervorhebungen eingefügt.

631 ebd., S. 432. Hervorhebung eingefügt. Die identische Formulierung („Garantie") findet sich bei Alexy, Robert, „Recht und Richtigkeit", s. Anm. 26, S. 6. In neuerer Zeit modifiziert Alexy diese Formulierung, was zu einer problematischen Ambivalenz seiner Theorie führt; siehe oben, S. 31 ff.

632 Habermas, Jürgen, „Was heißt Universalpragmatik?", s. Anm. 44, 430 f.

633 ebd., S. 430; Habermas, Jürgen, „Wahrheitstheorien", s. Anm. 617, S. 129.

634 Habermas, Jürgen, „Was heißt Universalpragmatik?", s. Anm. 44, 430 f. Habermas, Jürgen, „Wahrheitstheorien", s. Anm. 617, S. 129.

635 ebd., S. 129.

also die Frage nach der angemessenen linguistischen Form der richterlichen Begründung als Frage nach der „Erfüllbarkeit" (des Geltungsanspruchs auf einzig-Richtigkeit) reformuliert werden. Sollte der Anspruch auf die einzig richtige Entscheidung aus grundsätzlichen Erwägungen nicht erfüllbar sein, dann wäre die Argumentationsfigur der einzig richtigen Entscheidung insoweit delegitimiert.

Die Kritik an seiner Unterscheidung zwischen Geltungsansprüchen einerseits und der Einlösung von Ansprüchen und Gültigkeitsbedingungen andererseits sieht Habermas antizipierend in einem Sprachverständnis, in dem die Geltungsansprüche als „abgeleitetes Phänomen" verstanden werden.[636] Dieser Kritik zufolge wären die Gültigkeitsbedingungen einer Aussage identisch mit dem zu erhebenden Geltungsanspruch. Es müsste dann, so antizipiert Habermas mögliche Einwände, nicht die Analyse des illokutionären Teils eines Sprechaktes im Vordergrund stehen, sondern die semantische Ebene von Aussage-, Aufforderungs-, Erlebnis- und Absichtssätzen.[637] Habermas meint, diese Meinungsverschiedenheit in der Frage zuspitzen zu können, „ob das Konzept der Gültigkeit eines Satzes unabhängig vom Konzept der Einlösung eines mit der Äußerung dieses Satzes erhobenen Geltungsanspruchs geklärt werden kann."[638] Wie aus dem bisher gesagten hervorgeht, ist Habermas dieser Meinung gerade nicht.

Es kann also festgehalten werden, dass in der Sprachtheorie Habermas' der Geltungsanspruch als ein notwendiges Engagement des Sprechers bestimmt wird, das dieser mit jedem sinnvollen Sprechakt im verständigungsorientierten Normalgebrauch der Sprache einzugehen hat. Weiterhin ist festzuhalten, dass nach Habermas dieses Engagement grundsätzlich getrennt von den Gültigkeits- oder Wahrheitsbedingungen der Proposition zu beurteilen ist. Zugespitzt könnte man mit Habermas sagen: Der mit Aussagen erhobene Anspruch ist das eine, dessen Erfüllung - und: Erfüllbarkeit - das andere. Für die Zwecke meiner Arbeit ist diese Differenzierung von größter Relevanz. Die Differenzierung von Ansprüchen und Wahrheits-, bzw. Richtigkeitskonzeptionen entspricht nämlich exakt der mit dieser Arbeit unternommenen und gliederungstechnisch in den Kapiteln zwei und drei sich wiederspiegelnden, getrennten Analyse kommunikativer Kraft einerseits und Objektivität andererseits. In dieser Trennung kommt zum Ausdruck, dass die illokutionäre Rolle, bzw. die illokutionäre Stärke jedes Sprechaktes grundsätzlich

636 Habermas, Jürgen, *Theorie des kommunikativen Handelns. Band 1*, s. Anm. 39, S. 423.
637 ebd., S. 423.
638 ebd., S. 424.

unabhängig davon zu betrachten ist, was man in Bezug auf die Wahrheit, Richtigkeit oder Objektivität seines propositionalen Bestandteils sagen kann. Diesbezüglich schließe ich mich der Theorie Habermas' also ausdrücklich an.

Vor dem Hintergrund seiner relativen Selbständigkeit ist nunmehr darzulegen, wie Habermas den Geltungsanspruch auf Richtigkeit im Einzelnen spezifiziert. Diese Spezifikation exemplifiziert gleichzeitig, wie der normative Aspekt meiner Fragestellung bzw. meine dritte Forschungsfrage bei Habermas theoretisch unterfüttert wird.

3. Die binäre Codierung des Anspruchs auf Richtigkeit

Bei Darstellung der Searleschen Klassifikationstheorie konnte herausgearbeitet werden, dass illokutionäre Stärke abstufbar oder relativierbar ist. Zu der Frage, mit welcher illokutionären Stärke ein Sprechakt vorgetragen wird, trifft Searle jedoch keine Aussage - ob eine Hypothese oder eine Behauptung, eine Bitte oder ein Befehl geäußert wird, unterliegt nach der Klassifikationstheorie nur konventionell bestimmten Regeln. Dies ist, wie sich nunmehr zeigen wird, in Habermas' Theorie anders. Habermas meint nämlich, dass mit normativen Aussagen zu beanspruchen ist, dass diese einzig richtig sind. Anders formuliert könnte man auch sagen, dass der mit normativen Aussagen schwerpunktmäßig verbundene Anspruch auf Richtigkeit binär codiert ist.

Zur Erläuterung von Habermas' These der binären Codierung des Anspruchs auf Richtigkeit ist im Einzelnen auf seine Wahrheits- und Richtigkeitsbegriffe - jeweils, wie im vorangehenden Abschnitt erläutert, in relativer Selbständigkeit zu den jeweiligen Geltungsansprüchen - einzugehen. Während für Habermas mit Aussagen zu naturwissenschaftlichen Fragen, etwa zur chemischen Zusammensetzung von Wasser schwerpunktmäßig ein Anspruch auf Wahrheit erhoben wird, ist dies in Bezug auf normative Fragen schwerpunktmäßig ein Anspruch auf Richtigkeit.[639] Daneben existieren für Habermas noch die Ansprüche auf Verständlichkeit und auf Aufrichtigkeit, die jedoch für die Zwecke meiner Arbeit nicht gleichermaßen relevant sind.[640]

639 Habermas, Jürgen, „Diskursethik. Notizen zu einem Begründungsprogramm", s. Anm. 618, S. 73; Habermas, Jürgen, „Was heißt Universalpragmatik?", s. Anm. 44, S. 354.

640 Vgl. ebd., 354 f. Habermas, Jürgen, „Wahrheitstheorien", s. Anm. 617, S. 138.

Trotz Unterscheidung der zwei relevanten Geltungsansprüche hatte Habermas ursprünglich die Begriffe Wahrheit und Richtigkeit assimiliert.[641] Diese Assimilierung hatte er durch die Gleichstellung der für theoretische Aussagen geltenden Gültigkeitsbedingungen an die für praktische, insbesondere moralische Aussagen geltenden Bedingungen erreicht.[642] Die übergreifenden Gültigkeitsbedingungen spezifiziert Habermas in der Schrift *Wahrheitstheorien* aus dem Jahre 1973 wie folgt. Er führt aus, dass eine Aussage wahr oder richtig sei, „wenn der Geltungsanspruch der Sprechakte, mit denen wir, unter Verwendung von Sätzen, jene Aussage behaupten, berechtigt ist."[643] Die Berechtigung des jeweiligen Geltungsanspruchs (auf Wahrheit, bzw. auf Richtigkeit) war danach konstitutiv für Wahrheit bzw. Richtigkeit.

Die Berechtigung von beiderlei Ansprüchen bemisst sich in den Begriffen dieser frühen Schrift ihrerseits an der Möglichkeit der diskursiven Einlösung. [644] Zur Explikation dessen, wann ein Geltungsanspruch durch seine diskursive Einlösung berechtigt ist, bemühte Habermas ursprünglich sowohl für praktische wie für theoretische Aussagen das Konstrukt einer „Konsenstheorie der Wahrheit".[645] Wahr oder richtig war danach diejenige praktische oder theoretische Aussage, welche die potentielle Zustimmung aller anderen in einem, in Bezug auf Inklusivität, Transparenz etc. idealen Diskurs erzielt.[646]

Diese Konzeption war in der Literatur in Bezug auf theoretische Aussagen auf Unverständnis gestoßen. Konnte es wirklich von Diskursumständen und Konsensen abhängen, wie die Realität beschaffen sei?[647] In diesem Sinne sagt Neumann zu Recht, dass der Versuch des Einparkens in eine zu enge Parklücke an abgestellten Autos, nicht etwa - in den Wort Habermas' - an als „gemeinsam als identisch unterstellten" abgestellten Autos scheitert.[648] Müssten also nicht wahrheitsfähige Aussagen an einer unabhängig existierenden Welt scheitern können und nicht, wie bei Habermas, gewissermaßen

641 ebd., 139 f.
642 ebd., 135 f.
643 ebd., S. 135.
644 ebd., 135 f.
645 ebd., 135 f.
646 ebd., 159 ff.
647 Keuth, Herbert. *Erkenntnis oder Entscheidung: zur Kritik der kritischen Theorie*. Tübingen 1993, 127 ff. Beckermann, Ansgar. „Die realistischen Voraussetzungen der Konsenstheorie von J. Habermas". In: *Zeitschrift für allgemeine Wissenschaftstheorie* 3 (1972), S. 63–80, 70 ff.
648 Neumann, Ulfrid, *Wahrheit im Recht. Zu Problematik und Legitimität einer fragwürdigen Denkform*, s. Anm. 19, 15 f.

umgekehrt?[649] In Reaktion auf diese naheliegende Kritik hat Habermas seine Konsenstheorie zwischenzeitlich eingeschränkt.[650] Wohl für normative, nicht aber für theoretische Fragen liefere der potentielle Konsens unter idealen Bedingungen ein Kriterium für Wahrheit, bzw. Richtigkeit. Die Wahrheit oder Falschheit theoretischer Aussagen kann sich nach dieser „realistischen Wende" nun auch für Habermas an einer objektiven Welt erweisen.[651] Die für theoretische Aussagen geltenden Gültigkeitsbedingungen und damit der Wahrheitsbegriff werden also nicht mehr wie ursprünglich mit der Möglichkeit der diskursiven Einlösung des entsprechenden Geltungsanspruchs auf Wahrheit kurzgeschlossen.[652]

Dagegen ist Habermas zufolge für Richtigkeit praktischer Aussagen nach wie vor die potentielle Zustimmung aller Betroffenen in einem idealen Diskurs konstitutiv. Er formuliert diese Einsicht wie folgt:

> „Ohne einen rechtfertigungstranszendenten Bezugspunkt für die Erfüllung von Geltungsbedingungen behalten im praktischen Diskurs Gründe, auch der Idee nach, das letzte Wort. Nun gibt es aber stets bessere oder schlechtere Gründe, niemals den 'einzig richtigen' Grund. [...] Unter der Prämisse, daß 'Richtigkeit' in 'rationaler Akzeptabilität' aufgeht, gewinnt die geforderte Eindeutigkeit einer binären Unterscheidung etwas von einer Festsetzung."[653]

Die realistische Modifikation seiner Theorie besteht darin, dass der erwähnte „rechtfertigungstranszendente Bezugspunkt" für theoretische Aussagen nunmehr als unverzichtbar angesehen wird. „Gründe" entscheiden nach Habermas daher nicht länger (wie noch in der frühen Konzeption) über die Wahrheit einer Aussage wie: „Die chemische Zusammensetzung von Wasser ist H_2O."

---

649 Keuth, Herbert, s. Anm. 647, 127 ff. Beckermann, Ansgar, s. Anm. 647, 70 ff.

650 Habermas, Jürgen, „Richtigkeit versus Wahrheit. Zum Sinn der Sollgeltung moralischer Urteile und Normen", s. Anm. 15, 286 ff. Habermas, Jürgen. „Wahrheit und Rechtfertigung. Zu Richard Rortys pragmatischer Wende". In: *Wahrheit und Rechtfertigung*. Hrsg. von Habermas, Jürgen. Frankfurt a. M. 1999, S. 230–270, S. 266.

651 Habermas, Jürgen, „Richtigkeit versus Wahrheit. Zum Sinn der Sollgeltung moralischer Urteile und Normen", s. Anm. 15, S. 287; Habermas, Jürgen, „Wahrheit und Rechtfertigung. Zu Richard Rortys pragmatischer Wende", s. Anm. 650, 250 ff.

652 Habermas, Jürgen, „Richtigkeit versus Wahrheit. Zum Sinn der Sollgeltung moralischer Urteile und Normen", s. Anm. 15, S. 287; Habermas, Jürgen, „Wahrheit und Rechtfertigung. Zu Richard Rortys pragmatischer Wende", s. Anm. 650, 250 ff. Habermas, Jürgen. „Erläuterungen zur Diskursethik". In: *Erläuterungen zur Diskursethik*. Hrsg. von Habermas, Jürgen. Frankfurt a. M. 1991, S. 119–226, S. 132.

653 Habermas, Jürgen, „Richtigkeit versus Wahrheit. Zum Sinn der Sollgeltung moralischer Urteile und Normen", s. Anm. 15, S. 315.

Für meine Zwecke, und hiermit kehre ich zum Ausgangspunkt dieses Abschnittes zurück, ist entscheidend, wie Habermas vor dem Hintergrund des Gesagten die Geltungsansprüche spezifiziert. Da Geltungsansprüche in der Theorie Habermas' von ihrer diskursiven Einlösung, die ihrerseits auf Gültigkeitsbedingungen verweist, zu unterscheiden sind, wäre es angesichts der nunmehr auch für Habermas bestehenden, diesbezüglichen Unterschiede von Wahrheit und Richtigkeit naheliegend, dass auch die entsprechenden Geltungsansprüche differenziert würden. In Bezug auf die Wahrheit theoretischer Aussagen nimmt Habermas wie erwähnt einen rechtfertigungstranszendenten Bezugspunkt in der Realität an. Logischer Weise meint er, dass wir mit ihnen „ein Bivalenzprinzip voraus[setzen], das wir im Hinblick auf die Alternative von 'wahr' und 'falsch' ontologisch deuten: die Wahrheit einer Aussage hängt davon ab, ob der darin wiedergegebene Sachverhalt besteht oder nicht."[654] Einen solchen rechtfertigungsunabhängigen Bezugspunkt nimmt Habermas in Bezug auf die Richtigkeit normativer Aussagen wie gesehen nicht an. Hier gilt nach wie vor die potentielle Zustimmung aller Betroffenen in einem idealen Diskurs als richtigkeitskonstitutiv. Richtigkeit folge - anders als Wahrheit - wegen der Abhängigkeit von lediglich besseren oder schlechteren Gründen nicht dem Bivalenzprinzip.[655] Dieser Einsicht hätte es entsprochen, wenn auch der Anspruch auf Richtigkeit vom Anspruch auf Wahrheit abgegrenzt würde. Wenn das Bivalenzprinzip nicht zum Richtigkeitsbegriff passt, so könnte man meinen, dann passt es auch nicht zum Anspruch auf Richtigkeit. Habermas ist anderer Meinung. Für ihn ist der Anspruch auf Richtigkeit binär codiert. Zur Begründung führt er „die Unentbehrlichkeit eines moralischen Sprachspiels" an, „das jeder kommunikativ verfaßten Lebenswelt eingeschrieben ist."[656] Es stehe „nicht in unserem Belieben, ob wir moralische Urteile binär codieren". Denn, so Habermas, „anders läßt sich das moralische Sprachspiel unter Bedingungen nachmetaphysischen Denkens nicht intakt halten".[657] Anknüpfend an das eben angeführte Zitat ist zu konstatieren, dass die für die moralische Argumentation geforderte Eindeutigkeit einer binären Unterscheidung nach Habermas auf „Festsetzungen" beruht.

654 ebd., S. 307.

655 ebd., S. 287; Habermas, Jürgen, „Wahrheit und Rechtfertigung. Zu Richard Rortys pragmatischer Wende", s. Anm. 650, 250 ff. Habermas, Jürgen, „Erläuterungen zur Diskursethik", s. Anm. 652, S. 132.

656 Habermas, Jürgen, „Richtigkeit versus Wahrheit. Zum Sinn der Sollgeltung moralischer Urteile und Normen", s. Anm. 15, S. 318.

657 ebd., S. 318.

Eine weitergehende Begründung für die binäre Codierung des Anspruchs auf Richtigkeit gibt Habermas - soweit ich sehe - nicht.[658] Offen bleibt, warum sich das moralische Sprachspiel nicht anders intakt halten lässt als bei Zugrundelegung binärer Geltungsansprüche und warum wir ein derartiges Sprachspiel überhaupt intakt halten sollten.

4. Ergebnisse

Im Folgenden möchte ich zunächst die zutreffenden Aspekte der Theorie Habermas' zusammenfassen, anschließend werde ich meine Kritik vortragen. Der erste aus meiner Sicht zutreffende Aspekt ist, dass nach Habermas mit jedem Sprechakt notwendigerweise bestimmte Geltungsansprüche erhoben werden.[659] Dies war bei Searle wie gesehen nicht der Fall, da jedenfalls in seiner Klassifikationstheorie das mit behauptenden Sprechakten verbundene Commitment einen Nullwert annehmen und damit ganz wegfallen kann. In dem Paradigma analytischer Sprachtheorien, dem ich mich mit dieser Arbeit ausdrücklich anschließe, ist davon auszugehen, dass es einen Normalgebrauch der Sprache gibt, von dem etwa Ironie und Witz abgrenzbar sind. Es ist vor diesem Hintergrund davon auszugehen, dass mit behauptenden Sprechakten irgendeine Verpflichtung für die Wahrheit oder Richtigkeit des Gesagten einhergeht.[660]

Weiterhin ist positiv hervorzuheben, dass Habermas die Regelhaftigkeit des illokutiven Aktes besonders betont. Die Interpretation der Austinschen und Searleschen Sprechakttheorie durch Habermas besteht wie gesehen

658 Diese Begründung erinnert in ihrer apodiktischen Kürze an Alexy und seiner inhaltlich ähnlichen, wenn nicht identischen These, derzufolge die Teilnehmer an praktischen Diskursen stets beanspruchen müssten, dass ihre Aussagen einzig richtig und anderenfalls „sinnlos" seien; vgl. Alexy, Robert, *Theorie der juristischen Argumentation. Die Theorie des rationalen Diskurses als Theorie der juristischen Begründung*, s. Anm. 14, S. 414. Es zeigt sich, dass Alexys Theorie bis hin zur Wortwahl die Sprach- und Rationalitätstheorie Habermas' nachvollzieht.

659 Siehe oben, S. 118 f.

660 Dies schien in der Klassifikationsschrift Searles nicht der Fall zu sein. Dies stellt aus meiner Sicht eine Schwäche der Klassifikationstheorie dar; siehe oben, S. 116. In neueren Schriften scheint dieser Mangel behoben, insofern Commitment - wie bei Habermas - als eine notwendige Eigenschaft von Sprache dargestellt wird; Searle, John R., „What is Language? Some Preliminary Remarks", s. Anm. 191, 194 ff. Searle, John R., *Making the social world: the structure of human civilization*, s. Anm. 46, 80 ff.

darin, den für den illokutiven Akt eines Sprechaktes insgesamt geltenden Regeln universalen Charakter zuzuschreiben.[661] Zwar kann die Annahme der Existenz sprachlicher Universalia mit guten Gründen kritisiert werden. Zu unterstreichen ist jedoch, dass die Behauptung der Regelhaftigkeit des gesamten illokutiven Aktes die von mir aufgeworfene normative Frage nach der Berechtigung absoluter oder relativer Geltungsansprüche allererst formulieren lässt. Dies war mit der Klassifikationstheorie Searles nicht in gleicher Weise der Fall. Auch für Searle unterliegt die illokutionäre Rolle jedes Sprechaktes bestimmten Regeln. Das für die Zwecke dieser Arbeit entscheidende Element der illokutionären Rolle, die illokutionäre Stärke wird jedoch rein konventionell, bzw. kontingent konzipiert. Die normative Frage nach der Richtigkeit oder Angemessenheit einer bestimmten illokutionären Stärke geht bei Searle daher als solche ins Leere.

Dies ist bei Habermas wie gesehen anders. Er erklärt die Binärcodierung des illokutiven Aktes auch in Bezug auf normative Aussagen unter Verweis auf die „Unentbehrlichkeit des moralischen Sprachspiels" für notwendig.[662] Mir ging es in diesem Abschnitt darum zu zeigen, dass Habermas, anders als Searle, eine bestimmte Spezifikation des Geltungsanspruchs auf Richtigkeit - die Binärcodierung - aus bestimmten Erwägungen zur Natur moralischer Diskurse für unentbehrlich hält. Es ging darum zu zeigen, dass in der Theorie Habermas' die Spezifikation von Geltungsansprüchen nicht sprecherrelativ und kontingent, sondern der normativen Beurteilung zugänglich ist. Damit komme ich zu meiner Kritik an der Position Habermas'.

Der Geltungsanspruch auf Richtigkeit normativer Aussagen ist Habermas zufolge ebenso wie der Geltungsanspruch auf Wahrheit konstativer Aussagen binär codiert. Anderenfalls, so Habermas, lasse sich das als unverzichtbar vorausgesetzte moralische Sprachspiel als solches nicht aufrecht erhalten. Diese Position ist aus meiner Sicht nicht haltbar. Es ist ein ubiquitäres Sprachverhalten, die mit behauptenden Sprechakten verbundene Verpflichtung auf Wahrheit einzuschränken. Der wichtigste Fall ist hierbei die unvollständige Informiertheit des Sprechers.

Eine Aussage wie, „Ich vermute, die Katze ist auf der Matte - jedenfalls sehe ich von meinem Blickpunkt etwas, das so aussieht wie ein Schwanz", ist offensichtlich sinnvoll. Der mit ihr erhobene Geltungsanspruch ist aus meiner Sicht nicht binär codiert. Zwar könnte man erwidern, dass sich der Anspruch auf Wahrheit im Beispiel nicht eigentlich auf den Aufenthaltsort der Katze

---

661 Siehe oben, S. 119.
662 Siehe oben, S. 124.

bezieht, sondern auf die eigene Wahrnehmung einerseits und auf den Schluss von dieser Wahrnehmung auf den Aufenthaltsort der Katze andererseits. In diesem Fall würde es sich eigentlich um zwei implizite Aussagen handeln wie, „Ich sehe ein haariges Etwas" und „Daraus folgt unter Zugrundelegung der regelmäßigen Gegebenheiten - z. B. Vorlieben der Katze und Anordnung der Matte in dem Raum -, dass dies die Katze ist, die auf der Matte liegt". In Bezug auf diese beiden Teilaussagen könnte immer noch von binär codierten oder absoluten Geltungsansprüchen ausgegangen werden.

Mit dieser Entgegnung würde jedoch verkannt, dass sich die eigentliche Frage - ob die Katze denn nun auf der Matte sei oder nicht - nach wie vor sinnvoll stellen lässt. Auf sie wird nämlich nicht geantwortet, wenn über Wahrnehmungen und Wahrscheinlichkeiten gesprochen wird. Die ursprüngliche Aussage, „Ich vermute, dass die Katze auf der Matte ist", ist damit weiter bedeutungsvoll. Diese Bedeutung besteht darin, dass die Katze - „vielleicht" oder „wahrscheinlich", jedenfalls aber nicht „absolut sicher" - auf der Matte liegt.

Das genannte Beispiel einer deskriptiven Aussage lässt sich auch auf normative Fragen und den mit ihnen verbundenen Anspruch auf Richtigkeit übertragen. Bezüglich normativer Aussagen führt Habermas - in apodiktischer Kürze - die „Unentbehrlichkeit" einer binären Codierung des Geltungsanspruchs für das moralische Sprachspiel überhaupt an. Zuzugeben ist Habermas, dass sich der Charakter des moralischen Diskurses ändert, je nachdem, ob man von relativierten oder absoluten Geltungsansprüchen ausgeht. Inhaltlich widersprüchliche Positionen schließen sich im einen Fall nicht gegenseitig aus, sondern es können gegensätzliche Positionen nebeneinander bestehen. In diesem Fall wäre mit der Behauptung der einen nicht die Falschheit der anderen impliziert. Es spricht nun aus meiner Sicht nichts dagegen, diese, gegenüber anderslautenden Aussagen tolerantere Art der normativen Argumentation als sinnvoll anzusehen.

Die mit binär codierten Geltungsansprüchen verbundene Voraussetzung der Alternativlosigkeit eigener normativer Überzeugungen ist - so meine These - keinesfalls konstitutiv für praktische Diskurse. Im Ergebnis gehe ich im Folgenden also - entgegen Habermas - davon aus, dass Geltungsansprüche normativer Aussagen prinzipiell abstufbar oder relativierbar sind. Die Frage, ob diese in normativer Hinsicht vorzugswürdig sind, bezeichnet den normativen Aspekt des Problems der kommunikativen Kraft. Über sie ist mit den bisherigen Ausführungen noch überhaupt nichts gesagt. Es kann sich im dritten Kapitel, das den normativen Aspekt des Problems der kommunikativen Kraft bzw. meine dritte Forschungsfrage zum Gegenstand hat, nämlich immer noch erweisen, dass die Binärcodierung des Anspruchs auf Richtigkeit gegenüber einem abgestuften Geltungsanspruch vorzuziehen ist. Bestritten wurde an dieser Stelle nur, dass normative Sprechakte mit abgestuftem oder relativiertem Geltungsanspruch keine sinnvollen Sprechakte darstellen.

Mit diesem Abschnitt sollten generell, als Teilantwort auf meine erste Forschungsfrage, die sprechakttheoretischen Grundlagen für meinen Begriff der kommunikativen Kraft gelegt werden. Sie seien im folgenden Abschnitt zusammengefasst, womit sich insgesamt die sprechakttheoretische Struktur kommunikativer Kraft herauskristallisiert.

III. Zwischenergebnis

Mit Auswertung der Sprechakttheorien Searles und Habermas' möchte ich der Schwäche der rechtstheoretischen Literatur begegnen, in der für das Problem der kommunikativen Kraft, also für die linguistische Form richterlicher Begründungen bzw. für das mit ihnen eingegangene Commitment lediglich alltagssprachliche Umschreibungen verwendet werden.[663] Wie sich gezeigt hat, weisen die Theorien Searles und Habermas' für diese Zwecke spezifische Stärken und Schwächen auf. Zu beachten ist dabei, dass beide Theorien als Sprechakttheorien in weiten Teilen gemeinsame Grundannahmen zum Ausdruck bringen. Diese Grundannahmen mache ich mir zu eigen, wenn ich sie im Folgenden meinem Begriff der kommunikativen Kraft zugrunde lege. Als Résumée meiner Auseinandersetzung mit Searle und Habermas möchte ich diese Grundannahmen in einem Zwischenergebnis festhalten, wobei ich mich in geringem Ausmaß einer formalisierten Schreibweise bediene. Damit wird das Wort „Kraft" in der Wortfolge „kommunikative Kraft" abschließend erörtert sein.

Es sollte in den vorangegangenen zwei Abschnitten deutlich geworden sein, dass kommunikative Kraft die illokutionäre Rolle oder den illokutiven Akt eines Sprechaktes betrifft. Mit diesen, von Searle einerseits und Habermas andererseits ohne erkennbaren inhaltlichen Unterschied verwendeten Begriffen ist die Art der sprachlichen Verwendung einer unselbständigen Proposition bezeichnet.[664] Diese Verwendung kann z. B. als Behauptung, Aufforderung oder Gefühlsäußerung zum Ausdruck kommen. Für die Zwecke meiner Arbeit ausschlaggebend ist die Differenzierung unterschiedlicher sprachlicher

663 Siehe oben, S. 100 f.
664 Siehe oben, S. 108 ff. und 118 f.

Verhaltensweisen nach etwas, das man vielleicht mit „Ausschließlichkeit" oder „Exklusivität" bezeichnen könnte. Wird mit behauptenden Sprechakten impliziert, dass es sich um die wahre oder einzig richtige Aussage handelt, alle inhaltlich gegenläufigen Aussagen also ausnahmslos falsch sind? Oder wird nur impliziert, eine vertretbare oder relativ richtige Aussage gemacht zu haben, unbeschadet dessen, dass inhaltlich gegensätzliche Aussagen gleichermaßen vertretbar oder relativ richtig sein können?

Es geht mir um diesen linguistisch relevanten Aspekt, bzw. um genau diese, mit den zwei suggestiven, illustrierend verwendeten Fragen bezeichnete Kategorie sprachlichen Verhaltens. Kommunikative Kraft ist somit ein Element der illokutionären Rolle oder des illokutiven Aktes unter vielen, sie bezeichnet ein bestimmtes Merkmal sprachlichen Verhaltens.

Den Zusammenhang von unselbständiger Proposition und sprachlichem Verhalten bringt Searle mit der formalisierten Schreibweise der allgemeinsten Form jedes Sprechaktes treffend zum Ausdruck. Sie war bei Darstellung seiner Sprechakttheorie bereits erwähnt worden und sei der Einfachheit halber erneut aufgeführt.

Formel 1: Allgemeine Struktur jedes Sprechaktes: F (p)

F bezeichnet in dieser Formel die illokutionäre Rolle, p die für sich unselbständige Proposition. Kommunikative Kraft ist nun nicht einfach identisch mit der illokutionären Rolle F. Wie dargestellt besteht die illokutionäre Rolle F ihrerseits aus mehreren linguistisch signifikanten Elementen, in der Klassifikationstheorie Searles aus insgesamt zwölf, als Differenzkategorien bezeichneten, verschiedenen.[665] Die illokutionäre Rolle F ist das Resultat der Kumulierung dieser Elemente. Das Verhältnis zwischen den von Searle als Differenzkategorien geführten Elementen und der illokutionären Rolle möchte ich wie folgt darstellen, wobei D für Differenzkategorie als Element der illokutionären Rolle F (p) steht.

Formel 2: Elemente der illokutionären Rolle: F (p) = D1 (p), D2 (p), D3 (p), D4 (p),..., D12 (p)

In dieser Betrachtung ist kommunikative Kraft identisch mit dem Begriff und der Differenzkategorie der illokutionären Stärke. Illokutionäre Stärke ist das für meine Frage relevanteste Element der illokutionären Rolle, ein Merkmal, vermittels dessen sich die Bitte vom Befehl und die Behauptung von der Hypothese unterscheidet.[666] Dieses Merkmal, von Searle als vierte

665 Siehe oben, S. 110 f.
666 Siehe oben, S. 112 f.

Differenzkategorie gelistet, stellt eine Entsprechung für meinen Begriff der kommunikativen Kraft dar. Denn wie einleitend gesagt geht es mir um die Alternative der linguistischen Form der Ausschließlichkeit der Behauptung einzig richtiger Aussagen einerseits und der toleranteren Form vertretbarer Aussagen andererseits. K stehe in der folgenden Formel, die diese Entsprechungsthese zum Ausdruck bringt, für kommunikative Kraft.

Formel 3: Entsprechungsthese: K (p) = D4 (p)

Die in der Formel behauptete (oder eingeräumte) Entsprechung von illokutionärer Stärke und kommunikativer Kraft drückt sich so aus, dass die in dieser Arbeit interessierende Argumentationsfigur der einzig richtigen Entscheidung als eine bestimmte, hohe oder absolute illokutionäre Stärke bezeichnet werden kann.

Wie bei meiner Auseinandersetzung mit Searle gesehen ist das hier interessierende Element der illokutionären Stärke eines unter vielen - in der Formel 2: D4 -, das keiner gesonderten Analyse unterzogen wird. Illokutionäre Stärke ist bei Searle, wie mehrfach erwähnt, letztlich kontingent. Zwar geht auch Searle grundsätzlich von der Regelhaftigkeit von Sprache aus, für seine Differenzkategorie der illokutionären Stärke (D4) werden aber keine Regeln formuliert. Mit dieser Arbeit versuche ich erstmals, dieses eine Element in Bezug auf die in der richterlichen Begründung zusammengefassten Sprechakte systematisch zu untersuchen. Mit dem von mir in die rechtstheoretische Debatte einzuführenden Begriff der kommunikativen Kraft meine ich also - anders als die in weiten Teilen als Vorbild dienende Klassifikationstheorie Searles - nicht ein sprecherrelatives und damit kontingentes Merkmal von Sprechakten. Vielmehr soll das, was Searle als illokutionäre Stärke kontingent sein lässt, in dem Rahmen der gerichtlichen Argumentation als regelgebunden oder „determiniert" vorgestellt werden. Hierin gehe ich über die Sprechakttheorie Searles hinaus. Ich kann mich dabei auf die Sprechakttheorie Habermas' stützen, der wie gesehen meint, dass der gesamte illokutive Akt universalen Regeln unterliegt.[667]

In der folgenden Formel soll genau diese Weiterführung zum Ausdruck kommen. Wie genau kommunikative Kraft determiniert wird, werde ich im dritten Kapitel erläutern. An dieser Stelle muss ein Verweis auf meine Auseinandersetzung mit Neumann im ersten Kapitel ausreichen. Neumann meint wie gesehen, dass zwischen der Frage der theoretischen Ausweisbarkeit von Wahrheit und der Frage der praktischen Funktion der Verwendung

667 Siehe oben, S. 118 f.

des Wahrheitsprädikats zu trennen ist.[668] Beide Dimensionen haben für Neumann Auswirkungen auf die linguistische Form richterlicher Begründungen. Dieser Sichtweise habe ich mich im ersten Kapitel angeschlossen. Ich unterscheide in der Formel 4 in Anlehnung an Neumann also zwei Determinanten kommunikativer Kraft. Hierbei handelt es sich erstens um den theoretischen Aspekt der Objektivität R und zweitens um den praktischen Aspekt der Institutionalität I.

Formel 4: Determination kommunikativer Kraft: R, I (p) → K (p)

Die Determinanten R und I werden im dritten Kapitel ausführlich erläutert. An dieser Stelle stehen sie letztlich nur für meine an Habermas angelehnte Annahme der grundsätzlichen Regelhaftigkeit kommunikativer Kraft K. Die Regelhaftigkeit kommunikativer Kraft, die ich in der Formel als Determination bezeichne und durch den Pfeil (→) symbolisiere, gehört zwangsläufig zu meinem Begriff der kommunikativen Kraft. Hieraus legitimiert sich die gegenüber Searles Differenzkategorie der illokutionären Stärke eigenständige Begriffsprägung. Diese Begriffsprägung schließe ich hiermit in sprechakttheoretischer Hinsicht ab.

B. Merkmale kommunikativer Kraft der richterlichen Begründung

Im vorangehenden Abschnitt habe ich eine sprachtheoretische Grundlegung für den Begriff der kommunikativen Kraft unternommen. In den herangezogenen Sprechakttheorien ging es dabei um allgemeingültige Erwägungen zur Natur von Sprechakten. Die grundlegenden sprechakttheoretischen Annahmen habe ich im letzten Abschnitt als Struktur kommunikativer Kraft festgehalten. Diese Struktur soll im Folgenden mit den Spezifika der juristischen, insbesondere der gerichtlichen Argumentation angereichert und auf diese Weise der Begriff der kommunikativen Kraft abschließend bestimmt werden. Ich werde hierzu drei prägende Merkmale der richterlichen Begründung unterscheiden.

Erstens lassen sich mit Hilfe der Klassifikationsschrift Searles, insbesondere mit dem klassifikatorischen Element der Sprechaktklasse die Träger kommunikativer Kraft bestimmen. Neben der richterlichen Begründung, die dem Titel nach alleine von Interesse ist, werde ich auch den Tenor einer der Sprechaktklassen zuordnen. Wie sich zeigen wird, ermöglicht die abweichen-

---

668 Siehe oben, S. 70 ff.

de Klassifikation des Tenors die Einbeziehung institutioneller Aspekte in die Beantwortung meiner Ausgangsfrage (1.). Im vorangehenden Abschnitt war herausgearbeitet worden, dass in der Klassifikationstheorie Searles die Hypothese neben der Behauptung als sinnvoller Sprechakt im Rahmen der Differenzkategorie der illokutionären Stärke besteht. Die umgangssprachlich geläufige Graduierbarkeit des mit behauptenden Sprechakten verbundenen Commitments werde ich - zweitens - anhand der prozessualen Begründungspflichten positivrechtlich prüfen (2.). Drittens werde ich zeigen, dass der normative Aspekt meiner Ausgangsfrage anhand von zwei zu unterscheidenden Determinanten kommunikativer Kraft zu beurteilen ist (3.).

I. Träger

Träger kommunikativer Kraft ist ausweislich des Titels dieser Arbeit „die richterliche Begründung". Im Folgenden werde ich die Begründung des richterlichen Urteils einer der Searleschen Sprechaktklassen zuordnen. Auf diesem Wege soll die am Schluss des ersten Kapitels formulierte dritte Forschungsfrage im Rückgriff auf die sprechakttheoretische Begrifflichkeit konkretisiert werden. Diese Forschungsfrage lautet:

> 3. Bestimmung der richtigen oder angemessenen linguistischen Form der richterlichen Begründung.

Die sprechaktmäßige Konkretion erfolgt dabei in Bezug auf die Spezifika der gerichtlichen Argumentation. Allgemein gesprochen ist das Spezifikum der gerichtlichen Argumentation ihre institutionelle Rahmung, Bedingtheit und Konstitution. Ganz konkret ist auf die prozessulaen Begründungspflichten hinzuweisen.

Wie sich zeigen wird, ist neben der Klassifikation der Begründung auch und insbesondere die Klassifikation des Tenors als zweitem notwendigem Bestandteil jedes richterlichen Urteils weiterführend. Die sprechakttheoretische Klassifikation des Tenors wird im Weiteren nämlich die Einbeziehung institutioneller Aspekte bei der Beantwortung der genannten Frage ermöglichen. Im Folgenden sind also Begründung und Tenor sprechaktmäßig zu klassifizieren (a.und b.).

1. Begründung

Die Zuordnung der richterlichen Begründung zu einer oder mehrerer der Searleschen Sprechaktklassen setzt die Bestimmung von deren wesentlichen Eigenschaften in sprechakttheoretischer Hinsicht voraus. Diese wesentlichen Eigenschaften sind in Searles Klassifikation, wie oben ausgeführt, mit den ersten drei Differenzkategorien bezeichnet, also dem illokutionären Zweck eines Sprechaktes, dem mit ihm zum Ausdruck gebrachten mentalen Zustand und der Ausrichtung. Im Folgenden werde ich mich insbesondere auf den illokutionären Zweck des Sprechaktes beziehen, da Searle Ausrichtung und mentalen Zustand als dessen Konsequenzen konzipiert.[669] In Betracht kommen danach grundsätzlich die Sprechaktklassen der Assertiva und der Expressiva. Schon vorab sei gesagt, dass positivrechtlich die Klassifikation der richterlichen Begründung als Assertiva gefordert ist.

Den illokutionären Zweck der Assertiva umschreibt Searle wie folgt: „The point or purpose of the members of the assertive class is to commit the speaker (in varying degrees) to something's being the case, to the truth of the expressed proposition."[670] Der illokutionäre Zweck der Expressiva sei dagegen, „to express the psychological state specified in the sincerity condition about a state of affairs specified in the propositional content."[671] Die Einordnung der richterlichen Begründung als Zusammenfassung assertiver Sprechakte setzte voraus, dass sie im Sinne Searles eine (variable) Verpflichtung auf Wahrheit oder Richtigkeit beinhaltet. Mit ihrer Klassifikation als Zusammenfassung expressiver Sprechakte wäre sie im Gegenteil (jedenfalls schwerpunktmäßig) als Gefühlsäußerung bestimmt.

In der rechtstheoretischen Literatur wird diese Frage z. B. von Alexy in ersterem Sinne beantwortet. In seiner Theorie der juristischen Argumentation vertritt Alexy die These, dass mit juristischen Aussagen ein Anspruch auf Richtigkeit erhoben wird.[672] Mehr am Rande - für meine Zwecke aber entscheidend - erwähnt Alexy, dass der Anspruch auf Richtigkeit auch positivrechtlich gefordert sei. Alexy zufolge „steht die richterliche Entscheidung

---

669 Searle, John R., „A classification of illocutionary acts", s. Anm. 40, 2 f. Searle, John R., „A Taxonomy of Illocutionary Acts", s. Anm. 41, 345 f.

670 Searle, John R., „A classification of illocutionary acts", s. Anm. 40, S. 10; Searle, John R., „A Taxonomy of Illocutionary Acts", s. Anm. 41, 354 f.

671 Searle, John R., „A classification of illocutionary acts", s. Anm. 40, S. 12; Searle, John R., „A Taxonomy of Illocutionary Acts", s. Anm. 41, S. 356.

672 Alexy, Robert, *Theorie der juristischen Argumentation. Die Theorie des rationalen Diskurses als Theorie der juristischen Begründung*, s. Anm. 14, S. 34.

kraft positiven Rechts unter dem Anspruch auf Richtigkeit."[673] Das angesprochene rechtliche Gebot findet Alexy dabei in den prozessualen Begründungspflichten.[674]

Der Alexyschen Position diametral entgegengesetzt sind skeptische Positionen wie diejenige der Strukturierenden Rechtslehre. Wie gesehen meinen ihre Autoren, dass der Richter die hinter den Rechtsmeinungen der Parteien verborgenen Partikularinteressen in seinem Urteil vermittelnd zusammenführen müsse.[675] Nicht erforderlich (und nicht einlösbar) sei dagegen der richterliche Anspruch, die gegenüber den Parteien richtigere oder objektivere Rechtsauffassung zu haben.[676] Der von Alexy behauptete Anspruch auf Richtigkeit wird damit explizit bestritten. Die zwischen Alexy und der Strukturierenden Rechtslehre streitige Frage lautet in der sprachtheoretischen Begrifflichkeit also, ob die in der richterlichen Begründung zusammengefassten juristischen Aussagen entweder ein Commitment für die Wahrheit oder Richtigkeit des Gesagten zum Ausdruck bringen (und damit im Sinne der Searleschen Definition Assertiva darstellen) oder lediglich ein psychologischer Zustand oder eine Präferenz ausgedrückt wird (womit die Klassifikation als Expressiva naheläge).

Diese Debatte spielt jedenfalls im Rahmen dieses Abschnittes keine Rolle. Denn wenn man den Blick auf die positivrechtlichen Vorgaben und deren Auslegung in der rechtswissenschaftlichen Literatur weitet, was ich zum Abschluss tun möchte, dann wird deutlich, dass die richterliche Begründung zwangsläufig als Zusammenfassung assertiver Sprechakte anzusehen ist. Nach §§ 313 ZPO, 267 StPO, 117 VwGO etc. sind richterliche Entscheidungen zu begründen.[677] Diese Normen enthalten nach einhelliger Meinung in der Literatur die zweifache Verpflichtung, das Urteil einerseits für die Betroffenen nachvollziehbar werden zu lassen und andererseits dem Rechtsmittelgericht die Überprüfung zu ermöglichen.[678] Nachvollziehbarkeit und

---

673 ebd., 265 f.

674 ebd., 265 f.

675 Christensen, Ralph und Lerch, Kent D., s. Anm. 59, S. 131.

676 ebd., S. 131.

677 Vgl. Musielak, Hans-Joachim. „§ 313". In: *Zivilprozessordnung. Kommentar*. Hrsg. von Musielak, Hans-Joachim. 11. Aufl. München 2014, S. 1147–1151, 1147 ff. Hannich, Rolf. „§ 267". In: *Karlsruher Kommentar zur Strafprozessordnung*. Hrsg. von Engelhardt, Hanns. 7. Aufl. München 2013, S. 1590–1608, 1590 ff. Schmidt, Jörg. „§ 117". In: *Verwaltungsgerichtsordnung. Kommentar*. Hrsg. von Eyermann, Erich. 14. Aufl. München 2014, S. 972–980, 972 ff.

678 Musielak, Hans-Joachim, „§ 313", s. Anm. 677, 1149 f. Hannich, Rolf, s. Anm. 677, S. 1592; Schmidt, Jörg, s. Anm. 677, S. 975.

Überprüfbarkeit setzen offensichtlich voraus, dass die geforderten Gründe neben den für erwiesen befundenen Tatsachen auf die geltende Rechtsordnung Bezug nehmen.[679] Die richterliche Begründung muss aufgrund der prozessualen Begründungspflichten jedenfalls beanspruchen - ungeachtet der Frage, ob auch ein Bezug auf Moral anzunehmen ist -, mit dem geltenden Recht vereinbar zu sein.[680] Es ist zwar auch eine Begründung expressiver Sprechakte denkbar. Eine richterliche Begründung, die sich ausschließlich auf die Empfindungen des Richters bezöge, wäre gleichwohl rechtswidrig, weil mit ihr weder Nachvollziehbarkeit noch Überprüfbarkeit gewährleistet wären. Aus diesem Grunde ist es auch keine Tautologie, die richterliche Begründung als Zusammenfassung assertiver Sprechakte zu klassifizieren.[681]

Die genannten Normen enthalten also die Forderung, dass sich der Richter mit seiner Urteilsbegründung auf deren juristische Richtigkeit verpflichtet. Diesen illokutionären Zweck hatte Searle als kennzeichnend für die Sprechaktklasse der Assertiva bezeichnet („to commit the speaker [...] to the truth of the expressed proposition").[682] Der Aussage Alexys, wonach richterliche Entscheidungen kraft positiven Rechts unter dem Anspruch auf Richtigkeit stehen, ist also in einer bestimmten Betrachtung zuzustimmen.[683] Die Aussage kann für meine Zwecke dahingehend reformuliert werden, dass die richterliche Begründung kraft positiven Rechts der Sprechaktklasse der Assertiva zuzuordnen ist. Alexy ist jedoch zu widersprechen, wenn er mit der genannten Aussage implizierte, dass auch die von ihm vertretene Binärcodierung des Anspruchs auf Richtigkeit vom positiven Recht gefordert würde.

---

679 Musielak, Hans-Joachim, „§ 313", s. Anm. 677, 1149 f. Hannich, Rolf, s. Anm. 677, S. 1592; Schmidt, Jörg, s. Anm. 677, S. 975.

680 Vgl. auch Anderheiden, Michael, s. Anm. 34, 38 f.

681 Vgl. ebd., S. 39.

682 Searle, John R., „A classification of illocutionary acts", s. Anm. 40, S. 10; Searle, John R., „A Taxonomy of Illocutionary Acts", s. Anm. 41, 354 f. Die Frage, ob normative Aussagen als expressive oder assertive Sprechakte zu klassifizieren sind, bzw. kognitive oder konative psychische Zustände zum Ausdruck bringen, ist grundsätzlich anhand sprachlicher Konventionen zu beantworten; Svavarsdottir, Sigrun, s. Anm. 79, S. 145. Insofern könnte man an dieser Stelle davon sprechen, dass die sprachlichen Konventionen irrelevant sind, da sie jedenfalls von Rechtsnormen überlagert werden. Man könnte also sagen, dass die metaethische Frage, ob mit normativen Aussagen kognitive oder konative Zustände zum Ausdruck gebracht werden, in Bezug auf die richterliche Begründung positivrechtlich im Sinne der ersten Option entschieden ist.

683 Vgl. Alexy, Robert, *Theorie der juristischen Argumentation. Die Theorie des rationalen Diskurses als Theorie der juristischen Begründung*, s. Anm. 14, 265 f.

Entscheidungsgründe können nämlich sowohl mit dem Anspruch verbunden werden, dass nur diese eine Entscheidung richtig, alle anderen dagegen falsch sind, wie auch mit dem bescheideneren Anspruch, dass diese Entscheidung jedenfalls vertretbar ist, wenngleich es andere vertretbare Entscheidungen geben mag. Den prozessualen Begründungsverpflichtung entsprechen - wie sich im nächsten Abschnitt zeigen wird, beide Varianten.

Im weiteren Verlauf der Arbeit wird zu klären sein, welche kommunikative Kraft, die der Searleschen Differenzkategorie der illokutionären Stärke entspricht, im Rahmen dieser Sprechaktklasse zu verwirklichen ist. Für die Beantwortung dieser Frage - die identisch mit meiner dritten Forschungsfrage ist - ist auch der weitere notwendige Bestandteil des richterlichen Urteils, nämlich sein Tenor ausschlaggebend. Mit der abweichenden Klassifikation des Tenors gegenüber der Begründung werde ich im Verlaufe der Arbeit die institutionelle Dimension der Antwort auf diese Frage erschließen.

2. Tenor

Gegenüber der Klassifikation der Begründung ist der Tenor des richterlichen Urteils sprechaktmäßig grundsätzlich anders zu klassifizieren. Die Einordnung der Begründung als Assertiva resultierte aus ihrem positivrechtlich geforderten Richtigkeitsbezug. Ich hatte im vorangehenden Abschnitt argumentiert, dass mit den in der Begründung enthaltenen juristischen Aussagen unweigerlich die Verpflichtung des Sprechers für deren juristische Richtigkeit verbunden ist, weil nur so der Normzweck der prozessualen Begründungspflichten in §§ 313 ZPO, 267 StPO, 117 VwGO etc., namentlich Nachvollziehbarkeit für die Beteiligten und Überprüfbarkeit für das Rechtsmittelgericht, gewährleistet ist.[684] Kennzeichnend für den illokutionären Zweck der den Tenor des richterlichen Urteils bildenden Sprechakte ist demgegenüber, dass die formelle und ggf. die materielle Rechtslage in konstitutiver Weise geändert wird. Die Änderung der Rechtslage wird durch den

684 Musielak, Hans-Joachim, „§ 313“, s. Anm. 677, 1149 f. Hannich, Rolf, s. Anm. 677, S. 1592; Schmidt, Jörg, s. Anm. 677, S. 975. Offen bleiben kann an dieser Stelle die Frage, ob zusätzlich eine Verpflichtung auf moralische Richtigkeit anzunehmen ist, eine Position, die insbesondere mit der Rechtsphilosophie Alexys verbunden ist; vgl. Alexy, Robert, *Begriff und Geltung des Rechts*, s. Anm. 70, 64 ff. Alexy, Robert, „The Dual Nature of Law“, s. Anm. 77, 169 ff.

Tenor des Urteils herbeigeführt, unabhängig davon - das ist hier entscheidend -, ob die Entscheidung juristisch richtig ist.[685]

Dieser außergewöhnliche Effekt oder die außergewöhnliche Wirksamkeit der im Tenor zusammengefassten Sprechakte kann mit der Searleschen Sprechaktklasse der Deklarationen erfasst werden. Der in vielerlei Hinsicht besondere illokutionäre Zweck der Deklarationen ist es nach Searle, einen im Sprechakt als bestehend dargestellten Zustand in der institutionellen Realität durch den Sprechakt selbst allererst herbeizuführen. Searle formuliert diese gegenüber allen anderen Sprechaktklassen spezielle Eigenschaft wie folgt:

> „It is the defining characteristic of this class, that the successful performance of one of its members brings about the correspondence between the propositional content and reality; successful performance guarantees that the propositional content corresponds to the world: if I successfully perform the act of appointing you chairman, then you are chairman [...]."[686]

In dem beispielshalber genannten Sprechakt werde ein Zustand in der institutionellen Wirklichkeit herbeigeführt - z. B. dass jemand zum Vorsitzenden ernannt wird -, einzig und alleine, indem dieser Zustand als bestehend repräsentiert werde. Neben der spezifischen Selbstbezüglichkeit kann in den Begriffen der Klassifikationstheorie Searles eine weitere Besonderheit deklarativer Sprechakte ausgemacht werden. Diese besteht darin, dass viele Deklarationen ohne institutionelle Voraussetzungen als solche nicht vollzogen werden können. Hiermit ist die zehnte der im vorangehenden Abschnitt angeführten Differenzkategorien angesprochen. Sie lautet, wie oben erwähnt: „Differences between those acts that require extra-linguistic institutions for their performance and those that do not".[687] Nur wenn die Richterin den Sprechakt, „Im Namen des Volkes, Herr N. wird zu zehn Jahren Gefängnis verurteilt", nicht abends im Bett gegenüber dem Ehemann, sondern im Gerichtssaal zur Zeit der Verhandlung äußert, werden die mit einem Urteil gemäß den Prozessordnungen verknüpften Rechtsfolgen ausgelöst. Die besagte konstitutive Wirkung der im Tenor des richterlichen Urteils zum

685 Ball, Wolfgang. „§ 511". In: *Zivilprozessordnung. Kommentar*. Hrsg. von Musielak, Hans-Joachim. 14. Aufl. München 2014, S. 1503–1511, S. 1505; Rennert, Klaus, s. Anm. 47, S. 907; Pfeiffer, Gerd und Hannich, Rolf. „Einleitung". In: *Karlsruher Kommentar zur Strafprozessordnung*. Hrsg. von Engelhardt, Hanns. 7. Aufl. München 2013. Kap. 1-112, S. 99.

686 Searle, John R., „A classification of illocutionary acts", s. Anm. 40, S. 13. Identisch in Searle, John R., „A Taxonomy of Illocutionary Acts", s. Anm. 41, 358 f.

687 Searle, John R., „A classification of illocutionary acts", s. Anm. 40, S. 6; Searle, John R., „A Taxonomy of Illocutionary Acts", s. Anm. 41, 359 f.

Ausdruck kommenden Sprechakte setzt damit die Institution des Gerichtsverfahrens voraus. Der Tenor des richterlichen Urteils hat in diesem Sinne, außersprachliche - nämlich: institutionelle - Voraussetzungen.[688] Paradigmatischer Fall eines solchen deklarativen Sprechaktes ist der Tenor eines richterlichen Urteils. Dieser bringt eine Änderung der institutionellen Realität, hierzu gehört ganz offensichtlich die Rechtslage, hervor, indem er diese Änderung als bestehend darstellt.[689]

Zu erwägen ist, ob diesbezüglich zwischen unterschiedlichen Urteilsarten differenziert werden muss. Eine „Änderung der Rechtslage" ist nämlich unmittelbar nur mit Gestaltungsurteilen verbunden. Bei Feststellungs- und Leistungsurteilen gibt es nach überwiegender Auffassung in der Literatur dagegen keine Änderung, sondern nur die Feststellung einer bestehenden Rechtslage.[690] Aufgabe des Richters könne es insofern nur sein, das außerhalb des Prozesses entstandene Recht festzustellen.[691] Der Tenor von Leistungs- und Feststellungsurteilen könnte daher sprechaktmäßig anders zu klassifizieren sein als der Tenor eines Gestaltungsurteils. Zu beachten ist aber, dass alle drei Urteilsarten der formellen und materiellen Rechtskraft fähig sind und Bindungswirkung für die Beteiligten erzielen.[692] Zwar wird durch Leistungs- und Feststellungsurteil das materielle Recht unverändert gelassen. Dennoch handelt es sich bei den durch sie ausgelösten prozessrechtlichen Wirkungen um Rechtsfolgen. Die Rechtslage als Gesamtheit von materiellem und prozessualem Recht ist demnach vor dem Leistungs- oder Feststellungsurteil eine andere als danach. Insofern sind auch die im Tenor von Leistungs- und Feststellungsurteil zusammengefassten Sprechakte als deklarative Sprechakte aufzufassen.

Die besondere Selbstbezüglichkeit des Urteilstenors und damit seine Zuordnung zur Sprechaktklasse der Deklarationen resultiert - wie schon die

688 Dies scheint Müller-Mall, Sabine. *Performative Rechtserzeugung*. Weilerswist 2012, 15 ff. nicht ausreichend zu würdigen, die sich auf Sprache als Medium und Mittel der Rechtserzeugung beschränkt.

689 Hiermit ist die doppelte Ausrichtung (direction of fit) deklarativer Sprechakte angesprochen; vgl. hierzu Searle, John R., „A classification of illocutionary acts", s. Anm. 40, S. 15; Searle, John R., „A Taxonomy of Illocutionary Acts", s. Anm. 41, S. 361.

690 Musielak, Hans-Joachim, „§ 322", s. Anm. 47, S. 1192; Rennert, Klaus, s. Anm. 47, S. 907.

691 Musielak, Hans-Joachim, „§ 322", s. Anm. 47, S. 1192; Rennert, Klaus, s. Anm. 47, S. 908.

692 Musielak, Hans-Joachim, „§ 322", s. Anm. 47, S. 1192; Rennert, Klaus, s. Anm. 47, S. 908.

Klassifikation der Begründung als Assertiva - aus basalen prozessrechtlichen Erwägungen. Rechtswirkungen zeitigt der Tenor, nicht die Begründung eines richterlichen Urteils.[693] Nur der Tenor erwächst in formeller und materieller Rechtskraft, nur mit ihm sind Unanfechtbarkeit einerseits, Bindungswirkung für die Beteiligten und das Gericht andererseits verbunden. Nach ganz überwiegender Auffassung hat die Entscheidungsbegründung nur als Auslegungshilfe für den Tenor Bedeutung.[694] Indem im Tenor die Aufhebung eines instanzgerichtlichen Urteils festgestellt wird, wird es aufgehoben, indem es die Klage als abgewiesen darstellt, wird sie abgewiesen. Mit dieser spezifischen Selbstbezüglichkeit verwirklicht der Tenor den illokutionären Zweck der Sprechaktklasse der Deklarationen. Zu konstatieren ist, dass der deklarative Zweck, d. h. die Konstitution oder Veränderung institutioneller Realität prozessrechtlich dem Tenor und nicht der Begründung zuerkannt wird.

Für die weitere Arbeit ist entscheidend, dass die für die institutionelle Realität konstitutive Wirkung deklarativer Sprechakte wie des Tenors eines richterlichen Urteils stets eindeutig ist. Ein Angeklagter wird verurteilt oder freigesprochen, ein Verwaltungsakt wird aufgehoben oder in seinem Bestand bestätigt, ein Gesetz rechtswirksam verabschiedet oder nicht, etc. Stets ist die sprachlich konstruierte und konstituierte institutionelle Realität entweder

---

693 Musielak, Hans-Joachim, „§ 322“, s. Anm. 47, 1194 f. Pfeiffer, Gerd und Hannich, Rolf, s. Anm. 685, S. 98; Rennert, Klaus, s. Anm. 47, S. 913.

694 Musielak, Hans-Joachim, „§ 322“, s. Anm. 47, 1194 f. Pfeiffer, Gerd und Hannich, Rolf, s. Anm. 685, S. 98; Rennert, Klaus, s. Anm. 47, S. 913. Streitigkeiten um die Bindungswirkung verfassungsgerichtlicher Urteile können insofern als Streit um deren sprechakttheoretische Klassifikation reformuliert werden. Vgl. zu diesem Streit einerseits Schlaich, Klaus und Korioth, Stephan. *Das Bundesverfassungsgericht.* München 2012, 330 ff. andererseits Benda, Ernst und Klein, Eckart. *Verfassungsprozessrecht. Ein Lehr- und Handbuch.* 3. Aufl. Heidelberg 2012, 578 ff. sowie das BVerfG in ständiger Rechtsprechung. Die Diskussion, ob nur der Tenor - so die überwiegende Auffassung in der Literatur - oder auch die „tragenden" Gründe der Entscheidung - so das BVerfG - an der Bindungswirkung nach § 31 I BVerfGG teilhat, resp. -haben, ist sprechakttheoretisch gewendet eine Kontroverse über die Einordnung der Entscheidungsgründe entweder als assertive oder deklarative Sprechakte. Nur wenn die „tragenden Gründe" der Entscheidung an der Bindungswirkung nach § 31 I BVerfGG teilhaben, bewirken sie eine Änderung der institutionellen Realität, bzw. der Rechtslage durch Darstellung dieser Änderung als bestehend. Umgekehrt gilt, dass nur wenn die die tragenden Entscheidungsgründe repräsentierenden Sprechakte den illokutionären Zweck einer Deklaration haben, die Rechtslage geändert würde.

so oder anders.[695] Zwischenstufen bestehen entweder gar nicht oder sind doch ihrerseits genau festgelegte rechtliche Konstrukte. Zusammenfassend gilt somit: Kraft positiven Rechts ist die richterliche Entscheidung in Bezug auf ihren Tenor als Zusammenfassung von deklarativen Sprechakten und in Bezug auf ihre Begründung als Zusammenfassung von assertiven Sprechakten zu klassifizieren.[696] Träger kommunikativer Kraft ist also, da es ausweislich des Titels dieser Arbeit um „die richterliche Begründung" geht, eine Zusammenfassung assertiver Sprechakte. Die Klassifikation des Tenors als Zusammenfassung deklarativer Sprechakte erfolgte in diesem Abschnitt sozusagen nebenbei - und vielleicht ohne auf den ersten Blick erkennbaren Bezug zu meiner Ausgangsfrage -, sie wird sich erst im weiteren Verlauf der Arbeit als besonders wichtig erweisen.

Festzuhalten ist jedenfalls, dass zwischen den rechtlich geforderten Bestandteilen des richterlichen Urteils - Tenor und Begründung - sprechaktmäßig eine bedeutende Differenz besteht. Der Unterschied besteht darin, dass die Begründung einen Wahrheits- oder Richtigkeitsbezug verwirklicht. Der Tenor zeichnet sich dagegen dadurch aus, dass er die mit richterlichen Entscheidungen verbundenen Rechtsfolgen ungeachtet der Richtigkeit einer Entscheidung zeitigt.

In allgemeiner Weise kann man sagen, dass es Ziel und Aufgabe dieser Arbeit ist, das Spannungsverhältnis zwischen der in dem richterlichen Urteil zusammengeschlossenen Rechtswirksamkeit des Tenors und dem Wahrheits- oder Richtigkeitsbezug der Begründung aufzuklären. Auf dem Weg zu diesem Ziel ist im nächsten Abschnitt die Graduierbarkeit kommunikativer Kraft zu erläutern.

II. Graduierbarkeit

In diesem Abschnitt möchte ich als ein weiteres Merkmal kommunikativer Kraft in Anlehnung an die Klassifikationstheorie Searles die Graduierbarkeit des mit assertiven Sprechakten verbundenen Commitment für die Wahrheit des Gesagten darlegen. Ich hatte im vorangehenden Abschnitt als größten Vorteil der Theorie Searles gegenüber derjenigen Habermas' herausgestellt, dass sie analytisch eine Bandbreite von Graden des Commitment eröffnet.

695 Anderheiden, Michael, s. Anm. 34, S. 38.
696 Diese sprechaktmäßige Differenz entspricht der von ebd., 35 ff. vorgenommenen Unterscheidung von *Entscheidung* und *Begründung*.

Diese Bandbreite ist nun - methodisch wie im vorangehenden Abschnitt - mit den positivrechtlichen Vorgaben in Verbindung zu bringen.

Die Graduierbarkeit des mit assertiven Sprechakten verbundenen Commitment kam bei Darstellung der Klassifikation Searles in der Rede von illokutionärer Stärke als Differenzkategorie zum Ausdruck.[697] Beispielshalber hatte ich die Sprechaktpaare von Befehl und Bitte (Direktiva) einerseits und Behauptung und Hypothese (Assertiva) andererseits genannt - der Unterschied besteht jeweils in der Bestimmung der illokutionären Stärke als hoch (Befehl und Behauptung) oder gering (Bitte und Hypothese).[698] Bezüglich assertiver Sprechakte vertreten Alexy und Habermas dagegen eine Binärcodierung der entsprechenden Geltungsansprüche, wonach normative Aussagen stets mit absolutem Geltungsanspruch verbunden sind.[699] Für Alexy und Habermas ist damit die Option, dass richterliche Begründungen lediglich Vertretbarkeit oder Plausibilität anstelle von Wahrheit beanspruchen, nicht vorgesehen.

Mit Graduierbarkeit kommunikativer Kraft sei also die in der Klassifikationstheorie Searles ihre Entsprechung findende allgemeinsprachliche These bezeichnet, dass es möglich und sinnvoll sein kann, die mit assertiven Sprechakten in normativen Fragen verbundene Verpflichtung auf die Wahrheit oder Richtigkeit des Gesagten einzuschränken oder zu relativieren. Die Beantwortung des normativen Aspekts meiner Ausgangsfrage, ob diese Einschränkung auch geboten ist, ist dem nächsten Kapitel vorbehalten. Es versteht sich, dass es nur sinnvoll ist, die Möglichkeit eingeschränkter Geltungsansprüche in der richterlichen Begründung nachzuweisen, wenn es für diese Möglichkeit tatsächlich auch Anwendungsfälle gibt. Insofern kann schon an dieser Stelle eingeräumt werden, dass es aus meiner Sicht diese Fälle gibt oder geben kann. Entsprechende sprachliche Konventionen sollen in einem ersten Schritt aufgezeigt werden (a.). Meine weitere These betrifft die prozessrechtlichen Vorgaben. Diese besagen im Ergebnis, dass auch mit eingeschränktem Commitment juristischer Behauptungen den prozessrechtlichen Begründungspflichten Genüge getan wird (b.).

---

697 Searle, John R., „A classification of illocutionary acts“, s. Anm. 40, S. 10; Searle, John R., „A Taxonomy of Illocutionary Acts“, s. Anm. 41, 354 f.

698 Searle, John R., „A classification of illocutionary acts“, s. Anm. 40, S. 10; Searle, John R., „A Taxonomy of Illocutionary Acts“, s. Anm. 41, 354 f.

699 Alexy, Robert, *Theorie der juristischen Argumentation. Die Theorie des rationalen Diskurses als Theorie der juristischen Begründung*, s. Anm. 14, S. 414; Habermas, Jürgen, „Richtigkeit versus Wahrheit. Zum Sinn der Sollgeltung moralischer Urteile und Normen“, s. Anm. 15, S. 434.

1. Sprachliche Konventionen

Zu klären ist in diesem Abschnitt, ob assertive Sprechakte bezüglich normativer Fragen sinnvoll sind, auch dann wenn die mit ihnen verbundene Verpflichtung auf Wahrheit oder Richtigkeit eingeschränkt wird. Diese Frage wird von Habermas ausdrücklich verneint. Habermas meint wie gesehen, dass moralische Behauptungen grundsätzlich binär codiert sein müssen. Anderenfalls könne das von ihm als „unentbehrlich" vorausgesetzte moralische Sprachspiel nicht aufrecht erhalten werden.[700] In der rechtstheoretischen Literatur wird die gleiche These von Alexy vertreten, der in ähnlicher Weise wie Habermas meint, dass normative Sprechakte mit eingeschränktem oder relativiertem Geltungsanspruch „sinnlos" sind.[701] Eine grundlegende These meiner Arbeit steht hierzu in Widerspruch. Sie lautet, dass es sinnvolle normative Aussagen mit abgestuftem Geltungsanspruch gibt. Jedenfalls implizit wird die These Alexys und Habermas' auch von Bäcker bestritten. Bäcker nimmt - gegen Alexy und Habermas - in Anspruch, dass der mit normativen Sprechakten verbundene Richtigkeitsanspruch sinnvoll einschränkbar oder relativierbar ist.[702] Begründet wird diese implizite These Bäckers - so weit ich sehe - nicht. Die fehlende Begründung soll an dieser Stelle anhand von Überlegungen zu alltagssprachlichen Konventionen nachgeholt werden.

Es ist ein ubiquitäres alltagssprachliches Phänomen, den Wahrheits-, respektive Richtigkeitsanspruch zu relativieren und einzuschränken. Insbesondere beschränktes empirisches Wissen veranlasst Sprecher regelmäßig, ihr Commitment für eine bestimmte Aussage zu begrenzen. In vielen Fällen sind Vorschläge, Vermutungen und Hypothesen angemessener als Behauptungen und Garantien. Dies ist insbesondere dann der Fall, wenn die mit assertiven Sprechakten verbundene Begründungsverpflichtung nicht ohne Einschränkung übernommen werden kann. In diesem Sinne verlangt die Hypothese dem Sprecher viel weniger ab als die Behauptung. Argumentativ nachzuweisen ist bei der Hypothese nur, dass die Aussage plausibel, vertretbar oder relativ richtig ist.

Einem Sprecher, der bewusst eine Hypothese vorträgt, könnte nicht entgegnet werden, „Du müsstest zeigen, dass Deine Aussage gegenüber meiner Aussage vorzugswürdig ist." Es wäre in sich schlüssig, wenn er erwiderte:

700 ebd., S. 434.

701 Alexy, Robert, *Theorie der juristischen Argumentation. Die Theorie des rationalen Diskurses als Theorie der juristischen Begründung*, s. Anm. 14, S. 414.

702 Bäcker, Carsten, *Begründen und Entscheiden. Kritik und Rekonstruktion der Alexyschen Diskurstheorie des Rechts*, s. Anm. 33, 316 ff.

„Ich habe bewusst eine Hypothese formuliert - es genügt also, wenn ich sie und nur sie plausibel machen kann." Wie ich im folgenden Abschnitt zeigen werde, entspricht dem eine richterliche Begründung, die sich nicht mit widerstreitenden Rechtsmeinungen auseinandersetzt, sondern nur für die getroffene Entscheidung selbst Gründe liefert. In dem Fall einer starken Behauptung sind dagegen potentiell alle gegensätzlichen Aussagen wenn schon nicht als falsch, so doch jedenfalls als weniger gut vertretbar darzulegen. Jedenfalls müssten Gründe angegeben werden, warum dies (zunächst) nicht geschieht. [703] Die Hypothese wird gegenüber der Behauptung also insbesondere dann vorgezogen, wenn der Sprecher nicht in der Lage ist, argumentativ den Nachweis zu erbringen, dass seine Aussage gegenüber allen anderen Aussagen vorzuziehen ist. Mit der Hypothese durchbricht der Sprecher insbesondere das Prinzip der Binarität einer einzigen richtigen gegenüber unendlich vielen weniger richtigen Aussagen.

In Anlehnung an ein von Alexy zur Stützung seines Anspruchs auf Richtigkeit gegebenes Beispiel kann die Sinnhaftigkeit einer normativen Aussage mit eingeschränkter oder relativierter Richtigkeitsverpflichtung wie folgt illustriert werden. Alexys Beispiel für ein sprachlich sinnloses und rechtlich fehlerhaftes richterliches Urteil lautet bekannter Maßen:

> 1. Herr N. wird, was eine falsche Interpretation des geltenden Rechts ist, zu zehn Jahren Freiheitsstrafe verurteilt.[704]

Das Explizitmachen der illokutionären Rolle jedes sprachlich sinnvollen Urteils würde im Sinne des Alexyschen Beispiels also lauten:

> 2. Herr N. wird, was eine/ die richtige Interpretation des geltenden Rechts ist, zu zehn Jahren Freiheitsstrafe verurteilt.

Abhängig vom Grad der Richtigkeitsverpflichtung lassen sich zwei mögliche, eindeutige Varianten dieser Aussage unterscheiden:

> 2a. Herr N. wird, was die (einzig-)richtige Interpretation des geltenden Rechts ist, zu zehn Jahren Freiheitsstrafe verurteilt.

---

703 Vgl. Alexy, Robert, *Theorie der juristischen Argumentation. Die Theorie des rationalen Diskurses als Theorie der juristischen Begründung*, s. Anm. 14, S. 167. Dieser Gedanke liegt der von Alexy als „allgemeine Begründungsregel" getauften Diskursregel, bzw. sprachlichen Norm zugrunde.

704 ebd., S. 429. Alexy zufolge ist ein Urteil wie dieses begrifflich fehlherhaft. Ob tatsächlich ein begrifflicher Fehler vorlag, kann für meine Zwecke offenbleiben, weil sich die Verpflichtung auf Richtigkeit, bzw. die Einordnung der richterlichen Begründung als Assertiva schon aus dem positiven Recht, namentlich den prozessualen Begründungspflichten ergibt.

2b. Herr N. wird, was eine (relativ-)richtige oder vertretbare Interpretation des geltenden Rechts ist, zu zehn Jahren Freiheitsstrafe verurteilt.

In dem Satz 2a. beansprucht der Sprecher das Binaritätsprinzip, demzufolge die eigene Aussage einzig richtig (oder am besten vertretbar), alle anderen dagegen falsch (oder weniger gut vertretbar) sind. Der Satz 2a. impliziert, dass alle inhaltlich gegenläufigen Entscheidungen jedenfalls nicht gleichermaßen richtig sind.[705] Da wie erwähnt unterschiedliche Grade kommunikativer Kraft in unterschiedlichem Maße zur Begründung verpflichten, könnte in den Begriffen Alexys gesagt werden, dass dem Satz 2a. die Garantie der Begründbarkeit, dem Satz 2b. die Versicherung der Begründbarkeit entspricht.[706] Dagegen setzt ein Sprecher mit dem Satz 2b. voraus, dass es zwar Gründe gibt, die ihn zu seiner Aussage berechtigen, diese Gründe jedoch nicht hinreichend sind, alle anderen Aussagen als weniger begründet vorauszusetzen. Im Satz 2b. kommt damit nicht die binäre Codierung von einzig richtig / falsch (oder am besten vertretbar / weniger gut vertretbar), sondern die tolerantere Kategorie der Vertretbarkeit zum Ausdruck. Nicht ausgeschlossen wird mit Satz 2b. - anders als mit dem Satz 2a. - dass es inhaltlich gegenläufige Aussagen gibt, die gleichermaßen richtig oder gleichermaßen vertretbar sind.[707]

Ich behaupte nun, dass bei keinem der Sätze ein sprachlicher Fehler vorliegt. Es ist nicht ersichtlich, dass eine richterliche Begründung wie 2b. im Sinne der im ersten Kapitel eingehend diskutierten These Alexys sinnlos wäre. Es kann nicht davon die Rede sein, dass der dort zum Ausdruck kommende Sprechakt als solcher fehlerhaft sei oder missglückte. Die Sinnhaftigkeit einer *deskriptiven* Aussage, bei der aufgrund unvollständiger Information der Geltungsanspruch relativiert sei, hatte ich bei meiner Kritik an Habermas darzulegen versucht. Ich hatte dort gesagt, dass der entsprechende Sprechakt jedenfalls nicht auf zwei implizite Sprechakte reduziert werden kann.[708]

Zu beachten ist, dass mit meiner Behauptung keine Kritik an Alexys Argument vom performativen Widerspruch, welches er mit dem Satz 1. illustrieren möchte, verbunden ist. Alexy zeigt, dass jedem richterlichen Urteil ein Anspruch auf Richtigkeit implizit ist, indem er den sogenannten performativen

705 So ebd., S. 414; Alexy, Robert, „Probleme der Diskurstheorie", s. Anm. 14, 122 f.

706 Vgl. zu der schwankenden Position Alexys in Bezug auf diese Alternative Alexy, Robert, „Recht und Richtigkeit", s. Anm. 26, S. 6; Alexy, Robert, „Thirteen Replies", s. Anm. 37, 348 f. und oben, S.

707 So Bäcker, Carsten, *Begründen und Entscheiden. Kritik und Rekonstruktion der Alexyschen Diskurstheorie des Rechts*, s. Anm. 33, S. 329.

708 Siehe oben, S. 125 f.

Widerspruch offenbar macht, der entsteht, wenn dieser Anspruch explizit bestritten wird.[709] Den Widerspruch zwischen dem Impliziten und Expliziten bestreite ich mit den Sätzen 2a. und 2b. nicht. Ich zeige lediglich, dass Alexy mit seinem Argument vom performativen Widerspruch offen lässt, wie der implizite Anspruch auf Richtigkeit genau zu spezifizieren ist.

Die Frage, ob der Satz 2a. oder 2b. vorzugswürdig ist, bezeichnet den normativen Aspekt meiner Ausgangsfrage bzw. meine zum Schluss des ersten Kapitels formulierte, dritte Forschungsfrage. Diese im dritten Kapitel eingehend zu untersuchende Frage hat jedoch die Sinnhaftigkeit der Hypothese in normativen Fragen zur Voraussetzung. Nur wenn es sprechaktmäßig nicht sinnlos oder unentbehrlich ist - so die Auffassungen Alexys und Habermas' -, in normativen Fragen eine nur eingeschränkte Richtigkeitsverpflichtung einzugehen, kann meine dritte Forschungsfrage überhaupt gestellt werden. Vorgreifend könnte man sagen, dass wenn in juristischen Fragen mehrere vertretbare oder relativ richtige Antworten existieren, es jedenfalls nicht sinnlos sein kann, die eigene Antwort entsprechend darzustellen und zu präsentieren. Dies gilt auch vor dem Hintergrund, dass mit einem richterlichen Urteil nicht bloß eine Aussage getroffen, sondern eine Handlung vollzogen wird. Dieser performative Charakter ist nämlich - wie gerade gesehen - nur mit dem Tenor, nicht mit der Begründung des Urteils verbunden. Ich gehe im Folgenden also entgegen Alexy und Habermas davon aus, dass der Richtigkeitsanspruch, bzw. die Verpflichtung auf Richtigkeit in normativen assertiven Sprechakten, wie sie in der richterlichen Begründung zusammengefasst sind, graduierbar ist.

Zu klären bleibt, ob mit einem eingeschränkten Richtigkeitsanspruch den prozessrechtlichen Vorgaben, insbesondere den prozessualen Begründungspflichten entsprochen werden kann.

2. Prozessrechtliche Vorgaben

Meine eben vorgestellte These besagt zusammengefasst, dass ein assertiver Sprechakt zu normativen Fragen nicht deshalb misslingt oder sinnlos ist, weil die mit ihm verbundene Verpflichtung auf die Richtigkeit seines propositionalen Gehaltes eingeschränkt wird. Vielmehr lassen sich sprachliche

709 Vgl. Alexy, Robert, *Theorie der juristischen Argumentation. Die Theorie des rationalen Diskurses als Theorie der juristischen Begründung*, s. Anm. 14, S. 429; Alexy, Robert, „Recht und Richtigkeit", s. Anm. 26, S. 4.

Konventionen für die Sinnhaftigkeit der Hypothese in normativen Fragen nachweisen. Diese These ist allgemeinsprachlicher Art. Hieran schließt sich nun meine weitere, juristische These an, dass auch mit einem abgestuften oder graduierten Commitment für die Wahrheit oder Richtigkeit des Gesagten den prozessualen Begründungspflichten Genüge getan wird. In der in diesem Kapitel rezipierten sprechakttheoretischen Begrifflichkeit könnte man diese These so formulieren, dass die prozessualen Begründungspflichten zwar die zu richterlichen Begründungen gehörige Sprechaktklasse, nicht aber den anzunehmenden Wert in der Differenzkategorie der illokutionären Stärke vorgeben.

Wie ich im vorangehenden Abschnitt festgestellt hatte, werden in der dogmatischen rechtswissenschaftlichen Literatur Nachvollziehbarkeit und Überprüfbarkeit als Sinn und Zweck prozessualer Begründungspflichten angesehen.[710] Wie ich argumentiert hatte, setzt dieser Zweck voraus, dass eine richterliche Begründung auf die geltende Rechtsordnung, nicht auf das Seelenleben des Entscheiders Bezug nimmt. Damit folgte aus den Prozessordnungen die Klassifikation der Begründung als Zusammenfassung assertiver Sprechakte.[711]

Demgegenüber, so behaupte ich, setzen die z. B. in §§ 30 BVerfGG, 313 ZPO, 267 StPO, 117 VwGO normierten Begründungspflichten nicht voraus, dass die Entscheidungsbegründung mit dem Anspruch verbunden werde, dass nur diese eine Entscheidung richtig, alle anderen dagegen falsch seien. Vielmehr entspricht den genannten Normen auch diejenige Begründung, die mit dem bescheideneren Anspruch verbunden ist, dass die Entscheidung vertretbar ist, wenngleich es weitere vertretbare Entscheidungen geben mag. Auch prozessual wird somit - so meine These - nicht die zweiwertige Logik von wahr und falsch vorgegeben. Es bleibt vielmehr Raum für den nicht binären Wert der Vertretbarkeit. Diese juristische These wird von Neumann in Frage gestellt, wenn er sagt, dass „eine „Begründung", der zufolge das Urteil ebenso gut anders hätte ausfallen können, nicht nur seltsam, sondern fehlerhaft [wäre]."[712] Eine Begründung dieser Behauptung bleibt Neumann an dieser Stelle, so weit ich sehe, schuldig. Es kann nur vermutet werden, dass

---

710 Musielak, Hans-Joachim, „§ 313", s. Anm. 677, 1149 f. Hannich, Rolf, s. Anm. 677, S. 1592; Schmidt, Jörg, s. Anm. 677, 975 f.

711 Musielak, Hans-Joachim, „§ 313", s. Anm. 677, 1149 f. Hannich, Rolf, s. Anm. 677, S. 1592; Schmidt, Jörg, s. Anm. 677, 975 f.

712 Neumann, Ulfrid, *Wahrheit im Recht. Zu Problematik und Legitimität einer fragwürdigen Denkform*, s. Anm. 19, S. 41 und ihm folgende Autoren wie Saliger, Frank, s. Anm. 8, S. 143; Giannoulis, Jorgos, s. Anm. 393.

für Neumann aus dem Handlungscharakter einer Verurteilung notwendiger Weise folgt, dass die richterliche Begründung - der Handlung entsprechend - Alternativlosigkeit beanspruchen muss.[713]

Meine These, wonach mit einer richterlichen Begründung jedenfalls nicht zwangsläufig Alternativlosigkeit zu beanspruchen ist, wird bei einer bestimmten Betrachtungsweise entgegen Neumann von der einhelligen Meinung in der prozessrechtlichen Literatur bestätigt. So wird davon ausgegangen, dass zu den in einem Fall auftretenden Rechtsfragen mit der richterlichen Begründung nicht umfassend Stellung zu nehmen ist.[714] Stattdessen sollen die relevanten Rechtsfragen nur insoweit behandelt werden, wie es die im Tenor zum Ausdruck kommende Entscheidung selbst fordere. Die vom Gericht vertretene Auffassung ist zu rechtfertigen und als richtig, bzw. vertretbar auszuweisen - dagegen sei nicht erforderlich, dass andere mögliche Auffassungen zu der Rechtsfrage als weniger gut vertretbar ausgewiesen würden.[715] Es muss mit der Begründung also nicht ausgeschlossen werden, dass eine andere, inhaltlich gegenläufige Entscheidung gleichermaßen vertretbar gewesen wäre.

Auf der anderen Seite ist zu beachten, dass der begründungstechnische Nachweis, alle in Betracht kommenden, inhaltlich abweichenden Auffassungen zu der maßgeblichen Rechtsfrage seien weniger gut vertretbar, ausweislich der Literatur keinesfalls gegen die prozessualen Begründungsverpflichtungen verstieße. So heißt es in einem Kommentar zur ZPO:

> „Weicht der Richter von einer gefestigten Rechtsauffassung ab, dann kann erwartet werden, dass er sich mit ihr auseinander setzt und die Gründe für die abweichende Ansicht mitteilt. Sonst bleibt es jedoch grundsätzlich dem *pflichtgemäßen Ermessen des Gerichts* überlassen, in welchem Umfang es Rechtsprechung und Literatur bei seiner Entscheidung heranzieht und sich ausdrücklich damit auseinander setzt."[716]

Zu konstatieren ist also, dass beide Varianten, also die Darstellung und Präsentation einer Entscheidung vermittels ihrer Begründung als einzig richtig und als relativ richtig oder vertretbar den gesetzlichen Begründungsverpflichtungen entspricht. Wie ich in einem der vorangegangenen Abschnitte versucht habe zu zeigen, zeichnet sich eine Hypothese (relativ richtig) gegenüber einer Behauptung (einzig richtig) insbesondere durch die Einschränkung der mit

713 Vgl. Neumann, Ulfrid, *Juristische Argumentationslehre*, s. Anm. 365, 6 f.

714 Musielak, Hans-Joachim, „§ 313", s. Anm. 677, S. 1150; Hannich, Rolf, s. Anm. 677, 1599 ff. Schmidt, Jörg, s. Anm. 677, 976 f.

715 Musielak, Hans-Joachim, „§ 313", s. Anm. 677, 1150 f. Hannich, Rolf, s. Anm. 677, S. 1600; Schmidt, Jörg, s. Anm. 677, 976 f.

716 Musielak, Hans-Joachim, „§ 313", s. Anm. 677, S. 1150. Hervorhebung eingefügt.

einem assertiven Sprechakt stets verbundenen Begründungsverpflichtung aus. Die Hypothese verlangt dem Sprecher nur den Nachweis der Begründbarkeit eben dieser Hypothese ab. Dagegen wäre bei der Behauptung zusätzlich erforderlich, dass inhaltlich gegenläufige Aussagen als weniger richtig oder weniger gut begründbar ausgewiesen werden.[717]

Die Auffassung der verfahrensrechtlichen Literatur, es sei in der Begründung keine umfassende Auseinandersetzung mit gegenläufigen Rechtsmeinungen zu leisten, ist in der sprechakttheoretischen Begrifflichkeit so zu verstehen, dass schon die Hypothese den prozessualen Begründungsverpflichtungen genügt. Nicht erforderlich ist es demgegenüber, die Entscheidung vermittels der Begründung als einzig richtig darzustellen.Die Prozessordnungen lassen den normativen Aspekt meiner Ausgangsfrage also offen. Diese genuin juristische Erkenntnis bekräftigt meine im vorangegangenen Abschnitt gemachte allgemeinsprachliche These.

Ergebnis dieses Abschnittes ist meine Feststellung der sprechaktmäßigen Sinnhaftigkeit und rechtlichen Zulässigkeit der Abstufung oder Graduierung des Commitment für die Wahrheit oder Richtigkeit der in der richterlichen Begründung zusammengefassten assertiven Sprechakte. Zusammengenommen ergibt sich die Graduierbarkeit kommunikativer Kraft in der richterlichen Begründung. Dieses Ergebnis besagt noch nichts darüber, ob die mögliche oder tatsächliche Relativierung auch richtig oder angemessen ist. Zur Vorbereitung der Antwort auf diese Frage sollen im Folgenden die Determinanten kommunikativer Kraft vorgestellt werden.

III. Determinierbarkeit

Es ist eine Grundvoraussetzung dieser Arbeit, dass kommunikative Kraft in der richterlichen Begründung nicht kontingent, sondern von bestimmten Faktoren determiniert ist. Die Frage nach der richtigen oder angemessenen kommunikativen Kraft ist nämlich nur sinnvoll, wenn es auch die unangemessene oder falsche geben kann. In diesem Sinne stellt Christensen zutreffend fest: „Wenn etwas scheitern kann, muss es bestimmte Bedingungen für das Gelingen geben, an denen sich das Misslingen bemisst."[718] Im Gegensatz

---

717 Mindestens wäre, so dies nicht erfolgt, eine Begründung erforderlich, warum der umfassenden Begründungspflicht im Moment nicht Genüge getan werden kann; vgl. Alexy, Robert, *Theorie der juristischen Argumentation. Die Theorie des rationalen Diskurses als Theorie der juristischen Begründung*, s. Anm. 14, S. 167.

718 Christensen, Ralph und Lerch, Kent D., s. Anm. 59, S. 74.

zu den Autoren der Strukturierenden Rechtslehre meine ich, dass es derartige Bedingungen tatsächlich gibt. Im Folgenden sollen als Determinanten kommunikativer Kraft die Bedingungen explizit gemacht werden, an denen sich die Angemessenheit der kommunikativen Kraft aus meiner Sicht bemisst. Auf diesem Wege werde ich die Bezugspunkte der in Kapitel drei vorzunehmenden inhaltlichen Argumentation festlegen.

Die Ausführungen an dieser Stelle und zu Beginn des folgenden Kapitels überschneiden sich also. Dies ist jedoch unschädlich, wenn man bedenkt, dass es sich bei dem in diesem Kapitel beschriebenen Merkmal der Determinierbarkeit kommunikativer Kraft um eine Schlüsselstelle dieser Arbeit handelt. Gliederungsmäßig kommt dies darin zum Ausdruck, dass die Arbeit nach der Darstellung des Stands der Forschung im ersten Kapitel aus zwei Teilen besteht. Im ersten, nämlich in diesem Kapitel, wird kommunikative Kraft instituiert, in dem folgenden dann Objektivität und Institutionalität. Die Verklammerung dieses Kapitels mit dem folgenden - genau hierin besteht die gesteigerte Bedeutung des nun folgenden Abschnittes - besteht in dem Merkmal der Determinierbarkeit.

Die Frage der Objektivität juristischer Aussagen ist die erste, gleichsam rechtsphilosophisch-theoretische Determinante kommunikativer Kraft (a.). Im Sinne Neumanns und anders als weite Teile der rechtsphilosophischen Literatur möchte ich mich auf diese Determinante nicht beschränken. Denn im Gerichtsverfahren und im Instanzenzug bestehen Funktionserfordernisse, welche ebenfalls Einfluss auf die linguistische Form richterlicher Begründungen haben könnten. Die hiermit bezeichnete Institutionalität der richterlichen Begründung stellt die institutionell-funktionelle Determinante kommunikativer Kraft dar (b.).[719]

719 Mit der Redeweise von einer Determination durch Objektivität sind sprachphilosophische Implikationen verbunden, die ich vielleicht nicht ausdrücklich genug gemacht habe. In einem Wort ist mit der genannten Redeweise die Frage bezeichnet, ob die Objektivität abstrakter Kategorien wie Moral oder Recht ohne Bezugnahme auf semantische Praktiken beurteilbar sind. Ich glaube, dass ich mich mit der Rede von der Determination der illokutionären Rolle durch die Objektivität des thematisierten Lebensbereichs in bestimmter Weise auf diese Annahme festlege. In der Konsequenz dessen bin ich auf die Trennung von Semantik und Ontologie in normativen Fragen festgelegt. Anders z. B. Dworkin, Ronald, „Can Rights be Controversial?“, s. Anm. 10, 280 f. und Tugendhat, Ernst. „Sprache und Ethik“. In: *Philosophische Aufsätze*. Hrsg. von Tugendhat, Ernst. Frankfurt a. M. 1992, S. 275–314, 294 f. die aus semantischen Praktiken ontologische Schlüsse ziehen.

1. Objektivität

In diesem Abschnitt möchte ich darlegen, wie die illokutionäre Stärke als eines der Elemente der illokutionären Rolle - wie oben erwähnt ist diese strukturell identisch mit meinem Begriff der kommunikativen Kraft - von der Objektivität des propositionalen Gehaltes juristischer Sprechakte beeinflusst und determiniert wird. Wie ich im ersten Abschnitt über die sprechakttheoretischen Grundlagen dargelegt hatte, ist es eine grundlegende Prämisse jeder Form von Sprechakttheorie, dass die mit einer bestimmten illokutionären Rolle verbundene Proposition für sich unselbständig ist.[720] Die Proposition, „dass Sam raucht", ergibt als solche keinen vollständigen Sprechakt. Vielmehr bedarf jede Proposition einer bestimmten illokutionären Rolle, deren beider Verbindung dann so unterschiedliche Sprechakte wie „Sam, rauche!", „Raucht Sam?" oder „Sam raucht" generiert.[721] Diese Unterscheidung von illokutionärer Rolle und unselbständiger Proposition gilt es im Blick zu behalten, wenn ich nunmehr das Merkmal der Determinierbarkeit kommunikativer Kraft aufgrund von Objektivität expliziere.

Objektivität ist ein mehrdeutiger Begriff.[722] Im ersten Abschnitt des folgenden Kapitels soll der Objektivitätsbegriff mit Hilfe einiger Unterscheidungen und in Bezug auf die spezifische Funktion, die er in meiner Arbeit - als Determinante kommunikativer Kraft - hat, eingegrenzt werden. An dieser Stelle sollen die folgenden diesbezüglichen Erwägungen ausreichen. Einleitend hatte ich gesagt, dass das Thema eines Sprechaktes Einfluss auf dessen illokutionäre Rolle nimmt. Dies möchte ich anhand zweier Sätze illustrieren, wobei der für meine Zwecke entscheidende Unterschied darin besteht, dass in dem einen Fall über einen - allgemein gesprochen - objektiven Lebensbereich gesprochen wird, in dem anderen über einen subjektiven.[723] Betrachten wir also die folgenden Sätze:

1) Erdbeereis schmeckt besser als Schokoladeneis.
2) Die chemische Zusammensetzung von Wasser ist H_2O.

---

720 Searle, John R., *Speech Acts*, s. Anm. 3, S. 22.

721 ebd., S. 22.

722 Vgl. nur Klatt, Matthias, *Die Theorie der Wortlautgrenze. Semantische Normativität in der juristischen Argumentation*, s. Anm. 436, 195 f.

723 Vgl. Coleman, Jules L. und Leiter, Brian. „Determinacy, Objectivity, and Authority". In: *Law and Interpretation. Essays in Legal Philosophy*. Hrsg. von Marmor, Andrei. Oxford 1995, S. 203–278, 253 f. Patzig, Günther. „Relativität und Objektivität moralischer Normen". In: *Gesammelte Schriften I*. Hrsg. von Patzig, Günther. Göttingen 1994, S. 9–43, 13 ff.

Der Unterschied zwischen beiden Aussagen kann auf zweifache Weise formuliert werden. Zunächst könnte man sagen, dass der Satz 2) ohne weiteres in der Dimension von wahr und falsch beurteilbar ist. Jedenfalls in unserer Vorstellung entsprechen ihm Wahrheitsbedingungen, die bewusstseinsunabhängig sind, wohingegen im Falle des Satzes 1) nur schwerlich von Wahrheit oder Falschheit gesprochen werden kann.[724] Es lässt sich insofern nur sagen, dass der Satz 1) wahr ist, wenn der Sprecher tatsächlich Erdbeereis bevorzugt.[725] Der gleiche Unterschied kann weiterhin so formuliert werden, dass mit dem Satz 2) eine Überzeugung zum Ausdruck gebracht wird, mit dem Satz 1) dagegen eine Präferenz.[726]

Die beiden Formulierungsmöglichkeiten des Unterschieds zwischen beiden Sätzen kann man knapp so zusammenfassen, dass die Sätze 1) und 2) unterschiedlich objektiv sind.[727] Relativ zur Subjektivität des Satzes 1) und zur Objektivität des Satzes 2) lässt sich nun - hierauf kommt es mir in diesem Abschnitt an, dies ist das zugrunde gelegte Verständnis des Merkmals der Determinierbarkeit - ein Unterschied der jeweiligen illokutionären Rollen bzw. illokutionären Stärken nachweisen. Bedenken wir hierzu Folgendes.

Die chemische Zusammensetzung von Wasser ist unabhängig von der Sprecherperson. Somit ist es nicht möglich, dass sie für mich H_2 O ist und für Dich XYZ. Eine sprachliche Relativierung auf die Sprecherperson, die man in Bezug auf die illokutionäre Rolle etwa wie, „für mich ist die chemische Zusammensetzung von Wasser H_2 O", explizieren könnte, wäre sinnlos.[728] Vielmehr gilt, dass die inhaltlich widerstreitenden Aussagen „die chemische Zusammensetzung von Wasser ist H_2 O" und „die chemische Zusammensetzung von Wasser ist XYZ" nicht gleichzeitig richtig sein können.[729]

---

724 Vgl. Coleman, Jules L. und Leiter, Brian, s. Anm. 723, 253 f. Ernst, Gerhard, s. Anm. 80, 32 f.

725 Coleman, Jules L. und Leiter, Brian, s. Anm. 723, S. 254; Ernst, Gerhard, s. Anm. 80, 32 f.

726 ebd., S. 31; Patzig, Günther, s. Anm. 723, S. 21. Als vermeintliches Gegenbeispiel zur Objektivität von Geschmacksurteilen evoziert Leiter, Brian. „Objectivity, Morality, and Adjudication". In: *Objectivity in Law and Morals*. Hrsg. von Leiter, Brian. Cambridge 2001, S. 66–98, 85 f. die sogenannte 'chocolate convention', mit der „objektiv" die Vorzugswürdigkeit von Schokoladen- gegenüber Vanilleeis nachgewiesen werden soll. Leiter bringt letztlich aber die gleiche Intuition der Subjektivität von Geschmacksurteilen zur Geltung.

727 Ernst, Gerhard, s. Anm. 80, 29 ff. Coleman, Jules L. und Leiter, Brian, s. Anm. 723, 252 ff. Leiter, Brian, „Objectivity, Morality, and Adjudication", s. Anm. 726, S. 86.

728 Ernst, Gerhard, s. Anm. 80, S. 32.

729 ebd., S. 32.

Die Bedeutung dessen, was ich in dieser Arbeit als Determinierbarkeit kommunikativer Kraft bezeichne, ist die mit den beispielshalber genannten Aussagen illustrierte Tatsache, dass die illokutionäre Stärke eines Sprechaktes abhängig von dessen propositionalem Gehalt und hierin unabhängig von der Psyche des Sprechers ist. Die Geltungsansprüche der gegensätzlichen Aussagen „die chemische Zusammensetzung von Wasser ist H_2O" und „die chemische Zusammensetzung von Wasser ist XYZ", sind nicht vermittelbar - nur die eine oder die andere oder eine dritte Aussage zum Thema ist richtig, jedenfalls aber nicht zwei Aussagen gleichzeitig. Bei naturwissenschaftlichen Fragen ist die illokutionäre Stärke der Sprechakte also aufgrund des propositionalen Gehaltes zwangsläufig hoch. Sie sind in angemessener Weise als einzig richtige darzustellen und zu präsentieren.

Anderes gilt für Eisgeschmack: Es kann gleichzeitig richtig und nicht richtig sein, dass Erdbeereis besser schmeckt als Schokoladeneis. Der Grund hierfür ist, dass die Wahrheitsbedingungen in der Psyche der unterschiedlichen Sprecherpersonen verortet sind und es damit nicht widersprüchlich ist, dass Dir Erdbeereis und mir Schokoladeneis besser schmeckt.[730]

Vor dem Hintergrund des beschriebenen Kontrastes zwischen den Beispielssätzen kann die rechtsphilosophische Dimension meines Ausgangsproblems mit der Frage bezeichnet werden, welchem der beiden Sätze die in der richterlichen Begründung zusammengefassten juristischen Aussagen entsprechen bzw. ähneln. Intuitiv würde man juristische Aussagen wohl zwischen den beiden genannten ansiedeln.[731] Die Beispielsfolge würde dann folgendermaßen lauten.

1) Erdbeereis schmeckt besser als Schokoladeneis.
2) Die Gewährleistung der Kunstfreiheit verlangt, den Leser eines literarischen Werks für mündig zu halten, dieses von einer Meinungsäußerung zu unterscheiden und zwischen der Schilderung tatsächlicher Gegebenheiten und einer fiktiven Erzählung zu differenzieren.
3) Die chemische Zusammensetzung von Wasser ist H_2O.

Es fragt sich also, ob die uns ausschließlich interessierende (neue) Aussage 2) wie die (neue) Aussage 3) einer zweiwertigen Logik folgt, in der von den beiden Aussagen, „die chemische Zusammensetzung von Wasser ist H_2O" und „die chemische Zusammensetzung von Wasser ist XYZ" nur eine

730 ebd., 31 f. Leiter, Brian, „Objectivity, Morality, and Adjudication", s. Anm. 726, S. 86.
731 In Bezug auf moralische Aussagen Ernst, Gerhard, s. Anm. 80, S. 32.

Gültigkeit beanspruchen kann oder eben - wie bei Geschmacksurteilen - nicht.[732]

Dieser Frage gilt es im nächsten Kapitel nachzugehen. Dort werde ich zudem meinen einschränkenden Zugang zum Globalproblem der Objektivität in der juristischen Argumentation vorstellen. Der Nutzen dieses Abschnittes soll es nur gewesen sein, darzulegen, worin die Determinierbarkeit kommunikativer Kraft aufgrund von Objektivität besteht. In einem Wort kann man sagen, dass dies der Einfluss des thematisierten Lebensbereiches auf das zu verwirklichende sprachliche Verhalten ist. Der Argumentationsfigur der einzig richtigen Entscheidung entspräche insofern die Vergleichbarkeit des Satzes 2) mit dem Satz 3). Sollten diese beiden Sätze in Bezug auf ihre Objektivität identisch oder wenigstens vergleichbar sein, dann wäre die Argumentationsfigur der einzig richtigen Entscheidung - unter dem Aspekt der Objektivität - angemessen.[733]

2. Institutionalität

Der bis eben besprochene Einfluss der Objektivität auf die illokutionäre Stärke juristischer Sprechakte bezeichnet die theoretische Dimension meiner dritten Forschungsfrage. Sollte es in juristischen Fragen in gleicher Weise wie in naturwissenschaftlichen Zusammenhängen möglich sein, unsere Aussagen stets entweder als wahr oder als falsch zu klassifizieren, dann könnte nicht der Fall eintreten, dass zwei gegensätzliche juristische Aussagen gleichermaßen wahr oder richtig sind.[734] In diesem Fall wäre eine absolute illokutionäre Stärke, bzw. die Argumentationsfigur der einzig richtigen Entscheidung die angemessene linguistische Form der in der richterlichen Begründung zusammengefassten juristischen Sprechakte. Sollte sich dagegen zeigen, dass das binäre Schema wahr / falsch aus grundsätzlichen Erwägungen nicht zur

732 Ernst, Gerhard, s. Anm. 80, 223 ff. kommt im Ergebnis zur Vergleichbarkeit moralischer und wissenschaftlicher Aussagen.

733 Dworkin, Ronald, „Can Rights be Controversial?“, s. Anm. 10, 279 ff. Dworkin, Ronald, „No Right Answer?“, s. Anm. 10, 58 ff. meint - im Gegenteil - dass die Objektivität juristischer Propositionen aus der sprachlichen Praxis, hier der Argumentationsfigur der einzig richtigen Entscheidung fließt.

734 Die Möglichkeit zweier inhaltlich unvereinbarer aber dennoch gleichermaßen richtiger Aussagen folgt für Alexy aus dem Begriff der diskursiven Möglichkeit; Alexy, Robert, *Theorie der juristischen Argumentation. Die Theorie des rationalen Diskurses als Theorie der juristischen Begründung*, s. Anm. 14, S. 256; Alexy, Robert, „Probleme der Diskurstheorie“, s. Anm. 14, 123 f.

Anwendung gelangt, dann wäre die Argumentationsfigur der einzig richtigen Entscheidung zwangsläufig und in jedem einzelnen Fall kontrafaktisch. Dies bedeutete jedoch nicht zwangsläufig, dass sie aufzugeben wäre. Ihre Rechtfertigung bedürfte in diesem Fall aber weiterer Argumente.

Im Folgenden möchte ich die Möglichkeit einer anderweitigen Rechtfertigung der Argumentationsfigur der einzig richtigen Entscheidung unter dem Stichwort der Institutionalität diskutieren.[735] Hiermit wird in Bezug auf meine dritte Forschungsfrage eine völlig neue Blickrichtung eingenommen. Wie schon im letzten Abschnitt soll an dieser Stelle keine inhaltliche Position entwickelt werden, da es mir nach wie vor um die Klärung des Begriffs der kommunikativen Kraft, d. h. um meine erste Forschungsfrage geht. Ausreichend ist es zu zeigen, dass die institutionelle Einbettung und Prägung der richterlichen Begründung für meine dritte Forschungsfrage von Relevanz ist.

Die Notwendigkeit einer gegenüber der im letzten Abschnitt eingenommenen, gänzlich anderen Betrachtungsweise ergibt sich aus den Besonderheiten der gerichtlichen Argumentation. Die in der richterlichen Begründung zusammengefassten juristischen Behauptungen weisen zunächst gegenüber sonstigen, etwa moralischen Aussagen zahlreiche Besonderheiten auf. Eine Beschreibungsmöglichkeit dieser Besonderheiten ist Alexys Sonderfallthese, speziell die Formel von der Bindung juristischer Diskurse an Gesetz, Präjudiz und Dogmatik.[736] Im Vergleich zur moralischen Argumentation zeichnet sich die juristische Argumentation nach Alexy durch das Bestehen von Gesetzes- und Präjudizienbindung einerseits und eine Art Formenzwang der rechtswissenschaftlichen Dogmatik aus.[737] Mir geht es im Folgenden nicht um diese Relation zwischen moralischer und juristischer Argumentation, sondern um die zwischen gerichtlicher und sonstiger juristischer Argumentation. In den Begriffen Alexys besteht der Unterschied zwischen dem juristischen Diskurs und dem gerichtlichen Diskurs darin, dass zusätzlich zur Bindung an Gesetz und Dogmatik Präjudizien zu berücksichtigen sind.[738] Die Beschreibung

735 Das Vorbild ist insoweit Neumann, Ulfrid, *Wahrheit im Recht. Zu Problematik und Legitimität einer fragwürdigen Denkform*, s. Anm. 19, 41 ff.

736 Alexy, Robert, *Theorie der juristischen Argumentation. Die Theorie des rationalen Diskurses als Theorie der juristischen Begründung*, s. Anm. 14, 288 ff. Alexy, Robert, „The Special Case Thesis", s. Anm. 23, S. 375.

737 Alexy, Robert, *Theorie der juristischen Argumentation. Die Theorie des rationalen Diskurses als Theorie der juristischen Begründung*, s. Anm. 14, 288 ff. Zur besonderen Rolle des prozessualen Rechts in Bezug auf die Sonderfallthese Alexy, Robert, „The Special Case Thesis", s. Anm. 23, 376 f.

738 Alexy, Robert, *Theorie der juristischen Argumentation. Die Theorie des rationalen Diskurses als Theorie der juristischen Begründung*, s. Anm. 14, 334 ff.

der Besonderheiten der juristischen und der gerichtlichen Argumentation nach der Sonderfallthese ist für die Zwecke dieser Arbeit nicht als solche kritikwürdig, sondern in folgender Weise unvollständig.

Worum es mir im Weiteren mit dem Begriff der Institutionalität gehen wird, ist - auf einer anderen Ebene der Beschreibung als Alexys Sonderfallthese - die Signifikanz der gerichtlichen Argumentation für die Rechtslage als Teil der gesellschaftlich konstruierten institutionellen Realität. Mit dem Begriff der Institutionalität soll die Existenzweise des richterlichen Urteils als soziales Konstrukt expliziert werden. Es sollen auf diese Weise dessen Wurzeln in gesellschaftlichen Verständigungsprozessen erschlossen werden. Zu diesem Zweck werde ich im dritten Kapitel auf die Sozialphilosophie Searles zurückgreifen, die dieser in den Werken *The Construction of Social Reality*[739] aus 1995 und dem thematisch identischen Werk *Making the Social World*[740] aus 2010 entwickelt hat. Die Sonderfallthese Alexys besagt nun ersichtlich nichts über das richterliche Urteil als soziales Konstrukt. Sie erschöpft aufgrundessen nicht, was ich zu den Besonderheiten der gerichtlichen Argumentation zählen und unter dem Begriff der Institutionalität behandeln werde.

Die Relevanz der Existenz des richterlichen Urteils als soziales Konstrukt für das Problem der kommunikativen Kraft ergibt sich weiterhin aus Folgendem. Ich hatte im vorangegangenen Abschnitt festgestellt, dass das Prozessrecht die Klassifikation der in der richterlichen Begründung zusammengefassten Sprechakte als Assertiva und die Klassifikation der im Tenor des richterlichen Urteils zusammengefassten Sprechakte als Deklarationen impliziert.[741] Der Tenor ist seiner linguistischen Form nach wie die Begründung eine Repräsentation der als vorgegeben dargestellten Rechtslage. Unter der Oberfläche dieser Form eignet dem Tenor jedoch eine besondere Wirkung oder Funktionalität.[742] Die Rechtswirkungen eines Urteils wie formelle und materielle Rechtskraft, Bindungswirkung für die Beteiligten und Vollstreckbarkeit sind nur mit dem Tenor, nicht mit der Begründung verbunden.[743] Diese Funktionalität findet in der Klassifikationstheorie Searles mit der in

---

739 Searle, John R., *The Construction of Social Reality*, s. Anm. 45.

740 Searle, John R., *Making the social world: the structure of human civilization*, s. Anm. 46.

741 Siehe oben, S. 129 ff.

742 Siehe oben, S. 132 ff.

743 Ball, Wolfgang, s. Anm. 685, S. 1505; Rennert, Klaus, s. Anm. 47, S. 907; Pfeiffer, Gerd und Hannich, Rolf, s. Anm. 685, S. 99.

vielerlei Hinsicht besonderen Sprechaktklasse der Deklarationen wieder.[744] Beispielsweise wird mit einer Aussage wie, „Im Übrigen wird die Verfassungsbeschwerde zurückgewiesen", trotz des eindeutigen propositionalen Gehaltes die Zurückweisung der Verfassungsbeschwerde und die Aufhebung des letztlinstanzlichen Urteils nicht konstatiert. Es gab vor Verkündung des verfassungsgerichtlichen Urteilstenors nämlich keine Zurückweisung und Aufhebung, die nunmehr sprachlich hätten abgebildet werden können. Vielmehr werden diese durch jenen allererst hervorgebracht. Damit ist der illokutionäre Zweck der Deklarationen bezeichnet. Entscheidend ist nun, dass jede richterliche Begründung auf einen bestimmten Tenor bezogen ist. Es stehen sich also in jedem richterlichen Urteil die Rechtswirksamkeit und Funktionalität der mit dem Tenor verbundenen deklarativen Sprechakte und der Richtigkeitsbezug der in der Begründung zusammengefassten assertiven Sprechakte gegenüber. Ich hatte diese Konstellation im vorangegangenen Abschnitt als Spannungsverhältnis zwischen Begründung und Tenor bezeichnet. Es sollte spätestens jetzt klar sein, dass das Problem der Auflösung dieses Spannungsverhältnisses identisch mit meiner dritten Forschungsfrage ist. Diese Aufgabe werde ich unter Berücksichtigung der Existenzweise des richterlichen Urteils als sozialem Konstrukt, bzw. unter Berücksichtigung seiner Institutionalität zu lösen versuchen.

Der Einfluss der Institutionalität auf das mit der richterlichen Begründung zu Beanspruchende, bzw. die Bestimmung ihrer illokutionären Stärke wird in der aktuellen rechtsphilosophischen Diskussion viel zu wenig beachtet. Die These Alexys einer Binärcodierung des mit normativen Aussagen zu Beanspruchenden wird ausschließlich mit theoretischen Erwägungen zur Existenz einzig richtiger, in seinen Begriffen: diskursiv notwendiger juristischer Aussagen begründet.[745] Die Kritik Bäckers an dieser Position basiert ebenfalls nur auf theoretischen Überlegungen zur These einzig richtiger Entscheidungen, namentlich auf Bäckers Kritik an Alexys Konzept der diskursiven Notwendigkeit.[746] Die von Bäcker hervorgehobene Entgegensetzung seiner und Alexys Theorie entpuppt sich in Bezug auf den von beiden angenommenen theoretischen Begründungszusammenhang als falsch. Die Position

744 Vgl. Searle, John R., „A classification of illocutionary acts", s. Anm. 40, 13 ff. Searle, John R., „A Taxonomy of Illocutionary Acts", s. Anm. 41, 358 f.

745 Vgl. Alexy, Robert, *Theorie der juristischen Argumentation. Die Theorie des rationalen Diskurses als Theorie der juristischen Begründung*, s. Anm. 14, S. 414.

746 Vgl. Bäcker, Carsten, *Begründen und Entscheiden. Kritik und Rekonstruktion der Alexyschen Diskurstheorie des Rechts*, s. Anm. 33, S. 161.

Neumanns bildet in der rechtsphilosophischen Literatur eine Ausnahme.[747] Zutreffend meint Neumann, dass es nicht ausschließlich darum geht, ob Wahrheit oder Objektivität theoretisch nachgewiesen werden kann, sondern darum, wie wir mit diesen Begriffen praktisch umgehen.[748] Die Implikation des Wahrheitsprädikats rechtfertigt sich für Neumann funktional. Es sei eine verfassungspolitische Frage, ob und in welchen Zusammenhängen die Wahrheit einer juristischen Aussage vorauszusetzen sei.[749]

Dieser Einsicht Neumanns schließe ich mich ausdrücklich an. Seine Unterscheidung der theoretischen Frage nach Existenz und Erkennbarkeit einzig richtiger juristischer Aussagen und der praktischen, ob funktionale oder rechtspolitische Erwägungen das Voraussetzen oder Zugrundelegen einzig richtiger Aussagen erfordern, entspricht einer Grundintention dieser Arbeit. Es wird sich im zweiten Abschnitt des dritten Kapitels zeigen, dass der Ansatz Neumanns mit der sozialphilosophischen Begrifflichkeit Searles weiterentwickelt werden kann. Als Einfallstor für die sozialphilosophische Begrifflichkeit Searles wird sich hierbei die Sprechaktklasse der Deklarationen erweisen, die wie gesehen den Tenor richterlicher Urteile umfasst. Über die Verwiesenheit von Begründung und Tenor wird sich dabei die Signifikanz gesellschaftlicher Verständigungsprozesse für das Problem der kommunikativen Kraft herausstellen. Meinen an die Sozialphilosophie Searles angelehnten Ansatz betrachte ich gegenüber demjenigen Neumanns als allgemeiner. Wie gesehen schließt Neumann aus bestimmten institutionellen Gegebenheiten wie z. B. dem Instanzenzug und bestimmten Kontrollverhältnissen, dass die Vorstellung der einzig richtigen Entscheidung vom Rechtssystem vorausgesetzt werde. Dies halte ich für zutreffend. Ich meine aber, dass die Frage, wie genau und warum die einzig richtige Entscheidung vorausgesetzt wird, mit der Sozialphilosophie Searles noch weitgehender erklärt werden kann.

---

747 Vgl. Neumann, Ulfrid, *Wahrheit im Recht. Zu Problematik und Legitimität einer fragwürdigen Denkform*, s. Anm. 19, 41 ff. Zuletzt Neumann, Ulfrid, „Richtigkeitsanspruch und Überprüfbarkeit rechtlicher Entscheidungen", s. Anm. 29, 149 f.

748 Neumann, Ulfrid, *Wahrheit im Recht. Zu Problematik und Legitimität einer fragwürdigen Denkform*, s. Anm. 19, 41 ff.

749 ebd., S. 63. Zu beachten ist, dass Neumann mit dieser - gegenüber Habermas und Alexy abweichenden - Begründung dennoch zum gleichen Ergebnis gelangt, nämlich, dass die richterliche Entscheidung als alternativlos darzustellen ist. Neumann bezeichnet insofern Begründungen, die nicht die einzig richtige Entscheidung beanspruchen, als „fehlerhaft"; ebd., S. 41. Vorausgesetzt, dass Neumann hiermit rechtlich fehlerhaft meint, widerspricht dies aus meiner Sicht der einhelligen Meinung in der prozessrechtlichen Literatur; siehe oben, S. 139 ff.

All dies ist Gegenstand des dritten Kapitels. Gegenstand dieses Kapitels ist dagegen nur die Begriffsklärung, die in Bezug auf meine erste Forschungsfrage nunmehr abgeschlossen ist. Sie besteht in der Explikation der wesentlichen Merkmale kommunikativer Kraft der richterlichen Begründung vor dcm Hintergrund der erarbeiteten sprechakttheoretischen Grundlagen.

IV. Zwischenergebnis

Der Begriff der kommunikativen Kraft ist nunmehr vollständig bestimmt. Auf der Grundlage der Rezeption von Elementen der Sprechakttheorien Searles und Habermas' ging es mit den Merkmalen kommunikativer Kraft um Weiterungen, die sich insbesondere aus den juristischen Besonderheiten des Sprechaktkonglomerats der richterlichen Entscheidung ergeben.

Erstens war der Bezugspunkt kommunikativer Kraft theoretisch zu spezifizieren. Zu klären war in sprechakttheoretischer Hinsicht, mit welcher Art Sprechakten die Argumentationsfigur der einzig richtigen Entscheidung zum Ausdruck gebracht wird. Insofern war die richterliche Begründung sprechaktmäßig zu klassifizieren. Ihre sprechaktmäßige Besonderheit besteht darin, dass sie z. B. in §§ §§ 313 ZPO, 267 StPO, 117 VwGO rechtlich gefordert wird. Sinn und Zweck der Begründungspflichten besteht nach einhelliger Auffassung in der Literatur darin, die Entscheidung einerseits nachvollziehbar und andererseits überprüfbar zu machen.[750] Dieser Zweck kann nur erfüllt werden, wenn die Begründung auf die geltende Rechtslage Bezug nimmt und in Bezug auf die Vereinbarkeit mit ihr Richtigkeit beansprucht. Die richterliche Begründung war insofern notwendiger Weise der Sprechaktklasse der Assertiva zuzuordnen. Demgegenüber war der Urteilstenor grundsätzlich anders, nämlich als Zusammenfassung deklarativer Sprechakte zu qualifizieren. Die Konstitution der formellen und materiellen Rechtslage durch den Urteilstenor wird in sprachlicher Hinsicht durch die Repräsentation einer Änderung der Rechtslage als bestehend herbeigeführt. Dieser sprachliche Doppelsinn kennzeichnet die Sprechaktklasse der Deklarationen. Zu konstatieren war also eine sprechaktmäßige Differenz oder Spannung zwischen den notwendigen Bestandteilen des richterlichen Urteils.[751]

---

750 Musielak, Hans-Joachim, „§ 313“, s. Anm. 677, 1149 f. Hannich, Rolf, s. Anm. 677, S. 1592; Schmidt, Jörg, s. Anm. 677, 975 f.

751 Siehe oben, S. 135.

Zweitens ging es darum zu klären, ob die Frage der Angemessenheit der Argumentationsfigur der einzig richtigen Entscheidung durch sprachliche oder juristische Regeln präkludiert sei. Wenn es sprachlich sinnlos wäre, den Richtigkeitsanspruch abzuschwächen oder zu graduieren, bzw. wenn dies von den prozessualen Begründungspflichten untersagt würde, dann wäre die Frage der Angemessenheit der Argumentationsfigur der einzig richtigen Entscheidung bereits beantwortet. Im Ergebnis war zu konstatieren, dass es sowohl sprachlich sinnvoll wie juristisch zulässig ist, den mit der richterlichen Begründung zwangsläufig verbundenen Richtigkeitsanspruch zu graduieren.und abzuschwächen.[752]

Drittens schließlich war zu klären, anhand welcher Kriterien die Frage der Angemessenheit der sprachlichen Praxis der Gerichte, bzw. der Argumentationsfigur der einzig richtigen Entscheidung zu beurteilen sei. Hierbei war naheliegend, dass die Argumentationsfigur der einzig richtigen Entscheidung angemessen ist, wenn einzig richtige oder vollständig objektive Entscheidungen theoretisch ausweisbar wären. Weiterhin war zu erwägen, ob die sprachliche Praxis der Gerichte von institutionellen Besonderheiten der gerichtlichen Argumentation beeinflusst wird. Diese Überlegung liegt dem Ansatz Neumanns zugrunde. Für Neumann hat die Argumentationsfigur der einzig richtigen Entscheidung einen funktionellen Mehrwert, da sie die umfängliche Überprüfbarkeit richterlicher Entscheidungen ermöglicht.[753] An dieser Stelle war nur die grundsätzliche Möglichkeit der Determination der sprachlichen Praxis durch diese Faktoren darzulegen, die inhaltliche Argumentation erfolgt im dritten Kapitel.

C. Modelle kommunikativer Kraft

Im Folgenden werde ich versuchen, meine zweite Forschungsfrage nach den Zusammenhängen der linguistischen Form der richterlichen Begründung (kommunikative Kraft) einerseits und der Objektivität juristischer Aussagen andererseits - rein formal - zu beantworten. Das Bestehen dieser Zusammenhänge habe ich im letzten Abschnitt - Determinierbarkeit als Merkmal kommunikativer Kraft - in inhaltlicher Weise nachgezeichnet.

Nunmehr soll es darum gehen, kommunikative Kraft und ihre beiden Determinanten in einer Taxonomie in Form von Modellen kommunikativer

752 Siehe oben, S. 135 ff.

753 Siehe oben, S. 70 ff. und S. 144 ff.

Kraft zu analytischen Zwecken ins Verhältnis zu setzen. Diesen Modellen können die vorgestellten Ansätze in der rechtsphilosophischen Literatur zugeordnet werden. Man könnte sagen, dass jene diesen implizit sind und im Folgenden erstmalig explizit gemacht werden sollen. Hiermit werden gleichzeitig Antwortmöglichkeiten auf die zum Schluss des ersten Kapitels formulierte dritte Forschungsfrage nach der angemessenen oder richtigen linguistischen Form richterlicher Begründungen erfasst. Den Modellen kommunikativer Kraft kommt in Bezug auf meine dritte Forschungsfrage also eine heuristische Funktion zu.[754] Für diese Zwecke möchte ich im Folgenden zunächst eine Formalisierung einführen, mit der ich auf der Grundlage einer gemeinsamen Indexierung der relevanten Parameter Status und Konnexe aufstellen werde (1.). Diese münden schließlich rein formal in „Modelle" kommunikativer Kraft. Diese Modelle können, meiner Ausgangsfrage entsprechend, deskriptiv und normativ verstanden werden (2.). Die einzelnen Modelle sollen anschließend kritisch diskutiert werden (3.).

I. Formalisierung

Um schließlich zu Modellen kommunikativer Kraft zu gelangen, ist im Folgenden eine Taxonomie auf der Grundlage einer formalisierten Schreibweise einzuführen. Sie soll es schließlich ermöglichen, die im ersten Kapitel vorgestellten Ansätze in der rechtsphilosophischen Literatur auf wenige Parameter, welche den rechtsphilosophischen Theorien verschiedentlich zugrundeliegen, zurückführen zu können. Wenn ich von einer „Formalisierung" spreche, so ist damit keineswegs eine streng logische Vorgehensweise gemeint sein. Vielmehr verwirklicht sich durch sie der heuristische Zweck des gesamten Abschnittes. Die drei relevanten Parameter sind: kommunikative Kraft (im

754 Ich danke U. Neumann für diesen Hinweis anlässlich meines Vortrages in seinem Doktorandenkolloquium am 07. Februar 2013 in Frankfurt am Main.

Folgenden K), Objektivität (im Folgenden R)[755] und Institutionalität (im Folgenden I).

Im ersten Abschnitt dieses Kapitels hatte ich K als einen linguistisch relevanten Aspekt der illokutionären Rolle F eines Sprechakts der Form F(p) bestimmt. Mit K wird also eine bestimmte Art sprachlichen Verhaltens bezeichnet. Mit R wird es mir um die Objektivität der mit dem Sprechakt verbundenen Proposition gehen.[756] In meinem Falle handelt es sich hierbei um die in der richterlichen Begründung zusammengefassten juristischen Aussagen, d. h. um assertive Sprechakte. I bezeichnet in allgemeiner Weise die institutionelle Einbettung und Verfasstheit richterlicher Entscheidungen.[757] Konkret können hierunter institutionelle Funktionserfordernisse gefasst werden.[758] Die drei Parameter können nicht kategorial zusammengefasst oder aufeinander reduziert werden. Dies spricht jedoch nicht gegen die im Folgenden vorzustellende Taxonomie.

Das Aufstellen verschiedener Modelle kommunikativer Kraft erfordert zunächst eine auf alle genannten Parameter gleichermaßen zur Anwendung

---

755 Dabei ist zu bemerken, dass ich die Begriffe Objektivität und Wahrheit synomym verwende. Mit Davidson gehe ich davon aus, dass „to have the concept of truth is to have the concept of objectivity, the notion of a proposition being true or false independent of one's beliefs or interests"; Davidson, Donald, s. Anm. 60, S. 220. Wenn also von wahren oder einzig richtigen juristischen Aussagen die Rede ist, dann meine ich damit nichts anderes als objektive juristische Aussagen. Die Variable „R" erfasst somit beide Begriffe. Der Grund für die Wahl der Variable „R" anstelle der bei oberflächlicher Betrachtung naheliegenderen Variable „O" ist, dass „O" in der deontischen Logik für den sogenannten Gebotsoperator steht; vgl. zur Anwendung des Gebotsoperators in der juristischen Argumentationstheorie Alexy, Robert. „Die logische Analyse juristischer Entscheidungen". In: *Recht, Vernunft, Diskurs. Studien zur Rechtsphilosophie*. Hrsg. von Alexy, Robert. Frankfurt a. M. 1995, S. 13–51, 20 ff. „O" ist somit jedenfalls im rechtsphilosophischen Kontext anders besetzt.

756 Dabei wird zu beachten sein, dass Objektivität ein mehrdeutiger Begriff ist; vgl. nur Klatt, Matthias, *Die Theorie der Wortlautgrenze. Semantische Normativität in der juristischen Argumentation*, s. Anm. 436, 195 f. Im folgenden Kapitel soll der Objektivitätsbegriff mit Hilfe einiger Unterscheidungen und in Bezug auf die spezifische Funktion, die er in meiner Arbeit - als Determinante kommunikativer Kraft - hat, eingegrenzt werden.

757 Diese werde ich mit der Sozialphilosophie Searles, bestehend aus den Werken Searle, John R., *Making the social world: the structure of human civilization*, s. Anm. 46; Searle, John R., *The Construction of Social Reality*, s. Anm. 45, entfalten.

758 Diese erläutert in Bezug auf die Argumentationsfigur der einzig richtigen Entscheidung Neumann, Ulfrid, *Wahrheit im Recht. Zu Problematik und Legitimität einer fragwürdigen Denkform*, s. Anm. 19, 41 ff. Neumann, Ulfrid, „Richtigkeitsanspruch und Überprüfbarkeit rechtlicher Entscheidungen", s. Anm. 29, 145 ff.

kommende Indexierung (a.). Auf dieser Grundlage werden Status und Konnexe gebildet, indem die Parameter zu unterschiedlichen Kombinationen zusammengeschlossen werden (b.und c.).

1. Indexierung

Das Vorhaben der Verklammerung der Variablen K, R und I über einen gemeinsamen Index erscheint auf den ersten Blick problematisch. Wie im vorangehenden Abschnitt beschrieben, sind mit kommunikativer Kraft einerseits und Objektivität und Institutionalität andererseits nämlich unterschiedliche Konzepte und Dimensionen angesprochen. Ein gemeinsamer Index ist also nicht so zu verstehen, dass damit die kategorielle Gleichartigkeit von K, R und I behauptet würde. Sinn und Zweck der Indexierung kann es nur sein, die Kombination verschiedener Aspekte der gerichtlichen Argumentation als Gegenstand rechtsphilosophischer Theoriebildung darstellbar zu machen.

Meine dritte Forschungsfrage lautet reformuliert, ob die Argumentationsfigur der einzig richtigen Entscheidung gerechtfertigt werden kann. Der Darstellung als einzig richtig diametral entgegengesetzt ist die Darstellung als vertretbar. Die spezifisch juristische Kategorie der Vertretbarkeit zeichnet sich gegenüber der der „einzig Richtigkeit" dadurch aus, dass es stets die Möglichkeit mindestens zweier gleichermaßen vertretbarer Antworten gibt. Würde man dagegen sagen, dass es stets die „besser" oder „am besten vertretbare Entscheidung" gibt, wäre dies in der Sache nichts anderes als das binäre Schema der einen einzig richtigen Entscheidung gegenüber unendlich vielen falschen.[759] Beansprucht der Richter, die einzig richtige Entscheidung getroffen zu haben, dann impliziert dies, dass alle anderen Entscheidungen weniger richtig sind. Beansprucht er nur eine vertretbare Entscheidung, dann wird nicht ausgeschlossen, dass nicht eine inhaltlich abweichende, gleichermaßen richtige Entscheidung vorliegen kann.[760] Auf genau diese Alternative eines binären (einzig richtig / falsch) und eines nicht binären Schemas (schlechter vertretbar / vertretbar - vertretbar / besser vertretbar) kommt es mir im Folgenden an. Ausreichend ist hierfür eine zweiwertige Indexierung. Eine triadische Skalierung, wie sie von Alexy in seiner Prinzipientheorie entwi-

759 So auch Saliger, Frank, s. Anm. 8, S. 143.
760 ebd., S. 143.

ckelt wurde[761], ist in Bezug auf das mit der Argumentationsfigur der einzig richtigen Entscheidung zur Debatte stehende Prinzip der Binarität dagegen nicht weiterführend.

Die erforderliche und ausreichende zweiwertige Indexierung möchte ich bewusst allgemein halten. Insofern bietet sich die Unterscheidung absoluter (a) und relativer (r) kommunikativer Kraft K, Objektivität R und Institutionalität I an. Absolut (a) meint dabei das binäre Schema (einzig richtig / falsch) und relativ (r) das nicht binäre Schema (schlechter vertretbar / vertretbar - vertretbar / besser vertretbar). Mit der Indexierung von K als absolut (K_a) ist demnach die Argumentationsfigur der einzig richtigen Entscheidung bezeichnet, also ein sprachliches Verhalten entsprechend dem binären Schema einzig richtig / falsch. Mit der Indexierung von K als relativ (K_r) ist demgegenüber ein sprachliches Verhalten entsprechend dem nicht binären Schema bezeichnet, welches die Möglichkeit mehrerer gleichermaßen vertretbarer Aussagen einräumt. Mit der Indexierung von R als absolut (R_a) ist die These der Existenz einzig richtiger Aussagen in jedem Fall bezeichnet, mit der Indexierung von R als relativ (R_r) die Negation dieser These. Mit der Indexierung von I als absolut (I_a) ist ein institutioneller Kontext bezeichnet, der das binäre Schema einzig richtig / falsch voraussetzt und mit der Indexierung von I als relativ (I_r) ein institutioneller Kontext, in dem dies nicht der Fall ist.

Auf Grundlage der zweiwertigen Indexierung in absolut (a) und relativ (r) können nunmehr K, R und I formal ins Verhältnis gesetzt werden. Die Zusammenhänge zwischen den drei Parametern richten sich in meiner Beschreibung nach sogenannten Status. Damit komme ich zum nächsten Abschnitt.

2. Status

Wendet man die zweiwertige Indexierung zunächst nur auf die Parameter K und R an, dann führt dies zu den folgenden Kombinationsmöglichkeiten oder Status.

1. Status 1: K_aR_a
2. Status 2: K_rR_r
3. Status 3: K_aR_r
4. Status 4: K_rR_a

761 Alexy, Robert. „Die Gewichtsformel". In: *Gedächtnisschrift für Jürgen Sonnenschein.* Hrsg. von Jickeli, Joachim, Kreutz, Peter und Reuter, Dieter. Berlin 2003, S. 771–792, 777 ff.

Der Status 1 beschreibt eine absolute kommunikative Kraft bei absoluter Objektivität, der Status 2 beschreibt eine relative kommunikative Kraft bei relativer Objektivität und der Status 3 beschreibt eine absolute kommunikative Kraft bei relativer Objektivität. Der Status 4 beschreibt einc relative kommunikative Kraft trotz absoluter Objektivität. Diese vier Status können anhand der oben bereits erwähnten Beispielssätze für ein richterliches Urteil etwa in folgender Weise illustriert werden.

Status 1: „Herr N. wird, was die einzig richtige Entscheidung ist, zu zehn Jahren und zwei Monaten Gefängnis verurteilt." (K_a); (Es wird vorausgesetzt, dass es in juristischen Fragen einzig richtige Entscheidungen gibt (R_a)
Status 2: „Herr N. wird, was eine vertretbare Entscheidung ist, zu zehn Jahren und zwei Monaten Gefängnis verurteilt." (K_r); (Es wird vorausgesetzt, dass es in juristischen Fragen nur relativ richtige oder vertretbare Entscheidungen gibt (R_r)
Status 3: "Herr N. wird, was die einzig richtige Entscheidung ist, zu zehn Jahren und zwei Monaten Gefängnis verurteilt." (K_a); (Es wird vorausgesetzt, dass es in juristischen Fragen nur relativ richtige oder vertretbare Entscheidungen gibt (R_r)
Status 4: „Herr N. wird, was eine vertretbare Entscheidung ist, zu zehn Jahren und zwei Monaten Gefängnis verurteilt." (K_r); (Es wird vorausgesetzt, dass es in juristischen Fragen einzig richtige Entscheidungen gibt (R_a)

Die Komponente I tauchte bisher nicht auf, obwohl ich sie im letzten Abschnitt wie R als Determinante von K eingeführt hatte. Ich hatte dort jedoch gesagt, dass mit ihr eine völlig neue Betrachtungsweise meiner Ausgangsfragen vorgenommen wird. Ihre Sonderrolle gegenüber R möchte ich nun wie folgt erläutern.

Die Status 1 und 2 bedürfen keiner Erläuterung. Dass in vollständig verobjektivierbaren Lebensbereichen (R_a) absolute Geltungsansprüche (K_a) erhoben werden (Status 1), ist nicht weiter verwunderlich. Dies meinte ich, als ich oben eine Aussage wie „für mich ist die chemische Zusammensetzung von Wasser $H_2 O$" für sinnlos erklärte. Genauso wenig verwundert es, dass in nicht vollständig verobjektivierbaren Lebensbereichen (R_r) nur relative Geltungsansprüche (K_r) erhoben werden (Status 2). Eine Aussage wie „die einzig richtige Auffassung ist, dass Schokoladeneis am besten schmeckt", wäre insofern ebenfalls sinnlos.[762]

Im Sinne der Status 1 und 2 behandeln Alexy und Bäcker die Frage der kommunikativen Kraft richterlicher Begründungen gewissermaßen nebenbei, als Annex zur Frage der Richtigkeit oder Objektivität der in ihr zusammengefassten juristischen Aussagen. Der Richtigkeitsanspruch zielt bei ihnen

762 Vgl. zum Ganzen Ernst, Gerhard, s. Anm. 80, 29 ff. Leiter, Brian, „Objectivity, Morality, and Adjudication", s. Anm. 726, 85 ff. Patzig, Günther, s. Anm. 723, 13 ff.

auf die einzig richtige (Alexy), respektive relativ richtige Aussage (Bäcker), weil juristische Aussagen einzig richtig (Alexy), respektive relativ richtig sein können (Bäcker).[763] Die theoretische Frage nach der Existenz einzig richtiger normativer Aussagen (Objektivität) erhält auf diese Weise Priorität gegenüber der Frage nach deren linguistischer Form (kommunikativen Kraft). Zugespitzt könnte man sagen, dass die Frage des praktischen Umgangs mit dem Wahrheitsprädikat von Alexy und Bäcker überhaupt nicht als solche thematisiert wird.

Die von Alexy und Bäcker mit den Status 1 und 2 zugrundegelegte, identische Begründungsstrategie lässt sich der Formalisierung als „arg. R" wie folgt hinzufügen:

1a. Status 1: K_aR_a (arg. R_a)
2a. Status 2: K_rR_r (arg. R_r)

Dieser Begründungszusammenhang ist intuitiv plausibel. Es scheint an Realitätsverweigerung zu grenzen, wenn man ihn ablehnte und etwa, im Sinne des Status 3, eine Aussage als einzig richtige darstellt (K_a), obwohl aus theoretischen Gründen feststeht, dass es sich nicht um die einzig richtige Aussage handeln kann (R_r). Streng besehen wäre im Status 3 ein Satz wie „Herr N. wird, was die einzig richtige Entscheidung ist, zu zehn Jahren und zwei Monaten Gefängnis verurteilt" stets falsch. Gerechtfertigt wird das sprachliche Verhalten „K_a", d. h. die Argumentationsfigur der einzig richtigen Entscheidung in diesem Fall jedenfalls nicht mit theoretischen Erwägungen. Im Gegenteil wird diese Art sprachlichen Verhaltens durch theoretische Erwägungen diskreditiert.

In der rechtstheoretischen Literatur wird der auf den ersten Blick prekäre Status 3 von Neumann vertreten. Er sagt ausdrücklich, dass der Richter in seiner Entscheidung so tun muss, als ob es die einzig richtige ist.[764] Im Ausdruck des „so tun als ob" kommt die Überzeugung Neumanns von der Kontrafaktizität der Argumentationsfigur der einzig richtigen Entscheidung zum Ausdruck. Für Neumann ist es ausgemachte Sache, dass es auch in Bezug auf eine geltende Rechtsordnung nicht in jedem Fall eine einzig richtige Entscheidung gibt. In dem Topos des „so tun als ob" kommt somit eine Art

763 Alexy, Robert, *Theorie der juristischen Argumentation. Die Theorie des rationalen Diskurses als Theorie der juristischen Begründung*, s. Anm. 14, S. 414; Bäcker, Carsten, *Begründen und Entscheiden. Kritik und Rekonstruktion der Alexyschen Diskurstheorie des Rechts*, s. Anm. 33, 326 ff.

764 Neumann, Ulfrid, *Wahrheit im Recht. Zu Problematik und Legitimität einer fragwürdigen Denkform*, s. Anm. 19, S. 40.

Fiktionalismus zum Ausdruck.[765] Negativ konnotiert könnte man in Bezug auf den Status 3 von einer irreführenden oder täuschenden Art der Darstellung sprechen. Dies tut Bäcker in Bezug auf Neumann in der Erstauflage seiner Arbeit sogar dem Wortlaut nach, in der Neuauflage ist nur die Art der Formulierung, nicht der inhaltliche Vorwurf abgeschwächt.[766] Wie bei meiner Auseinandersetzung mit Alexy erwähnt, meine ich, dass dieser Vorwurf streng besehen schon gegen Alexy zu richten ist. Neumanns Rechtfertigung der kontrafaktischen Darstellungsweise richterlicher Entscheidungen als einzig richtig ist revolutionär und kündet von einer Art Paradigmenwechsel in der analytischen Rechtstheorie. Sie lautet wie im ersten Kapitel gesehen: Nicht die theoretische Ausweisbarkeit, sondern die Funktionen des Rechtssystems sind ausschlaggebend für den praktischen Umgang mit dem Wahrheitsprädikat.[767]

Für diese Rechtfertigungsstrategie der Argumentationsfigur der einzig richtigen Entscheidung steht in meiner Formalisierung die Variable I. Mit ihrer Indexierung als Ia ist ein institutioneller Kontext beschrieben, in dem die Argumentationsfigur der einzig richtigen Entscheidung vorausgesetzt wird. Die Implikationen der Variable I werde ich im dritten Kapitel unter Rückgriff auf die Sozialphilosophie Searles im Einzelnen darlegen. Sie repräsentiert die Rechtfertigung einer, mit dem Status 3 formal wiedergegebenen, kontrafaktischen Praxis richterlichen Begründens (K_aR_r) und sei wie folgt gelistet.

3a. Status 3: K_aR_r (arg. I_a)

Meine Kritik an Bäcker, wonach dessen eindimensionales Modell des Diskurses einen theoretisch unvollständigen Relativismus zeigt, könnte wohl auch mit der Behauptung umschrieben werden, dass mit Bäckers Thesen tatsächlich nicht der Status 2, sondern der Status 4 impliziert wird. Bäcker meint, dass juristische Aussagen stets nur als relativ richtig erkannt werden können. Diese These rechtfertigt Bäckers Zuordnung zu Status 2. Bäcker schließt jedoch nicht aus, dass juristische Aussagen einzig richtig sein kön-

765 Vgl. hierzu in der Metaethik Mackie, John L., s. Anm. 54, S. 239; Joyce, Richard, „Moral fictionalism“, s. Anm. 55.

766 Vgl. Bäcker, Carsten, *Begründen und Entscheiden. Kritik und Rekonstruktion der Alexyschen Diskurstheorie des Rechts*, s. Anm. 216, S. 314; Bäcker, Carsten, *Begründen und Entscheiden. Kritik und Rekonstruktion der Alexyschen Diskurstheorie des Rechts*, s. Anm. 33, 316 ff.

767 Neumann, Ulfrid, *Wahrheit im Recht. Zu Problematik und Legitimität einer fragwürdigen Denkform*, s. Anm. 19, S. 61.

nen. Insofern ist Bäckers Zuordnung zum Status 2 infrage gestellt und der Status 4 in Betracht zu ziehen.

Für diesen Status gibt Bäcker keine Begründung. Bäcker sagt nur, es sei redlicher, wenn der Entscheider eine relativ richtige Entscheidung beansprucht, weil nur sie erkannt werden könne. In seiner Begründung bewegt sich Bäcker also in den Bahnen des Status 2. Eine anderweitige, institutionelle Begründung für den Status 4 kann jedoch nicht ausgeschlossen werden. Sie sei der Vollständigkeit halber ebenfalls gelistet.

4a. Status 4: K_rR_a (arg. I_r)

Schon die Kombinationen 1a.-4a. könnte man als „Modelle" kommunikativer Kraft ansehen. Bei genauerem Hinsehen zeigt sich aber, dass den vier Kombinationen oder Status nur zwei unterschiedliche Strukturen zugrundeliegen. Diese Strukturen sollen im Folgenden als Konnexe bezeichnet und gesondert aufgeführt werden. Die Modelle kommunikativer Kraft werden alsdann aus der Zusammenschau von Status und Konnexen entwickelt.

3. Konnexe

Bei Betrachtung der identischen oder unterschiedlichen Indexierung der Variablen zeigt sich, dass den vier verschiedenen Kombinationsmöglichkeiten oder Status nur zwei unterschiedliche Strukturen oder Konnexe zugrunde liegen. Diese können wie folgt aus den drei relevanten Status abgeleitet werden.

Im Status 1 sind kommunikative Kraft und Objektivität „absolut" indexiert; in gleicher Weise sind in Status 2 kommunikative Kraft und Objektivität „relativ" indexiert. Dieser Zusammenhang oder Konnex von kommunikativer Kraft und Objektivität kann als Kongruenz von K und R bezeichnet werden (Kongruenzthese). Die mit diesem Konnex zugrundegelegte Priorität theoretischer Annahmen (Objektivität) über praktisches sprachliches Verhalten (kommunikative Kraft) kann etwa in der Weise verdeutlicht werden, dass von absoluter (oder relativer) kommunikativer Kraft *wegen* absoluter (oder relativer) Objektivität gesprochen wird.

Dieser Konnex wird in der rechtstheoretischen Literatur von Alexy und Bäcker vertreten.[768] Dagegen sind die Status 3 und 4 wie gesehen durch eine Art Inkongruenz der Parameter K und R gekennzeichnet (Inkongruenzthese).

768 Vgl. Alexy, Robert, *Theorie der juristischen Argumentation. Die Theorie des rationalen Diskurses als Theorie der juristischen Begründung*, s. Anm. 14, S. 414; Bäcker,

Bei Beschreibung des Status 3 könnte in diesem Sinne z. B. von absoluter kommunikativer Kraft *trotz* relativer Objektivität gesprochen. Diese Ansicht wird in der rechtstheoretischen Literatur insbesondere von Neumann vertreten, der wie dargestellt meint, dass die Frage des praktischen Umgangs mit dem Wahrheitsprädikat von ihrer theoretischen Ausweisbarkeit zu trennen ist.[769] Diese Art der Rechtfertigung der Argumentationsfigur der einzig richtigen Entscheidung hatte ich mit dem Parameter I gekennzeichnet.

Die vier Status beruhen also auf nur zwei Konnexen. Umgekehrt könnte man auch sagen, dass zwei Konnexe vier Status zum Ausdruck bringen. Diese Konnexe sind erstens die Entsprechung oder Kongruenz (Status 1 und 2) und zweitens die Unabhängigkeit oder Inkongruenz beider Parameter (Status 3 und 4). Die Konnexe seien der Liste der Status in formalisierter Schreibweise hinzugefügt.

5. Konnex 1: $K = R$ (1., 2.)
6. Konnex 2: $K \neq R$ (3., 4.)

In den Begriffen dieses Abschnittes kann damit die mit der dritten Forschungsfrage zur Entscheidung stehende Alternative so beschrieben werden, dass entweder - im Sinne der Status 1 und 2 und des mit ihnen zum Ausdruck kommenden Konnexes 1 (Kongruenzthese) - die Frage der Darstellung und Präsentation richterlicher Begründungen aufgrund von theoretischen Erwägungen zur Objektivität juristischer Aussagen zu beantworten ist oder - im Sinne der Status 3 und 4 und des Konnexes 2 (Inkongruenzthese) - unabhängig hiervon. Vorgreifend sei gesagt, dass es ein Hauptanliegen des dritten Kapitels sein wird, diese Unabhängigkeit auf der Grundlage sozialphilosophischer Erwägungen als notwendig zu erweisen.

Im Folgenden sollen auf Grundlage der entwickelten Formalisierung Modelle kommunikativer Kraft entwickelt werden. Dabei ist auf die (Grenzen der) Leistungsfähigkeit derartiger heuristischer Modelle einzugehen.

II. Modelle kommunikativer Kraft

Aus Status und Konnexen können nunmehr „Modelle" kommunikativer Kraft konstruiert werden. Diese bestehen aus der Zusammenschau von Status und

---

Carsten, *Begründen und Entscheiden. Kritik und Rekonstruktion der Alexyschen Diskurstheorie des Rechts*, s. Anm. 33, 326 ff.

769 Neumann, Ulfrid, *Wahrheit im Recht. Zu Problematik und Legitimität einer fragwürdigen Denkform*, s. Anm. 19, 41 ff.

Konnexen, sind in diesen also impliziert. Es lassen sich folgende, für meine Zwecke relevante Modelle unterscheiden.

7. Modell A: $K = R \bigwedge (K_a R_a)$ arg. R_a
8. Modell B: $K = R \bigwedge (K_r R_r)$ arg. R_r
9. Modell C: $K \neq R \bigwedge (K_a R_r)$ arg. I_a
10. Modell D: $K \neq R \bigwedge (K_r R_a)$ arg. I_r

Es entstehen aus den Status 1.- 4., den Konnexen 5. - 6. die Modelle 7.-10. Jedem der Status 1. - 4. wird damit genau ein Modell zugeordnet. Dagegen werden drei unterschiedlichen Status nur zwei unterschiedliche Konnexe zugeordnet. Dies folgt daraus, dass die beiden Konnexe jeweils in zwei Modellen auftauchen, nämlich der Konnex 1 in Modell A und Modell B, der Konnex 2 in Modell B und C. Hieran wird in Bezug auf den Konnex 1 deutlich, dass die Modelle A und B letztlich die gleiche Position darstellen, wenn auch spiegelbildlich verkehrt. Diese Position besteht in der Auffassung, dass K stets in gleicher Weise wie R zu indexieren ist und K somit eine Art Annex zu R darstellt. Dem widerstreitet wie erwähnt die insbesondere mit dem Modell C zum Ausdruck gebrachte Position. Ihr zufolge sind K und R unabhängig.

Sinn und Zweck der nunmehr vollständig vorliegenden Modelle kommunikativer Kraft ist es, alle grundsätzlich sinnvollen Kombinationen der eingeführten Parameter K, R und I abzubilden. Hiermit meine ich einerseits, dass, wie sich zeigen wird, die in der rechtstheoretischen Literatur bezüglich meiner Ausgangsfrage im Widerstreit stehenden Positionen ohne Weiteres den vier Modellen A-D zugeordnet werden können. Zu unterscheiden ist jeweils eine deskriptive und eine normative Interpretation

Darüber hinaus behaupte ich, dass diese Modelle systematisch vollständig sind. Auf die Frage nach der angemessenen Darstellungsweise richterlicher Begründungen gibt es aus meiner Sicht keine sinnvolle Antwort, die nicht den Modellen A-D zugeordnet werden könnte. Zu beachten ist, dass sich die Leistungsfähigkeit meiner Modelle kommunikativer Kraft in dieser ausschließlich heuristischen Funktion erschöpft. In Bezug auf meine dritte Forschungsfrage tragen sie in substantieller Hinsicht nichts aus. Die Modelle sind bis zu dieser Stelle meiner Überlegungen also grundsätzlich ebenbürtig.[770]

---

770 Es sei nicht verschwiegen, dass mit meinen Ausführungen zu den Positionen in der rechtstheoretischen Literatur einige diesbezügliche Vorentscheidungen verbunden sind. Insbesondere die Kritik an Alexy, Robert, *Theorie der juristischen Argumentation. Die Theorie des rationalen Diskurses als Theorie der juristischen Begründung*, s. Anm. 14, S. 414 ist insofern als eine erste thematische Einlassung anzusehen.

Meine im Verlaufe des dritten Kapitels zu entwickelnde Position in der im ersten Kapitel rekonstruierten Diskussion um die angemessene oder richtige kommunikative Kraft wird nach dem Gesagten jedenfalls einem (oder mehreren) der Modelle zugeordnet werden können. Andersherum könnte man auch sagen, dass meine Antwort auf die dritte Forschungsfrage in der Entscheidung für eines (oder mehrere) der Modelle bestehen wird. Mit Einführung der Determinante der Institutionalität im vorangegangenen Abschnitt ist zugegebener Maßen eine Vorentscheidung getroffen für die Relevanz institutioneller Faktoren. Wie bereits erwähnt, spielen diese nur im Modell C überhaupt eine Rolle. Aus dem lediglich heuristischen Charakter der Modelle ergibt sich aber, dass diese Vorentscheidung inhaltlich zu substantiieren ist. Nicht ausgeschlossen ist zudem, dass ein weiteres Modell dennoch Relevanz behält.

Hiermit komme ich zum nächsten Abschnitt, in dem die nun vorliegenden, verschiedenen Kombinationsmöglichkeiten von K, R und I weiter erläutert werden sollen. Weiterhin geht es im Folgenden darum, der bisher gewählten, formalisierten Darstellungsweise eine ausführlichere und anschaulichere Form zu geben.

III. Diskussion

Der bis zu dieser Stelle gewählten Art der formalisierten Darstellung soll im Folgenden ein Kontrapunkt gesetzt werden. Die mit den Status 1.- 4. und Konnexen 1. - 2. implizierten Modelle A-D werde ich zu diesem Zweck im Einzelnen beschreiben und den vorgestellten rechtstheoretischen Autoren zuordnen. Dieser Stilwechsel wird in den Überschriften nicht mitvollzogen. Ich möchte hiermit Widerspruch vermeiden, der nicht auf meine Ausgangsfrage, sondern auf die Angemessenheit von Sammelbezeichnungen zielt. Somit wird es im Folgenden jedenfalls in den Überschriften bei der Variablenschreibweise von eben bleiben. Es geht mir im Folgenden nicht zuletzt auch darum, die mit den unterschiedlichen Modellen formal abgebildeten Argumentationstheorien als Statthalter von verschiedenen philosophischen Intuitionen zum Ausdruck zu bringen. Diese Intuitionen beziehen sich, in den Begriffen Neumanns, auf die zwei Parameter „theoretische Ausweisbarkeit" und „praktischer Umgang" mit Wahrheit in der gerichtlichen Argumentation (a.-d.).

1. Modell A

Ein Vertreter des Modells A ($K = R \bigwedge (K_a R_a)$ arg. R_a) ist Realist. Er ist der Auffassung, dass es juristische Aussagen, etwa das Verbot bestimmter Formen der Sklaverei, gibt, die im Wortsinne und ungeachtet des raumzeitlichen Kontextes der Äußerung wahr oder einzig richtig sind. Die Darstellung juristischer Aussagen als einzig richtig ist dieser Auffassung zufolge mehr als eine „Argumentationsfigur", da es für sie in theoretischer Hinsicht eine Entsprechung gibt.

Das Modell A führt in Bezug auf die Argumentation der Parteien zu einer konfliktträchtigen Deutung des Gerichtsprozesses. Denn der Anspruch auf die einzig richtige Antwort impliziert, dass die Antwort der Gegenseite zwangsläufig falsch ist. Er negiert die Möglichkeit, dass die gegnerische Rechtsmeinung etwa gleichermaßen vertretbar ist.[771] In Bezug auf die richterliche Argumentation oder Begründung ist das Modell A die theoretische Untermauerung einer Rechtsprechungspraxis, in der die das Urteil stützenden juristischen Aussagen als alternativlos dargestellt werden.[772]

Das Modell A liegt implizit der Position Alexys zugrunde.[773] Alexy zufolge müssen Teilnehmer an allgemein-praktischen wie juristischen Diskursen

771 Die Darstellung der eigenen Rechtsmeinung als alternativlos dürfte bei anwaltlicher Vertretung schon als eine aus dem Anwaltsvertrag folgende, rechtliche Pflicht aufzufassen sein. Der Anwalt ist nämlich verpflichtet, zu versuchen, das Gericht von der Richtigkeit der seinem Mandanten günstigen Rechtsauffassung zu überzeugen; Heermann, Peter W. „§ 675". In: *Münchener Kommentar. Bürgerliches Gesetzbuch.* Hrsg. von Säcker, Franz Jürgen und Rixecker, Roland. 6. Aufl. München 2012, S. 2465–2511, S. 2477. Insofern ist meine normative Forschungsfrage nach der angemessenen Art der Darstellung juristischer Behauptungen in Bezug auf das Parteivorbringen rechtlich präkludiert. Wie ich dargelegt hatte, gilt dies für die richterliche Begründung nicht, da die prozessualen Begründungspflichten diese Frage offen lassen; siehe oben, S. 139 ff.

772 Einleitend hatte ich anhand von zwei Urteilspassagen gezeigt, dass die tatsächlich vorfindliche Rechtsprechungspraxis von BVerfG und BVerwG in dieser Weise ihre Urteile präsentiert und darstellt; siehe oben, S. 2 f. Den diesbezüglichen „Nachweis" werde ich in dieser Arbeit nicht antreten können, weil es sich hierbei um eine eigenständige empirische Untersuchung handeln würde.

773 Lafont, Christina, s. Anm. 57, S. 297; Alexy, Robert, „Comments and Responses", s. Anm. 57, S. 352. Neben Alexy ist Dworkin als Vertreter dieser Position zu nennen; vgl. Dworkin, Ronald, „Can Rights be Controversial?", s. Anm. 10, 279 ff. Dworkin, Ronald, „No Right Answer?", s. Anm. 10, 60 ff.

stets beanspruchen, dass ihre Antworten absolut oder einzig richtig sind.[774] Dies folgt für ihn insbesondere aus der Annahme, dass juristische Aussagen existieren, die ungeachtet des historischen und kulturellen Kontextes richtig und somit einzig richtig sind.[775]

Die Strukturierende Rechtslehre bestreitet zwar einerseits, dass es in der gerichtlichen Argumentation überhaupt um Richtigkeit oder Objektivität geht. Insbesondere Alexys These der Existenz einzig richtiger juristischer Aussagen wird vehement abgelehnt.[776] Andererseits zeigt sich eine überraschende Nähe der Strukturierenden Rechtslehre zum Modell A und damit zur Position Alexys. Für die Strukturierende Rechtslehre ist die Konflikthaftigkeit der Argumentation der Parteien das Wesensmerkmal der gerichtlichen Argumentation als eines „Kampfes um das Recht".[777] Dieser Kampf kann für sie jedenfalls nicht durch bessere Erkenntnis des Richters entschieden werden. Vielmehr geht es um eine stets vorläufige Ruhigstellung des Konfliktes durch die richterliche „Inszenierung von Legitimität".[778] Die überraschende Nähe dieser zu Alexys Position besteht nun darin, dass - gleich des Alexyschen Anspruchs auf die einzig richtige Entscheidung - sowohl in Bezug auf die Konflikthaftigkeit der Argumentation der Parteien, als auch in Bezug auf die richterliche Inszenierung des Konfliktendes, Ausschließlichkeit und Alternativlosigkeit handlungsleitend ist. Die Strukturierende Rechtslehre geht in gleicher Weise wie Alexy davon aus, dass die richterliche Inszenierung

774 Alexy, Robert, *Theorie der juristischen Argumentation. Die Theorie des rationalen Diskurses als Theorie der juristischen Begründung*, s. Anm. 14, S. 414.

775 Ich hatte diese Behauptung als Möglichkeitsthese bezeichnet und als ersten von zwei Begründungsschritten Alexys für seine These des Anspruchs auf die einzig richtige Entscheidung ausgemacht. Die These universal gültiger juristischer Aussagen findet sich an vielen Stellen in Alexys Werk, vgl. nur ebd., S. 256; Alexy, Robert, „Law, Discourse, and Time", s. Anm. 17, 104 ff. Die Begründung für diese Behauptung findet sich etwa in Alexy, Robert, „The Existence of Human Rights", s. Anm. 94, 15 ff. Ich hatte oben in kritischer Absicht bemerkt, dass Alexy seine Position auf der Grundlage zweifelhafter Prämissen über das Bestehen unterschiedlicher ontologischer Sphären oder „Welten" aufbaut, wie sie etwa in Alexy, Robert, „Menschenrechte ohne Metaphysik?", s. Anm. 164, S. 24 zum Ausdruck kommen. Diese Kritik stellte insofern eine erste thematische Einlassung in Bezug auf die Beantwortung meiner dritten Forschungsfrage dar.

776 Müller, Friedrich, „Virtualität im Rahmen der Strukturierenden Rechtslehre", s. Anm. 492, S. 370; inhaltlich identisch Müller, Friedrich und Christensen, Ralph, s. Anm. 435, 547 f.

777 Christensen, Ralph und Sokolowski, Michael, „Die Krise der Kommunikation und die Möglichkeit juristischen Argumentierens", s. Anm. 25, 105 f.

778 Christensen, Ralph und Lerch, Kent D., s. Anm. 59, 122 ff.

der Entscheidung einem binären Schema folgt. Das Prinzip der Binarität gilt dabei zwar nicht in Bezug auf Richtigkeit, wohl aber in Bezug auf Einwandfreiheit.[779] Für meine Frage nach der linguistischen Form der richterlichen Begründung ergibt sich hieraus aber kein Unterschied. Denn bei Alexy wie bei der Strukturierenden Rechtslehre ist der Richter gehalten, seine Entscheidung als alternativlos, bzw. nach dem Prinzip der Binarität darzustellen.

2. Modell B

Ein Vertreter des Modells B ($K = R \wedge (K_r R_r)$ arg. R_r) ist Abolitionist[780] in Bezug auf die Argumentationsfigur der einzig richtigen Entscheidung. Er glaubt nicht, dass es auf juristische Fragen vollständig objektive oder wahre Antworten geben könne. Er meint vielmehr, dass die Antworten auf juristische Fragen stets relativ zur Sprecherperson in seiner historisch-kulturellen Gebundenheit sind. Wegen der Relativität juristischer Aussagen dürfe mit ihnen nicht Ausschließlichkeit - in dem erwähnten Sinne - beansprucht werden. Die Argumentationsfigur der einzig richtigen Entscheidung ist für den Vertreter des Modells B als Ausdruck einer fehlerhaften Sprachpraxis der Gerichte aufzugeben.

Das Modell B stellt in Bezug auf eine Rechtsprechungspraxis, in der richterliche Entscheidungen als einzig richtige dargestellt und präsentiert werden, zwangsläufig eine Kritik dar. Das Modell B ist somit, anders als das Modell A, eine normative Theorie. Vom Standpunkt des Modells B stellt sich die Argumentationsfigur der einzig richtigen Entscheidung als Täuschung und Irreführung über die tatsächlichen Grundlagen der Entscheidung und als Maskierung der Vorurteile und Präferenzen des Entscheiders dar.[781]

Das Modell B kommt in der Position Bäckers zum Ausdruck.[782] Für Bäcker sind richterliche Urteile niemals einschränkungslos richtig oder objektiv.

779 Christensen, Ralph und Sokolowski, Michael, „Die Krise der Kommunikation und die Möglichkeit juristischen Argumentierens", s. Anm. 25, S. 142.

780 Diese Bezeichnung übernehme ich von Joyce, Richard, *The myth of morality*, s. Anm. 20, S. 214; Joyce, Richard, „Moral fictionalism", s. Anm. 55, S. 299. Es sollte klar sein, dass hiermit keinerlei Ähnlichkeiten zu der strafrechtskritischen Strömung verbunden sind.

781 Vgl. ebd., S. 299.

782 Skeptische Positionen gibt es in der Rechts- und Moralphilosophie in unterschiedlichster Ausprägung. Alexy, Robert, „Menschenrechte ohne Metaphysik?", s. Anm. 164, S. 17 fasst unter den Begriff des Skeptizismus so unterschiedliche Theorien wie Emotivismus, Dezisionismus, Subjektivismus, Relativismus, Naturalismus

Richtigkeit oder Objektivität seien ausnahmslos relativ zu verstehen oder wahlweise durch Begriffe wie Plausibilität oder Vertretbarkeit zu ersetzen.[783] Erkenntnistheoretisch redlich könne der richterliche Anspruch auf Richtigkeit vor diesem Hintergrund nur sein, wenn mit der Entscheidung nicht Ausschließlichkeit beansprucht werde, in dem Sinne, dass keine andere, gleichermaßen richtige Entscheidung denkbar gewesen wäre.[784]

Auch die Strukturierende Rechtslehre scheint dieses Modell zugrunde zu legen. Für sie ist der Anspruch des Richters schon überhaupt gar nicht auf Richtigkeit bezogen, sondern auf Geltung qua Einwandfreiheit.[785] Diese Geltung qua Einwandfreiheit ist für die Strukturierende Rechtslehre stets diskursrelativ.[786] Andererseits ist zu beachten, dass, wie bereits dargelegt, das richterliche Urteil den Konflikt der Parteien qua „Inszenierung" zu beenden hat. Inszeniert wird, so verstehe ich die Strukturierende Rechtslehre, Alternativlosigkeit. Hiermit scheint das Modell A, nicht das Modell B zum Ausdruck gebracht zu werden. In normativer Hinsicht. liegt die Justizkritik Müllers[787] wiederum auf Linie des Modells B.

Schließlich weisen neuere Äußerungen Alexys in Richtung des Modells B. Wie bei meiner Auseinandersetzung mit Alexy festgestellt, ist seine Position bezüglich des von den Teilnehmern eines juristischen Diskurses zu Beanspruchenden neuerdings mehrdeutig. In Reaktion auf Kritiker meint Alexy nämlich, ausreichend sei eine Bekräftigung oder Versicherung anstelle einer Garantie der Begründbarkeit.[788] Dies, so meine Kritik, widerspricht der Äußerung im Nachwort zur *Theorie der juristischen Argumentation*, wonach die Diskursteilnehmer stets die einzig richtige Aussage beanspruchen müssen.[789] Eine Bekräftigung, so meine Ausführungen dort, folgt in keinster

---

und Dekonstruktivismus. Angesichts der Uneinheitlichkeit der Begriffsverwendung soll hier auf eine Zuordnung dieser Theorien zu einzelnen Autoren verzichtet werden.

783 Bäcker, Carsten, *Begründen und Entscheiden. Kritik und Rekonstruktion der Alexyschen Diskurstheorie des Rechts*, s. Anm. 33, S. 164.

784 ebd., S. 329. In der ersten Version seiner Arbeit spricht Bäcker ausdrücklich davon, dass es sich hierbei um die „vielleicht wichtigste Konsequenz" seiner alternativen Diskurstheorie handelt; Bäcker, Carsten, *Begründen und Entscheiden. Kritik und Rekonstruktion der Alexyschen Diskurstheorie des Rechts*, s. Anm. 216, 306 ff.

785 Christensen, Ralph und Sokolowski, Michael, „Die Krise der Kommunikation und die Möglichkeit juristischen Argumentierens", s. Anm. 25, 137 ff.

786 ebd., S. 142.

787 Müller, Friedrich, Christensen, Ralph und Sokolowski, Michael, s. Anm. 12, S. 104.

788 Alexy, Robert, „Thirteen Replies", s. Anm. 37, 348 f.

789 Alexy, Robert, *Theorie der juristischen Argumentation. Die Theorie des rationalen Diskurses als Theorie der juristischen Begründung*, s. Anm. 14, S. 414.

Weise dem Prinzip der Binarität einzig richtig/ falsch.[790] Meine Kritik an der theoretischen Ambivalenz der Äüßerungen Alexys zu meiner Fragestellung kann in den Begriffen dieses Kapitels als Anwendbarkeit der Modelle A und B auf Alexys Position reformuliert werden. Zu beachten ist jedoch, dass für Alexy im Ausnahmefall der diskursiven Notwendigkeit absolut oder einzig richtige Ergebnisse erzielt werden können. Dies spricht gegen seine Zuordnung zum Modell B.

3. Modell C

Ein Vertreter des Modells C ($K \neq R \wedge (K_aR_r)$ arg. I_a) ist Fiktionalist.[791] Modell C bringt keine Alltagsintuition, sondern ein Expertenwissen zum Ausdruck. Dies war jedenfalls bei dem Modell A anders, da der Realismus sicher dem Common sense zum Thema der Realität des Rechts entspricht. Ein Anhänger des Modells C teilt mit dem Abolitionisten des Modells B die Analyse, dass es jedenfalls in schwierigen Fällen keine wahren oder vollständig objektiven juristischen Aussagen geben kann. Er zieht hieraus jedoch in normativer Hinsicht eine andere Konsequenz. Anders als dieser meint er, dass die Argumentationsfigur der einzig richtigen Entscheidung dennoch gerechtfertigt werden kann. Zur Rechtfertigung der kontrafaktischen Praxis verweist er auf funktionelle Erfordernisse der juristischen Institutionen. Seine Position basiert damit auf einem völlig anderen Begründungszusammenhang (in den Begriffen dieses Abschnittes: auf einem anderen Konnex) als das Modell A, welches ebenfalls von der Angemessenheit der Argumentationsfigur der einzig richtigen Entscheidung ausgeht. Dieser Begründungszusammenhang, wie er in der Inkongruenzthese zum Ausdruck kommt, kann als ein praktischer (gegenüber dem theoretischen des Modells A und B) angesehen werden.[792]

Das Modell C wird implizit von Neumann vertreten. Auf der Grundlage der an die Sozialphilosophie Searles angelehnten These vom Recht als einem

790 So auch Sieckmann, Jan-R., „Human Rights and the Claim to Correctness in the Theory of Robert Alexy“, s. Anm. 36, S. 199.

791 Diese Bezeichnung übernehme ich ebenfalls von Joyce, Richard, *The myth of morality*, s. Anm. 20, 185 ff. Joyce, Richard, „Moral fictionalism“, s. Anm. 55, S. 299.

792 Mit meiner Gegenüberstellung einer theoretischen und einer praktischen Begründung knüpfe ich an die Argumentation Neumanns an; vgl. Neumann, Ulfrid, *Wahrheit im Recht. Zu Problematik und Legitimität einer fragwürdigen Denkform*, s. Anm. 19, S. 41.

System institutioneller Tatsachen lehnt Neumann die ontologische These Alexys der Existenz einzig richtiger juristischer Aussagen ab.[793] Weiterhin kommt Neumann aufgrund von argumentationstheoretischen Überlegungen zu der darüber hinausgehenden Erkenntnis, dass es auch in Bezug auf eine geltende Rechtsordnung nicht stets nur eine einzige richtige Lösung juristischer Probleme gibt.[794] Er zieht aus dieser Erkenntnis jedoch den entgegengesetzten Schluss wie Bäcker. Statt einer grundsätzlichen Ablehnung der kontrafaktischen Praxis der Argumentationsfigur der einzig richtigen Entscheidung nimmt er für sie eine institutionelle Rechtfertigung an. Für Neumann folgt z. B. aus dem Bestehen eines Instanzenzuges und aus der Struktur bestimmter Kontrollverhältnisse, dass die These einzig richtiger Entscheidungen praktisch unverzichtbar ist - obwohl theoretisch unhaltbar. Die einzig richtige Entscheidung ist für Neumann eine nützliche oder gar unverzichtbare Fiktion.[795]

Die Struktur des Modells C scheint teilweise auch den Ausführungen der Strukturierenden Rechtslehre zugrunde zu liegen. Wie gesehen geht sie nicht davon aus, dass es in juristischen Fragen einzig richtige Antworten gibt.[796] An einer Stelle sagt Müller aber ausdrücklich, die Gerechtigkeit, verstanden als einzig richtige Entscheidung, erfülle für das Rechtssystem „vitale Aufgaben".[797] Deskriptiv geht die Strukturierende Rechtslehre also wie Bäcker und Neumann davon aus, dass die einzig richtige Entscheidung in der jurisprudentiellen Praxis kontrafaktisch in Anspruch genommen wird. Normativ wird diese Praxis aber mit Bäcker und gegen Neumann kritisiert.[798] Fraglich ist vor diesem Hintergrund die gleichwohl bestehende Nähe zum Modell A. Es ergibt sich nämlich, dass die Strukturierende Rechtslehre in bestimmten Aspekten allen drei Modellen zugeordnet werden kann. Dies

---

793 Neumann, Ulfrid, „Rechtspositivismus, Rechtsrealismus und Rechtsmoralismus in der Diskussion um die strafrechtliche Bewältigung politischer Systemwechsel", s. Anm. 172, S. 174; Neumann, Ulfrid, „Das Problem der Rechtsgeltung", s. Anm. 110, S. 239.

794 Neumann, Ulfrid, *Wahrheit im Recht. Zu Problematik und Legitimität einer fragwürdigen Denkform*, s. Anm. 19, S. 30.

795 Die Position, wonach die Fiktion der Objektivität nützlich sein kann, findet sich erstmals in Mackie, John L., s. Anm. 54, S. 239. Diesbezüglich ausführlich Joyce, Richard, *The myth of morality*, s. Anm. 20, 177 ff. Joyce, Richard, „Moral fictionalism", s. Anm. 55, 298 ff.

796 Müller, Friedrich und Christensen, Ralph, s. Anm. 435, 547 f.

797 Müller, Friedrich, Christensen, Ralph und Sokolowski, Michael, s. Anm. 12, S. 104.

798 ebd., S. 104.

deutet auf eine bedeutende Ambivalenz der Position der Strukturierenden Rechtslehre hin.

In Betracht käme schließlich, auch Alexys Position dem Modell C zuzuordnen. Man könnte insbesondere daran denken, Alexys Position mit Cook als „dialektisch" zu bezeichnen.[799] Zwischen dem in realen Diskursen zu Erreichenden Relativen und dem zu Beanspruchenden Idealen oder Absoluten besteht nach Auffassung Cooks in der Theorie Alexys eine nicht zu überbrückende Kluft.[800] Der Versuch der Approximation des Realen an das Ideale könne als ein dialektischer Zusammenhang bezeichnet werden. Dabei habe Alexy die dialektische Bewegung so konzipiert, dass der ideale Endpunkt für die menschliche Vernunft nicht erreichbar sei.[801] Dies scheint auch im Modell C (K_aR_r) der Fall zu sein.[802] Bei Zuordnung Alexys zum Modell C - wie sie in den Ausführungen Cooks zum Tragen kommt - käme andererseits nicht zum Ausdruck, dass für Alexy im Ausnahmefall der diskursiven Notwendigkeit eine Entsprechung zwischen der realen und der idealen Sphäre besteht. Die diskursiv notwendigen Aussagen zeichnen sich dadurch aus, dass sie ungeachtet der Ergebnisse realer Diskurse Gültigkeit beanspruchen können und gleichzeitig in realen Diskursen als richtig erkannt werden können. Die Charakterisierung von Cook ist insofern nicht zutreffend. In den Begriffen dieses Abschnittes bedeutet dies, dass Alexy in Bezug auf den Bereich der diskursiven Notwendigkeit die Kongruenzthese vertritt (Konnex 1: $K = R$). Die oben kritisierte, theoretische Ambivalenz bezieht sich daher nur auf Alexys Unentschlossenheit zwischen den Modellen B und C.

799 Cook, Maeve, „The Dual Character of Concepts and the Discourse Theory of Law", s. Anm. 107, 279 f. ähnlich bereits Cook, Maeve, „Law's Claim to Correctness", s. Anm. 68, 242 ff.

800 Cook, Maeve, „The Dual Character of Concepts and the Discourse Theory of Law", s. Anm. 107, 279 f. Cook, Maeve, „Law's Claim to Correctness", s. Anm. 68, S. 243.

801 Cook, Maeve, „The Dual Character of Concepts and the Discourse Theory of Law", s. Anm. 107, 279 f. Cook, Maeve, „Law's Claim to Correctness", s. Anm. 68, S. 243.

802 Zustimmend zur Bezeichnung seiner Theorie als „dialektisch" Alexy, Robert, „Comments and Responses", s. Anm. 57, S. 349. Zu beachten ist, dass Alexy in keinster Weise die Deutung Cooks bestätigt, zwischen der idealen und der realen Sphäre bestünde eine unüberbrückbare Kluft, bzw. sei das Ideale für die menschliche Vernunft grundsätzlich nicht erkennbar.

4. Modell D

Schließlich ist noch das Modell D ($K \neq R \wedge (K_rR_a)$ arg. I_r) zu diskutieren. Dieses stellt gegenüber den bisher diskutierten Modellen einen Sonderfall dar. Ihm lässt sich nämlich keiner der diskutierten Autoren zweifelsfrei zuordnen. Es geht mit dem Modell D also insbesondere darum, die systematische Vollständigkeit der entwickelten Formalisierung und Indexierung zu zeigen. Ein Anhänger des Modells D stimmt mit dem Realisten in der Auffassung überein, dass es juristische Aussagen wie das Verbot bestimmter Formen der Sklaverei, gibt, die im Wortsinne und ungeachtet des raumzeitlichen Kontextes der Äußerung richtig und damit einzig richtig sind. Er nimmt entgegen diesem aber nicht an, dass aufgrunddessen auch der Anspruch zu erheben ist, dass die eigene Aussage einzig richtig sei.

In der Literatur wird dieses Modell nicht ausdrücklich vertreten. Ich hatte jedoch gesagt, dass meine Kritik an dem unvollendeten Relativismus von Bäckers alternativer Diskurstheorie so verstanden werden kann, dass mit ihm der dem Modell D inhärente Status K_rR_a zum Ausdruck gebracht wird. Bäcker meint, dass es die Tugendhaftigkeit des Richters erfordere, nur den Anspruch auf eine relativ richtige oder vertretbare Entscheidung zu erheben. Nur relativ richtige Entscheidungen seien nämlich in realen Diskursen erzielbar.[803] Bäcker schließt aber nicht aus, dass juristische Aussagen dennoch einzig richtig sein können.[804] Eine Begründung hierfür bleibt Bäcker schuldig. In seiner, dem Anspruch nach, relativistischen Diskurstheorie ist aus meiner Sicht kein Raum für die Existenz einzig richtiger Entscheidungen. Diesen Aspekt der Theorie Bäckers hatte ich unter dem Stichwort des unvollendeten Relativismus kritisiert.[805] Geht man wie Bäcker davon aus, dass einzig richtige Entscheidungen existieren, dann lässt sich weiterhin das von ihm verfochtene Beanspruchen optimaler Richtigkeit nicht vom Streben nach einzig richtigen Aussagen unterscheiden. Die von Bäcker abgelehnte Argumentationsfigur der einzig richtigen Entscheidung kehrt damit über den Umweg seines unvollständigen Relativismus wieder. Akzeptiert man wie Bäcker, dass es neben den relativ richtigen Antworten realer Diskurse noch einzig richtige Antworten gibt, dann ist höchst zweifelhaft, ob in Verbindung mit dem Konzept der Optimierung auf sie verzichtet werden kann.[806]

---

803 Bäcker, Carsten, *Begründen und Entscheiden. Kritik und Rekonstruktion der Alexyschen Diskurstheorie des Rechts*, s. Anm. 33, S. 329.
804 Vgl. ebd., S. 165 und ebd., S. 332.
805 Siehe oben, S. 54 ff.
806 Siehe oben, S. 56.

Die These des richterlichen Anspruchs auf die relativ richtige oder vertretbare Entscheidung ist vor dem Hintergrund der Annahme einzig richtiger Entscheidungen, jedenfalls in der von Bäcker implizit vertretenen Version, unplausibel. Da das Modell D - so weit ich sehe - auch sonst nicht vertreten wird, wird es im Folgenden keine Rolle mehr spielen. Im dritten Kapitel werden nur die Modelle A-C zur Auswahl gestellt und diskutiert.

IV. Tabellarische Zusammenfassung

Die in den vorangehenden Abschnitten entwickelte Taxonomie soll abschließend tabellarisch zusammengefasst werden. Dabei werden stets die beiden Kategorien kommunikative Kraft und Objektivität verwendet. Der zweiwertige Index „absolut / einzig richtig / binär" und „relativ / vertretbar / nicht binär" ist ebenfalls stets der gleiche. Absolut (a) meint demnach das binäre Schema „einzig richtig / falsch" und relativ (r) das nicht binäre Schema „schlechter vertretbar / vertretbar - vertretbar / besser vertretbar".

In der stets gleichen Tabelle werden im Folgenden *Status*, *Konnexe* und *Modelle* zusammengefasst werden. Den Modellen können die dargestellten *Autoren* im rechtsphilosophischen Schrifttum zugeordnet werden.

STATUS:

Objektivität / kommunikative Kraft	absolut / einzig richtig / binär	relativ / vertretbar / nicht binär
absolut / einzig richtig / binär	Status 1: K_aR_a	Status 3: K_aR_r
relativ / vertretbar / nicht binär	Status 4: K_rR_a	Status 2: K_rR_r

Im Status 1 sind kommunikative Kraft und Objektivität „absolut" indexiert; in gleicher Weise sind in Status 2 kommunikative Kraft und Objektivität „relativ" indexiert. Dieser Zusammenhang oder Konnex von kommunikativer Kraft und Objektivität kann als *Kongruenz* von K und R bezeichnet werden (K1). Dagegen sind die Status 3 und 4 wie gesehen durch eine Art *Inkongruenz* der Parameter K und R gekennzeichnet (K2). Die vier Status beruhen also auf nur zwei Konnexen. Umgekehrt könnte man auch sagen, dass zwei Konnexe vier Status zum Ausdruck bringen. Zusätzlich zu den Konnexen sind die möglichen Begründungsstrategien festzuhalten. Dabei handelt es sich einerseits um eine theoretische Begründung (arg. R) und andererseits um eine institutionelle oder praktische Begründung (arg. I).

KONNEXE:

Objektivität / kommunikative Kraft	absolut / einzig richtig / binär	relativ / vertretbar / nicht binär
absolut / einzig richtig / binär	K1, arg. R_a	K2, arg. I_a
relativ / vertretbar / nicht binär	K2, arg. I_r	K1, arg. R_r

Aus Status und Konnexen können schließlich Modelle kommunikativer Kraft abgeleitet werden. Diese bestehen aus der Zusammenschau von Status und Konnexen, sind in diesen also impliziert. Eine gewisse Mehrdeutigkeit der Modelle ergibt sich daraus, dass jedes Modell sowohl deskriptiv, als auch normativ verstanden werden kann. Zusätzlich zu der formalen Bezeichnung (Modell A - D) sind die in Analogie zur metaethischen Begrifflichkeit verwendeten Bezeichnungen zu nennen.

MODELLE:

Objektivität / kommunikative Kraft	absolut / einzig richtig / binär	relativ / vertretbar / nicht binär
absolut / einzig richtig / binär	Modell A / Realismus	Modell C / Fiktionalismus
relativ / vertretbar / nicht binär	Modell D	Modell B / Abolitionismus

Bei der Zuordnung der diskutierten Autoren ergibt sich, dass einige Autoren mehreren Feldern zugeordnet werden können. Der Grund hierfür ist, dass die Positionen teilweise changieren. Dies kann auf eine theoretische Ambivalenz der Autoren hindeuten.

AUTOREN:

kommunikative Kraft \ Objektivität	absolut / einzig richtig / binär	relativ / vertretbar / nicht binär
absolut / einzig richtig / binär	Alexy, SRL[807]	Neumann, SRL
relativ / vertretbar / nicht binär	Bäcker	Alexy, Bäcker, SRL

Im Folgenden sind die Ergebnisse dieses Kapitels festzuhalten.

D. Ergebnisse (Forschungsfragen 1 und 2)

Das nunmehr abgeschlossene zweite Kapitel ist in gewisser Weise das Herzstück dieser Arbeit. In ihm wurden die ersten zwei der drei Forschungsfragen beantwortet, die ich zum Schluss des ersten Kapitels aufgestellt hatte. Die erste Forschungsfrage lautete:

> 1. Entwicklung einer theoretischen Begrifflichkeit anstelle der in der Literatur für das Problem der kommunikativen Kraft verwendeten unspezifischen Vokabeln.

Die zweite Forschungsfrage lautete:

> 2. Explizierung der Konnexe von linguistischer Form der richterlichen Begründung einerseits und Objektivität juristischer Aussagen andererseits.

Die dritte Forschungsfrage ist Gegenstand des dritten Kapitels. Wenn ich sie schon in diesem Kapitel mehrfach erwähnt habe, so aus dem Grund, weil erst Begriff und Modelle kommunikativer Kraft ihre theoretisch adäquate Beantwortung zulassen. Man kann sagen, dass die ersten beiden in Bezug auf die dritte Forschungsfrage eine dienende Funktion haben. Auch sie sei erneut genannt:

> 3. Bestimmung der richtigen oder angemessenen linguistischen Form der richterlichen Begründung.

Zur Beantwortung der ersten Forschungsfrage habe ich die Sprechakttheorien Searles und Habermas' ausgewertet. Der Begriff der kommunikativen Kraft stellt in Hinsicht auf seine sprachtheoretischen Grundlagen eine Zusammenstellung bestimmter Aspekte dieser Theorien dar (1.). Weiterhin habe ich drei

807 Abgekürzt: Strukturierende Rechtslehre.

Merkmale kommunikativer Kraft hervorgehoben. Es ging hierbei um sprechaktmäßige Spezifika des Sprechaktkonglomerats des richterlichen Urteils. Mit der Herausarbeitung dieser Besonderheiten habe ich meine Begriffsklärung vervollständigt (2.). Schließlich habe ich mit Modellen kommunikativer Kraft die möglichen Positionen bezüglich meiner dritten Forschungsfrage formal bezeichnet, hiermit auf die zweite Forschungsfrage antwortend (3.).

I. Sprechakttheoretische Grundlagen

In der in diesem Kapitel erfolgten Begriffsprägung wurden zunächst, als Teilantwort auf die erste Forschungsfrage, die sprachphilosophischen Grundlagen kommunikativer Kraft entwickelt. Hierzu habe ich Searles Theorie zur Klassifikation illokutionärer Akte und die Sprechakttheorie Habermas' - ihrerseits eine Interpretation und Weiterführung der Theorie Searles - gesichtet. Es hatte sich gezeigt, dass beide in Bezug auf meine Fragestellung geradezu komplementäre Stärken und Schwächen aufweisen.

In Searles Klassifikationstheorie war insbesondere das Theorieelement der Differenzkategorie relevant, mit dem linguistisch signifikante Aspekte von Sprechakten bezeichnet werden.[808] Eine der Differenzkategorien, die illokutionäre Stärke, stellt auf phänomenologischer Ebene die Entsprechung für dasjenige sprechaktmäßige Merkmal dar, das ich als kommunikative Kraft bezeichne. Es geht mit illokutionärer Stärke - wie im Folgenden mit kommunikativer Kraft - um denjenigen linguistisch signifikanten Aspekt von Sprechakten, vermittels dessen sich die Bitte vom Befehl und die Hypothese von der Behauptung unterscheidet. Für meine Zwecke ist entscheidend, dass mit der Behauptung, anders als mit der Hypothese, Ausschließlichkeit beansprucht wird. Während eine Behauptung die Falschheit aller inhaltlich gegenläufigen Behauptungen impliziert, ist bei der Hypothese nicht ausgeschlossen, dass es eine inhaltlich gegenläufige Aussage gibt, die in gleicher Weise plausibel oder vertretbar ist. Der Ertrag aus der Exegese der Klassifikationstheorie Searles ist also, dass die Argumentationsfigur der einzig richtigen Entscheidung als eine bestimmte - absolute oder hohe - illokutionäre Stärke problematisiert werden kann.[809]

Obgleich die Regelhaftigkeit von Sprache eine der Grundannahmen von Searles Sprechakttheorie ist, ist illokutionäre Stärke bei ihm rein intentional

808 Siehe oben, S. 110 f.
809 Siehe oben, S. 116.

bestimmt. Ob eine Hypothese vorgetragen oder eine Behauptung aufgestellt wird, hierfür formuliert Searle keine für die Zwecke dieser Arbeit passenden Regeln. Damit ist in seiner Klassifikationstheorie für die normative Frage nach der Angemessenheit einer bestimmten kommunikativen Kraft, bzw. für meine dritte Forschungsfrage kein Raum - jedenfalls enthalten die Klassifikationsschriften keine inhaltliche Position diesbezüglich.[810] Die Theorie Searles enthält also mit dem linguistisch signifikanten Aspekt der illokutionären Stärke als Differenzkategorie in phänomenologischer Hinsicht das Vorbild für kommunikative Kraft. Kommunikative Kraft ist insoweit identisch mit illokutionärer Stärke.

Zur Sprachphilosophie Searles verhält sich diejenige Habermas', die ich in einem zweiten Schritt diskutiert habe, in gewisser Weise komplementär. Sie konnte zudem als Kritik an jener betrachtet werden. Für meine Zwecke weiterführend sind aus der Sprechakttheorie Habermas', welche eine kantische Interpretation derjenigen Austins und Searles darstellt, die im illokutiven Akt eines jeden Sprechaktes verorteten, vier unterschiedlichen Geltungsansprüche. In seinem universalpragmatischem Projekt versucht Habermas zu zeigen, dass der illokutive Akt jedes Sprechaktes universalen Regeln folgt.[811] Meine Ausgangsfrage nach der linguistischen Form richterlicher Begründungen kann in den Begriffen Habermas' als Frage nach der Spezifikation des einschlägigen Geltungsanspruchs, namentlich des Geltungsanspruchs auf Richtigkeit reformuliert werden. Diese Spezifikation teilt, so die Pointe der Theorie Habermas' für meine Zwecke, den Regelcharakter des gesamten illokutiven Aktes.[812] Die Annahme der Regelhaftigkeit des linguistischen Merkmals der illokutionären Stärke, bzw. der Regelhaftigkeit der Spezifikation des Geltungsanspruchs auf Richtigkeit übernehme ich somit als Voraussetzung meiner dritten Forschungsfrage.

Zu beachten ist, dass die Universalpragmatik Habermas' in weiten Teilen Vorbild des Alexyschen Anspruchs auf Richtigkeit ist. Die von Habermas vertretene binäre Codierung des Geltungsanspruchs auf Richtigkeit findet sich daher nicht zufällig in gleicher Weise bei Alexy wieder.

---

810 Siehe oben, S. 115.
811 Siehe oben, S. 118 f.
812 Siehe oben, S. 119.

II. Merkmale kommunikativer Kraft

Der Begriff der kommunikativen Kraft ist in sprachtheoretischer Hinsicht eine spezifische Kombination der Sprechakttheorien Searles und Habermas'. Auf dieser sprechakttheoretischen Grundlage wurden im zweiten Abschnitt dieses Kapitels drei Merkmale kommunikativer Kraft benannt, mit denen die Spezifika des Sprechaktkonglomerats der richterlichen Begründung, namentlich ihre institutionelle Einbettung und Bedingtheit, aufgegriffen wurden. Mit Aufstellung der drei prägenden Charakteristika oder Merkmale wurde der Begriff der kommunikativen Kraft abschließend bestimmt und die Antwort auf meine erste Forschungsfrage komplettiert.

Mit den Trägern kommunikativer Kraft habe ich spezifiziert, um welche Art Sprechakte es sich bei richterlichen Urteilen handelt. Wie ich im ersten Abschnitt dieses Kapitels über die sprachtheoretischen Grundlagen gesagt hatte, stimmt kommunikative Kraft strukturell mit der Differenzkategorie der illokutionären Stärke in der Klassifikationstheorie Searles überein. Offen geblieben war, auf welche der Sprechaktklassen sich diese beziehen würde. Denn wie oben ausgeführt ist ja die Differenzkategorie der illokutionären Stärke auf unterschiedliche Sprechaktklassen anwendbar.[813] Die Bestimmung der Träger kommunikativer Kraft sollte dieser Ungenauigkeit durch Festlegung der einschlägigen Sprechaktklasse(n) abhelfen. Aus Sinn und Zweck der prozessualen Begründungspflichten ergab sich zwangsläufig die Klassifikation der richterlichen Begründung als Zusammenfassung assertiver Sprechakte.[814] Zusätzlich zur Begründung wurde auch der Tenor des richterlichen Urteils - als Zusammenfassung deklarativer Sprechakte - klassifiziert.[815] Wie sich im Verlaufe der Arbeit zeigen wird, ermöglicht die gegenüber der Begründung abweichende sprechaktmäßige Klassifikation des Tenors den Brückenschlag zu den institutionellen Aspekten meiner Ausgangsfrage. Zu beachten ist nämlich, dass die richterliche Begründung niemals isoliert, sondern stets in Beziehung zu einem bestimmten Tenor steht. Letzterer zeichnet sich dadurch aus, dass er die Rechtslage als Teil der institutionellen Realität in konstitutiver Weise ändert. Für meine Zwecke ist entscheidend, dass diese Änderung und Konstitution der Rechtslage durch richterliches Urteil stets eindeutig ist - eine Verurteilung erfolgt oder erfolgt nicht, ein Verwaltungsakt wird aufgehoben oder nicht aufgehoben, ein Gesetz

---

813 Siehe oben, S. 115.
814 Siehe oben, S. 131.
815 Siehe oben, S. 132 ff.

für verfassungswidrig erklärt oder nicht etc. Es entsteht auf diese Weise ein Spannungsverhältnis zwischen der Eindeutigkeit des deklarativen Tenors und dem Richtigkeitsbezug der assertiven Begründung, der, wie sich zeigen wird, diese Eindeutigkeit nicht teilt.[816] Man kann sagen, dass es das Ziel dieses Kapitels war, dieses Spannungsverhältnis zu explizieren. Ziel des kommenden Kapitels wird es sein, als Antwort auf meine dritte Forschungsfrage Bedingungen und Möglichkeiten seiner Auflösung darzulegen.

Als weiteres Merkmal kommunikativer Kraft habe ich ihre Graduierbarkeit angeführt. Ich hatte bereits bei meiner Auseinandersetzung mit Habermas bemerkt, dass es ein in der Alltagssprache geläufiges sprachliches Verhalten darstellt, die mit assertiven Sprechakten verbundene Verpflichtung auf die Wahrheit des Gesagten einzuschränken und zu relativieren.[817] Diese Relativierbarkeit - die wie ausgeführt auch für normative Aussagen gilt - hat, wie gesehen, in der Sprechakttheorie Searles ihre Entsprechung in der illokutionären Stärke als Differenzkategorie. Vermittels dieser Differenzkategorie lässt sich z. B. die Behauptung von der Hypothese unterscheiden. Der entscheidende Unterschied zwischen beiden Sprechakten besteht darin, dass mit einer als Hypothese vorgetragenen Aussage nicht ausgeschlossen wird, dass es inhaltlich widersprechende Aussagen gibt, die gleichermaßen plausibel oder vertretbar sind.

Die rechtstheoretische Entsprechung hierzu ist die Alternative einer entweder als einzig richtig (binär) oder als vertretbar (nicht binär) präsentierten richterlichen Begründung. In positivrechtlicher Hinsicht ergab sich, dass beide Varianten dieser Alternative den prozessualen Begründungspflichten entsprechen.[818] In der Literatur wird einhellig betont, dass eine umfassende Begründungspflicht, die eine Auseinandersetzung mit jeder inhaltlich gegenläufigen Rechtsmeinung forderte, nicht besteht. Rechtlich zulässig ist also, das ist hier entscheidend, mit der eigenen Rechtsauffassung nicht Ausschließlichkeit im Sinne der Argumentationsfigur der einzig richtigen Entscheidung zu beanspruchen, sondern lediglich Vertretbarkeit.[819] Das konstatierte Span-

---

816 Siehe oben, S. 135.

817 Siehe oben, S. 125 f.

818 Siehe oben, S. 139 ff.

819 A. A. Neumann, Ulfrid, *Wahrheit im Recht. Zu Problematik und Legitimität einer fragwürdigen Denkform*, s. Anm. 19, S. 41 und ihm folgend Saliger, Frank, s. Anm. 8, S. 141; Giannoulis, Jorgos, s. Anm. 393 die meinen, eine Begründung, die andere Entscheidungen (implizit) als ebenfalls vertretbar ausweist sei „fehlerhaft". Eine Begründung für diese Behauptung bleiben genannte Autoren, so weit ich sehe, schuldig.

nungsverhältnis zwischen der Eindeutigkeit (der Rechtswirksamkeit) des Tenors und dem Richtigkeitsbezug der Begründung ist damit positivrechtlich nicht geregelt.

Das dritte und letzte Merkmal kommunikativer Kraft bedurfte weitergehender Erläuterung. Während die bisher genannten relativ einfach zu plausibilisieren waren, wirft das Merkmal der Determinierbarkeit unter Anderem grundlegende sprachphilosophische Probleme auf. Mit ihm ist zunächst die These verbunden, dass kommunikative Kraft, also die linguistische Form richterlicher Begründungen oder der mit ihr verbundene Anspruch nicht kontingent ist - eine These, die z. B. von rhetorischen Argumentationstheorien bezweifelt werden würde. Grundsätzlich zu unterscheiden sind aus meiner Sicht zwei Determinanten kommunikativer Kraft, die aus gegensätzlichen Gründen Einfluss auf die linguistische Form richterlicher Begründungen haben. Diese hatte ich allgemein als *Objektivität* und *Institutionalität* bezeichnet. Bei dem Merkmal der Determinierbarkeit in seiner Variante als Determination durch Objektivität geht es kurz gesagt um den Einfluss des mit einem Sprechakt thematisierten Lebensbereiches auf das mit diesem Sprechakt verwirklichte sprachliche Verhalten. Die Präsentation des richterlichen Urteils als einzig richtig wäre in diesem Sinne naheliegend, wenn es tatsächlich einzig richtige juristische Aussagen zum Gegenstand hätte.[820] Diese Frage werde ich im ersten Abschnitt des folgenden Kapitels aus unterschiedlichen Blickwinkeln untersuchen - und bezweifeln.

Zusätzlich zur Objektivität hatte ich die Institutionalität der richterlichen Begründung als Determinante kommunikativer Kraft ausgemacht. Hiermit wurde ein gänzlich anderes Paradigma, bzw. eine gänzlich andere Art der Betrachtung des Problems der kommunikativen Kraft eingeführt. Entscheidend war zunächst, wie ich im Rahmen des Abschnittes über die Träger kommunikativer Kraft ausgeführt hatte, dass die Begründung eines richterlichen Urteils eine andere Art sprachlichen Verhaltens darstellt als der Tenor. Letzterer zeichnet sich dadurch aus, dass er eine - stets eindeutige - Änderung der institutionellen Realität herbeiführt, mit ersterer wird für diese Änderung Richtigkeit oder Objektivität beansprucht. In Bezug auf die Verknüpfung von Begründung und Tenor im richterlichen Urteil fragt sich also, ob und inwiefern die Eindeutigkeit des Tenors von der Begründung nachvollzogen werden muss oder darf.[821] Die Antwort auf diese Frage könnte nun, wie erstmals Neumann in seiner Schrift *Wahrheit im Recht* ausführt,

820 Siehe oben, S. 142 ff.
821 Siehe oben, S. 144 ff.

nicht von theoretischen Erwägungen, sondern von den Bedürfnissen des Rechtssystems gesteuert sein.[822] Dieser Überlegung Neumanns werde ich im zweiten Abschnitt des dritten Kapitels unter Bezug auf die Sozialphilosophie Searles weiter nachgehen.

Die Begriffsprägung war mit den ersten beiden Abschnitten abgeschlossen. Résumierend könnte man sagen, dass der Begriff der kommunikativen Kraft einerseits identisch ist mit dem Searleschen Begriff der illokutionären Stärke. Er bezeichnet damit den Aspekt der illokutionären Rolle, vermittels dem sich die als einzig richtig dargestellte Begründung von der als vertretbar dargestellten Begründung unterscheidet. Dieser Aspekt ist in meiner Begriffsbestimmung andererseits über zwei Determinanten der normativen Bestimmung zugänglich.

Zugegebener Maßen erschließt sich die Wortfolge „kommunikative Kraft" damit erst teilweise. Es sollte mit dem bis zu dieser Stelle Gesagten aber jedenfalls das Wort „Kraft" vollständig erklärt sein. Die Bedeutung des zugehörigen Attributs „kommunikativ" wird sich erst im Verlaufe des folgenden Kapitels erschließen.

III. Modelle kommunikativer Kraft

Über die Begriffsprägung im engeren Sinne hinaus habe ich im dritten Abschnitt dieses ersten Kapitels drei Modelle kommunikativer Kraft evoziert. Diese Modelle enthalten kommunikative Kraft neben Objektivität und Institutionalität als einen von drei Parametern. Sie haben in Bezug auf meine dritte Forschungsfrage eine heuristische Funktion, d. h. sie bringen uns der Antwort auf sie in substantieller Hinsicht nicht einen Schritt näher. Ihre Leistung liegt vielmehr darin, dass mit ihnen die Antwortmöglichkeiten offen zutage liegen. Die Beantwortung der dritten Forschungsfrage wird darin bestehen, zwischen den Modellen A-C - das Modell D hatte sich als weitgehend inkonsistent erwiesen - eine Entscheidung zu treffen. Meine zweite Forschungsfrage nach den formalen Zusammenhängen zwischen kommunikativer Kraft einerseits und Objektivität andererseits habe ich mit den Modellen kommunikativer Kraft dagegen - jedenfalls dem Anspruch nach - beantwortet.

Drei Modelle kommunikativer Kraft hatte ich hierzu auf zwei zu unterscheidende Zusammenhänge oder Konnexe von kommunikativer Kraft und

---

822 Neumann, Ulfrid, *Wahrheit im Recht. Zu Problematik und Legitimität einer fragwürdigen Denkform*, s. Anm. 19, 41 ff.

Objektivität zurückgeführt, bzw. jene drei aus diesen zwei entwickelt. Dies ist einerseits die Entsprechung oder Kongruenz (Konnex 1), andererseits die Unabhängigkeit oder Inkongruenz (Konnex 2) von kommunikativer Kraft und Objektivität.[823] Die Kongruenzthese (Konnex 1) erschien bei allgemeiner Betrachtung nicht rechtfertigungsbedürftig. Dass die Art der Präsentation eines richterlichen Urteils als einzig richtiges möglich und erforderlich ist, wenn es in theoretischer Hinsicht einzig richtige richterliche Entscheidungen geben kann, ist intuitiv einleuchtend. Die theoretische Frage nach der Objektivität richterlicher Urteile erhält bei Zugrundelegung des Konnexes 1 Priorität gegenüber der praktischen Frage nach der Angemessenheit ihrer Darstellung. Sie wird neben Alexy auch von Bäcker vertreten, wenn auch mit umgekehrten Vorzeichen.[824]

Andererseits kann man annehmen, dass zwischen der theoretischen Frage nach der Objektivität richterlicher Entscheidungen einerseits und der linguistischen Form richterlicher Urteile andererseits eine grundsätzliche Unabhängigkeit oder Inkongruenz besteht. Diese Inkongruenzthese ist in weit größerem Maße rechtfertigungsbedürftig. Es scheint an Realitätsverweigerung zu grenzen, wollte man erlauben oder gar fordern, dass Urteile als einzig richtige präsentiert werden, wenn die These einzig richtiger Entscheidungen in theoretischer Hinsicht delegitimiert wäre. Genau diese Auffassung vertritt aber Neumann; die Gründe, die er anführt, sind institutioneller Art. Sie entsprechen vom Typus dem, was ich in meiner Arbeit als Determination kommunikativer Kraft durch Institutionalität bezeichne. Als Rechtfertigung der mit ihm bezeichneten kontrafaktischen These kommen einzig die juristischen Spezifika oder die Institutionalität der richterlichen Begründung in Betracht.[825]

823 Siehe oben, S. 154 f.
824 Siehe oben, S. 156 ff. und 158 f.
825 Siehe oben, S. 159 ff.

Kapitel 3: Kommunikative Kraft - Objektivität, Institutionalität

Das letzte Kapitel betrifft den normativen Aspekt meines Ausgangsproblems, also die Frage nach der richtigen oder angemessenen kommunikativen Kraft der richterlichen Begründung. Sie bezeichnet meine dritte Forschungsfrage. Diese lautet bekannter Maßen:

> 3. Bestimmung der richtigen oder angemessenen linguistischen Form der richterlichen Begründung.

Die dritte Forschungsfrage kann in der Weise reformuliert werden, dass nach der Angemessenheit einer bestimmten linguistischen Form gefragt wird. So kann etwa, wie einleitend mit Blick auf die jurisprudentielle Praxis geschehen, nach der Angemessenheit der Argumentationsfigur der einzig richtigen Entscheidung gefragt werden. Diese Frage kann in den Begriffen des zweiten Kapitels als Entscheidung für eines der Modelle kommunikativer Kraft gestellt werden. Diese hatte ich formalisiert dargestellt als

1. Modell A: $K = R \bigwedge (K_a R_a)$ arg. R_a
2. Modell B: $K = R \bigwedge (K_r R_r)$ arg. R_r
3. Modell C: $K \neq R \bigwedge (K_a R_r)$ arg.I_a
4. Modell D: $K \neq R \bigwedge (K_r R_a)$ arg. I_r

Modell D spielt in der Literatur als solches keine Rolle. Ich werde mich daher im Folgenden nur auf die Modelle A-C fokussieren. In den Begriffen dieser Modelle ist die Frage nach der Angemessenheit der Argumentationsfigur der einzig richtigen Entscheidung identisch mit der Entscheidung zwischen den Modellen A und C (K_a) einerseits und dem Modell B (K_r) andererseits. Denn sowohl das Modell A, als auch das Modell C gehen von der Angemessenheit der Argumentationsfigur der einzig richtigen Entscheidung aus. Demgegenüber unterscheidet sich die Begründung in beiden Modellen fundamental. In Modell A geht es entsprechend der Kongruenzthese (Konnex 1: $K = R$) um eine theoretische Begründung (arg. R_a), in Modell C entsprechend der Inkongruenzthese (Konnex 2: $K \neq R$) um eine praktische Begründung (arg. I_a). Vor dem Hintergrund der zwei unterschiedlichen Konnexe ist demnach eine andere Entscheidung als die zwischen den Modellen A und C einerseits und dem Modell B andererseits vorgängig. Dies ist - unter dem Gesichtspunkt der Objektivität (R) - die Entscheidung zwischen dem Modell A (R_a) einerseits und den Modellen B und C (R_r) andererseits. Die dann noch verbleibende Entscheidungsmöglichkeit zwischen dem Modell B und dem Modell C ist identisch mit der Entscheidung für (oder gegen) die Kongruenz- und Inkongruenzthese. Stellt man in Betracht, dass die überwiegende Auffassung in der Literatur (Alexy und Bäcker) von der Kongruenzthese ausgehen, dann stellt sich die Frage nach der Angemessenheit der Argumentationsfigur der einzig richtigen Entscheidung im zweiten Schritt als Frage nach der Angemessenheit der Kongruenzthese heraus.

Angesichts der unterschiedlichen Konnexe werde ich mich also insgesamt zwei Mal entscheiden müssen. Die Antwort auf meine verbleibende Forschungsfrage ist diesen Erwägungen entsprechend zweiteilig, genau wie die Gliederung dieses letzten Kapitels. Im ersten Abschnitt werde ich die Entscheidung zwischen dem Modell A einerseits und den Modellen B und C andererseits herbeiführen. Hierzu ist zu untersuchen, ob für die Argumentationsfigur der einzig richtigen Entscheidung eine theoretische Entsprechung besteht. Kurz gesagt wäre dies anzunehmen, wenn die juristische Argumentation dem Prinzip der Binarität unterfiele. Im Ergebnis werde ich diese Frage verneinen und mich damit gegen Modell A entscheiden (I.). Im zweiten Abschnitt werde ich dann die in Modell C vorausgesetzte alternative Begründungsstrategie für die Argumentationsfigur der einzig richtigen Entscheidung untersuchen. In diesem zweiten Abschnitt fällt also die Entscheidung zwischen den Modellen B und C und damit zwischen der Kongruenz- und Inkongruenzthese. Die abschließende Wahl des Modells C wird meine zweiteilige Antwort auf die dritte Forschungsfrage komplettieren (II). Abschließend sind die Ergebnisse dieses Kapitels festzuhalten (III.).

A. Objektivität als Determinante kommunikativer Kraft

In diesem Abschnitt werde ich den ersten Teil der Antwort auf meine dritte Forschungsfrage entwickeln. Es stellt sich im Folgenden schlicht die Frage, „was" in Bezug auf die Objektivität juristischer Aussagen der Fall sein muss, damit „was" in Bezug auf die Art und Weise ihrer Darstellung angemessen ist. Vor dem Hintergrund dieser Frage ist der in diesem Abschnitt vorzustellende Gedankengang als Versuch zu verstehen, eine bestimmte Schlussfolgerung nachzuzeichnen. Es geht um den Schluss von einer - im weitesten Sinne - geisteswissenschaftlichen These (wie (der Ablehnung) der These der Existenz einzig richtiger juristischer Aussagen und Entscheidungen) auf die Angemessenheit einer bestimmten Darstellungsweise bestimmter Sprechakte (als alternativlos). Dieser Schluss überquert gewissermaßen evident Kategoriengrenzen. Insofern ist das Merkmal der Determination pragmatisch zu verstehen - und zu konkretisieren. Diese Überlegung hatte ich im Abschnitt des letzten Kapitels über die Modelle kommunikativer Kraft so formuliert, dass die gemeinsame Indexierung der Variablen K, R und I nicht die kategorielle Gleichartigkeit der hiermit bezeichneten Konzepte bedeutet und erst recht keine Reduktion der einen auf die anderen Variablen angezeigt ist.[826]

In den Begriffen des zweiten Kapitels geht es um die Entscheidung zwischen dem Modell A einerseits und den Modellen B und C andererseits. Während mit dem Modell A die Binarität juristischer Aussagen (einzig richtig / falsch - formalisiert „R_a") behauptet wird, zeichnen sich die Modelle B und C durch die Negation dieser These aus (formalisiert „R_r"). Je offensichtlicher es zum Schluss dieses Abschnittes sein wird, dass die juristische Argumentation in vielen Fällen nicht nur ein Ergebnis auszuzeichnen vermag, desto größer erweist sich das Bedürfnis nach einer anderen Rechtfertigungsstrategie für die Argumentationsfigur der einzig richtigen Entscheidung und damit nach dem zweiten Abschnitt dieses Kapitels. Meine Untersuchung in diesem ersten Abschnitt ist also nicht vollständig ergebnisoffen. Dies ist jedoch unschädlich, da es mir mit dieser Arbeit im Allgemeinen und an dieser Stelle im Besonderen nicht darum geht, das Globalthema „Objektivität im Recht" umfassend zu bearbeiten, sondern, wie eben erwähnt, um die Plausibilität einer in kategorieller Hinsicht prekären Schlussfolgerung.[827] Zum Zwecke dieses Nachweises werde ich im Folgenden zunächst den mehrdeutigen Objektivitätsbegriff mithilfe einiger Unterscheidungen eingrenzen. Dabei ist vorab zu bemerken, dass ich die Begriffe Objektivität und Wahrheit synomym verwende. Mit Davidson gehe ich davon aus, dass „to have the concept of truth is to have the concept of objectivity, the notion of a proposition being true or false independent of one's beliefs or interests."[828] Wenn also von wahren oder einzig richtigen juristischen Aussagen die Rede ist, dann meine ich damit nichts anderes als objektive juristische Aussagen (1.). Die

---

826 In Bezug auf die Verschiedenartigkeit von K und R kann insofern auf die Darstellung der Sprachphilosophie Habermas' verwiesen werden, der ich mich, wie erwähnt, insoweit anschließe; Habermas, Jürgen, *Theorie des kommunikativen Handelns. Band 1*, s. Anm. 39, S. 424; Habermas, Jürgen, „Was heißt Universalpragmatik?", s. Anm. 44, 356 f.

827 Exemplarisch für Arbeiten, die dieses Thema umfassend, wenngleich mit unterschiedlicher Schwerpunktsetzung, behandeln, sind Alexy, Robert, *Theorie der juristischen Argumentation. Die Theorie des rationalen Diskurses als Theorie der juristischen Begründung*, s. Anm. 14 und Klatt, Matthias, *Die Theorie der Wortlautgrenze. Semantische Normativität in der juristischen Argumentation*, s. Anm. 436.

828 Davidson, Donald, s. Anm. 60, S. 220.

Frage der Objektivität juristischer Aussagen werde ich im Weiteren in Bezug auf das Problem der Indeterminiertheit von Abwägungsentscheidungen in der Zusammenschau der Argumentations- und Prinzipientheorie Alexys diskutieren (2.). In einem Zwischenergebnis werde ich zum Schluss dieses Abschnittes meine Konklusion aus dem Gesagten ziehen. Auf der Grundlage sprechaktmäßiger Erwägungen wird diese Konklusion in der These der Kontrafaktizität der Argumentationsfigur der einzig richtigen Entscheidung und in der Zurückweisung des Modells A bestehen. Entscheidend ist, dass die Argumentationsfigur der einzig richtigen Entscheidung hiermit nicht delegitimiert ist. Denn auch im Modell C wird diese angenommen. Umso deutlicher aber die Kontrafaktizität herausgearbeitet werden kann, umso dringlicher wird es sich erweisen, für die Argumentationsfigur der einzig richtigen Entscheidung eine alternative Begründung zu suchen (3.).[829]

I. Objektivität richterlicher Entscheidungen

Der Objektivitätsbegriff ist in gesteigertem Maße mehrdeutig.[830] Für die erforderliche Eingrenzung des Begriffs ist zudem die spezifische Bedeutung im Blick zu behalten, die ihm in meiner Arbeit als Determinante kommunikativer Kraft zukommt. Wie erwähnt soll im Folgenden geklärt werden, ob die Darstellung richterlicher Begründungen nach dem Prinzip der Binarität auf der Grundlage von Erwägungen zur Objektivität juristischer Aussagen begründbar ist. Insofern sind verschiedene Dinge zu prüfen.

Die Anwendbarkeit des Binaritätsprinzips einer einzigen richtigen oder objektiven Entscheidung und unendlich vielen falschen oder subjektiven wäre grundsätzlich naheliegend, wenn das Recht in ontologischer (a.) oder in epistemischer Hinsicht (b.) ein vollständig objektiver Bereich wäre. Dieser Schluss ist logisch nicht zwingend, sondern er folgt, wie erwähnt, den im vorangegangenen Kapitel illustrierten Plausibilitätserwägungen. Für eine weitere Betrachtungsweise des Globalproblems der Objektivität im Recht

829 Dieser Gedankengang folgt in gliederungstechnischer Hinsicht Neumann, Ulfrid, *Wahrheit im Recht. Zu Problematik und Legitimität einer fragwürdigen Denkform*, s. Anm. 19, 41 ff.

830 Vgl. nur Leiter, Brian. „Introduction". In: *Objectivity in Law and Morals*. Hrsg. von Leiter, Brian. Cambridge 2001, S. 1–11, S. 3; Klatt, Matthias, *Die Theorie der Wortlautgrenze. Semantische Normativität in der juristischen Argumentation*, s. Anm. 436, 195 ff.

werde ich schließlich das Prinzip der Binarität mit dem spezifisch juristischen Begriff der Vertretbarkeit kontrastieren (c.).

1. Ontologisch

Die Darstellung richterlicher Begründungen nach dem Prinzip der Binarität erscheint prima-facie angemessen oder begründbar, wenn die in der richterlichen Entscheidung zusammengefassten juristischen Aussagen in ontologischer Hinsicht objektiv wären. Die ontologische Objektivität des Rechts erscheint dabei nur als eine notwendige, nicht als eine hinreichende Bedingung. Denn es ist ohne Weiteres möglich, dass die Darstellung nach dem Prinzip der Binarität aufgrund mangelnder epistemischer Objektivität delegitimiert ist.

Die These des starken ontologischen Objektivismus besteht mit Coleman und Leiter in der Auffassung, dass ein bestimmter Gegenstandsbereich unabhängig von den Subjekten und damit bewusstseinsunabhängig existiert.[831] Dies trifft z. B. in Bezug auf die chemische Zusammensetzung von Wasser zu.[832] Die Tatsachen, die eine Aussage zur chemischen Zusammensetzung von Wasser entweder wahr oder falsch sein lassen (d. h. ihre Wahrheitsbedingungen), sind vollständig unabhängig von den denkenden und handelnden Individuen.[833] Die chemische Zusammensetzung von Wasser war danach schon immer H_2O, auch bevor diese Entdeckung gemacht wurde. Als Konsequenz ihrer ontologischen Objektivität kann eine diesbezügliche Aussage selbst dann falsch sein, wenn sie unter idealen epistemischen Bedingungen zustande kam.[834] Bestritten würde diese Auffassung von einem schwachen ontologischen Objektivismus, wonach die Wahrheitsbedingungen einer Aussage zur chemischen Zusammensetzung von Wasser nicht der externen Welt entstammten, sondern diskursiv hergestellt würden. Die Fakten, denen eine wahre Aussage zu entsprechen hätte, sind dieser Auffassung zufolge stets, auch in Bezug auf naturwissenschaftliche Sachverhalte, konstruiert.[835]

---

831 Coleman, Jules L. und Leiter, Brian, s. Anm. 723, S. 248.

832 Vgl. ebd., 249 f. Ernst, Gerhard, s. Anm. 80, 29 ff.

833 Coleman, Jules L. und Leiter, Brian, s. Anm. 723, S. 249; Ernst, Gerhard, s. Anm. 80, S. 31.

834 Coleman, Jules L. und Leiter, Brian, s. Anm. 723, S. 252; Leiter, Brian, „Introduction", s. Anm. 830, 3 f.

835 Coleman, Jules L. und Leiter, Brian, s. Anm. 723, S. 253.

Die These des starken ontologischen Objektivismus bestünde in Bezug auf richterliche Entscheidungen also in der Behauptung, dass die Wahrheitsbedingungen juristischer Aussagen bewusstseinsunabhängig sind. Nun bestehen die Fakten, die eine juristische Aussage entweder wahr oder falsch sein lassen, in der an einem bestimmten Ort und zu einer bestimmten Zeit gerade geltenden Rechtslage.[836] Zu fragen wäre also, ob diese Rechtslage bewusstseinsunabhängig existiert.

Diese Frage hatte ich bei meiner Auseinandersetzung mit den Thesen Alexys im ersten Kapitel verneint. Jedenfalls diejenige Auffassung hatte sich als nicht plausibel erwiesen, wonach das Recht völlig unabhängig von denkenden und sprechenden Individuen ist. Dies behauptet, so weit ich sehe, auch Alexy nicht. Alexys philosophische These von der Existenz sprachlicher Universalia - die letztlich für die Existenz bestimmter grundlegender Menschenrechte stehen - impliziert nicht die vollständige Bewusstseinsunabhängigkeit dieser Rechte.[837] Sprache und Recht existieren für Alexy nicht unabhängig vom denkenden und sprechenden Individuum als solchem. Sie bestehen Alexy zufolge aber unabhängig von konkreten Individuen.[838] Für Alexy ist die Existenz grundlegender Menschenrechte und die Wahrheit der ihnen entsprechenden juristischen Aussagen nicht bedingt durch die tatsächliche Repräsentation dieser Rechte durch konkrete Individuen.[839] Die Behauptung ihrer Unabhängigkeit von einer tatsächlichen Repräsentation im Denken und Sprechen der Individuen führt Alexy zu der weiteren Behauptung, dass Sprache und Recht einem eigenständigen ontologischen Bereich angehöhren.[840]

---

836 Coleman, Jules L. und Leiter, Brian, s. Anm. 723, S. 246; Leiter, Brian, „Introduction", s. Anm. 830, 3 f.

837 Vgl. Alexy, Robert, „Menschenrechte ohne Metaphysik?", s. Anm. 164, 19 ff. Alexy, Robert, „The Existence of Human Rights", s. Anm. 94, 15 ff.

838 Vgl. Alexy, Robert, „Menschenrechte ohne Metaphysik?", s. Anm. 164, 19 ff. Alexy, Robert, „The Existence of Human Rights", s. Anm. 94, 15 ff.

839 Lafont, Christina, s. Anm. 57, 297 f. zufolge ist die Diskurstheorie Alexys aufgrunddessen als eine realistische metaethische Position anzusehen.

840 Alexy spricht insofern davon, die Welt werde nicht nur von physischen und psychischen Entitäten bevölkert, sondern zusätzlich von „Personen"; Alexy, Robert, „Menschenrechte ohne Metaphysik?", s. Anm. 164, S. 24. Es musste oben offen bleiben, was Alexy mit dieser Zuschreibung sagen möchte. Insbesondere bin ich nicht mehr darauf eingegangen, in welchem Zusammenhang der Begriff der Person zu denjenigen der Sprache und der Rechte steht. Aus meiner Sicht hat die Bezeichnung der „dritten Welt" als „Welt der Personen" etwas arbiträres. Denn, wie ausgeführt, scheint die explikativ-existentielle Begründung der Menschenrechte Alexys von

Diese, an Habermas angelehnte, Auffassung einer dritten ontologischen Welt halte ich, wie im ersten Kapitel dargelegt, für verfehlt. Das erklärungsbedürftige Phänomen, die Existenz von Recht, Moral und Ästethik in einer vollständig aus geistlosen Partikeln bestehenden physischen Welt, wird durch die 'drei-Welten-Lehre' Alexys zwar einerseits gut illustriert. Andererseits wird es nicht erklärt, sondern vielmehr hypostasiert und auf diese Weise gegen Erklärungsversuche jedweder Art abgeschirmt. Durch die Etablierung dreier ontologischer Reiche oder Welten wird nämlich eine Unabhängigkeit dieser „Welten" suggeriert, deren Zusammengehörigkeit in unserer „einen Welt" ja gerade zu erklären war - und nicht erklärt wird.[841]

Vorzugswürdig gegenüber jeder Form von 'drei-Welten-Lehre' ist aus meiner Sicht die auf die Sozialphilosophie Searles zurückgehende Annahme der Bewusstseinsabhängigkeit jeder sozialen Institution und damit jeder Form von Recht. Im Paradigma Searles besteht jede Rechtsordnung strukturell als System institutioneller Tatsachen in der Form konstitutiver Regeln ('X counts as Y in C').[842] Für die Existenz dieser Systeme institutioneller Tatsachen ist konkret erforderlich, dass sie als solche überwiegend anerkannt oder akzeptiert werden.[843] Recht existiert danach nur insoweit und nur so lange, wie es tatsächlich als solches angesehen und repräsentiert wird.[844] Als Konsequenz

sprachlichen Universalia ihren Ausgang zu nehmen (expliziert wird nämlich sprachliches Verhalten). Aus ihnen schließt Alexy - mit einem Schlenker über die Würde und Existentialität des Menschen - auf grundlegende Menschenrechte; ebd., 19 ff. Alexy, Robert, „The Existence of Human Rights", s. Anm. 94, 15 ff. Seine „dritte Welt" könnte insofern auch die der „Sprache" heißen. Kritisch gewendet könnte man auch sagen, dass mit der Bezeichnung als „Welt der Personen" die zweifelhafte These sprachlicher Universalia verdunkelt wird.

841 Vgl. Searle, John R., *Making the social world: the structure of human civilization*, s. Anm. 46, S. ix; Searle, John R., *The Construction of Social Reality*, s. Anm. 45, S. xi.

842 ebd., 27 ff.

843 Searle, John R., *Making the social world: the structure of human civilization*, s. Anm. 46, 17 f. Searle, John R., *The Construction of Social Reality*, s. Anm. 45, 10 ff. In seinem neueren Werk *Making the social world* fügt Searle hinzu, dass auch nicht sprachliches Verhalten ausreicht, welches aber strukturell die Form deklarativer Sprechakte haben muss. So könne z. B. eine Linie von Steinen im Sand durch gleichförmiges Verhalten nach und nach zu einer Grenze werden; Searle, John R., *Making the social world: the structure of human civilization*, s. Anm. 46, 19 ff.

844 In diesem Sinne auch Hart, Herbert L. A., s. Anm. 9, 100 ff.

hieraus ergibt sich die kulturelle und historische Relativität unterschiedlicher Rechtsordnungen - trotz struktureller Identität.[845]

Die Existenz des Rechts, hierauf kommt es an dieser Stelle an, ist demnach nicht nur, wie bei Alexy, abhängig vom Individuum als solchem, sondern von konkreten - das Recht tatsächlich als Recht repräsentierenden - Individuen einer bestimmten historisch-kulturellen Epoche. Bei Zugrundelegung der Theorie Searles zur Ontologie institutioneller Realität ist das Recht - im Vergleich zu Alexy in qualifizierter Weise - ein bewusstseinsabhängiger oder ontologisch subjektiver Bereich.[846] Gegenüber Aussagen wie etwa solchen zur chemischen Zusammensetzung von Wasser ergibt sich bei juristischen Aussagen der bedeutende Unterschied, dass ihre Wahrheitsbedingungen, die sich insbesondere aus der jeweiligen Rechtsordnung ergeben, nicht unabhängig von konkreten Individuen in ihrer historischen und kulturellen Gebundenheit sind.[847] Vielmehr bedeutet die Relativität der Wahrheitsbedingungen juristischer Aussagen bzw. die Relativität einer konkreten Rechtsordnung als System institutioneller Tatsachen auf ihre tatsächliche Repräsentation durch konkrete, historisch-kulturell gebundene Individuen, dass juristische Aussagen nicht universell oder einzig richtig sein können.[848] Stets hängt die Richtigkeit juristischer Aussagen davon ab, welche institutionellen Tatsachen, bzw. welche Rechtsordnung von den Individuen konkret instituiert wurde. Richtigkeit ist bei juristischen Aussagen also stets historisch und kulturell relativ zu verstehen.[849]

Meine Konklusion lautet, dass die Binarität der Argumentationsfigur der einzig richtigen Entscheidung juristischen Aussagen folglich nicht deshalb angemessen ist, weil die Richtigkeit dieser Aussagen nicht zeitlichem und kulturellem Wandel unterworfen wäre. Die Argumentationsfigur der einzig

---

845 Neumann, Ulfrid, „Das Problem der Rechtsgeltung", s. Anm. 110, S. 238; Neumann, Ulfrid, „Rechtswissenschaft als säkulare Theologie. Anmerkungen zu einem wissenschaftstheoretischen Topos des Kritischen Rationalismus", s. Anm. 332, 327 f. unter Bezugnahme auf Hart, Herbert L. A., s. Anm. 9, 100 ff.

846 Searle, John R., *Making the social world: the structure of human civilization*, s. Anm. 46, 17 f. In gleicher Weise Hart, Herbert L. A., s. Anm. 9, 100 ff.

847 Barnes, Stanley Barry. „Searle on social reality: process is prior to product". In: *Speech acts, mind, and social reality. Discussions with John R. Searle*. Hrsg. von Grewendorf, Günther und Meggle, Georg. Dordrecht/ Boston/ London 2002, S. 247–258, S. 248.

848 Neumann, Ulfrid, „Das Problem der Rechtsgeltung", s. Anm. 110, S. 238; Barnes, Stanley Barry, s. Anm. 847, S. 248.

849 Neumann, Ulfrid, „Das Problem der Rechtsgeltung", s. Anm. 110, S. 238; Barnes, Stanley Barry, s. Anm. 847, S. 248.

richtigen Entscheidung ist jedenfalls nicht deshalb angemessen, weil juristische Aussagen in ontologischer Hinsicht objektiv wären. Hiermit ist jedoch das letzte Wort in Bezug auf die Angemessenheit der Argumentationsfigur der einzig richtigen Entscheidung aufgrund der Objektivität juristischer Aussagen noch nicht gesprochen. Zwar ist es der bewusstseinsmäßigen Leistung von Subjekten geschuldet, dass Rechtsordnungen geschaffen und am Leben erhalten werden.[850] In ihrem Rahmen kann aber dennoch zwischen objektiven und subjektiven Elementen unterschieden werden. In diesem Sinne sind in ontologisch subjektiven Lebensbereichen wie dem Recht epistemisch objektive Aussagen möglich.[851] Schon diese Art Objektivität rechtfertigt für mich - vor dem Hintergrund meiner pragmatischen Konkretisierung des Merkmals der Determination - die Darstellung richterlicher Begründungen nach dem Prinzip der Binarität bzw. die Argumentationsfigur der einzig richtigen Entscheidung.

2. Epistemisch

Die Bewusstseinsabhängigkeit und die in dieser Hinsicht bestehende ontologische Subjektivität jeder Rechtsordnung schließt es nicht aus, dass in Bezug auf diese Rechtsordnung epistemisch objektive Aussagen gemacht werden können.[852] Man kann juristische Aussagen insofern nicht nur dann als vollständig objektiv oder einzig richtig bezeichnen, wenn sie ungeachtet des kulturell-historischen Kontextes richtig sind. In einem ontologisch „unverdächtigen" Sinne ließe sich von einzig richtigen Aussagen schon dann sprechen, wenn sie im Rahmen einer konkreten, an sich kontingenten Rechtsordnung alternativlos sind.[853]

Epistemische Objektivität ist nach einer allgemeinen Definition Leiters dadurch gekennzeichnet, dass keine störenden Faktoren den Prozess der Suche nach richtigen Aussagen beeinträchtigen.[854] Der Prozess der Suche

850 Coleman, Jules L. und Leiter, Brian, s. Anm. 723, 252 f. Leiter, Brian, „Introduction", s. Anm. 830, S. 3.

851 Coleman, Jules L. und Leiter, Brian, s. Anm. 723, S. 252; Searle, John R., *Making the social world: the structure of human civilization*, s. Anm. 46, 17 f.

852 Coleman, Jules L. und Leiter, Brian, s. Anm. 723, S. 252; Searle, John R., *Making the social world: the structure of human civilization*, s. Anm. 46, 17 f.

853 Coleman, Jules L. und Leiter, Brian, s. Anm. 723, S. 246; Neumann, Ulfrid, *Juristische Argumentationslehre*, s. Anm. 365, 6 f.

854 Leiter, Brian, „Introduction", s. Anm. 830, S. 3.

nach richtigen normativen Aussagen vollzieht sich im Falle richterlicher Entscheidungen in Form der juristischen, bzw. gerichtlichen Argumentation. Im Weiteren möchte ich - im Sinne einer pars-pro-toto Analyse - zeigen, dass (auch) epistemische Objektivität juristischer Aussagen nicht ohne Einschränkung zu verstehen ist, bzw. nicht dem binären Schema der einzig richtigen Entscheidung folgt. Stellvertretend möchte ich zu diesem Zweck (erneut) die Diskurstheorie Alexys heranziehen. Zu beachten ist, dass die folgenden Ausführungen - wie diejenigen im kommenden Abschnitt - als fortgesetzte Auseinandersetzung, keinesfalls aber als fortgesetzte Kritik an Alexy zu verstehen sind. Sie sollen vielmehr die von mir geteilte Erkenntnis Alexys einer nicht vollständigen epistemischen Objektivität der juristischen Argumentation belegen. [855] Weiterhin geht es an dieser Stelle nicht in erster Linie um Alexys Position zu meiner Ausgangsfrage. Meine Auseinandersetzung mit ihr ist nach Darstellung und Kritik Alexys im ersten Kapitel und mit meiner Formalisierung dieser Position im zweiten Kapitel vorläufig abgeschlossen. Vielmehr geht es an dieser Stelle um die Entscheidung zwischen dem Modell A einerseits und den Modellen B und C andererseits auf dem Weg zu meiner eigenen Position zum Problem der kommunikativen Kraft. Zum Schluss dieses Abschnittes werde ich in einem Zwischenergebnis das Modell A zurückweisen. Da Alexy auch diesem Modell zuzuordnen ist, werde ich mich - erst dort - wieder mit seiner Position zu meiner Ausgangsfrage auseinandersetzen müssen.

Angesichts meiner Darstellung von Alexys Diskurstheorie im ersten Kapitel handelt es sich im Folgenden im Wesentlichen um eine Rekapitulation der für meine Zwecke relevanten Aspekte. Dieser Rekapitulation seien einige Erwägungen zu Begrifflichkeit und Anwendbarkeit der Diskurstheorie im Zusammenhang mit dem Problem epistemischer Objektivität vorangestellt.

855 Kritikwürdig ist und bleibt jedoch - wie ausgeführt - Alexys Konzept der diskursiven Notwendigkeit, mit dem er den Ausnahmefall der absoluten Richtigkeit zu konstruieren sucht. Ich hatte dieses Konzept in Bezug auf seine ontologischen Implikationen kritisiert; siehe oben, S. 34 ff. Die Grenzen der Objektivität juristischer Argumentation in epistemischer Hinsicht werden von Bäcker besonders hervorgehoben; vgl. Bäcker, Carsten, *Begründen und Entscheiden. Kritik und Rekonstruktion der Alexyschen Diskurstheorie des Rechts*, s. Anm. 33, S. 330; Bäcker, Carsten, „Rationalität ohne Idealität. Grundzüge einer relativistischen Diskurstheorie des Rechts“, s. Anm. 218, 21 ff. und oben, S. Wenn ich im Folgenden nur von der Diskurstheorie Alexys spreche, so aus dem Grund, weil dieser die Grenzen seiner Theorie in epistemischer Hinsicht, wenn auch in anderer, diskurstheoretischer Begrifflichkeit, selbst thematisiert; vgl. Alexy, Robert, „Probleme der Diskurstheorie“, s. Anm. 14, 121 ff.

Zu konstatieren ist zunächst, dass Alexy primär von Richtigkeit und nicht von Objektivität spricht.[856] Dabei bleibt offen, wie er das Verhältnis der beiden Begriffe zueinander bestimmt. Zudem differenziert Alexy nicht ausdrücklich zwischen ontologischer und epistemischer Ebene. Die größtenteils impliziten ontologischen Prämissen der Diskurstheorie Alexys hatte ich oben mit dem Konstrukt der diskursiven Notwendigkeit und der absoluten Richtigkeit identifiziert.[857]

Im Kern geht es Alexy jedoch um die Rationalisierung eines Prozesses.[858] In der Diskurstheorie ist die Beachtung der Diskursregeln bei der Suche nach der richtigen Antwort auf die juristische Ausgangsfrage zentral. Damit ist für Alexy im Sinne der Definition Leiters die Abwesenheit von Störfaktoren konstitutiv für die Objektivität des gefundenen Ergebnisses.[859] Dies rechtfertigt es aus meiner Sicht, unter dem Stichwort der epistemischen Objektivität die Diskurstheorie Alexys erneut heranzuziehen.

Zu dem gleichen Ergebnis führt ein Vergleich mit dem Objektivitätsbegriff Postemas.[860] Objektivität definiert für Postema den Standard, dem der deliberative Prozess genügen muss, in dem juristische Fragen diskutiert werden. Objektivität juristischer Aussagen ist für Postema eine Funktion der Objektivität des deliberativen Prozesses, in dem diese Aussagen gefunden werden.[861] Diese methodologische Konzeption von Objektivität fasst Postema als eine bereichsspezifische Konzeption auf.[862] Der bereichsspezifische und methodologische Objektivitätsbegriff Postemas weist nun große Ähnlichkeiten mit dem diskurstheoretischen Richtigkeitsbegriff Alexys auf. In der Theorie

---

856 Alexy, Robert, *Theorie der juristischen Argumentation. Die Theorie des rationalen Diskurses als Theorie der juristischen Begründung*, s. Anm. 14, 17 ff. Alexy, Robert, „Probleme der Diskurstheorie", s. Anm. 14, 109 f.

857 Siehe oben, S. 34 ff.

858 Vgl. Alexy, Robert. „Die Idee einer prozeduralen Theorie der juristischen Argumentation". In: *Recht, Vernunft, Diskurs. Studien zur Rechtsphilosophie*. Hrsg. von Alexy, Robert. Frankfurt a. M. 1995, S. 94–108, 95 ff. zur Klassifikation unterschiedlicher prozeduraler Theorien des Rechts vgl. Coleman, Jules L. und Leiter, Brian, s. Anm. 723, 243 f. Coleman zufolge lassen sich prozedurale Theorien auf der Grundlage skeptischer, substantiell moralischer oder strategischer Erwägungen begründen. Alexys transzendentalpragmatische Begründung der Diskursregeln und damit der Diskurstheorie insgesamt dürfte der zweiten Gruppe zuzuordnen sein.

859 Vgl. Alexy, Robert, „Die Idee einer prozeduralen Theorie der juristischen Argumentation", s. Anm. 858, 96 f.

860 Postema, Gerald J., s. Anm. 291, 116 ff.

861 ebd., S. 118.

862 ebd., 127 ff. Vgl. zur Kritik an bereichtsspezifischen Objektivitätskonzeptionen Leiter, Brian, „Objectivity, Morality, and Adjudication", s. Anm. 726, 86 f.

Alexys hängt die Richtigkeit des Ergebnisses - wie bei Postema - von der Erfüllung einer deliberativen Prozedur ab. Diese Prozedur ist bei Alexy über Diskursregeln definiert, deren Zweck es ist, die Partizipationsmöglichkeit, Unparteilichkeit und Informiertheit der Teilnehmer und damit die Objektivität der Diskursprozedur zu sichern.[863] Hier ist letztlich entscheidend, dass Postema die Objektivität des Rechts epistemisch konzipiert, indem er die Unabhängigkeit seiner Konzeption von metaphysischen Prämissen betont.[864] Die strukturelle Nähe der Konzeptionen Postemas und Alexys spricht also für die Zulässigkeit der Betrachtung der Diskurstheorie unter dem Stichwort der epistemischen Objektivität.[865]

Für die Einschränkung der Objektivität der diskursiv gefundenen juristischen Aussagen in epistemischer Hinsicht steht in paradigmatischer Weise der Alexysche Begriff der relativen Richtigkeit oder diskursiven Möglichkeit.[866] Richtig ist im diskurstheoretisch-prozeduralen Sinne jede juristische Aussage, die das Ergebnis einer bestimmten Diskursprozedur sein könnte.[867] Die Diskursprozedur ist in der Theorie Alexys vollständig über die Diskursregeln definiert - die Richtigkeit einer Aussage bemisst sich also daran, ob sie ohne Verstoß gegen Diskursregeln zustande kommen kann.[868] Nun sind aber die grundlegenden Diskursregeln Alexys wie das Gebot umfassender

863 Diese Einschätzung liegt auch Pavlakos, George. „Two Concepts of Objectivity". In: *Law, Rights and Discourse. The Legal Philosophy of Robert Alexy*. Hrsg. von Pavlakos, George. Oxford 2007, S. 83–108, 104 ff. zugrunde, der von den Diskursregeln die Objektivierbarkeit der gefundenen juristischen Aussagen ableitet.

864 Postema, Gerald J., s. Anm. 291, 129 ff. Diese Einschätzung wird bestätigt von Leiter, Brian, „Introduction", s. Anm. 830, S. 7.

865 Ergänzend ist darauf hinzuweisen, dass Alexy die Klassifikation Lafonts seiner Diskurstheorie als realistische metaethische Position, wonach die Richtigkeit oder Wahrheit einer Norm unabhängig von Diskursen besteht, bestätigt hat; Lafont, Christina, s. Anm. 57, S. 297; Alexy, Robert, „Comments and Responses", s. Anm. 57, S. 352. In der Konsequenz dessen, dass der Diskurs nicht richtigkeitskonstitutiv sein soll, ist dem tatsächlichen Diskurs in der Theorie Alexys eine epistemische Funktion zuzuweisen.

866 Vgl. Alexy, Robert, *Theorie der juristischen Argumentation. Die Theorie des rationalen Diskurses als Theorie der juristischen Begründung*, s. Anm. 14, 35 f. Alexy, Robert, „Probleme der Diskurstheorie", s. Anm. 14, 121 f.

867 Alexy, Robert, *Theorie der juristischen Argumentation. Die Theorie des rationalen Diskurses als Theorie der juristischen Begründung*, s. Anm. 14, 31 ff. Alexy, Robert, „Die Idee einer prozeduralen Theorie der juristischen Argumentation", s. Anm. 858, S. 95.

868 Alexy, Robert, *Theorie der juristischen Argumentation. Die Theorie des rationalen Diskurses als Theorie der juristischen Begründung*, s. Anm. 14, 31 ff.

Beteiligung oder vollständiger sprachlicher Klarheit in der Realität stets nur annäherungsweise erfüllbar.[869] Richtigkeit juristischer Aussagen ist daher grundsätzlich „relativ" zu verstehen, wobei sich die Relativität insbesondere auf den Grad der Erfüllung der Diskursregeln (oder -prinzipien) bezieht. Als Folge der stets unvollkommenen Erfüllung der Diskursregeln ist es Alexy zufolge außerdem *möglich*, dass auch nach Durchführung der Diskursprozedur mehr als eine Antwort auf die juristische Ausgangsfrage übrigbleibt, bzw. mehr als eine Antwort ohne Verstoß gegen Diskursregeln zustande kommen kann.[870] Es kann also nicht ausgeschlossen werden, dass zwei Aussagen übrigblieben, die sich inhaltlich widersprechen. Diese Tatsache bezeichnet Alexy als das Problem der Entscheidungsindefinitheit.[871] Das diskurstheoretische Richtigkeitsverständnis zwingt somit *potentiell* dazu, mehrere Aussagen als richtig bezeichnen zu müssen, die sich diametral entgegenstehen. Dass das Ergebnis der Diskursprozedur aus inhaltlich unvereinbaren Aussagen besteht, ist nicht zwingend. Die Diskurstheorie kann dieses Ergebnis aber auch nicht ausschließen. Relative Richtigkeit bedeutet also potentiell mehrwertige Richtigkeit.

Die Sinnhaftigkeit der Verwendung des Richtigkeitsprädikats für widersprüchliche Aussagen propagiert Alexy unter dem Begriff der relativen Richtigkeit.[872] Es sei bei Zugrundelegung des relativen Richtigkeitsbegriffs möglich und sinnvoll, inhaltlich unvereinbare Aussagen als (relativ) „richtig" zu bezeichnen.[873] Es gilt im prozeduralen Paradigma der Diskurstheorie in epistemischer Hinsicht also nicht, dass einer einzigen richtigen, unendlich viele falsche Aussagen gegenüberstehen.[874] Vielmehr ist mit dem Begriff der relativen Richtigkeit die prinzipielle *Möglichkeit* bezeichnet, dass zwei oder mehr Aussagen, die sich inhaltlich widersprechen, dennoch gleichermaßen richtig

---

869 ebd., S. 170. Aus diesem Grund schlägt Bäcker zu Recht vor, bestimmte Diskursregeln Alexys in normtheoretischer Hinsicht als „Diskursprinzipien" aufzufassen; Bäcker, Carsten, *Begründen und Entscheiden. Kritik und Rekonstruktion der Alexyschen Diskurstheorie des Rechts*, s. Anm. 33, S. 144.

870 Alexy, Robert, *Theorie der juristischen Argumentation. Die Theorie des rationalen Diskurses als Theorie der juristischen Begründung*, s. Anm. 14, 35 f.

871 ebd., 35 f. Alexy, Robert, „Probleme der Diskurstheorie", s. Anm. 14, 121 f.

872 Alexy, Robert, *Theorie der juristischen Argumentation. Die Theorie des rationalen Diskurses als Theorie der juristischen Begründung*, s. Anm. 14, 416 f.

873 ebd., 416 f.

874 Bei Alexy gilt dies für den Regelfall. Im Ausnahmefall der diskursiven Notwendigkeit gilt das Prinzip der Binarität der absolut oder einzig richtigen Entscheidung; vgl. ebd., 413 ff. Zur Kritik hieran Bäcker, Carsten, *Begründen und Entscheiden. Kritik und Rekonstruktion der Alexyschen Diskurstheorie des Rechts*, s. Anm. 33, 154 f.

sind. Entscheidend ist, dass das Problem der Entscheidungsindefinitheit der Diskurstheorie auch im juristischen Diskurs fortbesteht. Alexy zufolge wird es im juristischen Diskurs gegenüber dem allgemein-praktischen Diskurs zwar abgeschwächt, nie jedoch ganz beseitigt.[875]

Das Prinzip der Binarität juristischer Aussagen gilt also - in dem von mir stellvertretend herangezogenen diskurstheoretischen Paradigma - auch bei epistemischer Interpretation des Objektivitätsbegriffs nicht durchgängig. Dieser Befund steht - wie im ersten Kapitel dargestellt - im Zentrum der Arbeit Bäckers. Während es für Alexy mit dem Konzept der diskursiven Notwendigkeit eine Ausnahme von der grundsätzlichen Relativität der Ergebnisse juristischer Diskurse gibt, bleibt es für Bäcker bei der dargelegten skeptischen Konklusion.[876] Wie im ersten Kapitel dargestellt, begegnet Alexys Konstrukt der diskursiven Notwendigkeit grundlegenden Bedenken. Mit dem bisher gesagten mache ich mir also Bäckers These der epistemischen Relativität juristischer Aussagen - im Ergebnis - zu eigen.[877]

Die Relevanz dieser These für die Beantwortung meiner dritten Forschungsfrage sei im nun folgenden Abschnitt und mittels des spezifisch juristischen Begriffs der „Vertretbarkeit" expliziert.

3. Juristische Argumentation, Binarität und Vertretbarkeit

Im vorangegangenen Abschnitt hatte ich anhand der Diskurstheorie dargestellt, dass miteinander unvereinbare juristische Aussagen bei epistemischer Interpretation des Objektivitätsbegriffs gleichermaßen objektiv sein können. Diesem Befund, der das Prinzip der Binarität für die juristische Argumentation negiert, entspricht die spezifisch juristische Kategorie der Vertretbarkeit. In diesem Abschnitt möchte ich insbesondere die praktische Relevanz dieser Kategorie für meine dritte Forschungsfrage erörtern.

Mein Erkenntnisinteresse hatte ich eingangs dieses Kapitels mit der allgemeinen Frage umschrieben, „was" in Bezug auf die Objektivität juristischer

875 Alexy, Robert, „Probleme der Diskurstheorie", s. Anm. 14, 125 f.

876 Bäcker, Carsten, *Begründen und Entscheiden. Kritik und Rekonstruktion der Alexyschen Diskurstheorie des Rechts*, s. Anm. 33, S. 330.

877 Dies bedeutet nicht, wie im folgenden Abschnitt darzustellen sein wird, dass ich auch Bäckers Position zu meiner dritten Forschungsfrage teile, bzw. dass ich - wie er - das Modell B. im Ergebnis vorziehen werde. Es bedeutet ebenfalls nicht, dass ich sein diskurstheoretisches Modell durchgängig überzeugend finde. Zu meiner Kritik siehe oben, S. 51 ff.

Aussagen der Fall sein muss, damit „was" in Bezug auf die Art und Weise ihrer Darstellung angemessen ist. Ich hatte gesagt, dass es in Bezug auf diese Frage nicht um einen logisch zwingenden Schluss gehen wird, sondern um Plausibilitätserwägungen. In diesem Sinne bezeichnet für mich die Situation zweier gleichermaßen objektiver oder gleichermaßen vertretbarer Entscheidungen den Bereich, in dem die Darstellung richterlicher Begründungen nach dem Prinzip der Binarität, bzw. die Argumentationsfigur der einzig richtigen Entscheidung nicht angemessen ist. In diesem Sinne möchte ich im Folgenden pragmatisch argumentieren, dass es nicht nur theoretisch, sondern auch faktisch Raum für gegenläufige Entscheidungen gibt, die als gleichermaßen objektiv zu bezeichnen sind. Im folgenden Abschnitt werde ich versuchen, anhand der Methode der Abwägung nachzuzeichnen, dass dies aus theoretischen Gründen in erheblichem Umfang der Fall ist. Vorab sei aber der Begriff der Vertretbarkeit erläutert.

Der spezifisch juristische Begriff der Vertretbarkeit scheint bei oberflächlicher Betrachtung nur eine reformulierte Variante des mit der Argumentationsfigur der einzig richtigen Entscheidung vorausgesetzten Prinzips der Binarität zu sein. So spricht man nicht nur von einer *vertretbaren*, sondern auch von der *besser* oder *schlechter vertretbaren* Aussage, der *gerade noch vertretbaren* oder der *nicht mehr vertretbaren* Aussage. Der Begriff der Vertretbarkeit lässt es außerdem zu, von der *am besten vertretbaren* Aussage zu sprechen.[878] Gibt es nun aber stets eine am besten vertretbare Antwort, dann sind gleichzeitig alle anderen, inhaltlich gegenläufigen Antworten schlechter vertretbar. Von dem mit der Argumentationsfigur der einzig richtigen Entscheidung in Anspruch genommenen Prinzip der Binarität unterscheidet sich die Kategorie der Vertretbarkeit bei dieser Betrachtung nicht.[879] Eine eigenständige Bedeutung kann der Begriff der Vertretbarkeit nur dann behalten, wenn er die Situation zweier gleichermaßen vertretbarer Entscheidungen umfasst.[880]

Diese Situation ist dem im vorangegangenen Abschnitt rekapitulierten diskurstheoretischen Konzept der relativen Richtigkeit jedenfalls potentiell äquivalent. Wie gesehen sind alle diskursiv möglichen juristischen Aussagen relativ richtig; diskursiv möglich ist eine praktische Aussage, wenn sie ohne

878 So auch Saliger, Frank, s. Anm. 8, S. 143.
879 ebd., S. 143.
880 Lege, Joachim, s. Anm. 510, S. 230. Diese Situation bezeichnet Bäcker, Carsten, *Begründen und Entscheiden. Kritik und Rekonstruktion der Alexyschen Diskurstheorie des Rechts*, s. Anm. 33, 332 ff. als Fälle „echte Vertretbarkeit".

Verstoß gegen Diskursregeln zustande gekommen ist.[881] Dieses Richtigkeitskriterium ist zu schwach, um stets nur eine Aussage als richtig auszuzeichnen. Es kann demnach die Situation entstehen, dass zwei inhaltlich unvereinbare Aussagen die Diskursprozedur ohne Verstoß gegen Diskursregeln überstehen.[882] Dass das Ergebnis der Diskursprozedur aus inhaltlich unvereinbaren Aussagen besteht, ist nicht zwingend. Die Diskurstheorie kann dieses Ergebnis aber auch nicht ausschließen. Hieraus resultiert die potentielle Äquivalenz zur Situation zweier gleichermaßen vertretbarer Entscheidungen.

Es stehen sich somit das zweiwertige Prinzip der einzig richtigen Entscheidung (einzig richtig / falsch) einerseits und das mehrwertige Prinzip der Vertretbarkeit (nicht vertretbar / gleichermaßen vertretbar / am besten vertretbar) andererseits gegenüber.[883] Die in diesem Kapitel zur Debatte stehende Frage nach der Angemessenheit der Argumentationsfigur der einzig richtigen Entscheidung kann also als Entscheidung zwischen diesen Prinzipien aufgefasst werden. Im vorangegangenen Abschnitt hatte ich - mit Bäcker - gesagt, dass es in epistemischer Hinsicht grundsätzlich nur relativ richtige oder nicht vollständig objektive Entscheidungen gibt. Bei epistemischer Interpretation des Objektivitätsbegriffs gilt das Prinzip der Binarität damit nicht.

Die in diesem Abschnitt aufgeworfene Frage, ob die Argumentationsfigur der einzig richtigen Entscheidung aufgrund der Objektivität juristischer Aussagen gerechtfertigt werden kann, ist vor dem Hintergrund meines spezifischen Erkenntnisinteresses damit aber immer noch nicht vollständig beantwortet. Denn es liegt auf der Hand, dass in realen Rechtsstreitigkeiten nicht ausschließlich gleichermaßen vertretbare Entscheidungen zur Debatte stehen.[884] Es kann kaum bestritten werden, dass es Fälle gibt, in denen es - nach hinreichender Überlegung - eine am besten vertretbare Entscheidung gibt. Gibt es im konkreten Fall aber eine am besten vertretbare Entscheidung, dann erscheint die Binarität der Darstellungsweise der Argumentationsfigur der einzig richtigen Entscheidung gerechtfertigt.

---

881 Alexy, Robert, *Theorie der juristischen Argumentation. Die Theorie des rationalen Diskurses als Theorie der juristischen Begründung*, s. Anm. 14, 413 f. Inhaltlich identisch Alexy, Robert, „Probleme der Diskurstheorie", s. Anm. 14, 121 ff.

882 Alexy, Robert, *Theorie der juristischen Argumentation. Die Theorie des rationalen Diskurses als Theorie der juristischen Begründung*, s. Anm. 14, 35 f. Alexy, Robert, „Probleme der Diskurstheorie", s. Anm. 14, 121 f.

883 Lege, Joachim, s. Anm. 510, S. 230.

884 Dies räumt auch Bäcker, Carsten, *Begründen und Entscheiden. Kritik und Rekonstruktion der Alexyschen Diskurstheorie des Rechts*, s. Anm. 33, S. 333 ein.

Wie gewichtig nun der Bereich der gleichermaßen vertretbaren Entscheidungen in theoretischer Hinsicht ist, in dem die Argumentationsfigur der einzig richtigen Entscheidung insofern nicht gerechtfertigt ist, ist bis zu dieser Stelle offen. Im Sinne der eingangs gestellten Frage ist nach wie vor ungeklärt, in welchem Umfang das Prinzip der Binarität nicht gilt und damit die Darstellungsweise der Argumentationsfigur der einzig richtigen Entscheidung prima-facie unangemessen ist.[885] Diese Frage möchte ich in dem nun folgenden Abschnitt erörtern. Ich werde mich hierzu auf die argumentative Methode der Abwägung im System der Alexyschen Rechtsphilosophie konzentrieren. Ich werde argumentieren, dass der Bereich, in dem das Prinzip der Binarität nicht gilt, aus theoretischen Gründen von erheblichem Umfang ist. Die Ergebnisse von Abwägungsentscheidungen sind nämlich, wie nun zu zeigen sein wird, strukturell indeterminiert.

II. Indeterminismus in der gerichtlichen Argumentation

Im Folgenden werde ich im Anschluss an die eben gemachten Erwägungen ausloten, welches Gewicht der Bereich hat, in dem das Prinzip der Binarität einer einzigen richtigen gegenüber unendlich vielen falschen (und einer am besten vertretbaren gegenüber unendlich vielen schlechter vertretbaren) Entscheidungen, nicht gilt. Zu diesem Zweck werde ich untersuchen, inwieweit die Ergebnisse von Abwägungsentscheidungen durch den argumentativen Prozess der Abwägung (in-)determiniert sind. Hierzu werde ich mich weiterhin auf die Argumentationstheorie Alexys, nunmehr in Verbindung mit seiner Prinzipientheorie konzentrieren.

Die Verbindung des argumentationstheoretischen und prinzipientheoretischen Teils im Werk Alexys wird von Klatt in eine philosophische, eine juristische und eine institutionelle Dimension differenziert.[886] In der Begrifflichkeit Klatts ging es mit der diskurstheoretischen Begründung der diskursiven Notwendigkeit im ersten Kapitel um die philosophische Dimen-

885 Sie wird sich zunächst nur als „prima-facie" unangemessen herausstellen lassen, weil nicht auszuschließen ist, dass es eine andere, erfolgreiche Rechtfertigungsstrategie für diese Darstellungsweise gibt. Diese Rechtfertigungsstrategie ist Gegenstand des zweiten Teils dieses Kapitels. Im vorangegangenen Kapitel hatte ich diese Art der Rechtfertigung als „arg. I_a" gekennzeichnet. Im zweiten Teil dieses Kapitels wird es also um die prekäre Aufgabe gehen, die Argumentationsfigur der einzig richtigen Entscheidung als fiktionale Praxis zu rechtfertigen.

886 Klatt, Matthias, „Robert Alexy's Philosophy of Law as System", s. Anm. 72, S. 19.

sion, im Folgenden wird es dagegen um die juristische Dimension dieser Verbindung gehen. Diese Dimension ist in der Begrifflichkeit Klatts „concerned with the interpretation and application of constitutional rights."[887] Somit werde ich an dieser Stelle den Systemcharakter der Alexyschen Rechtsphilosophie diskutieren und Probleme hervorheben können. Zu beachten ist, dass die Position Alexys zu meiner Ausgangsfrage im Nachwort zur *Theorie der juristischen Argumentation* vollständig enthalten ist.[888] Es geht mir also nicht mehr um Alexys Position zu meiner Fragestellung als solcher. Vielmehr stehen das Modell A einerseits und die Modelle B und C andererseits für mich zur Auswahl. Insofern ist die folgende Diskussion der Argumentationstheorie Alexys in der Verknüpfung mit seiner Prinzipientheorie - wie schon im vorangegangenen Abschnitt - eine Art der pars-pro-toto Analyse.

Für den in diesem Abschnitt verfolgten Zweck der Entscheidung zwischen dem Modell A einerseits und den Modellen B und C andererseits wäre es dabei grundsätzlich schon ausreichend gewesen, nachzuweisen, dass die juristische Argumentation nicht in jedem Fall binär codiert ist.[889] Schon diese Erkenntnis rechtfertigte die Ablehnung des Modells A. Denn das Modell A zeichnet sich dadurch aus, dass das binäre Schema der Argumentationsfigur der einzig richtigen Entscheidung ausschließlich aufgrund theoretischer Erwägungen zur Objektivität juristischer Aussagen gerechtfertigt wird. Sollte es den Fall zweier gleichermaßen objektiver oder vertretbarer juristischer Aussagen geben, dann wäre in diesem Fall die Argumentationsfigur der einzig richtigen Entscheidung jedenfalls im Modell A nicht gerechtfertigt. In den vorangehenden Abschnitten habe ich in diesem Sinne dargelegt, dass juristische Aussagen auch im Rahmen einer bestehenden Rechtsordnung nicht stets alternativlos sein können. Die Ablehnung des Modells A steht

887 Klatt, Matthias, „Robert Alexy's Philosophy of Law as System", s. Anm. 72, S. 19.

888 Vgl. Alexy, Robert, *Theorie der juristischen Argumentation. Die Theorie des rationalen Diskurses als Theorie der juristischen Begründung*, s. Anm. 14, S. 414 und oben, S. 19 f.

889 Dies bedeutet im Umkehrschluss aber nicht, dass die juristische Argumentation in diesem Bereich überhaupt nicht *objektiv* ist. Sie kann zwar ggf. nicht eine einzige Antwort auszeichnen, ist darum jedoch nicht willkürlich. Dies meinte ich, als ich eben sagte, dass es nicht um eine umfassende Antwort auf die Frage nach der Objektivität der juristischen Argumentation im Bereich von Prinzipienkollisionen gehen kann. Die (In-)Determiniertheit der juristischen Argumentation ist also - wie der Einwand von Coleman, Jules L. und Leiter, Brian, s. Anm. 723, S. 246 zeigt, denen zufolge die Determiniertheit des Rechts keinesfalls mit der Objektivität des Rechts verwechselt werden dürfe - nicht generell, sondern nur vor dem Hintergrund meines spezifischen Erkenntnisinteresses unter dem Begriff der Objektivität sinnvoll diskutierbar.

also gewissermaßen schon fest. Offen ist vor dem Hintergrund des - wie erwähnt - pragmatischen Charakters des Merkmals der Determination aber die Begründung. Diesbezüglich werde ich darlegen können, dass es im System der Alexyschen Rechtsphilosophie ein Indeterminismusproblem der Abwägung gibt und das Prinzip der Binarität in Bezug auf Abwägungsentscheidungen schon aus strukturellen Gründen nicht greift (a.). Ich werde weiterhin darlegen, dass das Indeterminismusproblem von Alexy bisher nicht zufriedenstellend adressiert wird (b.) und sich zudem bei der Abwägung unter Unsicherheit zuspitzt. Mit alledem werde ich das Bedürfnis für die im zweiten Teil dieses Kapitels vorzustellende institutionelle Rechtfertigungsstrategie für die Argumentationsfigur der einzig richtigen Entscheidung illustrieren (c.).

1. Abwägung und Indeterminismus

In diesem Abschnitt wird es mir darum gehen, die (In-)Determiniertheit von Abwägungsentscheidungen in der Zusammenschau der Argumentations- und Prinzipientheorie Alexys nachzuzeichnen. Mit der angekündigten Fokussierung auf die Methode der Abwägung ist die Aussagekraft meiner Ausführungen von vornherein auf richterliche Begründungen beschränkt, die in der einen oder anderen Form auf Prinzipien Bezug nehmen. Die damit verbundene Einschränkung ist jedoch überschaubar, da es sich bei der Abwägung ohne Zweifel um einen „ubiquitären" Vorgang in der Rechtspraxis handelt.[890] Dies gilt insbesondere dann, wenn man die zwei von Alexy unterschiedenen Arten der Rechtsanwendung - Auslegung und Abwägung - nicht als strikt getrennt auffasst. Es ist davon auszugehen, dass in-praxi die beiden Arten der Rechtsanwendung nur graduell, nicht kategoriell unterschieden werden können.[891] Dies ist auch Alexys Auffassung, wenn er ohne Differenzierung zwischen Auslegung und Abwägung sagt, dass schwierige Fälle dadurch definiert seien, dass Gründe sowohl für die eine wie für die andere Seite in

890 Alexy, Robert. „On balancing and Subsumtion. A Structural Comparison". In: *Ratio Juris* 16 (2003), S. 433–449, S. 436; Klatt, Matthias und Meister, Moritz. „Verhältnismäßigkeit als universelles Verfassungsprinzip". In: *Der Staat* 51 (2012), S. 159–188, S. 159.

891 Die Behauptung der praktischen Trennbarkeit beider Methoden meint Poscher, Ralf. „The Principles Theory: How Many Theories and What is their Merit?" In: *Institutionalized Reason. The Jurisprudence of Robert Alexy*. Hrsg. von Klatt, Matthias. Oxford 2012, S. 218–247, 236 f. bei Alexy zu finden.

dem Streit angeführt werden können und derartige Kollisionen nur durch Abwägungen aufgelöst werden können.[892]

Für die Verortung des im Folgenden zu diskutierenden Indeterminismusproblems der argumentativen Methode der Abwägung ist vorab die analytische Unterscheidung von interner und externer Rechtfertigung der juristischen Argumentation darzulegen.[893] Die Unterscheidung einer internen und einer externen Rechtfertigung in der juristischen Argumentation ist in der Rechtstheorie geläufig und weithin akzeptiert. Die interne Rechtfertigung betrifft in den beiden Formen der Rechtsanwendung - Subsumtion einerseits und Abwägung andererseits - jeweils die Frage, ob das Ergebnis aus den zur Begründung angeführten Prämissen - im Falle der Subsumtion entsprechend den Regeln der Logik und im Falle der Abwägung entsprechend den Regeln der Arithmetik - folgt.[894] Das Schema der internen Rechtfertigung ist im Falle der Subsumtion der Justizsyllogismus und im Falle der Abwägung die von Alexy entwickelte, sogenannte Gewichtsformel.[895] In beiden Fällen kann das Ergebnis ohne Weiteres aus den Schemata der internen Rechtfertigung

---

892 Alexy, Robert, „On balancing and Subsumtion. A Structural Comparison", s. Anm. 890, S. 436. In Reaktion auf die Kritik Poschers sagt Alexy ausdrücklich, dass in jedem Fall der Rechtsanwendung Auslegung und Abwägung intrinsisch verknüpft seien; Alexy, Robert, „Comments and Responses", s. Anm. 57, S. 345. Ein naheliegendes Beispiel für die Verquickung beider Methoden ist die teleologische Auslegung, bei der letztlich auch Gründe gegeneinander abgewogen werden.

893 Alexy, Robert, *Theorie der juristischen Argumentation. Die Theorie des rationalen Diskurses als Theorie der juristischen Begründung*, s. Anm. 14, S. 273; Alexy, Robert, „Die logische Analyse juristischer Entscheidungen", s. Anm. 755, 17 f. inhaltlich identisch MacCormick, Neil. *Legal Reasoning and Legal Theory*. Oxford 1978, S. 101.

894 Alexy, Robert, „On balancing and Subsumtion. A Structural Comparison", s. Anm. 890, 436 ff. Schauer, Frederick. „Balancing, Subsumtion and the Constraining Role of Legal Text". In: *Institutionalized Reason. The Jurisprudence of Robert Alexy*. Hrsg. von Klatt, Matthias. Oxford 2012, S. 307–316, S. 312 kritisiert, dass durch die Parallelisierung von Auslegung und Abwägung ein bedeutender Unterschied zwischen beiden Formen der Rechtsanwendung verunklart wird, namentlich die Rolle der Gesetzebindung, die im Falle der Abwägung weit weniger ins Gewicht fällt. Vgl. hierzu den nächsten Abschnitt.

895 Vgl. Alexy, Robert, „Die Gewichtsformel", s. Anm. 761, 783 ff. Erstmals beziehen Klatt, Matthias und Schmidt, Johannes, *Spielräume im Öffentlichen Recht*, s. Anm. 289, S. 13 das Kategorienpaar von interner und externer Rechtfertigung explizit auch auf die Gewichtsformel.

abgeleitet werden, wenn die Prämissen feststehen.[896] Weder der Justizsyllogismus bei der Subsumtion, noch die Gewichtsformel bei der Abwägung betreffen dagegen die Richtigkeit, bzw. Rechtfertigung der Prämissen - Justizsyllogismus und Gewichtsformel sind inhaltlich leer.[897] Die Rechtfertigung der Prämissen, d. h. die inhaltliche Argumentation erfolgt in der externen Rechtfertigung.[898]

Auf der Grundlage dieser Unterscheidung soll das Problem der Indeterminiertheit von Abwägungsergebnissen im Folgenden anhand der Indeterminiertheit der externen Rechtfertigung diskutiert werden. Denn, wie Klatt und

---

896 Alexy, Robert, „On balancing and Subsumtion. A Structural Comparison", s. Anm. 890, S. 435; Klatt, Matthias und Schmidt, Johannes, *Spielräume im Öffentlichen Recht*, s. Anm. 289, S. 13.

897 Alexy, Robert, „On balancing and Subsumtion. A Structural Comparison", s. Anm. 890, S. 435; Klatt, Matthias und Schmidt, Johannes, *Spielräume im Öffentlichen Recht*, s. Anm. 289, S. 13.

898 Alexy, Robert, „On balancing and Subsumtion. A Structural Comparison", s. Anm. 890, S. 435; Klatt, Matthias und Schmidt, Johannes, *Spielräume im Öffentlichen Recht*, s. Anm. 289, 13 f. Neuerdings haben Klatt und Schmidt der Unterscheidung von interner und externer Rechtfertigung für die Abwägung auf originelle Weise neues theoretisches Potential verliehen. Im Zusammenhang mit dem Problem der Abwägung unter Unsicherheit führen sie eine sogenannte „Einstufungsabwägung" ein, mit der zu beurteilen sei, welche Werte, relativ zu anderen Werten, in die Gewichtsformel als Struktur der internen Rechtfertigung einzustellen sind; ebd., 18 ff. Mit der Einstufungsabwägung, die nach Klatt und Schmidt Teil der externen Rechtfertigung ist, wird die abstrakte Relation verschiedener Wertepaare zum Ausdruck gebracht. Die zu vergleichenden Werte selbst werden also mit der Einstufungsabwägung nicht festgelegt. Folgerichtig fügen Klatt und Schmidt hinzu, dass es neben der Einstufungsabwägung eine weitere externe Rechtfertigung gebe, in der die einzelnen Wertepaare unabhängig voneinander zu begründen seien; ebd., S. 27. Die Neuerung durch Klatt und Schmidt ist es, die externe Rechtfertigung ihrerseits in zwei Stufen zu unterscheiden. Anders formuliert könnte man wohl auch sagen, dass Klatt und Schmidt die bislang nur zweiwertige Unterscheidung von interner und externer Rechtfertigung in Frage stellen, bzw. zugunsten eines dreistufigen Modells aufheben. Denn ob die neue Ebene der Einstufungsabwägung zur internen oder externen Rechtfertigung gezählt wird, erscheint bei genauerer Betrachtung nebensächlich. Denkbar wäre es aus meiner Sicht gleichfalls, die Einstufungsabwägung zur internen Rechtfertigung zu zählen, da auf der von ihr besetzten Ebene nur die Struktur dessen abgebildet, was weiterhin argumentativ nachzuweisen ist. Jedenfalls verorten Klatt und Schmidt mit der Einstufungsabwägung auf Ebene der externen Rechtfertigung in ähnlicher Weise wie in der internen Rechtfertigung inhaltlich leere Kategorien. Die Lösung dieses Zuordnungsproblems hängt evidenter Weise davon ab, was man unter „interner" und „externer Rechtfertigung" jeweils versteht, eine Frage, die seit Einführung der Einstufungsabwägung durch Klatt und Schmidt offen zu sein scheint.

Meister an anderer Stelle zeigen, „erbt [die Abwägung] quasi alle Mängel und Schwächen, an denen die externe Einstufung eines Eingriffes oder einer Wichtigkeit eines rechtfertigenden Prinzips leidet."[899] In den eingangs erwähnten Begriffen Klatts zum System der Alexyschen Rechtsphilosophie geht es um die Interpretation und Anwendung von Grundrechten und damit um die juristische Dimension im Verhältnis zwischen Argumentations- und Prinzipientheorie Alexys.[900]

In der Konsequenz der genannten Äußerung liegt es, dass das Ergebnis der Abwägung in gleichem Maße wie die externe Rechtfertigung indeterminiert ist. Auf dieser Annahme bauen die folgenden Erwägungen auf. In der externen Rechtfertigung geht es, wie gesagt, um die Richtigkeit der Prämissen einer richterlichen Entscheidung.[901] Bei der Abwägung sind auf dieser Ebene also die Variablen der sogenannten Gewichtsformel zu sättigen. Inhaltlich geht es hier u. A. darum, die Intensität eines Eingriffs in ein Grundrecht zu beurteilen.[902] Beispielshalber geht es dabei um Fragen wie diejenige, ob die Verhängung einer Geldstrafe im konkreten Fall als leichter, schwerer oder mittlerer Eingriff zu beurteilen ist. Zu untersuchen ist im Folgenden das argumentationstheoretische Problem, ob derartige Einstufungen - der Argumentationsfigur der einzig richtigen Entscheidung entsprechend - einem binären Schema folgen.

Wie eingangs gesagt, werde ich im Ergebnis ein Indeterminismusproblem bezüglich der in der externen Rechtfertigung zu beurteilenden Wertungsfragen und damit - entsprechend der Vererbungsthese von Klatt und Meister[903] - bezüglich der Ergebnisse von Abwägungsentscheidungen konstatieren. Meine skeptische Einschätzung möchte ich im Folgenden anhand eines bekannten Einwandes gegen die Rationalität der Abwägung von Habermas und der

---

899 Klatt, Matthias und Meister, Moritz, s. Anm. 890, S. 182.

900 Klatt, Matthias, „Robert Alexy's Philosophy of Law as System", s. Anm. 72, S. 19.

901 Alexy, Robert, *Theorie der juristischen Argumentation. Die Theorie des rationalen Diskurses als Theorie der juristischen Begründung*, s. Anm. 14, S. 273; Alexy, Robert, „Die logische Analyse juristischer Entscheidungen", s. Anm. 755, 17 f. mit anderer Begrifflichkeit, aber inhaltlich identisch MacCormick, Neil, *Legal Reasoning and Legal Theory*, s. Anm. 893, S. 101.

902 Alexy, Robert, „On balancing and Subsumtion. A Structural Comparison", s. Anm. 890, S. 435; Klatt, Matthias und Schmidt, Johannes, *Spielräume im Öffentlichen Recht*, s. Anm. 289, 13 f. Klatt, Matthias, „Robert Alexy's Philosophy of Law as System", s. Anm. 72, 20 f.

903 Klatt, Matthias und Meister, Moritz, s. Anm. 890, S. 182.

Erwiderung Alexys erläutern. Wie im darauffolgenden Abschnitt zu zeigen sein wird, kann die Erwiderung den Einwand nicht entkräften.[904]

Einer bekannten Kritik von Habermas an der Prinzipientheorie Alexys zufolge vollziehen sich Abwägungen, „[w]eil dafür rationale Maßstäbe fehlen, [...] entweder willkürlich oder unreflektiert nach eingewöhnten Standards und Rangordnungen."[905] Es fällt zunächst auf, dass dieser, von Alexy als „Irrationalismuseinwand" bezeichnete Vorwurf vor dem Hintergrund der dargelegten Unterscheidung von interner und externer Rechtfertigung mehrdeutig ist. Er lässt sich nämlich in gleicher Weise sowohl auf die interne wie auf die externe Rechtfertigung der Abwägungsentscheidung beziehen.

Mit der immer feiner ausgearbeiteten Abwägungslehre ist auch aus Sicht von Kritikern Alexys der Rationalitätsgewinn verbunden, dass alle vormals impliziten Prämissen der Abwägungsentscheidung im Schema der internen Rechtfertigung, der sogenannten Gewichtsformel, explizit gemacht werden müssen.[906] Für die konkrete Form der Gewichtsformel als Schema der internen Rechtfertigung der Abwägung kann evidenter Maßen wissenschaftlich rational argumentiert werden. So schlagen beispielsweise Klatt und Schmidt neuerdings vor, der Gewichtsformel die Variable S^n hinzuzufügen.[907] Mit Zuordnung zur Gewichtsformel wird die neue Variable S^n von Klatt und Schmidt der internen Rechtfertigung zugeschlagen.[908] Demgegenüber behauptet Kleiber, dass die Sicherheit der normativen Prämissen, bzw. die Variable S^n der externen Rechtfertigung zuzuordnen sei und damit nicht der Gewichtsformel hinzugefügt werden dürfe.[909] Einer Intervention Habermas' in dieser oder einer anderen Debatte um die richtige Form der Gewichtsfor-

---

904 Zu weiteren Einwänden gegen die Abwägung vgl. ebd., 162 ff.

905 Habermas, Jürgen, *Faktizität und Geltung*, s. Anm. 503, 315 f.

906 Vgl. nur Jestaedt, Matthias. „Die Abwägungslehre - ihre Stärken und ihre Schwächen". In: *Staat im Wort: Festschrift für Josef Isensee*. Hrsg. von Depenheuer, Otto. Heidelberg 2007, S. 253–276, S. 260; Poscher, Ralf, s. Anm. 891, S. 241.

907 Klatt, Matthias und Schmidt, Johannes, *Spielräume im Öffentlichen Recht*, s. Anm. 289, 51 f.

908 ebd., 51 f.

909 Kleiber, Michael. *Der Schutz künftiger Generationen*. Tübingen 2013, S. 199. Vor dem Hintergrund des zur Erweiterung des Schemas von interner und externer Rechtfertigung durch Klatt und Schmidt Gesagten - siehe oben, S. 185 - ergibt sich, dass von Kleiber ein Scheinproblem adressiert wird. Wie Klatt und Schmidt zeigen können, ist es sinnvoll, drei Ebenen zu unterscheiden. Ob die neue, „mittlere" Stufe zur internen oder externen Rechtfertigung gezählt wird, kann aus meiner Sicht unentschieden bleiben. Denn mit Einführung der mittleren Ebene wird die zweiwertige Unterscheidung als solche aufgehoben.

mel, bzw. um das richtige Schema der internen Rechtfertigung der Abwägung steht nichts entgegen. Von „fehlenden Maßstäben" oder „eingewöhnten Standards und Rangordnungen" kann bezüglich der wissenschaftlichen Debatte um die konkrete Form der Gewichtsformel jedenfalls keine Rede sein. Sollte sich der Irrationalismuseinwand Habermas' auf die interne Rechtfertigung beziehen, wäre er demnach nicht durchgreifend.

Intuitiv einleuchtend wird der Einwand aber, wenn man ihn auf die externe Rechtfertigung der Abwägungsentscheidung bezieht. Er ist dann so zu interpretieren, dass Habermas zufolge für die Rechtfertigung der Prämissen der Abwägungsentscheidung, beispielsweise für die Einstufung einer Geldstrafe als mittlerer Eingriff keine rationalen Maßstäbe vorhanden sind.[910] Der Vererbungsthese von Klatt und Meister zufolge würde dieser Mangel auf das Ergebnis der Abwägung durchschlagen.

In diesem Sinne ist auch die folgende Äußerung Jestaedts zu verstehen, mit der dieser den Einwand Habermas' polemisch zuspitzt.

> „Ohne Aussagen dazu, auf welchem Wege die konkreten, in die Formel einzustellenden Gewichte gefunden, gemessen und verglichen werden, haftet der Gewichtsformel etwas von der aseptischen Klarheit eines intellektuellen Glasperlenspiels an. [...] Stellt man in Rechnung, dass die Gewichtsformel ohne ein befriedigendes methodisches Fundament bleibt, entpuppt sich deren behauptete oder doch zumindest insinuierte Exaktheit als bloße Schein-Exaktheit, als methodologische Chimäre."[911]

Jestaedt moniert in gleicher Weise wie Habermas, dass die Frage, auf welchem Wege die Variablen der Gewichtsformel gesättigt werden, von Alexy offen gelassen wird. Die weitverzweigte Debatte um die konkrete Form der Gewichtsformel, wie sie etwa in der erwähnten Diskussion um die Unsicherheitsvariable S^n zum Ausdruck kommt, erscheint Jestaedt zufolge als ein „intellektuelles Glasperlenspiel", an dessen Ende - entgegen der „insinuierten Exaktheit" der Komplexität der Abwägungslehre - der schon von Habermas angemerkte Mangel an rationalen Standards steht.[912]

---

910 So auch Schauer, Frederick, s. Anm. 894, S. 312.

911 Jestaedt, Matthias, „Die Abwägungslehre - ihre Stärken und ihre Schwächen", s. Anm. 906, S. 267. Inhaltlich identisch in Jestaedt, Matthias. „The Doctrine of Balancing - its Strengths and Weaknesses". In: *Institutionalized Reason. The Jurisprudence of Robert Alexy*. Hrsg. von Klatt, Matthias. Oxford 2012, S. 152–172, 164 f.

912 Jestaedt, Matthias, „Die Abwägungslehre - ihre Stärken und ihre Schwächen", s. Anm. 906, S. 267; Jestaedt, Matthias, „The Doctrine of Balancing - its Strengths and Weaknesses", s. Anm. 911, 164 f.

Zu bemerken ist zunächst, dass das vermisste methodische Fundament der Prinzipientheorie die Theorie der juristischen Argumentation Alexys ist.[913] Die Ermittlung und Einstellung der konkreten Werte in die Gewichtsformel als Schema der internen Rechtfertigung erfolgt im System von Alexys Rechtsphilosophie in Form eines rationalen Diskurses.[914] Durch die Verbindung von Prinzipien- und Argumentationstheorie liefert Alexy entgegen der Kritik Jestaedts also sehr wohl „Aussagen dazu, auf welchem Wege die konkreten, in die Formel einzustellenden Gewichte gefunden, gemessen und verglichen werden". Der Irrationalismuseinwand ist in der Formulierung Jestaedts damit kein ernstzunehmender Einwand.[915]

Fraglich ist nur, ob die Verbindung der beiden Theoriestücke, also die Verbindung von Prinzipien- und Argumentationstheorie restlos überzeugen kann. Die Kritik Jestaedts werde ich im folgenden Abschnitt als Kritik an der Indeterminiertheit der externen Rechtfertigung und damit - der Vererbungsthese von Klatt und Meister folgend - als Kritik an der Indeterminiertheit der Abwägungsergebnisse interpretieren. Nur als Indeterminismuseinwand verstanden ist der Irrationalismuseinwand Habermas' und Jestaedts sinnvoll.[916] Alexys Antwort hierauf ist Gegenstand des nun folgenden Abschnitts.

2. Indeterminismus und vierstufiges prozedurales Modell

Alexys Entgegnung auf den Irrationalismus-, bzw. Indeterminismuseinwand Habermas' ist denkbar schlicht. Er stellt fest, dass bei der Bestimmung der für die Abwägungsentscheidung relevanten Werte in der externen Rechtfertigung rational argumentiert werde. Für die den Urteilen zugrundegelegten Annahmen würden vom Bundesverfassungsgericht „Gründe [...] angeführt, die sich

913 Alexy, Robert, *Theorie der Grundrechte*, s. Anm. 435, 520 f. Klatt, Matthias, „Robert Alexy's Philosophy of Law as System", s. Anm. 72, 19 ff.

914 Alexy, Robert, *Theorie der Grundrechte*, s. Anm. 435, 520 f. Klatt, Matthias, „Robert Alexy's Philosophy of Law as System", s. Anm. 72, S. 20.

915 Klatt, Matthias und Meister, Moritz, s. Anm. 890, S. 182. Die Bemerkung Jestaedts überrascht zudem, wenn man bedenkt, dass dieser zugleich die notwendige Verknüpfung der Prinzipien- mit der Argumentationstheorie hervorhebt; Jestaedt, Matthias, „Die Abwägungslehre - ihre Stärken und ihre Schwächen", s. Anm. 906, S. 261; Jestaedt, Matthias, „The Doctrine of Balancing - its Strengths and Weaknesses", s. Anm. 911, S. 156.

916 Schauer, Frederick, s. Anm. 894, S. 310.

hören lassen."[917]. Die normativen Urteile über die relevanten Werte seien damit nicht willkürlich.[918] Dieser erstaunlich simplen Antwort Alexys liegt im System seiner Rechtsphilosophie die Verbindung der Argumentations- oder Diskurstheorie mit der Prinzipientheorie zugrunde.[919]

Dass die in der juristischen Argumentation erforderlichen Wertungsfragen grundsätzlich einer rationalen Begründung zugänglich sind, hatte Alexy in seiner Theorie der juristischen Argumentation dargelegt und diese Erkenntnis seit seiner *Theorie der Grundrechte* auf die grundrechtliche Argumentation übertragen.[920] Alexy muss also eingeräumt werden, dass mit der Möglichkeit der rationalen Argumentation für die bei der Abwägung zu beantwortenden Wertungsfragen ein reiner Dezisionismus und Willkür im engeren Sinne ausgeschlossen sind.[921] Die Verbindung der Prinzipien- und Diskurstheorie führt jedoch zu einer bedeutenden Schwäche der Abwägung, die die reformulierte Kritik Habermas' und Jestaedts gleichwohl rechtfertigen könnte. Diese Schwäche kann wie folgt erläutert werden.

Alexy musste - wie bereits mehrfach erwähnt - im Rahmen seiner Argumentationstheorie einräumen, dass der allgemein-praktische Diskurs nicht stets nur eine Antwort zum Ergebnis hat.[922] Der allgemein-praktische Diskurs

---

917 Alexy, Robert, „Die Gewichtsformel", s. Anm. 761, S. 776; inhaltlich identisch Alexy, Robert. „Constitutional Rights, Balancing, and Rationality". In: *Ratio Juris* 16 (2003), S. 131–140, S. 139. Das Bundesverfassungsgericht hatte den Eingriff in die Meinungsfreiheit des Satiremagazins TITANIC in dem von Alexy herangezogenen Fall als schwer eingestuft, weil ansonsten, so das BVerfG, andere als das damals betroffene Magazin von Meinungsäußerungen absehen könnten.

918 Alexy, Robert, „Die Gewichtsformel", s. Anm. 761, S. 777; Alexy, Robert, „Constitutional Rights, Balancing, and Rationality", s. Anm. 917, S. 139.

919 Mit Klatt kann die hier interessierende Verbindung als juristische Dimension des Verhältnisses von Argumentations- oder Diskurstheorie mit der Prinzipientheorie bezeichnet werden; Klatt, Matthias, „Robert Alexy's Philosophy of Law as System", s. Anm. 72, 19 f.

920 Alexy, Robert, *Theorie der Grundrechte*, s. Anm. 435, 520 f. Alexy, Robert. *A theory of constitutional rights*. Oxford 2002, 386 f.

921 Sieckmann, Jan-R. „Zur Begründung von Abwägungsurteilen". In: *Rechtstheorie* 26 (1995), S. 45–69, S. 68; Schauer, Frederick, s. Anm. 894, 308 f. Vgl. auch die Entgegnung Alexys auf Jestaedts Einwand; Alexy, Robert, „Comments and Responses", s. Anm. 57, 334 f.

922 Alexy, Robert, *Theorie der juristischen Argumentation. Die Theorie des rationalen Diskurses als Theorie der juristischen Begründung*, s. Anm. 14, 256 f. Alexy, Robert, „Probleme der Diskurstheorie", s. Anm. 14, 125 f.

ist entscheidungsindefinit oder indeterminiert.[923] Trotz der Indeterminiertheit der Ergebnisse allgemein-praktischer Diskurse sind richterliche Entscheidungen nicht zuletzt wegen des Justizverweigerungsverbotes aber stets eindeutig zu treffen. Alexy begegnete dem Mangel der Indeterminierthcit des allgemein-praktischen Diskurses durch die Einbettung seiner Argumentationstheorie in den größeren Rahmen einer Theorie des Verfassungsstaates, dem sogenannten „vierstufigen prozeduralen Modell des demokratischen Rechtsstaates".[924] Dieses Modell bezog Alexy nachträglich auch auf seine Prinzipientheorie.[925] Ob hiermit der als Indeterminusmuseinwand reformulierbare Irrationalismuseinwand von Habermas und Jestaedt zurückgewiesen werden kann, muss bezweifelt werden.

Der Grundgedanke des vierstufigen prozeduralen Modells ist es, die Argumentations-, bzw. Diskurstheorie in den weiteren Rahmen einer Theorie des demokratischen Verfassungsstaates zu stellen um so deren Schwäche der Entscheidungsindefinitheit zu begegnen.[926] Die vier Stufen des Modells bestehen aus dem allgemein-praktischen, dem gesetzgeberischen, dem juristischen und dem gerichtlichen Diskurs, wobei ein kategorieller Unterschied zwischen diskursiven (Stufen eins und drei) und (zusätzlich) entscheidenden Stufen (Stufen zwei und vier) besteht.[927] Die höheren Stufen sind dabei an die Entscheidungen der unteren gebunden, so dass die Beteiligten des gerichtlichen Diskurses auf der vierten Stufe die Gesetze als Entscheidungen des Gesetzgebers auf der zweiten, und die in der institutionalisierten Rechtswissenschaft entwickelte Dogmatik auf der dritten Stufe berücksichtigen müssen.[928]

Der Idee nach wird das Problem der Entscheidungsindefinitheit im Durchgang durch die vier Stufen erheblich abgeschwächt. Der bis zum Schluss

---

923 Alexy, Robert, *Theorie der juristischen Argumentation. Die Theorie des rationalen Diskurses als Theorie der juristischen Begründung*, s. Anm. 14, 256 f. Alexy, Robert, „Probleme der Diskurstheorie", s. Anm. 14, 125 f.

924 Vgl. Alexy, Robert, „Die Idee einer prozeduralen Theorie der juristischen Argumentation", s. Anm. 858, 104 ff.

925 Alexy, Robert, *Theorie der Grundrechte*, s. Anm. 435, 498 ff. Alexy, Robert, *A theory of constitutional rights*, s. Anm. 920, 369 ff.

926 Alexy, Robert, „Probleme der Diskurstheorie", s. Anm. 14, S. 126; Alexy, Robert, „Die Idee einer prozeduralen Theorie der juristischen Argumentation", s. Anm. 858, 104 ff.

927 ebd., S. 105.

928 Hinzu tritt die Bindung an Präjudizien, die Alexy aus anderen Erwägungen herleitet; vgl. Alexy, Robert, *Theorie der juristischen Argumentation. Die Theorie des rationalen Diskurses als Theorie der juristischen Begründung*, s. Anm. 14, 339 ff.

fortbestehende Rest an Entscheidungsindefinitheit muss Alexy zufolge hingenommen werden. Denn, so Alexy, dass in einem Verfassungsstaat „nicht nur argumentiert, sondern auch entscheidet, hat nichts Unvernünftiges. Es gilt ganz allgemein, daß praktische Vernunft erst im Rahmen eines Rechtssystems, das Argumentation und Entscheidung auf rationale Weise verbindet, zur Realisierung gelangen kann."[929] Die Idee der Verbindung von inhaltlicher und prozeduraler Rationalität entwickelte Alexy in jüngster Vergangenheit in den Schriften zur „Doppelnatur des Rechts" weiter.[930] Er bezeichnet dort die prozedurale Rationalität, welche die nicht vollständige inhaltliche Rationalität ergänzt, als eine „Richtigkeit zweiter Ordnung".[931] Ich behaupte, dass die Leistungsfähigkeit des vierstufigen prozeduralen Modells bzw. die Verbindung von inhaltlicher und prozeduraler Rationalität in Bezug auf die argumentative Methode der Abwägung begrenzt ist. Aufgrunddessen gewinnt die Indeterminiertheit der juristischen Argumentation und der Bereich der schwierigen Fälle bei der Abwägung erheblich an Bedeutung.

Gegenüber der „auslegenden" juristischen Argumentation ergibt sich für die „abwägende Argumentation" die entscheidende Besonderheit, dass die Bindung durch die Gesetze auf der dritten und vierten Stufe des vierstufigen Modells nahezu ausfällt.[932] Die besonders weiten und ideologieträchtigen Grundrechtsnormen haben nämlich, wie Alexy selbst einräumt, nicht annähernd die gleiche Determinationskraft wie die in der Regel eindeutigeren Texte einfacher Gesetze.[933] Damit erlangt die allgemein-praktische Argumentation in der externen Rechtfertigung der Abwägungsentscheidung überragende Bedeutung - der grundrechtliche Diskurs ist im Wesentlichen ein allgemein-praktischer. Mit der allgemein-praktischen Argumentation erlangt nun aber gleichzeitig das Problem der Entscheidungsindefinitheit überragende Bedeutung.[934] Die Abschwächung dieses Problems im Durchlauf durch die vier Stufen des prozeduralen Modells funktioniert bei der Abwägung also nicht in gleicher Weise wie bei der Subsumtion.[935]

---

929 Alexy, Robert, *Theorie der Grundrechte*, s. Anm. 435, S. 521.

930 Vgl. Alexy, Robert, „Hauptelemente einer Theorie der Doppelnatur des Rechts", s. Anm. 77; Alexy, Robert, „The Dual Nature of Law", s. Anm. 77.

931 ebd., S. 174.

932 Schauer, Frederick, s. Anm. 894, 310 ff.

933 Alexy, Robert, *Theorie der Grundrechte*, s. Anm. 435, S. 502; Alexy, Robert, *A theory of constitutional rights*, s. Anm. 920, 371 f.

934 Schauer, Frederick, s. Anm. 894, 315 f.

935 Zu weiteren Einwänden gegen das vierstufige Modell vgl. Bäcker, Carsten, „Recht als institutionalisierte Vernunft?", s. Anm. 259, 350 ff.

Der als Indeterminismuseinwand reformulierbare Irrationalismuseinwand muss meines Erachtens also hingenommen werden. Das System der Alexyschen Rechtsphilosophie hat - so meine skeptische Konklusion - ein ungelöstes Indeterminismusproblem. Mit dieser Behauptung bestreite ich gleichzeitig die These Klatts einer tatsächlich funktionierenden Verzahnung des argumentations- und prinzipientheoretischen Teils des Werkes Alexys in der juristischen Dimension der Verbindung dieser Teile.[936]

Um auf den Ausgangspunkt meiner Überlegungen zurückzukommen, ist zu konstatieren, dass der Bereich, in dem das Prinzip der Binarität bezüglich der Objektivität oder Wahrheit juristischer Aussagen nicht gilt, im System der Alexyschen Rechtsphilosophie und in Bezug auf die argumentative Methode der Abwägung strukturell bedingt ist. Dabei ging es im vorangegangenen Abschnitt allgemein um das Problem der Entscheidungsindefinitheit der Diskurstheorie. In diesem Abschnitt habe ich versucht zu zeigen, wie sich dieses Problem im Rahmen der Rechtsanwendungsmethode der Abwägung auswirkt. Es hat sich gezeigt, dass die Argumentationsfigur der einzig richtigen Entscheidung jedenfalls nicht deshalb angemessen ist, weil Abwägungsentscheidungen stets - oder auch nur: in der Regel - alternativlos wären. Diese erben vielmehr die volle Indeterminiertheit des in der externen Rechtfertigung zu führenden allgemein-praktischen Diskurses.

Die bislang angestellten Erwägungen betreffen in allgemeiner Weise das Verhältnis der Argumentations- und Prinzipientheorie Alexys. Sie können in Bezug auf einen Teilaspekt der Prinzipientheorie, der Abwägung unter Unsicherheit, weiter zugespitzt werden.

3. Indeterminismus und epistemische Unsicherheit

Gegenstand der Untersuchung war bislang die Indeterminiertheit von Abwägungsentscheidungen wegen der Indeterminiertheit der allgemein-praktischen Argumentation in der externen Rechtfertigung. Im Folgenden möchte ich diese generelle Perspektive verlassen und ein Sonderproblem der Abwägungslehre, die Abwägung unter epistemischer Unsicherheit, in Bezug auf meine Ausgangsfrage betrachten. Meine Ausgangsfrage in diesem Abschnitt ist die Frage nach der Anwendbarkeit des Binaritätsprinzips auf die

936 Klatt, Matthias, „Robert Alexy's Philosophy of Law as System", s. Anm. 72, S. 26 spricht insofern davon, dass die Verbindung der drei Teile des Alexyschen Werkes nicht stärker sein könne.

in der richterlichen Begründung zusammengefassten juristischen Aussagen. Diese Frage werde ich schon in diesem Abschnitt in Richtung auf die hiermit zusammenhängende, wenngleich nicht deckungsgleiche Frage nach der Angemessenheit der Argumentationsfigur der einzig richtigen Entscheidung hin überschreiten. Beide Fragen sind nicht identisch, weil die Angemessenheit der Argumentationsfigur der einzig richtigen Entscheidung auch aus anderen Gründen folgen könnte, wie im zweiten Teil dieses Kapitels zu zeigen sein wird.

Epistemische Unsicherheiten sind im staatlichen Handeln allgegenwärtig. Alle drei Gewalten müssen in stetig steigendem Maße Entscheidungen treffen, deren Grundlagen und Folgen epistemisch unsicher sind. Das rechtstheoretische Problem der Abwägung unter Unsicherheit entsteht also, weil staatliche Stellen wegen des Justizverweigerungsverbots trotz unsicherer Faktenlage eindeutige Entscheidungen zu treffen haben.[937] Vor dem Hintergrund dieser Tatsache hat sich ein mittlerweile eigenständiger Bereich im Rahmen der Prinzipientheorie gebildet, der sich mit den Problemen der Abwägung unter epistemischer Unsicherheit befasst. Die wohl unumstrittene prinzipientheoretische Antwort auf das Problem epistemischer Unsicherheit ist es, diese selbst zum Gegenstand der Abwägung zu machen.[938]

Alexy und seine Schüler unterscheiden zwei verschiedene Unsicherheitssituationen, nämlich einerseits die empirisch-epistemische Unsicherheit, diese ihrerseits in Prämissenunsicherheit und Einstufungsunsicherheit differenziert, und andererseits die normativ-epistemische Unsicherheit.[939] Diese seien knapp wie folgt erläutert.

Zunächst zur empirisch-epistemischen Unsicherheit in der Form der Prämissenunsicherheit.[940] Sie bezeichnet nach Klatt und Schmidt die Situation

937 Klatt, Matthias und Schmidt, Johannes, *Spielräume im Öffentlichen Recht*, s. Anm. 289, 1 f. Klatt, Matthias und Schmidt, Johannes. „Abwägung unter Unsicherheit". In: *Archiv des öffentlichen Rechts* 137 (2012), S. 545–591, S. 547.

938 Klatt, Matthias und Schmidt, Johannes, *Spielräume im Öffentlichen Recht*, s. Anm. 289, 15 ff. Klatt, Matthias und Schmidt, Johannes, „Abwägung unter Unsicherheit", s. Anm. 937, S. 547.

939 Klatt, Matthias und Schmidt, Johannes, *Spielräume im Öffentlichen Recht*, s. Anm. 289, 560 f. Von Alexy wurde ursprünglich nur die Prämissenunsicherheit als empirisch-epistemische Unsicherheit angenommen; vgl. Alexy, Robert, „Die Gewichtsformel", s. Anm. 761, S. 790.

940 Zur Frage der Trennbarkeit beider Unsicherheitssituationen - Prämissenunsicherheit einerseits und Einstufungsunsicherheit andererseits - führen Klatt und Schmidt aus, dass die Klärung der unsicheren Prämissen nicht notwendig die Sicherheit der Einstufung zur Folge hat und daher eine begriffliche Trennung notwendig ist; vgl. Klatt,

der Ungewissheit über die tatbestandlichen Voraussetzungen eines staatlichen Eingriffs in Grundrechte. Anwendungsbeispiel dieser Form epistemischer Unsicherheit ist das Gefahrenabwehrrecht. Hier ist häufig unklar, ob in einer Situation eine „Gefahr" im Sinne der Befugnisnorm besteht. Es ist im Moment des Ergreifens z. B. einer polizeilichen Standardmaßnahme unklar, ob tatsächlich oder nur vermeintlich eine Gefahr für ein Schutzgut vorliegt. [941]

Die Prämissenunsicherheit wurde von Alexy von Beginn an berücksichtigt.[942] Dagegen wurde die Einstufungsunsicherheit erst in neuerer Zeit von Klatt und Schmidt in die Debatte eingeführt.[943] Einstufungsunsicherheit entsteht, wenn die Folge einer staatlichen Maßnahme in empirischer Hinsicht und aufgrunddessen die Intensität eines Eingriffs in normativer Hinsicht unklar sind. Diese Situation tritt z. B. auf, wenn eine Maßnahme zur Erfüllung einer grundrechtlichen Schutzpflicht erlassen wird. Ist empirisch unklar, wie gesundheitsschädlich z. B. der Konsum von Cannabis ist, dann ist gleichzeitig normativ unklar, wie sehr das Schutzgut der Volksgesundheit beeinträchtigt wird, wenn das Verbot nicht erlassen wird.[944]

Mit der empirisch-epistemischen Unsicherheit (in beiden beschriebenen Konstellationen) ist die intuitiv einleuchtende Tatsache angesprochen, dass es in empirischen Fragen Tatsachen gibt, die erkannt werden können oder nicht, bzw. besser oder schlechter erkannt werden können. Die Klassifikation der Unsicherheit als epistemischer impliziert, dass das Wissen, nicht die Tatsachen uneindeutig sind. Es ist unsicher, wie eine hypothetische Maßnahme

---

Matthias und Schmidt, Johannes, „Abwägung unter Unsicherheit", s. Anm. 937, 560 f. Es kann an dieser Stelle offen bleiben, ob nicht die bei Sicherheit der Prämissen ggf. fortbestehende Unsicherheit über den Einstufungswert vielmehr einen Fall normativ-epistemischer Unsicherheit bezeichnet. In der Sprache der Prinzipientheorie bezieht sich diese auf die Intensität eines Eingriffs. Hier sind grundsätzlich normative Fragen zu beantworten. Es erscheint aus meiner Sicht gleichgültig, ob die Frage der Eingriffsintensität wegen ihrer Abhängigkeit von empirischen Erkenntnissen, bzw. Unsicherheiten insgesamt als empirische oder wegen ihres grundsätzlich normativen Charakters als normative bezeichnet wird.

941 ebd., 560 f. Die polizeirechtlichen Konstrukte von „Anscheins-" und „Putativgefahr" unterscheiden sich insofern dadurch, dass zwar in beiden Fällen eine Gefahr angenommen wird, die tatsächlich nicht bestand. Nur im Falle der Anscheinsgefahr war die Annahme einer Gefahr aufgrund der begrenzten Tatsachenerkenntnis aber vertretbar.

942 Vgl. Alexy, Robert, „Die Gewichtsformel", s. Anm. 761, 789 f.

943 Klatt, Matthias und Schmidt, Johannes, „Abwägung unter Unsicherheit", s. Anm. 937, 560 ff.

944 Alexy, Robert, „Die Gewichtsformel", s. Anm. 761, 789 f. Klatt, Matthias und Schmidt, Johannes, *Spielräume im Öffentlichen Recht*, s. Anm. 289, 28 ff.

zur Erfüllung einer staatlichen Schutzpflicht zukünftig wirkt oder ob eine Gefahr tatbestandlich vorliegt oder nicht. Nicht bezweifelt wird, dass sich die Maßnahme in einer ganz bestimmten Weise auswirken wird, oder dass eine Gefahr entweder vorliegt oder nicht. Es geht damit in empirischer Hinsicht um epistemische Unsicherheit bei konstitutiver Sicherheit.

Dies ist bei der nun zu besprechenden, normativ-epistemischen Unsicherheit jedenfalls potentiell anders. Die tiefgreifende Problematik des Verhältnisses von konstitutiver und epistemischer Unsicherheit in normativen Fragen beschreiben Klatt und Schmidt wie folgt:

> „In der Geschichte der Rechtsphilosophie hat es seit jeher verschiedene Erklärungsversuche zur Ermittlung „richtiger" normativer Urteile gegeben. Jedes Erklärungsmodell verhält sich unterschiedlich dazu, ob überhaupt Raum für normative Unsicherheiten gegeben ist. [...] Entscheidend für die Berücksichtigung normativer Unsicherheiten bei der Entscheidungsfindung wird sein, ob man normative Aussagen im gleichen Maße wie empirische Tatsachen als der Erkenntnis zugänglich ansieht."[945]

Im Ergebnis können normativ-epistemische Unsicherheiten Klatt und Schmidt zufolge also nur bei realistischen Erklärungsmodellen auftreten. Denn nur wenn etwas konstitutiv Feststehendes vorausgesetzt wird, kann zweifelhaft sein, ob es erkannt wurde. Alexy identifiziert in diesem Sinne die Sphäre des Idealen mit absoluter Richtigkeit und mit dem idealen Diskurs. Seine Diskurstheorie ist eine (minimal-) realistische metaethische Theorie.[946] Somit gibt es in der Theorie Alexys Raum für normativ-epistemische Unsicherheit im Sinne von Klatt und Schmidt. Dieser Raum besteht in dem Maße, in dem, wieder in den Begriffen Alexys, die Approximation des Realen an das Ideale unvollständig bleibt.[947]

Dies dürfte Alexy kaum bestreiten. In welchen Situationen normativ-epistemische Unsicherheiten auftreten können, ist zwischen Alexy und seinen

---

945 Klatt, Matthias und Schmidt, Johannes, „Abwägung unter Unsicherheit", s. Anm. 937, S. 573. Zur epistemischen Unsicherheit in Bezug auf die Richtigkeit moralischer Aussagen vgl. auch Poscher, Ralf, s. Anm. 891, 226 f.

946 Lafont, Christina, s. Anm. 57, S. 297; Alexy, Robert, „Comments and Responses", s. Anm. 57, S. 352.

947 Prinzipiell ablehnend gegenüber der Möglichkeit der Approximation des Realen an das Ideale Bäcker, Carsten, *Begründen und Entscheiden. Kritik und Rekonstruktion der Alexyschen Diskurstheorie des Rechts*, s. Anm. 33; Bäcker, Carsten, „Rationalität ohne Idealität. Grundzüge einer relativistischen Diskurstheorie des Rechts", s. Anm. 218. Einer meiner Kritikpunkte an Bäcker ist, dass er die Existenz dieses Idealen anzunehmen scheint. Vor diesem Hintergrund wird, so der Fortgang meiner kritischen Diskussion seiner Thesen alsdann das Bäckersche Konzept der Optimierung fragwürdig; siehe oben, S. 56.

Schülern dagegen umstritten. Den Bereich normativ-epistemischer Unsicherheit identifiziert Alexy mit dem Abwägungspatt.[948] Das Abwägungspatt entsteht, wenn sich nach dem Verfahren der externen Rechtfertigung herausstellt, dass das konkrete Gewicht der abzuwägenden Prinzipien exakt gleich groß ist. Weil es in dieser Situation mehrere gleichermaßen richtige, aber inhaltlich abweichende Entscheidungen gibt, besteht für Alexy normativ-epistemische Unsicherheit über die zu treffende Abwägungsentscheidung.[949] Das Abwägungspatt bezeichnet für Alexy somit das bereits diskutierte, diskurstheoretische Problem der Entscheidungsindefinitheit.[950] Es ist somit die normativ-epistemische Unsicherheit beim Abwägungspatt identisch mit dem besprochenen Problem der Diskurstheorie. Normativ-epistemische Unsicherheit entsteht - so meine Interpretation Alexys - wegen der Entscheidungsindefinitheit des Diskurses im Bereich der diskursiven Möglichkeit.[951]

Über Alexy hinausgehend meinen Klatt und Schmidt, dass das Abwägungspatt gerade keinen Fall normativer Unsicherheit darstellt. Klatt zufolge ist im Falle des Abwägungspatts vielmehr sicher, dass der Entscheider frei ist, das Überwiegen eines der Prinzipien nach eigenem Gutdünken festzustellen.[952] Normative Unsicherheit entsteht für Klatt und Schmidt vielmehr immer schon dann, „wenn eine normative Bewertung gefordert ist" - Unsicherheit herrsche dann potentiell darüber, „ob die gefundene Einstufung auch die „richtige" ist."[953] Angesprochen sei damit das „Verhältnis zwischen Abwägung unter Unsicherheit und dem Anspruch auf Richtigkeit."[954] Dieser

948 Alexy, Robert, *A theory of constitutional rights*, s. Anm. 920, 420 f.

949 ebd., 420 f.

950 Alexy, Robert, „Probleme der Diskurstheorie", s. Anm. 14, 125 f.

951 So auch Klatt, Matthias, „Taking Rights Less Seriously. A structural analysis of judicial discretion", s. Anm. 11, S. 520. Die diskursiven Modalitäten entwickelte Alexy ursprünglich im Zusammenhang mit der juristischen Methode der Auslegung. In den oben eingeführten Begriffen entstammen die diskursiven Modalitäten der externen Rechtfertigung. Insoweit besteht eine Differenz zwischen dem Abwägungspatt und dem Bereich der diskursiven Möglichkeit.

952 Klatt, Matthias und Schmidt, Johannes, *Spielräume im Öffentlichen Recht*, s. Anm. 289, S. 46; Klatt, Matthias und Schmidt, Johannes, „Abwägung unter Unsicherheit", s. Anm. 937, S. 571. Es drängt sich an dieser Stelle die Frage auf, ob die These von Klatt und Schmidt, wonach der Entscheider „frei" sei, nach eigenem Gutdünken zu entscheiden, mit einem nichtpositivistischen Rechtsbegriff vereinbar ist. Diese Frage ist, so weit ich sehe, bislang nicht präkludiert, da sich Klatt bislang nicht zum Streit um Begriff und Geltung des Rechts geäußert hat.

953 ebd., 572 f.

954 ebd., 572 f.

Erwägung entsprechend schlagen Klatt und Schmidt vor, der Gewichtsformel als Schema der internen Rechtfertigung die Unsicherheitsvariable S^n für die Unsicherheit der normativen Bewertungen hinzuzufügen.[955]

Normative Bewertungen sind auf Ebene der externen Rechtfertigung zu treffen. Beispielsweise geht es um Fragen wie z. B. die nach der Intensität eines Grundrechtseingriffs durch Verhängung einer Geldstrafe in bestimmter Höhe. Hierbei ist z. B. an die von Alexy im Anschluss an ein Urteil des BVerfG diskutierte, werturteilsmäßige Frage zu denken, ob die Verhängung eines Schmerzensgeldes von 12.000 DM gegen ein Satiremagazin einen mittleren oder schweren Eingriff in das Grundrecht der Meinungsfreiheit bedeutet.[956] Als einen sachlichen Grund für einen schweren Eingriff führte das BVerfG an, dass das Schmerzensgeld die Bereitschaft der Betroffenen mindern könnte, in der Zukunft ihr Magazin nach ihrem Willen zu gestalten. Das genannte Argument des BVerfG ist sicher nicht alternativlos. So ließe sich argumentieren, dass die Verantwortlichen die Verluste durch das Schmerzensgeld regelmäßig in ihre Kalkulation einbeziehen und den durch die besonders reißerische Satire erzielten Mehrerlös gegen das drohende Schmerzensgeld aufwiegen können. Dies spricht für eine Klassifikation als mittlerer Eingriff. Hierüber kann und wird es unterschiedliche Meinungen geben. Es wird Gründe und Argumente geben, die jeweils unterschiedliche normative Bewertungen nahelegen. Insofern diese Meinungen dem juristischen Entscheider gleichermaßen plausibel erscheinen, ist er subjektiv unsicher über die zu treffende normative Bewertung.

Die Forderung von Klatt und Schmidt, Unsicherheiten bei normativen Beurteilungen in der externen Rechtfertigung explizit zu machen, besagt in Bezug auf die Frage nach der Binarität von Abwägungsentscheidungen nichts, was nicht schon in den vorangegangenen Abschnitten gesagt worden wäre. In Bezug auf meine dritte Forschungsfrage generell ist die Forderung von Klatt und Schmidt dagegen von allergrößter Signifikanz. Dies möchte ich abschließend erläutern. Dabei werde ich die Frage dieses Abschnittes nach der Anwendbarkeit des Binaritätsprinzips auf die in der richterlichen Entscheidung zusammengefassten juristischen Aussagen. in Richtung auf die hiermit zusammenhängende, wenngleich nicht deckungsgleiche Frage nach der Angemessenheit der Argumentationsfigur der einzig richtigen Ent-

955 Klatt, Matthias und Schmidt, Johannes, *Spielräume im Öffentlichen Recht*, s. Anm. 289, 51 f. Klatt, Matthias und Schmidt, Johannes, „Abwägung unter Unsicherheit“, s. Anm. 937, 575 f.

956 Alexy, Robert, „Die Gewichtsformel“, s. Anm. 761, S. 780; Alexy, Robert, „Constitutional Rights, Balancing, and Rationality“, s. Anm. 917, 139 f.

scheidung hin überschreiten. In den Begriffen von Klatt und Schmidt geht es mir dabei um das Verhältnis zwischen der Abwägung unter epistemischer Unsicherheit und dem Anspruch auf Richtigkeit.[957]

Der Ausweis normativ-epistemischer Unsicherheiten durch die Variable S^n in der Gewichtsformel, wie von Klatt und Schmidt vorgeschlagen, bedeutet bei Einstufung dieser Unsicherheit als schwer eine Graduierung des mit der Abwägungsentscheidung verbundenen Richtigkeitsanspruchs. Denn die Faktoren der Gewichtsformel müssen, dem Anspruch der Prinzipientheorie nach, in einer richtigen Entscheidungsbegründung berücksichtigt werden. Die richterliche Begründung impliziert bei Bestehen einer als schwer indizierten normativ-epistemischen Unsicherheit bezüglich der Prämissen der Abwägungsentscheidung, dass man die Richtigkeit der angenommenen normativen Prämissen in der externen Rechtfertigung nur *vermutet* (und nicht etwa, wie nach der These Alexys, *garantiert*). In der Begründung kommt also zum Ausdruck, dass es sich in substantieller Hinsicht nicht zwangsläufig um die beste Entscheidung handelt. Dies widerspricht unmittelbar Alexys These des Anspruchs auf die einzig richtige Entscheidung.[958] Die Richtigkeit des Abwägungsergebnisses wird durch die Unsicherheitsvariable auf die (Un-)Sicherheit des Entscheiders relativiert. Zwar könnte man sagen, dass die richterliche Begründung zum Ausdruck bringt, dass es sich „unter diesen Umständen", d. h. bei weitgehender epistemischer Unsicherheit um die einzig richtige Entscheidung handelt.[959] Man wird aber nicht sagen können, dass auch in substantiell-inhaltlicher Hinsicht der Anspruch auf die einzig richtige Entscheidung zum Ausdruck gebracht wird.

Zusammengefasst lautet meine Behauptung, dass - bei Indizierung als schwer - die Unsicherheitsvariable S die These des Anspruchs auf die einzig richtige Entscheidung unweigerlich negiert. Andersherum formuliert: Bei Annahme der These des Anspruchs auf die einzig richtige Entscheidung entsteht bei Indizierung der Unsicherheitsvariable als schwer ein performativer Widerspruch. Denn es wird explizit negiert, was implizit vermeintlich zum Ausdruck gebracht wird. Der (aus meiner Sicht sinnvolle) Ausweis epistemischer Unsicherheiten in der Gewichtsformel ist damit nur bei Zurückweisung der These des Anspruchs auf die einzig richtige Entscheidung sinnvoll.

---

957 Klatt, Matthias und Schmidt, Johannes, „Abwägung unter Unsicherheit", s. Anm. 937, S. 573.

958 Diese These vertritt für Abwägungsentscheidungen auch Sieckmann, Jan-R., „Zur Begründung von Abwägungsurteilen", s. Anm. 921, S. 69.

959 Vgl. auch ebd., S. 69.

All dies impliziert in gewisser Weise schon die Zurückweisung des Modells A. Sie möchte ich im folgenden Zwischenergebnis anhand von sprechaktmäßigen Erwägungen zusammenfassend darlegen.

III. Zwischenergebnis: Zurückweisung des Modells A

Auf den ersten Blick beschränkt sich das in diesem Abschnitt Gesagte auf eine These, die innerhalb der analytischen Rechtstheorie weithin akzeptiert ist. Hierbei handelt es sich um die Negation der Dworkinschen These der Existenz einer einzig richtigen Entscheidung in jedem Fall. Die Falschheit von Dworkins These, so konstatiert Klatt, sei mittlerweile „almost a commonplace in legal theory".[960] In gewisser Weise hätte also eine Fußnote genügt, in der auf all die skeptischen Erwiderungen auf Dworkin verwiesen worden wäre. Wenn ich dem Objektivitätsproblem nun doch einen ganzen Abschnitt gewidmet habe, so liegt das an meinem spezifischen Blickwinkel auf das Problem als Determinante kommunikativer Kraft.

Wie einleitend erwähnt, ging es in diesem Abschnitt in den Begriffen des zweiten Kapitels um die Entscheidung zwischen dem Modell A einerseits und den Modellen B und C andererseits. Aus dem bisher Gesagten ergibt sich, dass die u. A. von Modell A zugrundegelegte Darstellung richterlicher Entscheidungen als alternativlos in schwierigen Fällen bei jeder möglichen Betrachtung fiktional ist. Die Fiktionalität der einzig richtigen Entscheidung ergibt sich daraus, dass juristische Aussagen in schwierigen Fällen weder in ontologischer noch in epistemischer Hinsicht vollständig objektiv sind. Zudem ist im Bereich der argumentativen Methode der Abwägung die richterliche Entscheidung durch das geltende Recht weithin indeterminiert.[961]

Das in diesem Abschnitt zur Beurteilung stehende Modell A kann - ähnlich wie im zweiten Kapitel, aber auf eine Abwägungsentscheidung gemünzt - mit folgenden Beispielsaussagen illustriert werden.

1. Herr N. wird, was die einzig richtige Abwägung der kollidierenden Prinzipien ist, zu 12.000 DM Schmerzensgeld verurteilt.

---

960 Klatt, Matthias, „Taking Rights Less Seriously. A structural analysis of judicial discretion", s. Anm. 11, S. 512.

961 Die Gleichsetzung von Objektivität und Determiniertheit juristischer Argumentation, gegen die sich u. A. Coleman, Jules L. und Leiter, Brian, s. Anm. 723, S. 246 richten, ist in den bisherigen Ausführungen zwar gliederungstechnisch enthalten, der Sache nach fällt dies aus meiner Sicht aber nichts ins Gewicht. Vielmehr rechtfertigt es mein spezifisches Erkenntnisinteresse, beide Begriffe in diesem Abschnitt zu behandeln.

Mit dem Satz 1. ist die Darstellung richterlicher Abwägungsentscheidungen nach dem Prinzip der Binarität verbunden, wie es in der These Alexys des Anspruchs auf die einzig richtige Entscheidung zum Ausdruck kommt. Die Problematik dieser Darstellungsweise bei Bestehen epistemischer Unsicherheiten kann wie folgt illustriert werden. Die folgende Aussage 1a. ist sprechaktmäßig unproblematisch, die Aussage 1b. dagegen problematisch.

1a. Herr N. wird, was die einzig richtige Abwägung der kollidierenden Prinzipien ist, zu 12.000 DM Schmerzensgeld verurteilt. Ich bin mir der normativen und / oder empirischen Prämissen dieser Entscheidung sicher.
1b. Herr N. wird, was die einzig richtige Abwägung der kollidierenden Prinzipien ist, zu 12.000 DM Schmerzensgeld verurteilt. Ich bin mir der normativen und / oder empirischen Prämissen dieser Entscheidung höchst unsicher.

Sind die Prämissen einer Abwägungsentscheidung wie in Aussage 1b. epistemisch höchst unsicher - in der prinzipientheoretischen Begrifflichkeit entspricht dem die Einstufung der Unsicherheitsvariable S als schwer -, dann ist die Implikation, bei dieser Entscheidung handele es sich um die einzig richtige, aus meiner Sicht widersprüchlich. Auf höchst unsicherer Prämissengrundlage eine einzig richtige Entscheidung zu beanspruchen, ähnelt stark einer widersprüchlichen Aussage wie „die Katze ist auf der Matte, aber ich glaube es nicht". Je unsicherer die empirischen und normativen Prämissen, desto mehr verwandelt sich notwendiger Weise die mit der Aussage 1. zum Ausdruck gebrachte Überzeugung in eine Hoffnung. Sind die Grundlagen meiner Entscheidung unsicher, dann kann diese in inhaltlich-substantieller Weise höchstens zufällig richtig sein.

Mit diesen Erwägungen ist die Entscheidung gegen das Modell A einerseits und für die Modelle B und C andererseits eigentlich schon getroffen. Ich möchte nun aber noch einen Einwand antizipieren und diskutieren, der angesichts meiner eben geäußerten Kritik an der Argumentationsfigur der einzig richtigen Entscheidung im Falle epistemischer Unsicherheiten geäußert werden könnte. Diesen hypothetischen Einwand hatte ich bereits im zweiten Kapitel bei meiner Auseinandersetzung mit Habermas angedeutet und zu widerlegen versucht.[962] Meine sprechaktmäßigen Erwägungen dort seien hier rekapituliert. Betrachten wir hierzu folgende Aussage.

2. Ich vermute, die Katze ist auf der Matte - von meinem Blickpunkt sehe ich etwas, das so aussieht wie ein Schwanz.

Diese Aussage ist offensichtlich sinnvoll. Meine These im zweiten Kapitel war, dass der mit ihr erhobene Geltungsanspruch nicht binär codiert ist. Ein

962 Siehe oben, S. 125 f.

anderer Sprecher könnte nämlich etwa antworten: „Ich vermute, die Katze ist hinter dem Ofen - denn ich sehe dort etwas, das eine Pfote sein könnte", ohne dass sich beide Sprecher in Widerspruch befänden. Die Darstellungsweise unterliegt gleichzeitig nicht dem Prinzip der Binarität, bzw. im Falle juristischer Entscheidungen, der Argumentationsfigur der einzig richtigen Entscheidung.

Der hypothetische Einwand lautet nun, dass sich der Geltungsanspruch der Aussage 2. nicht eigentlich auf den Aufenthaltsort der Katze bezieht, sondern auf die eigene, unvollständige Wahrnehmung einerseits und auf den Schluss von dieser Wahrnehmung auf den Aufenthaltsort der Katze andererseits. In diesem Fall würde es sich eigentlich um zwei implizite Aussagen handeln, etwa

> 2a. Ich sehe ein haariges Etwas.
> 2b. Daraus folgt unter Zugrundelegung der regelmäßigen Gegebenheiten - z. B. Vorlieben der Katze -, dass dies die Katze ist, die auf der Matte liegt.

In Bezug auf diese beiden Teilaussagen könnte immer noch von dem binären Schema der Argumentationsfigur der einzig richtigen Aussage ausgegangen werden. In gleicher Weise könnte man nun in Bezug auf den Satz 1b. argumentieren. Dort würde man etwa behaupten, dass unter den gegebenen, schlechten epistemischen Umständen die getroffene Entscheidung einzig richtig sei.

Auf diese Entgegnung möchte ich abschließend wie folgt erwidern. Aus meiner Sicht lässt sich auch bei Beachtung der Sätze 2a. und 2b. die eigentliche Frage des Satzes 2. - ob die Katze auf der Matte sei oder nicht - nach wie vor sinnvoll stellen. Auf sie wird nämlich nicht geantwortet, wenn über (unvollständige) Wahrnehmungen und Wahrscheinlichkeiten gesprochen wird. Die ursprüngliche Aussage, „Ich vermute, dass die Katze auf der Matte ist", ist damit weiter bedeutungsvoll. Diese Bedeutung besteht darin, dass die Katze - „vielleicht" oder „wahrscheinlich", jedenfalls aber nicht „absolut sicher" - auf der Matte liegt. In gleicher Weise wäre die Aussage 1b. nur dann nicht widersprüchlich, wenn die Richtigkeit des Abwägungsergebnisses vermutet, statt garantiert würde. Der Anspruch auf die einzig richtige Entscheidung könnte jedenfalls nur dann aufrecht erhalten werden, wenn er sich auf andere, etwa prozessuale Aspekte, nicht auf die materielle Richtigkeit des Inhalts bezöge.[963]

963 Diese Spezifikation des Gehalts des Anspruchs deutete dabei in die Richtung von Raz' 'claim to legitimate authority'; vgl. Raz, Joseph, s. Anm. 550, 30 ff.

Nach Alledem ist die Darstellung von Abwägungsentscheidungen nach dem Prinzip der Binarität im Falle epistemischer Unsicherheiten theoretisch nicht zu rechtfertigen. Auf der Grundlage der in diesem Abschnitt erfolgten pars-pro-toto Analyse anhand des Systems der Alexyschen Rechtsphilosophie ist vielmehr die weitgehende Indeterminiertheit von Abwägungsergebnissen zu konstatieren. Mit Sieckmann ist zu konstatieren, dass „Abwägungsentscheidungen als Entscheidung eines Subjekts, die nicht vollständig durch objektive, erkennbare Kriterien vorgegeben ist, auch stets subjektiv [sind]."[964] Damit ist nicht gesagt, dass Abwägungsentscheidungen willkürlich sind.[965] Es sollte nur verdeutlicht werden, warum und in welcher Weise das Prinzip der Binarität einer einzig richtigen gegenüber unendlich vielen falschen Entscheidungen bei Abwägungen nicht zutrifft.

Das Modell A als Antwort auf meine dritte Forschungsfrage schließe ich demnach, wie zu Beginn dieses Abschnittes angekündigt, aus. Es folgt hieraus jedoch nicht gleichzeitig die Unangemessenheit der Argumentationsfigur der einzig richtigen Entscheidung. Denn diese Darstellungsweise wird auch von Modell C zugrundegelegt. Jedoch kommt hierbei eine grundsätzlich andere, praktische statt theoretische Begründungsstrategie zur Anwendung. Diese Begründungsstrategie ist Gegenstand des folgenden Abschnittes.

B. Institutionalität als Determinante kommunikativer Kraft

In diesem Abschnitt folgt der zweite Teil meiner Antwort auf die dritte Forschungsfrage. Bis zu dieser Stelle habe ich gezeigt, dass die Darstellung richterlicher Begründungen als alternativlos, bzw. als einzig richtig aufgrund theoretischer Erwägungen nicht gerechtfertigt werden kann. Die Argumentationsfigur der einzig richtigen Entscheidung ist, wie ich in Bezug auf die ontologische und epistemische Objektivität juristischer Aussagen und in Bezug auf die (In-)Determiniertheit von Abwägungsentscheidungen dargelegt habe, kontrafaktisch oder fiktiv. Fraglich ist, ob sie dennoch gerechtfertigt werden kann. In Betracht kommt eine Rechtfertigung aufgrund der „Institutionalität" der gerichtlichen Argumentation.

Der Begriff der Institutionalität ist zunächst in Abgrenzung zur Sonderfallthese Alexys anhand der Besonderheiten der gerichtlichen Argumentation zu bestimmen. Mit ihm soll die Existenzweise des richterlichen Urteils als

---

964 Sieckmann, Jan-R., „Zur Begründung von Abwägungsurteilen", s. Anm. 921, S. 68.
965 ebd., S. 68.

soziales Konstrukt erfasst werden (1.). Anschließend sind zunächst die Implikationen der Fiktionalität der Argumentationsfigur der einzig richtigen Entscheidung darzulegen. Dabei werde ich gleichzeitig die Vor- und Nachteile der Modelle B und C im Einzelnen diskutieren (2.). Schließlich ist zu untersuchen, ob der sich auf die Fiktionalität beziehende normative Einwand gegen die Argumentationsfigur der einzig richtigen Entscheidung durchgreifend ist. Hierzu ist die kommunikative Basis der Argumentationsfigur der einzig richtigen Entscheidung herauszuarbeiten (3.). Das Ergebnis der Untersuchungen besteht in der Zurückweisung des Einwandes und damit des Modells B (4.).

I. Die institutionellen Besonderheiten der gerichtlichen Argumentation

Die in der richterlichen Begründung zusammengefassten juristischen Behauptungen weisen gegenüber sonstigen, etwa moralischen Aussagen zahlreiche Besonderheiten auf. Eine Beschreibungsmöglichkeit dieser Besonderheiten ist Alexys Sonderfallthese, wonach eine Bindung juristischer Diskurse an Gesetz, Präjudiz und Dogmatik besteht.[966] Während die Teilnehmer moralischer Diskurse prima-facie nicht auf gemeinsame Prämissen oder Bezugspunkte festgelegt sind, ist die juristische Argumentation in mannigfacher Weise gebunden. Im Vergleich zur moralischen Argumentation zeichnet sich die juristische Argumentation nach Alexy durch das Bestehen von Gesetzes- und Präjudizienbindung einerseits und eine Art Formenzwang der rechtswissenschaftlichen Dogmatik aus.[967] Mir geht es im Folgenden nicht um diese Relation zwischen moralischer und juristischer Argumentation, sondern, spezieller, um die zwischen gerichtlicher und sonstiger juristischer Argumentation. Die im Verhältnis des gerichtlichen Diskurses zu sonstigen juristischen Diskursen bestehenden Besonderheiten werde ich in diesem Abschnitt als Institutionalität bezeichnen. Der nicht-gerichtliche juristische Diskurs ist nach dieser Beschreibung nicht-institutionell.

Für die Zwecke dieser Arbeit ist die Beschreibungsform der Besonderheiten der gerichtlichen Argumentation nach der Sonderfallthese in wesentlicher

966 Alexy, Robert, *Theorie der juristischen Argumentation. Die Theorie des rationalen Diskurses als Theorie der juristischen Begründung*, s. Anm. 14, 288 ff. Alexy, Robert, „The Special Case Thesis“, s. Anm. 23, S. 375.

967 Alexy, Robert, *Theorie der juristischen Argumentation. Die Theorie des rationalen Diskurses als Theorie der juristischen Begründung*, s. Anm. 14, 288 ff. Alexy, Robert, „The Special Case Thesis“, s. Anm. 23, S. 375.

Hinsicht unvollständig. Der naheliegende Grund hierfür ist, dass für Alexy die Formel von der Bindung der juristischen Argumentation an Gesetz, Präjudiz und Dogmatik in Bezug auf das Rationalitätsproblem in der Jurisprudenz relevant ist. Diesem kommt in meiner Arbeit unter der Bezeichnung „Objektivität als Determinante kommunikativer Kraft" nur der Raum eines Abschnittes zu; Institutionalität steht ihm gleichgewichtig gegenüber. Das Erkenntnisinteresse Alexys ist somit nicht das gleiche wie in dieser Arbeit.[968]

Worum es mir im Folgenden unter dem Begriff der Institutionalität gehen wird, ist - auf einer anderen Ebene der Beschreibung als Alexys Sonderfallthese - die Existenzweise des Rechts im Allgemeinen und des richterlichen Urteils im Besonderen als soziales Konstrukt. Mit dem Begriff der Institutionalität soll das richterliche Urteil als institutionelle Tatsache im Sinne der Sozialphilosophie Searles expliziert werden. Es soll auf diese Weise die Abhängigkeit richterlicher Urteile von gesellschaftlichen Verständigungsprozessen erschlossen werden. Für die These der Intentionalitätsrelativität der Argumentationsfigur der einzig richtigen Entscheidung ist weiterhin zu zeigen, dass sich diese Abhängigkeit über den Tenor auf die richterliche Begründung erstreckt.

Zu diesem Zweck werde ich im Weiteren auf die Sozialphilosophie Searles zurückgreifen, die dieser in den Werken *The Construction of Social Reality*[969] aus 1995 und dem thematisch identischen Werk *Making the Social World*[970] aus 2010 entwickelt hat. Hierin zeigt Searle, wie die institutionelle Realität auf linguistischen Strukturen basiert, wobei der Sprechaktklasse der Deklarationen zentrale Bedeutung zukommt. Die Relevanz der Sozialphilosophie Searles für meine Zwecke ergibt sich daraus, dass jede assertive richterliche Begründung auf einen deklarativen Tenor bezogen ist.

Die Erweiterung der Perspektive auf die institutionellen Aspekte des Problems der kommunikativen Kraft - so eines der Ergebnisse des ersten Kapitels - fehlt in der aktuellen rechtstheoretischen Debatte weitgehend. Insbesondere in der Theorie Alexys wird kommunikative Kraft primär als Annex zu seiner theoretischen These der Existenz einzig richtiger juristischer Aussagen verstanden.[971] Auch Bäcker meint, dass die Antwort auf die praktische Frage

968 Zur Abgrenzung siehe oben, S. 7 f.

969 Searle, John R., *The Construction of Social Reality*, s. Anm. 45.

970 Searle, John R., *Making the social world: the structure of human civilization*, s. Anm. 46.

971 Vgl. Alexy, Robert, *Theorie der juristischen Argumentation. Die Theorie des rationalen Diskurses als Theorie der juristischen Begründung*, s. Anm. 14, S. 414; Alexy, Robert, „Probleme der Diskurstheorie", s. Anm. 14, 122 f.

der Darstellung und Präsentation richterlicher Entscheidungen einzig und alleine theoretisch determiniert ist.[972] Bäckers Position ist also spiegelbildlich-identisch mit derjenigen Alexys. Der Unterschied zwischen beiden besteht darin, dass Bäckers Antwort aus einem (epistemischen) Skeptizismus folgt, Alexys Antwort dagegen aus einem (ontologischen) Realismus. Aus meiner Sicht, das sollten meine bisherigen Ausführungen gezeigt haben, ist diese, von Bäcker und Alexy geteilte Ansicht unterkomplex. Die Bedeutung des Ansatzes Neumanns besteht wie erwähnt darin, dass dieser erstmals in der rechtsphilosophischen Literatur die Funktionsrelevanz der Argumentationsfigur der einzig richtigen Entscheidung herausarbeitet. An diese These werde ich im Weiteren Verlauf der Arbeit anknüpfen. Zunächst sind jedoch die Implikationen der Fiktionalität der Argumentationsfigur der einzig richtigen Entscheidung im Einzelnen zu untersuchen.

II. Die Argumentationsfigur der einzig richtigen Entscheidung als Fiktion

Nach Zurückweisung des Modells A im letzten Abschnitt möchte ich im Folgenden zunächst die anstehende Entscheidung zwischen den Modellen B und C explizieren. Hierzu sind Gemeinsamkeiten und Differenzen herauszuarbeiten (a.). Anschließend möchte ich den Ansatz Neumanns, der erstmals in der rechtsphilosophischen Literatur einen funktionalen Nutzen der Fiktion der Argumentationsfigur der einzig richtigen Entscheidung benennt, rekapitulieren (b.). Neumann diskutiert diese Funktionen auch in normativer Hinsicht. Dabei bleiben kritische Einwände gegen die Argumentationsfigur der einzig richtigen Entscheidung aber unwiderlegt (c.).

1. Modell B vs. Modell C: Gemeinsamkeiten und Differenzen

Im Folgenden sollen die Modelle B und C anknüpfend an meine Beschreibung im zweiten Kapitel erneut in den Blick genommen werden. Nach Herausarbeitung von Gemeinsamkeiten und Differenzen wird die zur Entscheidung stehende Alternative exakt bestimmt sein. Im Ergebnis sind beide Modelle in Analogie zur metaethischen Terminologie als bestimmte Formen von „Fehlertheorien" zu bezeichnen, nämlich einerseits als „Fiktionalismus" (Modell

972 Vgl. Bäcker, Carsten, *Begründen und Entscheiden. Kritik und Rekonstruktion der Alexyschen Diskurstheorie des Rechts*, s. Anm. 33, S. 329.

C) und andererseits als „Abolitionismus" (Modell B).[973] Zur Erläuterung dieser Begriffe möchte ich mich zunächst auf das Modell A beziehen, welches der Argumentationstheorie Alexys zugrundeliegt.

Alexys These des Anspruchs auf Richtigkeit impliziert, dass mit normativen Aussagen eine Überzeugung zum Ausdruck gebracht wird. Die geäußerte Überzeugung bezieht sich dabei auf die (juristische und moralische) Richtigkeit der Aussage.[974] Dies ist jedoch nur *ein* Aspekt seiner metaethischen Position. Den Anspruch auf Richtigkeit und mit ihm eine kognitivistische Position könnte Alexy nämlich auch dann vertreten, wenn der impliziten Behauptung der Richtigkeit keine Tatsachen in der externen Welt entsprächen, an denen sich die Wahrheit und Falschheit der Aussage bemessen könnte. In diesem Fall wäre die Theorie Alexys als Fehlertheorie zu bezeichnen.[975] Wie im ersten Kapitel gezeigt, sieht Alexy selbst diese Option. Er meint, dass „[w[enn die metaethischen Thesen des Subjektivismus, des Relativismus, des Nonkognitivismus oder des Emotivismus wahr sein sollten, der Anspruch auf Richtigkeit im Sinne von so etwas wie einer 'Irrtumstheorie' interpretiert werden [müsste], wie Mackie vorgeschlagen hat."[976] An anderer Stelle sagt Alexy, Mackies Fehlertheorie sei gekennzeichnet durch den „claim that something is correct that cannot be correct."[977]

Den Begriff der Fehlertheorie umschreibt Mackie in dem Werk *Inventing Right and Wrong* wie folgt.

> „Indeed, ordinary moral judgements involve a claim to objectivity which both non-cognitive and naturalist analysis fail to capture. Moral scepticism must, therefore, take the form of an error theory, admitting that a belief in objective values is built

---

973 Vgl. Joyce, Richard, *The myth of morality*, s. Anm. 20, S. 175; Joyce, Richard, „Moral fictionalism", s. Anm. 55, S. 299.

974 Alexy, Robert, *Theorie der juristischen Argumentation. Die Theorie des rationalen Diskurses als Theorie der juristischen Begründung*, s. Anm. 14, S. 264.

975 Vgl. Sieckmann, Jan-R., „Human Rights and the Claim to Correctness in the Theory of Robert Alexy", s. Anm. 36, S. 200.

976 Alexy, Robert, „Die Natur der Rechtsphilosophie", s. Anm. 85, S. 25. Ich meine, wie sich aus dem Gesagten ergibt, dass Alexys Formulierung, die den *Nonkognitivismus* einschließt, nicht ganz korrekt ist. Denn der „Irrtums-" oder „Fehlertheoretiker" Mackie ist *Kognitivist*; Joyce, Richard, „Moral fictionalism", s. Anm. 55, S. 287; Svavarsdottir, Sigrun, s. Anm. 79, 144 f. Alexy unterscheidet insofern nicht zwischen den semantischen Thesen des Kognitivismus, bzw. Nonkognitivismus und den ontologischen Thesen des Realismus, bzw. Relativismus.

977 Alexy, Robert, „The Dual Nature of Law", s. Anm. 77, S. 171.

into ordinary moral thought and language, but holding that this ingrained belief is false."[978]

Eine Fehlertheorie zeichnet sich danach durch zwei Prämissen und eine Konklusion aus. Die erste These lautet, dass mit normativen Aussagen ein Anspruch auf Objektivität erhoben wird. Die zweite These lautet, dass es keine Tatsachen gibt, welche über die Wahrheit oder Falschheit dieser Aussagen entscheiden könnten. Die Konklusion lautet, dass die mit Anspruch auf Objektivität vorgebrachten normativen Aussagen auf nichts bezogen sein können und daher alle falsch sind.[979] Alexy könnte seine Anspruchsthese also auch dann vertreten, wenn er in ontologischer Hinsicht davon ausginge, dass es keine moralischen und juristischen Tatsachen gibt.[980] Dies ist jedoch evidenter Weise nicht sein Ansatz. Wie sich aus den angeführten Äußerungen ergibt, ist der Anspruch auf Richtigkeit gerade nicht im Sinne einer Fehlertheorie zu interpretieren - für den metaethischen Realisten Alexy entsprechen dem Anspruch auf Richtigkeit jedenfalls im Ausnahmefall juristische Tatsachen.[981] Der *Anspruch* auf Richtigkeit, so könnte man holzschnittartig sagen, ist Alexy zufolge *erfüllbar*. Die sprachliche Praxis des Anspruchs auf Richtigkeit ist aufgrunddessen nicht notwendig mit „Fehlern" behaftet.

Ein Reibepunkt dieser Arbeit ist die These Alexys, dass die Teilnehmer praktischer Diskurse den Anspruch erheben müssen, dass ihre Aussagen einzig richtig sind.[982] Diese These ergänzt die Anspruchsthese, ist aber nicht identisch mit ihr. Denn ein Anspruch auf Richtigkeit kann, aber muss nicht im Sinne eines Anspruchs auf einzig-Richtigkeit interpretiert werden.[983]

978 Mackie, John L., s. Anm. 54, 48 f. Diese und die vorangegangene Aussage Mackies zeigen eindeutig, dass dieser sich selbst - entgegen der Aussage Alexys in Alexy, Robert, „Die Natur der Rechtsphilosophie", s. Anm. 85, S. 25 - als Kognitivist sieht.

979 Joyce, Richard, „Moral fictionalism", s. Anm. 55, S. 287; Svavarsdottir, Sigrun, s. Anm. 79, S. 144.

980 Vgl. Sieckmann, Jan-R., „Human Rights and the Claim to Correctness in the Theory of Robert Alexy", s. Anm. 36, S. 200.

981 Die Klassifikation der Alexyschen Diskurstheorie als einer realistischen metaethischen Position findet sich auch bei Lafont, Christina, s. Anm. 57, 297 f. Dieser Klassifikation stimmt Alexy ausdrücklich zu; Alexy, Robert, „Comments and Responses", s. Anm. 57, S. 352.

982 Alexy, Robert, *Theorie der juristischen Argumentation. Die Theorie des rationalen Diskurses als Theorie der juristischen Begründung*, s. Anm. 14, S. 414; Alexy, Robert, „Probleme der Diskurstheorie", s. Anm. 14, 122 f.

983 Alexy scheint diesbezüglich selbst phasenweise unentschlossen zu sein. Es existieren Äußerungen von ihm, die eher in Richtung eines Anspruchs auf relative Richtigkeit

In deskriptiver Hinsicht hatte ich einleitend festgestellt, dass die Gerichte ihre Entscheidungen als alternativlos darstellen, bzw. dass in den Begründungen die Argumentationsfigur der einzig richtigen Entscheidung zum Ausdruck kommt.[984] Mit Verwendung der Argumentationsfigur der einzig richtigen Entscheidung wird gleichzeitig der Anspruch auf die einzig richtige Entscheidung erhoben und ein Commitment für die einzig-Richtigkeit der Entscheidung eingegangen. Die Rechtsprechungspraxis entspricht insofern der dargestellten These Alexys.

Ich hatte das Problem der kommunikativen Kraft vor diesem Hintergrund im ersten Kapitel in die Frage gekleidet, ob der von Alexy normativ geforderte (und deskriptiv feststellbare) Anspruch auf die alternativlose, bzw. einzig richtige Entscheidung erfüllbar ist. Gleichbedeutend ist die Frage danach, ob die auch in schwierigen Fällen als alternativlos, bzw. einzig richtig dargestellten Entscheidungen tatsächlich alternativlos, bzw. einzig richtig sind oder sein können.

Hiervon war zunächst auszugehen. Wenn in der sprachlichen Praxis der Gerichte Entscheidungen als alternativlos, bzw. als einzig richtig dargestellt werden, dann ist es naheliegend, dass dies den Tatsachen entspricht.[985] Die argumentative „Beweislast" liegt insofern bei demjenigen, der bestreitet, dass es sich mit einer Aussage so verhält, wie sie präsentiert wird. Dieses Bestreiten der Kongruenz von Anspruch, bzw. Darstellung und Wirklichkeit kennzeichnet den Fehlertheoretiker. In diesem Sinne sagt Mackie:

> „But since this is an error theory, since it goes against assumptions ingrained in our thought and built into some of the ways in which language is used, since it conflicts with what is sometimes called 'common sense', it needs very solid support. It is not something we can accept lightly or casually and then quietly pass on. If we are to adopt this view, we must argue explicitly for it."[986]

Im ersten Teil dieses Kapitels habe ich im Sinne dieser Äußerung explizit dafür argumentiert, dass der *Anspruch* auf die einzig richtige Entscheidung in schwierigen Fällen *nicht erfüllbar* ist, bzw. dass es sich bei der Argu-

---

oder Vertretbarkeit gehen, vgl. Alexy, Robert, „Die juristische Argumentation als rationaler Diskurs", s. Anm. 53, S. 114; Alexy, Robert, „Thirteen Replies", s. Anm. 37, 348 f. Diese Ambivalenz hatte ich oben, S. 31 ff. kritisiert.

984 Siehe oben, S. 2 f.

985 Diese Redeweise würde bestritten von einer Auffassung, wonach die sprachliche Praxis Tatsachen konstituiert. Diese Position vertreten Dworkin und Tugendhat. Vgl. Dworkin, Ronald, „Can Rights be Controversial?", s. Anm. 10, 279 ff. Tugendhat, Ernst, s. Anm. 719, S. 291.

986 Mackie, John L., s. Anm. 54, S. 35.

mentationsfigur der einzig richtigen Entscheidung in schwierigen Fällen um eine Fiktion handelt. Zu beachten war, dass die Rede von der Argumentationsfigur der einzig richtigen Entscheidung mehrdeutig ist. Ihr entspricht nämlich sowohl die universell gültige Entscheidung, als auch die im Rahmen einer bestimmten Rechtsordnung alternativlose Entscheidung. Insofern waren mehrere Dinge zu prüfen.

In ontologischer Hinsicht habe ich die Intentionalitätsrelativität, bzw. historisch-kulturelle Relativität des Rechts in Anlehnung an die Sozialphilosophie Searles dargelegt. Hieraus folgte, dass juristische Aussagen nicht einzig richtig im Sinne von universell gültig sein können. Ich habe zudem gezeigt, dass im Anwendungsbereich der Methode der Abwägung die richterlichen Entscheidungen weithin indeterminiert durch das geltende Recht sind. Juristische Aussagen sind demnach auch im Rahmen eines geltenden Rechtssystems regelmäßig nicht alternativlos. Die in der Rechtsprechungspraxis vorfindliche Argumentationsfigur der einzig richtigen Entscheidung hatte sich demnach bei jedweder Betrachtung als eine Fiktion herausgestellt.

In deskriptiver Hinsicht impliziert dieser fehlertheoretische Befund nur die Zurückweisung des Modells A. Die Modelle B und C stimmen bezüglich der Analyse überein, wonach die jurisprudentielle Praxis von einzig richtigen Entscheidungen ausgeht, diese aber theoretisch nicht ausgewiesen werden können. Beide Modelle sind daher in Analogie zur vorgestellten metaethischen Begrifflichkeit als „Fehlertheorien" zu bezeichnen.

Die Modelle B und C unterscheiden sich bezüglich der Konsequenzen, die hieraus zu ziehen sind. Diese Konsequenzen basieren jeweils auf normativen Erwägungen. Während ein Vertreter des Modells B aufgrund des Fehlers in der Sprachpraxis - hier des Fehlers in der Sprachpraxis der Gerichte - vorschlägt, die Argumentationsfigur der einzig richtigen Entscheidung generell aufzugeben, bzw. die Sprachpraxis bei Vermeidung des Fehlers zu ändern, hält ein Vertreter des Modells C die fehlerbelastete Sprachpraxis gegenüber jeder anderen für vorzugswürdig. Das Fiktive, Kontrafaktische wird für ihn also von Vorteilen sonstiger Art überwogen.[987] In terminologischer Hinsicht spricht Joyce in Bezug auf die erste Variante vom „Abolitionismus" (hier Modell B) und in Bezug auf die zweite Variante vom „Fiktionalismus" (hier Modell C).[988]

987 Joyce, Richard, *The myth of morality*, s. Anm. 20, 180 ff. Joyce, Richard, „Moral fictionalism", s. Anm. 55, 298 f.

988 ebd., S. 299.

Die Vorteile, die für das Modell C stehen, sieht Mackie bezüglich moralischer Aussagen in der „Nützlichkeit" der Fiktion des Anspruchs auf Objektivität.[989] In ähnlicher Weise spricht Neumann von der einzig richtigen Entscheidung als einer Fiktion, die gleichwohl wichtige Funktionen im Rechtssystem erfüllt.[990] Nun ist die Rede von „Nützlichkeit" in Bezug auf die normative Bewertung der Argumentationsfigur der einzig richtigen Entscheidung ambivalent. Nützlich können nämlich auch Täuschungen und Lügen sein.[991] Die Argumentationsfigur der einzig richtigen Entscheidung erfüllt auch nach Auffassung ihrer Kritiker als „Lebenslüge [...] vitale Funktionen des Rechtssystems".[992] Fraglich ist, ob die Argumentationsfigur im Sinne des Fiktionalismus als eine nützliche Fiktion gerechtfertigt werden kann. Im nächsten Abschnitt geht es darum, die Nützlichkeit der Argumentationsfigur der einzig richtigen Entscheidung im Rückblick auf den Ansatz Neumanns zu rekapitulieren.

2. Rekapitulation: Der Ansatz Neumanns

Einen Begründungsschritt weiter als Alexy und Bäcker führt Neumann in der Schrift *Wahrheit im Recht* aus, dass die Argumentationsfigur der einzig richtigen Entscheidung angesichts des gegenläufigen erkenntnistheoretischen Befundes nur institutionell oder funktionell begründet werden kann.[993] Für Neumann wird in manchen institutionellen Kontexten, etwa bei der revisionsgerichtlichen Kontrolle strafgerichtlicher Entscheidungen die Argumentationsfigur der einzig richtigen Entscheidung in der richterlichen Begründung notwendig vorausgesetzt.[994] Das Gebot der umfassenden revisionsrechtlichen Überprüfung der Entscheidungen der Instanzgerichte ist für Neumann nur erklärlich, wenn auch eine umfassende Überprüfbarkeit gewährleistet ist.

989 Mackie, John L., s. Anm. 54, S. 239.

990 Neumann, Ulfrid, *Wahrheit im Recht. Zu Problematik und Legitimität einer fragwürdigen Denkform*, s. Anm. 19, 41 ff.

991 Joyce, Richard, *The myth of morality*, s. Anm. 20, S. 214; Joyce, Richard, „Moral fictionalism", s. Anm. 55, S. 299.

992 Müller, Friedrich, Christensen, Ralph und Sokolowski, Michael, s. Anm. 12, S. 104.

993 Neumann, Ulfrid, *Wahrheit im Recht. Zu Problematik und Legitimität einer fragwürdigen Denkform*, s. Anm. 19, 41 ff. Neumann, Ulfrid, „Richtigkeitsanspruch und Überprüfbarkeit rechtlicher Entscheidungen", s. Anm. 29, 149 f.

994 Neumann, Ulfrid, *Wahrheit im Recht. Zu Problematik und Legitimität einer fragwürdigen Denkform*, s. Anm. 19, S. 53; Neumann, Ulfrid, „Richtigkeitsanspruch und Überprüfbarkeit rechtlicher Entscheidungen", s. Anm. 29, 153 f.

Dies kann aus seiner Sicht wiederum nur dann gewährleistet werden, wenn die kontrollierende Stelle voraussetzen kann, dass von der kontrollierten Stelle die einzig richtige Entscheidung beansprucht werde.[995] Würde sich die kontrollierte Stelle dagegen mit einem eingeschränkten Geltungsanspruch begnügen, dann wäre es der kontrollierenden Stelle nicht in gleicher Weise möglich, ihre Entscheidung an die Stelle der anderen zu setzen.[996] Bestimmte Kontrollverhältnisse, so die These Neumanns, sind also auf die Unterstellung angewiesen, dass die zu kontrollierende Entscheidung die einzig richtige sei. Die Argumentationsfigur der einzig richtigen Entscheidung habe somit innerhalb des Justizsystems die Funktion, eine umfassende Kontrolle justizieller Entscheidungen zu ermöglichen.[997] In gleicher Weise ermöglicht die Argumentationsfigur der einzig richtigen Entscheidung umfassende Kritik von Seiten der nichtinstitutionalisierten Rechtswissenschaft.[998]

Dieser Ansatz Neumanns kann als These der Funktionsrelevanz der Argumentationsfigur der einzig richtigen Entscheidung bezeichnet werden. Es ist das große Verdienst Neumanns, erstmals die große praktische Bedeutung der Argumentationsfigur der einzig richtigen Entscheidung erkannt zu haben. Neumann untersucht die Argumentationsfigur der einzig richtigen Entscheidung erstmalig in der analytischen Rechtsphilosophie als solche und nicht, wie z. B. Alexy und Bäcker, als Annex. Neumanns These der Funktionsrelevanz der Argumentationsfigur der einzig richtigen Entscheidung mache ich mir im Folgenden zu eigen. Wie sich zeigen wird, reicht diese These aber zur Rechtfertigung der Argumentationsfigur der einzig richtigen Entscheidung nicht aus.

Neumann stellt sich zum Schluss von *Wahrheit im Recht* die in der Tat entscheidende Frage, „in Hinblick auf welche allgemeinen Kriterien das Rechtssystem gegenüber einer Entscheidung das eine Mal die idealisierende, das andere Mal eine realistische Sichtweise einnimmt."[999] Seine Antwort in deskriptiver Hinsicht lautet, dass

---

995 Neumann, Ulfrid, *Wahrheit im Recht. Zu Problematik und Legitimität einer fragwürdigen Denkform*, s. Anm. 19, 53 f. Neumann, Ulfrid, „Richtigkeitsanspruch und Überprüfbarkeit rechtlicher Entscheidungen", s. Anm. 29, S. 155.

996 ebd., 147 f.

997 Neumann, Ulfrid, *Wahrheit im Recht. Zu Problematik und Legitimität einer fragwürdigen Denkform*, s. Anm. 19, S. 54; Neumann, Ulfrid, „Richtigkeitsanspruch und Überprüfbarkeit rechtlicher Entscheidungen", s. Anm. 29, S. 154.

998 Neumann, Ulfrid, *Wahrheit im Recht. Zu Problematik und Legitimität einer fragwürdigen Denkform*, s. Anm. 19, 51 f.

999 ebd., S. 57.

> „Die Grenze zwischen dem Herrschaftsbereich der regulativen Idee der einzig richtigen Entscheidung einerseits und dem der Einsicht in die tatsächliche Vertretbarkeit unterschiedlicher Rechtsauffassungen andererseits jedenfalls nicht von rechtstheoretischen Erwägungen, sondern von institutionellen Vorgaben bestimmt [wird]. Maßgebend sind die Bedürfnisse des Rechtssystems, nicht die Erkenntnisse der Rechtswissenschaft."[1000]

Im Anschluss an diese Äußerung stellt Neumann die normative Frage der Legitimität dieser Instrumentalisierung der Argumentationsfigur der einzig richtigen Entscheidung. Ihm zufolge ist die Grenze, „jenseits derer die regulative Idee der einzig richtigen Entscheidung zur schlechten Fiktion denaturiert" dort zu ziehen, „wo die Berufung auf die einzig richtige Entscheidung dazu dient, verfassungsrechtlich garantierte Freiheitsrechte des Bürgers zu verkürzen."[1001] Zu beachten ist, dass es sich hierbei um eine rechtspolitische Forderung, nicht um eine Bestandsaufnahme handelt. Justizkritische Einwände gegen die Argumentationsfigur der einzig richtigen Entscheidung werden von Neumann also weder bestätigt, noch widerlegt.

Diese Einwände stellen darauf ab, dass die von Neumann erwähnte Grenze *tatsächlich* anhand der Interessen des Rechtsstabes zum Machterhalt gezogen wird. Die Argumentationsfigur der einzig richtigen Entscheidung ist danach - im Sinne des Modells B - eine abzulehnende Täuschung der Urteilsadressaten zur Abschottung gegen Kritik.[1002] Diese kritische These möchte ich im Folgenden zunächst weiter entfalten. Hierzu ist die Argumentationsfigur der einzig richtigen Entscheidung in Bezug auf das Spannungsverhältnis zwischen Tenor und Begründung des richterlichen Urteils zu untersuchen. Im weiteren Verlauf der Arbeit wird es im Wesentlichen darum gehen, diese Kritik zu entkräften. Zu konstatieren ist also, dass im Sinne der im vorangegangenen Abschnitt erwähnten These Mackies die Argumentationsfigur der einzig richtigen Entscheidung in dem Ansatz Neumanns tatsächlich als „nützliche Fiktion" dargelegt werden kann. „Nützlichkeit" ist jedoch in Bezug auf das Recht mehrdeutig. Denn auch nach Auffassung von Kritikern der Argumentationsfigur der einzig richtigen Entscheidung ist diese

1000 ebd., S. 58.

1001 ebd., S. 58.

1002 Vgl. Müller, Friedrich, Christensen, Ralph und Sokolowski, Michael, s. Anm. 12, S. 104; MacKinnon, Catherine, s. Anm. 12, 106 f. Bei Bäcker, Carsten, *Begründen und Entscheiden. Kritik und Rekonstruktion der Alexyschen Diskurstheorie des Rechts*, s. Anm. 33, S. 331 ist diese Kritik angelegt. Er bezieht sie aber nur auf rechtsphilosophische Positionen und nicht auf die tatsächliche Rechtsprechungspraxis. Das kritische Potential von Bäckers Theorie bleibt damit im Wesentlichen ungenutzt.

als „Lebenslüge“[1003] nützlich. Diese negative normative Bewertung der Argumentationsfigur der einzig richtigen Entscheidung durch justizkritische Positionen ist bislang nicht widerlegt.

3. Der ungelöste normative Einwand

Im zweiten Kapitel hatte ich die Bestandteile des richterlichen Urteils, Tenor und Begründung, sprechaktmäßig klassifiziert. Ich hatte ein Spannungsverhältnis zwischen der Rechtswirksamkeit des deklarativen Tenors und dem Richtigkeitsbezug der assertiven Begründung ausgemacht.[1004] Im Weiteren möchte ich die Argumentationsfigur der einzig richtigen Entscheidung auf dieses Spannungsverhältnis beziehen. Hiermit soll der ungelöste normative Einwand gegen die Argumentationsfigur der einzig richtigen Entscheidung zunächst weiter entfaltet werden. Eine Entgegnung auf diesen Einwand werde ich dann im folgenden Abschnitt entwickeln.

Das Spannungsverhältnis zwischen den Teilen des richterlichen Urteils ergab sich aus Folgendem. Zweck des Tenors eines richterlichen Urteils ist die Herbeiführung eine Zustands der institutionellen Realität durch sprachliche Repräsentation dieses Zustands. Hiermit ist die Sprechaktklasse der *Deklarationen* bezeichnet.[1005] Eine Verurteilung wird herbeigeführt, indem der Richter äußert: „Im Namen des Volkes, Herr N. wird zu zehn Jahren und zwei Monaten Freiheitsstrafe verurteilt.” Die durch die im Tenor zusammengefassten Sprechakte herbeigeführte Veränderung der Rechtslage als Teil der institutionellen Realität erfolgt selbstreflexiv nur durch ihre eigene Repräsentation.[1006] Mit Repräsentation einer Änderung der Rechtslage - z. B. einer Verurteilung zu einer Gefängnisstrafe - wird diese Änderung - konstruktiv - real.[1007] Für meine Zwecke war entscheidend, dass der durch den Tenor des richterlichen Urteils herbeigeführte Zustand der institutionellen Realität stets konstitutiv eindeutig ist. Beispielsweise werden Gesetze und Verwaltungs-

1003 Müller, Friedrich, Christensen, Ralph und Sokolowski, Michael, s. Anm. 12, S. 104.

1004 Siehe oben, S. 135.

1005 Vgl. Searle, John R., „A classification of illocutionary acts“, s. Anm. 40, S. 13; Searle, John R., „A Taxonomy of Illocutionary Acts“, s. Anm. 41, 358 f. Fletcher, George P., s. Anm. 353, 87 ff.

1006 Vgl. Searle, John R., „A classification of illocutionary acts“, s. Anm. 40, S. 13; Searle, John R., „A Taxonomy of Illocutionary Acts“, s. Anm. 41, 358 f. Fletcher, George P., s. Anm. 353, 87 ff.

1007 Vgl. Searle, John R., „A classification of illocutionary acts“, s. Anm. 40, S. 13; Searle, John R., „A Taxonomy of Illocutionary Acts“, s. Anm. 41, 358 f.

akte aufgehoben - oder eben nicht, Angeklagte verurteilt oder freigesprochen.[1008] Der Konstitution der institutionellen Realität durch den Tenor des richterlichen Urteils ist damit eine gewisse Eindeutigkeit eingeschrieben.[1009] Die in der richterlichen Begründung zusammengefassten Sprechakte waren aufgrund prozessualer Erwägungen als *Assertiva* zu klassifizieren.[1010] Zu konstatieren war also eine sprechaktmäßige Differenz zwischen Begründung und Tenor.[1011] Der Eindeutigkeit der auf dem deklarativen Tenor beruhenden Konstitution institutioneller Realität kontrastiert dabei die Graduierbarkeit des Commitment der assertiven Begründung. Die Argumentationsfigur der einzig richtigen Entscheidung ist weder aufgrund sprachlicher Konventionen, noch aufgrund juristischer Regeln unverzichtbar. Die sprechaktmäßige Differenz von Begründung und Tenor begründet also ein Spannungsverhältnis innerhalb des Sprechaktkonglomerats des richterlichen Urteils: Während auf den deklarativen Tenor zwangsläufig das Prinzip der Binarität Anwendung findet, gilt dies für die assertive Begründung nicht.[1012]

Vor dem Hintergrund dieses Spannungsverhältnisses ist nun die Argumentationsfigur der einzig richtigen Entscheidung aus anderer, kritischer Perspektive zu betrachten. Diese Perspektive entspricht dem Modell B, welches ich im Ergebnis zurückweisen werde. Die folgenden kritischen Ausführungen bringen also nicht ausnahmslos meine eigenen Überzeugungen zum Ausdruck, sondern sie explizieren den normativen Einwand gegen die Argumentationsfigur der einzig richtigen Entscheidung.

Es drängt sich zunächst der Gedanke auf, dass die Eindeutigkeit, mit der durch den Tenor die formelle und ggf. die materielle Rechtslage geändert[1013]

1008 Lege, Joachim, s. Anm. 510, S. 230 spricht in ähnlichem Zusammenhang von einer „digitalen" Unterscheidung.

1009 Vgl. ebd., S. 230.

1010 Vgl. Searle, John R., „A classification of illocutionary acts", s. Anm. 40, S. 10; Searle, John R., „A Taxonomy of Illocutionary Acts", s. Anm. 41, 354 f.

1011 In grundsätzlich gleicher Weise spricht Anderheiden, Michael, s. Anm. 34, 35 ff. von der Eigenständigkeit des Entscheidens gegenüber dem Begründen.

1012 Vgl. auch ebd., S. 35.

1013 „Änderung der Rechtslage" ist dabei weit zu verstehen. Sie liegt bei diesem Verständnis auch im Falle von Feststellungs- und Leistungsurteilen vor, da auch diese Rechtswirkungen haben. Es soll dagegen nicht für die sogenannten materiellen Rechtskrafttheorien argumentiert werden, nach denen durch Feststellungs- und Leistungsurteil die materielle Rechtslage geändert wird; vgl. Musielak, Hans-Joachim, „§ 322", s. Anm. 47, S. 1192; aus rechtstheoretischer Perspektive Neumann, Ulfrid, *Wahrheit im Recht. Zu Problematik und Legitimität einer fragwürdigen Denkform*, s. Anm. 19, 44 ff.

wird, auf die Darstellung der richterlichen Begründung notwendiger Weise zu übertragen ist. Hierfür spricht Folgendes: Wenn - erstens - eine Änderung der Rechtslage stets in eindeutiger Weise durch den Tenor des richterlichen Urteils herbeigeführt wird und - zweitens - die Urteilsbegründung unabweislich auf den Tenor bezogen ist, muss die Begründung dann nicht diese und nur diese Änderung als richtig ausweisen? Bliebe eine richterliche Begründung nicht in gewisser Weise in einer „institutionellen Vergangenheit" stehen, wenn sie alternative, nicht-realisierte Falllösungen als gleichermaßen vertretbar auswiese?[1014] Die Argumentationsfigur der einzig richtigen Entscheidung bringt insofern zum Ausdruck, dass es keine Rückkehr in diese institutionelle Vergangenheit geben kann. Die Funktion der Argumentationsfigur der einzig richtigen Entscheidung scheint es insofern zu sein, die Akzeptanz der gefällten Entscheidung ungeachtet ihrer Richtigkeit herbeizuführen.[1015]

Dieser intuitiv naheliegende Gedanke impliziert die folgende, negative normative Bewertung. Der Eigenwert des Richtigkeitsbezugs der richterlichen Begründung wird danach negiert, wenn die Begründung sich per-se darauf beschränkt, die Eindeutigkeit der Rechtswirkungen des Tenors nachzuvollziehen. Wenn aus Sicht des Entscheiders die Situation zweier gleichermaßen vertretbarer Entscheidungen vorliegt, fordert der Richtigkeitsbezug, diese Situation in der Urteilsbegründung nachzuzeichnen.[1016] Eine Begründung, die in dieser Situation die aufgrund des Justizverweigerungsverbotes unausweichliche Entscheidung als alternativlos ausweist, konterkariert den Richtigkeitsbezug. Wenn nämlich nur Vertretbarkeit erzielt wurde, ist eine Begründung, die Wahrheit beansprucht, streng besehen falsch.[1017] Ist der Richter zudem rechtstheoretisch aufgeklärt und weiß er, dass es in schwierigen Fällen keine einzig richtigen Entscheidungen gibt, dann handelt es sich bei der Argumentationsfigur der einzig richtigen Entscheidung um eine Lüge. Denn für die zum Ausdruck gebrachte einzig-Richtigkeit der getroffenen Entscheidung fehlt es ihm an Überzeugung.[1018]

1014 In diesem Sinne Saliger, Frank, s. Anm. 8, S. 143; Giannoulis, Jorgos, s. Anm. 393.

1015 Saliger, Frank, s. Anm. 8, S. 143; Giannoulis, Jorgos, s. Anm. 393.

1016 A. A. Neumann, Ulfrid, „Richtigkeitsanspruch und Überprüfbarkeit rechtlicher Entscheidungen", s. Anm. 29, S. 150; Saliger, Frank, s. Anm. 8, S. 143; Giannoulis, Jorgos, s. Anm. 393.

1017 Vgl. Mackie, John L., s. Anm. 54, 48 f. Joyce, Richard, „Moral fictionalism", s. Anm. 55, S. 287.

1018 Vgl. in Bezug auf moralische Aussagen Joyce, Richard, *The myth of morality*, s. Anm. 20, S. 214; Joyce, Richard, „Moral fictionalism", s. Anm. 55, S. 297. Es ist diese Konsequenz, die Herbst mit der These der „subjektiv einzig richtigen

Das intuitiv naheliegende Argument, wonach der Verurteilte eines Strafprozesses, dem in der Begründung implizit mitgeteilt wird, er hätte vertretbarer Weise auch freigesprochen werden können, sein Urteil nicht als legitim akzeptieren dürfte[1019], ist nicht durchgreifend, wenn man den Richtigkeitsbezug der Begründung ernst nimmt. Ihm ist entgegenzuhalten, dass eine Begründung, welche tatsächlich nicht einzig richtig, sondern bloß vertretbar ist, die Legitimationswirkung einer einzig richtigen Entscheidung zwangsläufig verfehlen muss.[1020] Wenn vermittels der Begründung nur so getan wird, als ob eine Entscheidung alternativlos war, dann ist das eben nicht das gleiche, als wenn sie es tatsächlich ist.[1021] Vielmehr scheint mit der Beanspruchung einzig richtiger Entscheidungen in der Situation gleichermaßen vertretbarer Entscheidungen die obrigkeitsstaatliche Geste verbunden zu sein, dass es dem Richter eben nicht um richtigkeitsbezogene Begründung, sondern um autoritative Entscheidung geht.[1022] Damit dies von den Bürgern akzeptiert wird, muss eben so getan werden „als ob".[1023] MacKinnon formuliert diese Kritik wie einleitend erwähnt in folgender Weise.

> „The search has been for an approach to the real on which to base arguments and conclusions that will make one's point of view unquestionable and unanswerable, immortal and definitive to the last word, regardless of time, place, or person. Its thrust has been to end diversity of viewpoint, so that there can be no valid disagreement over what knowing is right knowing. Objectivity has been its answer, its standard, its holy grail. When it speaks and there is silence, it imagines it has found it."[1024]

Dieser normative Einwand gegen das Modell C wird sich im weiteren Verlauf im sozialphilosophischen Paradigma Searles bestätigen und spezifizieren

---

Entscheidung" zu umgehen sucht; Herbst, Tobias, s. Anm. 35, 899 f. Auch Neumann meint, dass diese Situation auf keinen Fall auftreten wird, weil die eigene Überzeugung des Entscheiders für ihn selbst stets am richtigsten erscheinen muss; Neumann, Ulfrid, „Richtigkeitsanspruch und Überprüfbarkeit rechtlicher Entscheidungen", s. Anm. 29, S. 150. Sich zu einer persönlich einzig richtigen Entscheidung durchzuringen stelle daher auch keine psychologische Überforderung dar. Aus meiner Sicht handelt es sich bei diesen psychologischen Erwägungen von Neumann letztlich um Spekulation. In deskriptiver Hinsicht kann gar nicht ausgeschlossen werden, dass es nicht Entscheider gibt, die ihre eigenen Überzeugungen nicht per-se als wichtiger oder richtiger als die der Kollegen ansehen.

1019 ebd., S. 150; Saliger, Frank, s. Anm. 8, S. 143; Giannoulis, Jorgos, s. Anm. 393.

1020 Vgl. Anderheiden, Michael, s. Anm. 34, S. 35.

1021 ebd., S. 35.

1022 Bäcker, Carsten, *Begründen und Entscheiden. Kritik und Rekonstruktion der Alexyschen Diskurstheorie des Rechts*, s. Anm. 33, S. 330.

1023 ebd., S. 330.

1024 MacKinnon, Catherine, s. Anm. 12, 106 f.

lassen. Im Sinne der Äußerung von MacKinnon gehen die Vertreter des Modells B von dem Szenario aus, dass die Fiktionalität der einzig richtigen Entscheidung nur dem Rechtsstab bekannt ist und dieser die Urteilsadressaten darüber bewusst im Unklaren lässt mit dem Ziel, Dissens zu diskreditieren. Dieser Einwand wird in ähnlicher Weise von Joyce in Bezug auf moralische Aussagen vorgetragen. Joyce bezeichnet die Situation, in der einige wenige - hier die Vertreter des Rechtsstabs - die Fiktionalität einer bestimmten Sprachpraxis - hier die Argumentationsfigur der einzig richtigen Entscheidung - kennen, dieses Wissen aber geheim halten, pejorativ als „propagandism". Joyce zufolge ist es inakzeptabel,

> „that *some* people may be 'in the know' about the moral error theory while, for the greater good, keeping it quiet and encouraging the *hoi polloi* to continue with their sincere (false) moral beliefs. Such a situation really would amount to the promulgation of manipulative lies, which, I will assume, leads ultimately to no good."[1025]

Das von MacKinnon und Joyce beschriebene Szenario wäre in der Tat schwer zu rechtfertigen. Geht es den prozessualen Begründungspflichten nicht darum, mit dem Richtigkeitsbezug bewusst ein anderes Paradigma als das der Autorität und der macchiavell'schen Klugheit in das richterliche Urteil zu integrieren? Ist es einem modernen Verfassungsstaat angemessen, seine Bürger über die theoretischen Grundlagen der Jurisprudenz zu täuschen? Überwiegt der von Neumann herausgearbeitete funktionelle Nutzen die „Kosten" massenhafter staatlicher Lügen?

Immer klarer schält sich angesichts dieser Erwägungen die Gestalt heraus, welche meine dritte Forschungsfrage im Verlaufe der Arbeit mittlerweile angenommen hat. Es ist die Frage nach dem Eigenwert des Richtigkeitsbezugs der Begründung im Spannungsverhältnis zum konstitutiv eindeutigen Tenor des richterlichen Urteils. Wie eben dargelegt, sprechen gute Gründe dafür, diesen Eigenwert im Sinne des Modells B und im Sinne der genannten kritischen Kommentare aufrecht zu erhalten. Auf die Argumentationsfigur der einzig richtigen Entscheidung wäre dafür zu verzichten.

Der dargelegte normative Einwand kann im sozialphilosophischen Paradigma Searles reformuliert und spezifiziert werden. Mit ihm lässt sich aber gleichzeitig eine positive normative Beurteilung der Argumentationsfigur der einzig richtigen Entscheidung begründen und damit der dargelegte Einwand widerlegen. Hierzu ist die kommunikative Basis der Argumentationsfigur der einzig richtigen Entscheidung.herauszuarbeiten.

1025 Joyce, Richard, „Moral fictionalism", s. Anm. 55, S. 299. Inhaltlich identisch Joyce, Richard, *The myth of morality*, s. Anm. 20, S. 214.

III. Die kommunikative Basis der Argumentationsfigur der einzig richtigen Entscheidung

Zur Erwiderung auf die kritischen Einwände gegen die Argumentationsfigur der einzig richtigen Entscheidung möchte ich in diesem Abschnitt die kommunikative Basis der Argumentationsfigur der einzig richtigen Entscheidung in Anlehnung an die Sozialphilosophie Searles herausarbeiten. Die These dieses Abschnittes lautet, dass die Art der Darstellung richterlicher Begründungen an der Abhängigkeit institutioneller Tatsachen von kollektiver Intentionalität teilhat. Insoweit diese kollektive Intentionalität rational zustande gekommen ist, wäre der normative Einwand gegen die Argumentationsfigur der einzig richtigen Entscheidung widerlegbar. Die These dieses Abschnittes kann als These der Intentionalitätsrelativität der Argumentationsfigur der einzig richtigen Entscheidung bezeichnet werden. Sie ergibt sich als Konklusion aus zwei Prämissen. Die erste Prämisse, die im vorangegangenen Abschnitt mit Bezug auf Neumann dargelegt wurde, lautet, dass der richterlichen Begründung, bzw. der Argumentationsfigur der einzig richtigen Entscheidung Funktionsrelevanz zukommt. Die zweite Prämisse stützt sich auf die Sozialphilosophie Searles. Sie lautet, dass die Funktionen des richterlichen Urteils von kollektiver Intentionalität abhängen.

Um die Bedeutung der Abhängigkeit richterlicher Urteile von kollektiver Intentionalität für die Beantwortung meiner dritten Forschungsfrage herauszuarbeiten, möchte ich im Folgenden zunächst das Verhältnis der Searleschen Sprach- und Sozialphilosophie nachzeichnen (a.). Sodann möchte ich die konstitutive Bedeutung kollektiver Intentionalität für die Kreation der institutionellen Realität im sozialphilosophischen Paradigma Searles darlegen. (b.). Weiterhin ist zu zeigen, dass kollektive Intentionalität ihrerseits auf gesellschaftlichen Verständigungsprozessen beruht (c.). Die Konklusion hieraus ist identisch mit der These der Intentionalitätsrelativität der Argumentationsfigur der einzig richtigen Entscheidung. Sie ist zum Abschluss im Einzelnen vorzustellen (d.).

1. Die Verbindung von Sprechakttheorie und Sozialphilosophie

Der nicht zu überschätzende Vorteil der Position Neumanns gegenüber allen anderen in der deutschen Rechtsphilosophie zum Thema vertretenen Positionen ist, dass dieser erstmals die Funktionsrelevanz der Fiktion der einzig richtigen Entscheidung hervorhebt. Die Analysen Neumanns möchte ich nun, durch die Entwicklung der bei ihm vermissten philosophischen Basis, intensivieren. Theoriekonstruktiv geht es dabei um die Verbindung der Searleschen Sprechakt- und Sozialtheorie.

Deklarative Sprechakte, wie sie im Tenor eines richterlichen Urteils zusammengefasst sind, zeichnen sich nach Searle insbesondere durch ihre Selbstbezüglichkeit aus. Ein Zustand in der institutionellen Realität wird herbeigeführt, indem dieser Zustand als bestehend repräsentiert wird.[1026] Die Selbstbezüglichkeit deklarativer Sprechakte geht insofern weit über den Handlungsaspekt hinaus, der jedem Sprechakt eingeschrieben ist.[1027] Ein weiteres Charakteristikum (vieler) deklarativer Sprechakte ist Searle zufolge, dass diese zusätzlich zu sprachlichen bestimmter nicht-sprachlicher Voraussetzungen bedürfen. In den Begriffen seiner Klassifikationsschrift findet sich dieses Charakteristikum in der Differenzkategorie zehn wieder, die wie erwähnt lautet: „Differences between those acts that require extra-linguistic institutions for their performance and those that do not".[1028] So kann eine Exkommunikation, eine Kriegserklärung oder eben eine Verurteilung evidenter Maßen nur von dafür zuständigen Personen in den dafür vorgesehenen Verfahren vorgenommen werden. Schlagwortartig könnte man wohl sagen, dass u. A. für die im Tenor des richterlichen Urteils zusammengefassten Sprechakte Sprache „nicht alles ist". Zusätzlich zur Sprachbegabung ist Searle zufolge der Status erforderlich, Kriegserklärungen, Exkommunikationen oder richterliche Urteile zu produzieren.[1029] Er formuliert wie folgt.

1026 Searle, John R., „A classification of illocutionary acts“, s. Anm. 40, S. 13; Searle, John R., „A Taxonomy of Illocutionary Acts“, s. Anm. 41, 358 f.

1027 Searle, John R., „A classification of illocutionary acts“, s. Anm. 40, S. 13; Searle, John R., „A Taxonomy of Illocutionary Acts“, s. Anm. 41, 358 f. Dies übersieht aus meiner Sicht Müller-Mall, die in ihrer Arbeit insofern keinen Unterschied zwischen assertiven und deklarativen Sprechakten zu machen scheint; vgl. Müller-Mall, Sabine, s. Anm. 688, 15 ff. Ich meine, dass dieser Mangel darauf zurückzuführen ist, dass Müller-Mall den Aspekt der „Performativität" der Urteilsverkündung mit dem der „Performanz" vorschnell gleichsetzt. Während ersteres in etwa dem zu entsprechen scheint, wofür bei Searle das Konzept statusbezogener Deklarationen steht, handelt es sich bei letzterer um eine notwendige Eigenschaft jedes Sprechaktes.

1028 Searle, John R., „A classification of illocutionary acts“, s. Anm. 40, S. 6; Searle, John R., „A Taxonomy of Illocutionary Acts“, s. Anm. 41, 349 f.

1029 Searle, John R., „A classification of illocutionary acts“, s. Anm. 40, S. 6; Searle, John R., „A Taxonomy of Illocutionary Acts“, s. Anm. 41, 349 f. Hier und im Folgenden verwende ich wie im zweiten Kapitel das Wort „Status". Es sollte klar sein, dass hiermit keinerlei konzeptuelle Ähnlichkeiten mit dem im zweiten Kapitel verwendeten Wort verbunden sind. Während es mir oben um die Spezifikation der

„[...] humans have the capacity to impose functions on objects and people where the objects and the people cannot perform the functions solely in virtue of their physical structure. The performance of the function requires that there be a collectively recognized status that the person or object has, and it is only in virtue of that status that the person or object can perform the function in question."[1030]

Die Zuschreibung dieser Status erfolgt ebenfalls sprachlich und zwar in der Form deklarativer Sprechakte.[1031] Hiermit ist das Bindeglied zwischen der Sprechakttheorie und Sozialphilosophie Searles bezeichnet: Es ist die Sprechaktklasse der Deklarationen. Über den Verweisungszusammenhang von deklarativem Tenor und assertiver Begründung öffnet sich der sprechakttheoretische Rahmen meiner Arbeit also zwangsläufig für die sozialphilosophische Begrifflichkeit.[1032] Deren Bedeutung für die Beantwortung der noch offenen dritten Forschungsfrage ergibt sich aus Folgendem. Richterlichen Urteilen als institutionellen Tatsachen kommen Rechtswirkungen zu, nicht, weil der Urteilstenor eine bestimmte Laut- oder Wortfolge hat oder weil sie von Personen in Roben verkündet werden. Die Rechtswirksamkeit des Urteils folgt nicht aus einer besonderen Art der Verkörperung in den Zeichen auf dem Papier, noch aus einer besonderen Betonung des Richters bei der Urteilsverkündung. Stattdessen liegt immer und nur dann ein rechtswirksames Urteil vor, wenn und soweit es von der Gemeinschaft als ein solches „angesehen" oder „gezählt" wird.[1033] In gleicher Weise hängt die Fähigkeit des Richters,

---

Variablen meiner Modelle kommunikativer Kraft ging, rezipiere ich an diese Stelle die sozialphilosophische Begrifflichkeit Searles.

1030 Searle, John R., *Making the social world: the structure of human civilization*, s. Anm. 46, S. 7.

1031 ebd., 100 ff. Searle, John R., *The Construction of Social Reality*, s. Anm. 45, 66 ff.

1032 Searle entwickelt den gleichen überwölbenden Gedanken in den Schriften *The Construction of Social Reality* aus 1995 und *Making the social world* aus 2010 auf der Grundlage zweier unterschiedlicher Begriffssysteme. Das grundlegende Konzept des älteren Werks ist die „institutionelle Tatsache", das des neueren die „statusbezogene Funktion". Vgl. einerseits ebd., S. 2 und andererseits Searle, John R., *Making the social world: the structure of human civilization*, s. Anm. 46, S. 7. An mindestens drei Stellen in dieser Arbeit wurde auf die Theorie Searles zur Ontologie institutioneller Realität bereits unter jeweils spezifischem Blickwinkel eingegangen. Ich hatte erstens in Auseinandersetzung mit Alexys 'drei-Welten-Lehre' die Theorie Searles ins Feld geführt; siehe oben, S. 34 ff. Zweitens war bei Darstellung der Theorie Neumanns auf seine Rezeption der Searleschen Sozialontologie eingegangen worden; siehe oben, S. 62 ff. Drittens habe ich im Abschnitt zur Objektivität als Determinante kommunikativer Kraft die ontologische Subjektivität allen Rechts unter Berufung auf sie erläutert; siehe oben, S. 174 ff.

1033 Vgl. Searle, John R., *The Construction of Social Reality*, s. Anm. 45, 27 ff.

rechtswirksame Urteile zu erlassen, nicht von seinem überlegenen Fachwissen oder von seiner Rhetorik ab. Vielmehr bedarf die jeweilige Person der Zuschreibung des Status', aufgrunddessen es ihr möglich ist, rechtswirksame Urteile zu erlassen.[1034]

Die bewusstseinsmäßige Tätigkeit, Personen oder Objekten einen Status zuzuschreiben, auf Grundlage dessen sie bestimmte Funktionen vollziehen können, konstituiert im sozialphilosophischen Paradigma Searles die institutionelle Realität insgesamt.[1035] Diese Tätigkeit hängt in näher zu erläuternder Weise von „kollektiver Intentionalität" ab.[1036] Damit komme ich zum nächsten Abschnitt, in dem dieser Zentralbegriff der Searleschen Sozialphilosophie expliziert werden soll.

2. Institutionelle Realität und kollektive Intentionalität

Kollektive Intentionalität in der Form kollektiver Anerkennung oder Akzeptanz bildet im Paradigma Searles die Basis der institutionellen Realität. Grundlegend ist hierbei die Erkenntnis, dass das Recht seiner Struktur nach in der Form konstitutiver Regeln der Form 'X counts as Y in C' besteht. Der 'counts as Y'-Teil der Formel, z. B. das Zählen einer bestimmten Wortfolge *als richterliches Urteil* beruht dabei auf kollektiver Intentionalität.

Intentionalität ist in der einfachsten Beschreibung in den sozialphilosophischen Schriften Searles das bewusstseinsmäßige „sich auf Welt beziehen" oder „von Welt handeln".[1037] Dieser Intentionalitätsbegriff, um den es im Folgenden ausschließlich gehen wird, hat wenig gemein mit seiner geläufigen Verwendung in juristischen Zusammenhängen. Anders als dort hat Intentionalität bei Searle nichts zu tun mit Absichtlichkeit oder Vorsatz. Vielmehr geht es allgemeiner um die Gerichtetheit bewusstseinsmäßiger Zustände. Zu beachten ist, dass ich in diesem und in den folgenden Abschnitten aus dem weiten Spektrum möglicher Intentionalitäten im Searleschen Sinne alleine

---

1034 Vgl. Searle, John R., *Making the social world: the structure of human civilization*, s. Anm. 46, 11 ff.

1035 ebd., 11 ff. Searle, John R., *The Construction of Social Reality*, s. Anm. 45, 27 ff.

1036 Searle, John R., *Making the social world: the structure of human civilization*, s. Anm. 46, 42 ff. Searle, John R., *The Construction of Social Reality*, s. Anm. 45, 23 ff.

1037 Searle, John R., *Making the social world: the structure of human civilization*, s. Anm. 46, S. 25; Searle, John R., *The Construction of Social Reality*, s. Anm. 45, 6 f.

den Akt der allgemeinen Anerkennung oder Akzeptanz herausgreife. Insofern wäre es auch möglich, statt von kollektiver Intentionalität *und* von kollektiver Anerkennung oder Akzeptanz nur von letzteren zu sprechen. Dies hätte den Vorteil größerer Transparenz für sich. Verunklart würde aber gleichzeitig, dass kollektive Anerkennung oder Akzeptanz bei Searle ein Unterfall kollektiver Intentionalität ist. Zudem geht es an dieser Stelle meiner Arbeit (erneut) auch um die Ontologie institutioneller Realität. Hierbei ist der allgemeinere Begriff der kollektiven Intentionalität aus meiner Sicht passender, weshalb er im Folgenden neben dem der kollektiven Anerkennung oder Akzeptanz weiter gebraucht werden wird.

Kollektive Intentionalität entsteht Searle zufolge, wenn dies mindestens zwei Personen zusammen tun.[1038] Die Bedeutung kollektiver Intentionalität für die Kreation und den Fortbestand institutioneller Tatsachen oder für die Zuschreibung statusbezogener Funktionen beschreibt Searle in seiner früheren Schrift *The Construction of Social Reality* wie folgt.

> „Thus, we agree to count the object named by the X term as having the status and function specified by the Y term. The sorts of functions and statuses that can be assigned by the Y term, therefore, are seriously limited by the possibility of having functions where the performance of the function contains an element that can be guaranteed simply by collective agreement or acceptance."[1039]

Dies, so Searle, sei „perhaps, the most mysterious feature of institutional facts."[1040] Man könnte dieses Mysterium auch mit der Frage umschreiben, wie in dem ontologisch subjektiven Bereich der institutionellen Realität, diese bestehend aus Systemen institutioneller Tatsachen, Objektivität möglich ist.[1041] Man könnte im Sinne Searles sagen, dass aufgrund ihrer Intentionalitätsrelativität die statusbezogene Funktion - oder, in der Begrifflichkeit des früheren Werks, der Y-Teil der Formel 'X counts as Y in C' - ontologisch subjektiv, nichtsdestotrotz aber unabhängig von den Überzeugungen und Neigungen des einzelnen Individuums, also epistemisch objektiv ist.[1042] Status und hierauf beruhende statusbezogene Funktionen bilden im Paradigma

---

1038 Searle, John R., *Making the social world: the structure of human civilization*, s. Anm. 46, 43 ff. Searle, John R., *The Construction of Social Reality*, s. Anm. 45, 23 ff.

1039 ebd., S. 47.

1040 ebd., S. 47.

1041 Searle, John R., *Making the social world: the structure of human civilization*, s. Anm. 46, 17 f. Searle, John R., *The Construction of Social Reality*, s. Anm. 45, 7 ff.

1042 Searle, John R., *Making the social world: the structure of human civilization*, s. Anm. 46, 17 f. Searle, John R., *The Construction of Social Reality*, s. Anm. 45, 7 ff.

Searles eine objektive Realität, die für uns Menschen nichts artifizielles und mysteriöses an sich hat. Ein rechtswirksames Urteil bleibt es, auch wenn die unterlegene Partei ob der ungünstigen Rechtsfolge beschließt, nicht daran zu glauben. Andererseits verliert die erwähnte Wortfolge, „Herr N. wird zu zehn Jahren und zwei Montaten Gefängnis verurteilt" ihre Eigenschaft als Tenor eines richterlichen Urteils, wenn ausnahmslos Niemand mehr an diese Eigenschaft glaubte. Die institutionellen Tatsachen oder statusbezogenen Funktionen können, mit anderen Worten, keine Wirksamkeit erlangen, wenn letzteres der Fall wäre.[1043]

Kollektive Intentionalität in der Form kollektiver Anerkennung oder Akzeptanz reicht nach Auffassung Searles von begeisterter Unterstützung bis hin zu resignierter Passivität.[1044] Eine bestimmte statusbezogene Funktion oder eine bestimmte institutionelle Tatsache kann also nur dann nicht ins Leben treten, bzw. sie wird nur dann nicht am Leben erhalten, wenn die Mehrheit in einer Gesellschaft sie offensiv ablehnt. Searle formuliert wie folgt.

> „Acceptance, as I construe it, goes all the way from enthusiastic endorsement to grudging acknowledgment, even the acknowledgment that one is simply helpless to do anything about, or reject, the institutions in which one finds oneself. The point is that status functions can only work to the extent that they are collectively recognized. I want to emphasize again that „recognition" does not imply „approval". Hatred, apathy, and even despair are consistent with the recognition of that which one hates, is apathetic toward, and despairs of changing."[1045]

Die Tatsache, dass Systeme institutioneller Tatsachen oder statusbezogener Funktionen auf kollektiver Anerkennung basieren, bedeutet gleichzeitig, dass diese Systeme historisch und kulturell relativ sind.[1046] Zwar hat im Paradigma Searles ausnahmslos jede institutionelle Tatsache die logische Struktur konstitutiver Regeln der Form 'X counts as Y in C'. Hieraus folgt jedoch nicht, dass die konkrete Ausprägung der institutionellen Tatsachen

---

1043 Searle, John R., *Making the social world: the structure of human civilization*, s. Anm. 46, S. 8; Searle, John R., *The Construction of Social Reality*, s. Anm. 45, S. 13.

1044 Searle, John R., *Making the social world: the structure of human civilization*, s. Anm. 46, S. 8.

1045 ebd., S. 8.

1046 Searle, John R., *The Construction of Social Reality*, s. Anm. 45, 49 f. Barnes, Stanley Barry, s. Anm. 847, S. 251.

jeweils gleich wäre. Im Gegenteil ist die Frage, „welches X" als „welches Y" gezählt wird, rein konventionell bestimmt.[1047]

Diese Konventionen sind fortlaufend Gegenstand gesellschaftlicher Aushandlungsprozesse.[1048] Sie möchte ich im Folgenden näher bctrachten.

3. Kollektive Intentionalität und gesellschaftliche Kommunikation

Die Rede von „institutionellen Tatsachen" und „institutioneller Realität" in den vorangegangenen Abschnitten suggeriert, dass es institutionelle Tatsachen in gleicher Weise wie physikalische geben könne. Searle betont jedoch, dass die institutionelle Tatsache nur die fortgesetzte Möglichkeit der Aktivität sei, ein „X" als ein „Y" zu zählen.[1049] Der Prozess habe daher Vorrang gegenüber dem Ergebnis.[1050] Für meine Zwecke ist daran bedeutsam, dass die den institutionellen Tatsachen und statusbezogenen Funktionen zugrundeliegende kollektive Anerkennung oder Akzeptanz in stetem Wandel begriffen ist. Dieser Wandel beruht auf gesellschaftlichen Verständigungsprozessen oder gesellschaftlicher Kommunikation.

Die Priorität des Prozesses bezieht sich zunächst auf die intentionale Aktivität, eine bestimmte Wortfolge z. B. als richterliches Urteil anzusehen, gelten zu lassen oder zu zählen. Dabei ist zwischen der Aktivität des Individuums und der Aktivität der Mehrheit in einer Gesellschaft zu unterscheiden.[1051] Der individuelle Entschluss, ein richterliches Urteil nicht als solches anzusehen, bzw. die entsprechende Wortfolge, „Im Namen des Volkes, Herr N. wird zu zehn Jahren und zwei Monaten Freiheitsstrafe verurteilt" nicht als Urteil zu zählen, ist für die Existenz des Urteils offensichtlich bedeutungslos.[1052] Insofern tritt die Nicht-Anerkennung des Individuums hinter die Anerkennung des Kollektivs zurück.[1053] Wann, wofür und warum

---

1047 Searle, John R., *The Construction of Social Reality*, s. Anm. 45, 49 f. Barnes, Stanley Barry, s. Anm. 847, S. 251; Smith, Barry und Searle, John R., s. Anm. 351, S. 298.

1048 Searle, John R., *The Construction of Social Reality*, s. Anm. 45, S. 36; Barnes, Stanley Barry, s. Anm. 847, S. 249.

1049 Searle, John R., *The Construction of Social Reality*, s. Anm. 45, S. 36; Barnes, Stanley Barry, s. Anm. 847, S. 251.

1050 Searle, John R., *The Construction of Social Reality*, s. Anm. 45, S. 36; Barnes, Stanley Barry, s. Anm. 847, S. 251.

1051 Vgl. ebd., S. 251.

1052 Vgl. ebd., S. 251.

1053 ebd., S. 251.

es kollektive Anerkennung oder Akzeptanz gibt, kann Searle zufolge nicht allgemein gesagt werden.[1054] Anerkennung verlangt jedenfalls nicht die vollständige Informiertheit des Kollektivs. Im Gegenteil ist für Searle mangelnde Informiertheit ein wesentlicher Faktor für die Existenz vieler institutioneller Tatsachen:

> „But one feature that runs through a large number of cases is that in accepting the institutional facts, people do not typically understand what is going on. [...] Many of them are based on beliefs, such as beliefs in the supernatural, that I think are almost certainly false; and even those institutions that are not formed on the basis of doubtful beliefs, such as money and government, tend to work best when they are taken for granted and not critically analized.[1055]

Im Sinne dieser Äußerung könnte man mit den justizkritischen Stimmen in der rechtsphilosophischen Literatur sagen, dass die Anerkennung oder Akzeptanz richterlicher Urteile wesentlich durch die falsche Vorstellung motiviert wird, dass diese auch in schwierigen Fällen einzig richtig, bzw. alternativlos sind.

Dieser Einwand liegt auch deshalb nahe, weil in den Aushandlungsprozessen um kollektive Anerkennung oder Akzeptanz nach Searle oftmals mit Inszenierungen gearbeitet wird: „Armies, courtrooms, [...] employ ceremonies, insignia, robes, honors, ranks, and even music to encourage continued acceptance of the structure."[1056] Das Gerichtsverfahren ist in exakt diesem Sinne z. B. durch den Robenzwang oder Sitzordnungen geprägt, die nicht einer intrinsischen Notwendigkeit folgen, sondern hergebrachten Konventionen. Es liegt nahe, diese Konventionen mit Searle so zu interpretieren, dass sie die kollektive Anerkennung für das Rechtssystem und für die in ihm generierten Urteile motivieren sollen. Im Sinne der Äußerung Searles meint auch die Strukturierende Rechtslehre, dass es Sinn und Zweck der richterlichen Tätigkeit sei, „zu inszenieren". Ihr zufolge ist es die Aufgabe des Richters, die konträren Rechtsmeinungen der Parteien in der Form einer „Inszenierung von Legitimität" zu vermitteln.[1057] Im Sinne Searles wäre das Konzept der Strukturierenden Rechtslehre einer Inszenierung von Legitimität

---

1054 Searle, John R., *Making the social world: the structure of human civilization*, s. Anm. 46, S. 107.

1055 ebd., S. 107.

1056 Searle, John R., *The Construction of Social Reality*, s. Anm. 45, S. 118.

1057 Christensen, Ralph und Sokolowski, Michael, „Die Krise der Kommunikation und die Möglichkeit juristischen Argumentierens", s. Anm. 25, S. 153; Christensen, Ralph und Kudlich, Hans, *Theorie richterlichen Begründens*, s. Anm. 171, 245 f.

dazu geeignet, die kollektive Anerkennung oder Akzeptanz des richterlichen Urteils als institutionelle Tatsache zu stützen.

Die kritischen Einwände aus dem vorangegangenen Abschnitt lassen sich damit im sozialphilosophischen Paradigma Searles bestätigen und spezifizieren. Die Argumentationsfigur der einzig richtigen Entscheidung scheint dazu geeignet und bestimmt, im Sinne einer Täuschung der unwissenden Mehrheit über die rechtsphilosophische Erkenntnis der mangelnden Alternativlosigkeit juristischer Entscheidungen seitens des Rechtsstabes die fortgesetzte Anerkennung der Justiz zu motivieren.

Fraglich ist, ob mit Hinsicht auf die Ontologie des richterlichen Urteils als institutioneller Tatsache demgegenüber auch eine positive normative Bewertung der Argumentationsfigur der einzig richtigen Entscheidung begründbar ist. Zu diesem Zweck möchte ich im Folgenden die These der Intentionalitätsrelativität der Argumentationsfigur der einzig richtigen Entscheidung im Einzelnen betrachten.

4. Die Intentionalitätsrelativität der Argumentationsfigur der einzig richtigen Entscheidung

Das Kriterium, anhand dessen ich die Entscheidung zwischen den Modellen B und C herbeiführen möchte, ergibt sich wie folgt als Konklusion aus dem dargelegten zweiteiligen Gedankengang. In einem ersten Schritt habe ich dargelegt, dass der Argumentationsfigur der einzig richtigen Entscheidung in unterschiedlicher Weise Funktionsrelevanz zukommt. Wie Neumann zeigt, ist das Rechtssystem in Bezug auf die umfassende Überprüfbarkeit juristischer Entscheidungen im Instanzenzug und im Verhältnis zur akademischen Rechtswissenschaft auf die Unterstellung angewiesen, dass die Entscheidung der kontrollierten Stelle einzig richtig ist. Diese Stelle muss somit die Argumentationsfigur der einzig richtigen Entscheidung in Anspruch nehmen. In einem zweiten Schritt habe ich mit der sozialphilosophischen Begrifflichkeit Searles bis zu dieser Stelle gezeigt, dass das richterliche Urteil als institutionelle Tatsache und die statusbezogenen Funktionen des Richters von kollektiver Intentionalität getragen werden. Auch die von Neumann beschriebenen Kontrollverhältnisse existieren im Paradigma Searles als ein bestimmtes System institutioneller Tatsachen, bzw. als ein bestimmtes System statusbezogener Funktionen. Systeme institutioneller Tatsachen, bzw. statusbezogener Funktionen hängen in ihrem Entstehen und Fortbestehen von kollektiver Anerkennung oder Akzeptanz ab. Diese ist ihrerseits Ausdruck und Ergebnis gesellschaftlicher Verständigungs- oder Kommunikationsprozesse.

Die Konklusion aus diesen beiden Prämissen lautet, dass die Argumentationsfigur der einzig richtigen Entscheidung vermittels ihrer Funktionsrelevanz von kollektiver Anerkennung als Ausdruck gesellschaftlicher Kommunikationsprozesse getragen wird. Diese Konklusion ist identisch mit der These der Intentionalitätsrelativität der Argumentationsfigur der einzig richtigen Entscheidung.

Obwohl diese These scheinbar zwanglos aus den beiden Prämissen folgt, ist sie erklärungsbedürftig. Denn hatte sich nicht gezeigt, dass die Argumentationsfigur der einzig richtigen Entscheidung ein Mittel ist, die kollektive Anerkennung oder Akzeptanz des Urteils zu motivieren? Wie soll sie gleichzeitig Gegenstand dieser Anerkennung sein?

Ich meine, dass sich die Antwort hierauf aus dem Zusammenhang von Tenor und Begründung des richterlichen Urteils ergibt. Rechtswirkungen sind grundsätzlich nur mit dem Tenor verbunden. Somit scheint es sich nur beim Tenor des richterlichen Urteils um eine institutionelle Tatsache zu handeln, bzw. scheint nur für den Erlass des Tenors die statusbezogene Funktion des Richters erforderlich. Nur der Tenor bedürfte danach der kollektiven Anerkennung oder Akzeptanz. Bei dieser Betrachtung würde jedoch der Begriff der institutionellen Tatsache zu eng gefasst. Bestimmte Sprechakte werden in der Gesellschaft als „richterliches Urteil" gezählt, nicht als „Tenor eines richterlichen Urteils". Im Alltagsverständnis wird nicht zwischen deklarativem Tenor und assertiver Begründung differenziert. Das Sprechaktkonglomerat als solches heißt, bzw. wird gezählt als „richterliches Urteil". Die kollektive Anerkennung erstreckt sich somit auf Tenor *und* Begründung. Ich behaupte mit der These der Intentionalitätsrelativität der Argumentationsfigur der einzig richtigen Entscheidung, dass aufgrund ihrer Funktionsrelevanz auch die konkrete Form dieser Begründung von kollektiver Anerkennung oder Akzeptanz getragen wird.

Diese Erkenntnis entspricht der folgenden Äußerung Harts. Hart zufolge werden richterliche Begründungen in der Form einer vollständig determinierten Erkenntnis präsentiert. Diese Darstellungsweise, die in Bezug auf ihre Alternativlosigkeit der Argumentationsfigur der einzig richtigen Entscheidung entspricht, ist Hart zufolge auf die jurisprudentielle Tradition zurückzuführen. Die Aussage Harts lautet:

> „No doubt the courts so frame their judgements as to give the impression that their decisions are the necessary consequence of predetermined rules whose meaning is fixed and clear. [...] *It is only the tradition* that judges 'find' and do not 'make' law

> that conceals this, and presents their decisions as if they were deductions smoothly made from clear pre-existing rules without intrusion of the judge's choice."[1058]

Harts Äußerung entspricht exakt der These der Intentionalitätsrelativität der Argumentationsfigur der einzig richtigen Entscheidung. Bei der von Hart erwähnten Tradition handelt es sich danach um einen bestimmten Stand der gesellschaftlichen Verständigung über die Anerkennung bestimmter institutioneller Tatsachen. Die kollektive Anerkennung institutioneller Tatsachen ist, wie jede „Tradition", historisch-kulturell relativ. Die Aussage Harts ist demnach zutreffend. Sie kann mit der sozialphilosophischen Begrifflichkeit Searles reformuliert werden.

Hiermit ist das Kriterium für die Entscheidung zwischen den Modellen B und C bezeichnet. Es besteht in den der kollektiven Anerkennung institutioneller Tatsachen zugrundeliegenden „Tradition", bzw. in konkreten, historisch-kulturell relativen gesellschaftlichen Kommunikationsprozessen. Eine positive Bewertung der Darstellung richterlicher Entscheidungen nach dem Prinzip der Alternativlosigkeit der einzig richtigen Entscheidung kann und muss auf dieses Kriterium aufbauen.

IV. Zwischenergebnis: Zurückweisung des Modells B

Im Folgenden ist die Entscheidung zwischen den Modellen B und C zu treffen. Mit dem Modell B, das ich im zweiten Kapitel in Anlehnung an die metaethische Terminologie als Abolitionismus bezeichnet hatte, wäre in normativer Hinsicht eine radikale Ablehnung der bestehenden Rechtsprechungspraxis verbunden, die ihre Entscheidungen auch in schwierigen Fällen als einzig richtige präsentiert.[1059] Aus der theoretischen Erkenntnis, dass es einzig richtige Entscheidungen in schwierigen Fällen nicht gibt, folgt für den Vertreter des Modells B, dass die vorherrschende Sprachpraxis der Gerichte insoweit mit einem Fehler belastet ist. Der Abolitionismus des Modells B ist demnach eine Form der Fehlertheorie. Aus diesem deskriptiven Befund zieht der Vertreter des Modells B die normative Konsequenz, dass die der-

1058 Hart, Herbert L. A., s. Anm. 9, S. 12. Hervorhebung eingefügt. Inhaltlich gleich Luhmann, Niklas, *Das Recht der Gesellschaft*, s. Anm. 9, S. 370.

1059 In der deutschen Rechtsphilosophie wird diese Position von Müller, Friedrich, Christensen, Ralph und Sokolowski, Michael, s. Anm. 12, S. 104 formuliert; in dem Ansatz von Bäcker, Carsten, *Begründen und Entscheiden. Kritik und Rekonstruktion der Alexyschen Diskurstheorie des Rechts*, s. Anm. 33, S. 330 ist diese Kritik zwar angelegt, sie wird aber nicht explizit gemacht.

zeitige Sprachpraxis aufzugeben ist. Danach gebietet es die Redlichkeit, den Urteilsadressaten mit der richterlichen Begründung die rechtstheoretische Erkenntnis, dass die Entscheidung nicht einzig richtig, sondern höchstens vertretbar ist, nicht vorzuenthalten. Der Grund für die Ablehnung der Argumentationsfigur der einzig richtigen Entscheidung bestünde somit in ihrer Fiktionalität. In diesem Modell würde im Urteil ausgewiesen sein, dass die Entscheidung nur aufgrund der vorhandenen Argumente nicht alternativlos war.

Die aus ihrer Fiktionalität folgenden Nachteile der Argumentationsfigur der einzig richtigen Entscheidung werden von justizkritischen Stimmen in der rechtsphilosophischen Literatur beschrieben. Ihnen zufolge stellt die Argumentationsfigur der einzig richtigen Entscheidung eine Maskierung der Vorurteile des Entscheiders dar. Die Sprache der Objektivität, bzw. der Alternativlosigkeit dient den Kritikern zufolge dazu, abweichende Meinungen und Dissens zu diskreditieren. Der mit der Argumentationsfigur der einzig richtigen Entscheidung beanspruchte Standpunkt der Objektivität verschleiere den tatsächlichen Standpunkt der Entscheider.[1060]

Mit dem Modell C wird die deskriptive Annahme, dass die in der Praxis in Anspruch genommene Argumentationsfigur der einzig richtigen Entscheidung rein fiktiv ist, geteilt. Auch das Modell C ist somit eine Variante der Fehlertheorie. Die normative Pointe im Modell C ist jedoch eine andere als im Modell B. Die Argumentationsfigur der einzig richtigen Entscheidung wird nämlich als Fiktion aufrechterhalten. Die Erkenntnis, dass es einzig richtige Entscheidungen nicht geben kann, reicht für Vertreter des Modells C wie Neumann nicht aus, die Argumentationsfigur der einzig richtigen Entscheidung zu delegitimieren. Die Argumentationsfigur der einzig richtigen Entscheidung wird vielmehr durch ihren funktionellen Nutzen gerechtfertigt.[1061] Der Nutzen der fehlerbehafteten Sprachpraxis der Gerichte überwiegt im Modell C also ihre Nachteile. Dieser Nutzen der Argumentationsfigur der einzig richtigen Entscheidung besagt in Bezug auf die erwähnte normative Kritik jedoch nicht viel. Es stellt sich vielmehr - in den Worten Neumanns - die Frage nach der „Legitimität einer solchen instrumentellen Vereinnahmung eines rechtstheoretischen Problems".[1062] Ich behaupte nun, dass die Legiti-

---

1060 Vgl. nur MacKinnon, Catherine, s. Anm. 12, S. 117.

1061 Neumann, Ulfrid, *Wahrheit im Recht. Zu Problematik und Legitimität einer fragwürdigen Denkform*, s. Anm. 19, 41 ff. Neumann, Ulfrid, „Richtigkeitsanspruch und Überprüfbarkeit rechtlicher Entscheidungen", s. Anm. 29, 150 ff.

1062 Neumann, Ulfrid, *Wahrheit im Recht. Zu Problematik und Legitimität einer fragwürdigen Denkform*, s. Anm. 19, S. 58.

mität einer funktional verstandenen Argumentationsfigur der einzig richtigen Entscheidung bei Betrachtung der Ontologie des richterlichen Urteils als institutioneller Tatsache im Sinne des sozialphilosophischen Paradigmas Searles begründet werden kann.

Im Paradigma Searles ist das Recht im Allgemeinen und das richterliche Urteil im Besonderen als institutionelle Tatsache intentionalitätsrelativ. Die intentionale Aktivität, eine bestimmte Wortfolge als richterliches Urteil zu zählen, bezeichnet Searle als kollektive Anerkennung oder Akzeptanz. Diese ist ihrerseits Ausdruck und Ergebnis gesellschaftlicher Verständigungsprozesse oder gesellschaftlicher Kommunikation. Ich hatte gesagt, dass sich die kollektive Anerkennung oder Akzeptanz des richterlichen Urteils auf die richterliche Begründung und mit ihr auf die Argumentationsfigur der einzig richtigen Entscheidung erstreckt. Der untrennbare Zusammenhang von Tenor und Begründung in Zusammenhang mit dem von Neumann beschriebenen funktionalen Nutzen der Argumentationsfigur der einzig richtigen Entscheidung führte zu der These der Intentionalitätsrelativität der Argumentationsfigur der einzig richtigen Entscheidung. Diese These ist zunächst rein deskriptiv. Sie begründet aber ein Kriterium für die normative Bewertung der Argumentationsfigur der einzig richtigen Entscheidung.

Vor dem Hintergrund der bisherigen Überlegungen muss das Kriterium für die normative Bewertung der Argumentationsfigur der einzig richtigen Entscheidung in Bezug auf ihre kommunikative Basis, bzw. in Bezug auf die gesellschaftlichen Verständigungsprozesse bestimmt werden, die ihr zugrunde liegen. Eine normative Bewertung wird möglich, wenn man diese kommunikative Basis ihrerseits auf Angemessenheit und Rationalität hin befragt. Die Argumentationsfigur der einzig richtigen Entscheidung kann also gerechtfertigt werden. Das Modell B ist demnach zurückzuweisen.

C. Ergebnisse (Forschungsfrage 3)

Das Ergebnis dieses Kapitels ist die Beantwortung der zum Schluss des ersten Kapitels aufgestellten Forschungsfrage. Diese lautet:

> 3. Bestimmung der Angemessenheit der linguistischen Form der richterlichen Begründung.

Die Antwort auf diese Frage besteht aus zwei Teilen, die jeweils den Zwischenergebnissen der zwei Abschnitte dieses Kapitels entsprechen. Ergebnis des ersten Abschnittes ist, dass die Darstellung richterlicher Begründungen als einzig richtig nicht aufgrund der Objektivität der juristischen Argumentation gerechtfertigt ist. Die Argumentationsfigur der einzig richtigen Entscheidung erweist sich vielmehr in jederlei Hinsicht als fiktiv.[1063] Ergebnis des zweiten Abschnittes ist, dass ihr funktioneller Mehrwert und ihre Intentionalitätsrelativität die Argumentationsfigur der einzig richtigen Entscheidung trotz ihrer Fiktionalität rechtfertigen können.[1064]

Im Verlaufe dieses Kapitels entwickelte sich folgende Version meiner Ausgangsfrage. Es fragte sich, wie das Spannungsverhältnis zwischen der Eindeutigkeit der Rechtswirksamkeit des deklarativen Tenors einerseits und dem Richtigkeitsbezug der assertiven Begründung andererseits richtiger Weise aufzulösen sei. Es stellte sich die Frage nach dem Eigenwert des Richtigkeitsbezugs der richterlichen Begründung. Als „richtig" oder „angemessen" hatte ich schon im Verlaufe des ersten Kapitels diejenige Art und Weise der Auflösung der Spannung bezeichnet, mit der Kritik (von Seiten der akademischen Rechtswissenschaft und von Seiten der Urteilsadressaten) ermöglicht und befördert wird. Im Folgenden werde ich die vorangehenden Ausführungen zusammenfassend rekapitulieren. Dabei werde ich die Probleme der Normativität (1.) und Rationalität (2.) kommunikativer Kraft diskutieren.

I. Kommunikative Kraft und Normativität

Die dritte Forschungsfrage nach der „Angemessenheit" der Argumentationsfigur der einzig richtigen Entscheidung ist eine normative Frage. Mit Herausarbeitung der Intentionalitätsrelativität der Argumentationsfigur der einzig richtigen Entscheidung scheint eine Antwort auf diese Frage unmöglich geworden zu sein. Die kollektive Anerkennung oder Akzeptanz bestimmter institutioneller Tatsachen ist nämlich konventioneller Natur, das Bestehen oder Nichtbestehen gesellschaftlicher Konventionen wiederum etwas rein Faktisches. Auf diesen Einwand ist zu entgegnen, dass die gesellschaftlichen Verständigungsprozesse, die in kollektiver Anerkennung oder Akzeptanz institutioneller Tatsachen münden, trotz ihrer Konventionalität normativ beurteilt werden können.

Bei kollektiver Anerkennung oder Akzeptanz geht es darum, ob die Mehrheit eine institutionelle Tatsache bzw. statusbezogene Funktion anerkennt,

---

1063 Siehe oben, S. 195 ff.
1064 Siehe oben, S. 216 f.

wobei - in den Worten Searles - schon die „Apathie" ausreichend ist.[1065] Die zu ermittelnde Tatsache lautet demnach schlicht, ob der relevante Aspekt der institutionellen Realität von der Mehrheit in diesem konventionellen Sinne anerkannt wird.[1066] Aussagen hierüber stellen nun keinesfalls normative, sondern vielmehr deskriptive Aussagen dar. Es geht nicht darum, ob es geboten oder richtig war, eine bestimmte institutionelle Tatsache anzuerkennen, sondern nur darum, ob die entsprechende Konvention feststellbar ist.[1067] Zwar geht es im Paradigma Searles um konstitutive „Regeln" und nicht um konstitutive „Konventionen". Konstitutive Regeln implizieren demnach nicht Willkür, sondern Normativität.[1068] Welche Institutionen in einer bestimmten Gesellschaft anerkannt oder akzeptiert werden, ist demgegenüber historisch und kulturell relativ.[1069] Der Grund hierfür ist, dass die gesellschaftlichen Verständigungsprozesse, die kollektiver Anerkennung oder Akzeptanz zugrunde liegen, an unterschiedlichen Orten und zu unterschiedlichen Zeiten jeweils andere Ergebnisse zeitigen.[1070]

Wie kann angesichts dessen die normative Frage nach der Angemessenheit der Argumentationsfigur der einzig richtigen Entscheidung gestellt werden? Es scheint so zu sein, dass mit der Konstatierung der Intentionalitätsrelativität der Argumentationsfigur der einzig richtigen Entscheidung die normative dritte Forschungsfrage faktischen Konsensen überantwortet wird. Hierfür spricht auch, dass gesellschaftliche Verständigung in Bezug auf ein sprachliches Verhalten erzielt wird, dieses sprachliche Verhalten, namentlich die Argumentationsfigur der einzig richtigen Entscheidung, aber funktional gebunden ist. Der Gegenstand der gesellschaftlichen Verständigung wird damit in der Dimension des Deskriptiven verortet.[1071] Dass die Argumentationsfi-

1065 Searle, John R., *Making the social world: the structure of human civilization*, s. Anm. 46, S. 107.

1066 ebd., S. 107.

1067 ebd., S. 107; Zaibert, Leo und Smith, Barry, s. Anm. 353, S. 167.

1068 Searle, John R., *The Construction of Social Reality*, s. Anm. 45, S. 49. Die aus gesellschaftlichen Institutionen folgende, mit konstitutiven Regeln verbundene Normativität kann als „soft-normativity" bezeichnet werden; Zaibert, Leo und Smith, Barry, s. Anm. 353, 165 f. Sie erklärt jedoch nicht, warum an diesen gesellschaftlichen Institutionen überhaupt teilgenommen werden sollte; ebd., 167 f.

1069 Barnes, Stanley Barry, s. Anm. 847, S. 251; Zaibert, Leo und Smith, Barry, s. Anm. 353, S. 167.

1070 ebd., S. 168; vgl. auch Hart, Herbert L. A., s. Anm. 9, 100 ff. der diese Erkenntnis anhand der 'rule of recognition' beschreibt.

1071 Vgl. Barnes, Stanley Barry, s. Anm. 847, S. 251; Zaibert, Leo und Smith, Barry, s. Anm. 353, S. 167.

gur der einzig richtigen Entscheidung als Teil des richterlichen Urteils als institutioneller Tatsache letztlich auf Konventionen beruht, scheint sie der normativen Beurteilung zu entziehen.[1072]

Meine Antwort auf diesen antizipierten Einwand lautet, dass Normativität auch in Bezug auf gesellschaftliche Konventionen über sprachliches Verhalten wirksam ist. Die Konventionalität sprachlichen Verhaltens zu behaupten bedeutet daher nicht, dieses Verhalten als normativ irrelevant zu bezeichnen.[1073] Die Normativität gesellschaftlicher Konventionen wird von Barnes speziell in Bezug auf die Sozialphilosophie Searles bekräftigt. Barnes zufolge gilt, dass die den institutionellen Tatsachen zugrundeliegenden Konsense zwar konventioneller Natur sind, nichtsdestotrotz aber Ausdruck rationaler Reflektiertheit.

> „Persisting patterns of activity such as occasion references to social and institutional facts attend human life always and everywhere. They demand to be understood as expressions of universal human powers. This needs emphasis here because the agreements that define status functions are conventions, and there is a *widespread misconception that the conventional and the rational stand in opposition to each other*. The temptation is to think that the exercise of our capacity for rational reflective awareness will somehow undermine mere conventions. The truth is that the conventions of 'social reality' are typically reinforced and reconstituted by rational scrutiny."[1074]

Barnes zufolge ist es also nicht nur verfehlt, Konventionalität und Rationalität gegeneinander zu stellen. Überdies sind für ihn die der institutionellen Realität zugrunde liegenden Konventionen typischer Weise Gegenstand rationaler Prüfung. Für die Zwecke dieser Arbeit heißt das, dass die Herausarbeitung der Intentionalitätsrelativität des richterlichen Urteils nicht bedeutet, dass die normative dritte Forschungsfrage unbeantwortet bleiben muss. Es ändert sich nur der Bezugspunkt. Die Angemessenheit der Argumentationsfigur der einzig richtigen Entscheidung ist nicht als solche, sondern nur anhand der Rationalität der ihr - als Teil des richterlichen Urteils - zugrundeliegenden gesellschaftlichen Verständigungsprozesse zu beurteilen.

Mit Barnes u. A. ist grundsätzlich davon auszugehen, dass gesellschaftliche Konventionen trotz ihrer historisch-kulturellen Relativität normativ beurteilt

---

1072 Vgl. Barnes, Stanley Barry, s. Anm. 847, S. 251; Zaibert, Leo und Smith, Barry, s. Anm. 353, S. 167.

1073 ebd., 165 ff. Barnes, Stanley Barry, s. Anm. 847, S. 251; Klatt, Matthias, *Die Theorie der Wortlautgrenze. Semantische Normativität in der juristischen Argumentation*, s. Anm. 436, 127 f.

1074 Barnes, Stanley Barry, s. Anm. 847, S. 251. Hervorhebung eingefügt.

werden können.[1075] Das allgemeine Kriterium hierfür ist die Rationalität dieser Konventionen. Dieses Kriterium ist im Folgenden als Antwort auf den normativen Einwand gegen die Argumentationsfigur der einzig richtigen Entscheidung zu beschreiben.

II. Kommunikative Kraft und Rationalität

Die bezogene Position enthält den Vorschlag, eine fehlerbehaftete oder kontrafaktische Sprachpraxis der Gerichte - unter bestimmten Voraussetzungen - zu akzeptieren. Im Folgenden sind die Implikationen dieser fiktionalistischen Position abschließend zu diskutieren. Dabei ist das Kriterium der Rationalität für die Beantwortung der dritten Forschungsfrage zu spezifizieren.

Den Fiktionalisten als Vertreter des Modells C unterscheidet vom Realisten des Modells A in Bezug auf die Sprachpraxis der Gerichte auf den ersten Blick nichts. Beide gehen davon aus, dass die Argumentationsfigur der einzig richtigen Entscheidung.dem gerichtlichen Diskurs und der richterlichen Begründung angemessen ist. Was sie unterscheidet, ist die Begründung dieser geteilten Auffassung. Während der Realist meint, dass die Sprachpraxis der Gerichte einer Welt entspricht, in der einzig richtige Entscheidungen existieren, ist die Einstellung des Fiktionalisten komplexer. Er weiß, dass es diese Welt nicht gibt. Er glaubt dennoch, dass wir berechtigter Weise so tun, als ob dies nicht so wäre. Der Fiktionalist des Modells C muss demnach rechtfertigen, dass die Gerichte so tun, als ob es einzig richtige Entscheidungen gibt.

Insofern die Falschheit der These der Existenz einzig richtiger Entscheidungen in schwierigen Fällen als ein rechtstheoretischer „Allgemeinplatz"[1076] auch den Richtern bekannt ist, muss die Argumentationsfigur der einzig richtigen Entscheidung zudem als eine Lüge gelten.[1077] Denn sie bringen in ihren Urteilen zum Ausdruck, dass ihre Entscheidung alternativlos, bzw. einzig richtig ist. Dies entspricht wegen ihres rechtstheoretischen Wissens um die Falschheit der These der Existenz einzig richtiger Entscheidungen aber nicht

---

1075 Vgl. Klatt, Matthias, *Die Theorie der Wortlautgrenze. Semantische Normativität in der juristischen Argumentation*, s. Anm. 436, 127 f.

1076 Klatt, Matthias, „Taking Rights Less Seriously. A structural analysis of judicial discretion", s. Anm. 11, S. 512.

1077 In Bezug auf moralische Aussagen Joyce, Richard, „Moral fictionalism", s. Anm. 55, S. 297.

ihrer Überzeugung.[1078] Die schwierige Aufgabe des Fiktionalisten ist also die Rechtfertigung einer letztlich unaufrichtigen Sprachpraxis.[1079]

Zu bedenken ist weiterhin, dass der Anerkennung oder Akzeptanz des richterlichen Urteils als institutioneller Tatsache gesellschaftliche Verständigungsprozesse oder gesellschaftliche Kommunikation zugrunde liegt. Diese erstreckt sich auf die richterliche Begründung. Die Argumentationsfigur der einzig richtigen Entscheidung ist somit aufgrund des notwendigen Zusammenhangs von Tenor und Begründung und aufgrund ihrer Funktionsrelevanz intentionalitätsrelativ. Das Kriterium für die normative Beurteilung der Argumentationsfigur der einzig richtigen Entscheidung setzt hier an.

Angemessen ist die Argumentationsfigur der einzig richtigen Entscheidung insofern, wenn die dem richterlichen Urteil zugrundeliegenden gesellschaftlichen Verständigungsprozesse rational verlaufen. Rationalität setzt im Mindestmaß voraus, dass die kollektive Anerkennung oder Akzeptanz des richterlichen Urteils nicht unter dem Einfluss einer Täuschung zustande kam. Eine derartige Täuschung schien aber, so der normative Einwand, gerade durch die Argumentationsfigur der einzig richtigen Entscheidung vollzogen zu werden. In der sozialphilosophischen Begrifflichkeit Searles konnte dieser Einwand bestätigt werden. Es ergab sich so das Bild eines Rechtsstabes, der durch die bewusste Vorspiegelung falscher Tatsachen die eigene Anerkennung erschleichen will.[1080]

Nach Alledem liegt es gewissermaßen auf der Hand, wie das Kriterium der Rationalität der gesellschaftlichen Kommunikation und damit das Kriterium für die normative Beurteilung der Argumentationsfigur der einzig richtigen Entscheidung zu spezifizieren ist: Eine Täuschung setzt stets eine Fehlvorstellung über Tatsachen voraus. Eine Fehlvorstellung wird demnach nicht produziert, wenn der zu Täuschende die relevanten Tatsachen bereits richtig erfasst hat. Dies ist im Zusammenhang dieser Arbeit der Fall, wenn die Gesellschaft über die Tatsache der Fiktionalität der Argumentationsfigur der einzig richtigen Entscheidung aufgeklärt ist. Rationalität der gesellschaftlichen Kommunikation und damit Angemessenheit der Argumentationsfigur der einzig richtigen Entscheidung bestünde im Wesentlichen in dem gesellschaftlichen Wissen um die Tatsache, dass es einzig richtige Entscheidungen

---

1078 Herbst, Tobias, s. Anm. 35, 899 f. möchte diese Konsequenz durch die Forderung einer „subjektiv einzig richtigen Entscheidung" vermeiden.

1079 Joyce, Richard, *The myth of morality*, s. Anm. 20, 180 ff. Joyce, Richard, „Moral fictionalism", s. Anm. 55, 298 ff.

1080 Vgl. MacKinnon, Catherine, s. Anm. 12, 106 f. Müller, Friedrich, Christensen, Ralph und Sokolowski, Michael, s. Anm. 12, S. 104.

in schwierigen Fällen nicht gibt. In diesem Fall könnte die Argumentationsfigur der einzig richtigen Entscheidung nicht länger als eine manipulative Täuschung angesehen werden.

Ob in diesem Sinne derzeit Rationalität herrscht, ist wiederum eine empirische Frage. Die normative Forschungsfrage kann aber immerhin anhand eines allgemeinen Kriteriums beantwortet werden. Sie wird damit nicht offengelassen. Die Rechtfertigung der Argumentationsfigur der einzig richtigen Entscheidung gelingt demnach, wenn die fehlerhafte Sprachpraxis der Gerichte nicht zu einer Täuschung der Urteilsadressaten führt. In diesem Fall greift der diskutierte normative Einwand nicht.

Kapitel 4: Ergebnisse

Das *Problem der kommunikativen Kraft* der richterlichen Begründung besteht in analytischer Hinsicht darin, die sprachliche Praxis der Gerichte in Bezug auf ein bestimmtes linguistisch relevantes Merkmal zu rekonstruieren. Die zu untersuchende Sprachpraxis kommt dabei in der Argumentationsfigur der einzig richtigen Entscheidung zum Ausdruck. Das Wort „Kraft" in der Wortfolge „kommunikative Kraft" steht insoweit für Anleihen bei den Sprechakttheorien Searles und Habermas'. Das Problem der kommunikativen Kraft besteht in normativer Hinsicht in der Frage der Angemessenheit dieser Sprachpraxis, bzw. in der Frage der Angemessenheit der Argumentationsfigur der einzig richtigen Entscheidung. Das Wort „kommunikative" in „kommunikative Kraft" weist auf gesellschaftliche Verständigungsprozesse oder gesellschaftliche Kommunikation als das entscheidende Kriterium für die Beantwortung dieser Frage hin.

Das rechtsphilosophische Problem der kommunikativen Kraft ist praktisch hochgradig relevant, weil mit ihm die Legitimität der Justiz zur Diskussion gestellt wird. Die mit der Argumentationsfigur der einzig richtigen Entscheidung bezeichnete Sprachpraxis der Gerichte ist Anlass und Ausgangspunkt einer weitreichenden und ernstzunehmenden Justizkritik. Kritikerinnen zufolge handelt es sich bei ihr um eine suggestive *Täuschung* des Rechtsstabes zur Abschottung gegen Kritik. Für den Rechtsstab erfüllt die Argumentationsfigur der einzig richtigen Entscheidung den zweifelhaften Nutzen, die Anerkennung des richterlichen Urteils durch Vorspiegelung von Alternativlosigkeit zu motivieren.[1081] Der Täuschungscharakter der Darstellungsweise richterlicher Entscheidungen als alternativlos, bzw. einzig richtig folgt danach aus der Erkenntnis, dass es keine einzig richtigen Antworten auf juristische Fragen gibt. In Bezug auf die Argumentationsfigur der einzig richtigen Entscheidung kann diese Position als „abolitionistische" bezeichnet werden.

1081 Vgl. MacKinnon, Catherine, s. Anm. 12, 106 f. Kress, Ken, s. Anm. 12, S. 285; Williams, Patricia, s. Anm. 12, S. 11. In der deutschen Rechtsphilosophie findet sich diese Position etwa bei Müller, Friedrich, Christensen, Ralph und Sokolowski, Michael, s. Anm. 12, S. 104. Bei Bäcker, Carsten, *Begründen und Entscheiden. Kritik und Rekonstruktion der Alexyschen Diskurstheorie des Rechts*, s. Anm. 33, S. 331 ist diese Position zwar angelegt, sie bleibt in Bezug auf die Praxis aber implizit.

Der justizkritischen paradigmatisch entgegengesetzt ist eine Position, welche die Argumentationsfigur der einzig richtigen Entscheidung als Bedingung der Möglichkeit praktischer Diskurse auffasst. Die Argumentationsfigur der einzig richtigen Entscheidung ist danach gar nicht sinnvoll zu bestreiten, ohne gleichzeitig den moralischen und juristischen Diskurs generell in Frage zu stellen. Für Vertreter dieser Position gibt es einzig richtige praktische Aussagen, weshalb diese Position als „realistische" bezeichnet werden kann.[1082] Zwischen der abolitionistischen und der realistischen Position besteht also insbesondere in Bezug auf die theoretische Frage nach der Existenz einzig richtiger Entscheidungen ein Streit. Eine vermittelnde dritte Position stimmt mit der erstgenannten Position in Bezug auf die (Negation der) These der Existenz einzig richtiger Entscheidungen überein und mit der zuletzt genannten in Bezug auf die Zulässigkeit der sprachlichen Praxis der Gerichte. Vertreter dieser Position behaupten also, dass es in praktischen Fragen keine einzig richtigen Aussagen gibt, die Argumentationsfigur der einzig richtigen Entscheidung aber dennoch - als Fiktion - aufrechtzuerhalten ist. Diese Position kann dementsprechend als „fiktionalistische" bezeichnet werden.[1083] Zwischen der abolitionistischen und der fiktionalistischen Position besteht demnach in theoretischer Hinsicht Einigkeit, ein Streit besteht dagegen in Bezug auf die praktische Frage, wie angesichts der theoretischen Erkenntnisse die Sprachpraxis der Gerichte zu gestalten ist. Die fiktionalistische Position erscheint angesichts des justizkritischen Einwands auf den ersten Blick prekär. Zum Schluss dieser Arbeit hatte sie sich dennoch als vorzugswürdig erwiesen.

Das erste Kapitel hatte das wie eben skizzierte Problem der kommunikativen Kraft in der rechtsphilosophischen Literatur zum Gegenstand. Da dieses Problem mit der vorliegenden Arbeit erstmals ausführlich entwickelt wurde, bestand das Erkenntnisziel darin, die unterschiedlichen Theorien und Begriffssysteme in Bezug auf das Problem der kommunikativen Kraft zu rekonstruieren. Dabei stehen Bäcker und die Strukturierende Rechtslehre schwerpunktmäßig für die „abolitionistische" Position, wenngleich die Kritik

1082 Vgl. Alexy, Robert, *Theorie der juristischen Argumentation. Die Theorie des rationalen Diskurses als Theorie der juristischen Begründung*, s. Anm. 14, S. 414; Habermas, Jürgen, „Richtigkeit versus Wahrheit. Zum Sinn der Sollgeltung moralischer Urteile und Normen", s. Anm. 15, S. 318.

1083 Neumann, Ulfrid, *Wahrheit im Recht. Zu Problematik und Legitimität einer fragwürdigen Denkform*, s. Anm. 19, 41 ff.

an der Praxis bei Bäcker implizit bleibt.[1084] Alexys Diskurstheorie repräsentiert die „realistische" Position und Neumann die „fiktionalistische".[1085]

Der Erkenntnisgewinn des ersten Kapitels konnte in der Form von *drei Forschungsfragen* oder -desideraten formuliert werden. Das erste Desiderat betrifft die Schaffung einer dem Phänomen der kommunikativen Kraft adäquaten Terminologie. Es hatte sich gezeigt, dass für die im Streit befindliche sprachliche Praxis der Gerichte, bzw. für die Argumentationsfigur der einzig richtigen Entscheidung eine theoretische Begrifflichkeit bisher nicht existiert.[1086] Das zweite Desiderat betrifft die mit den drei paradigmatischen Positionen angedeutete Frage nach dem Verhältnis der sprachlichen Form richterlicher Begründungen einerseits und der Objektivität der in ihr zusammengefassten juristischen Aussagen andererseits. Die insofern bestehenden unterschiedlichen Zusammenhänge werden bislang nicht als solche thematisiert. Aufgrunddessen besteht über die Implikationen der jeweiligen Positionen in der Literatur Unklarheit.[1087] Die ersten beiden Desiderate sind analytischer Natur. Das dritte Desiderat betrifft die normative Frage nach der angemessenen sprachlichen Form richterlicher Begründungen. Zu dieser Frage werden in der Literatur die drei erwähnten, paradigmatischen Positionen vertreten.[1088]

Das zweite Kapitel widmete sich mit Einführung des *Begriffs der kommunikativen Kraft* den ersten beiden Forschungsfragen und damit dem analytischen Aspekt des Problems der kommunikativen Kraft. Zur Schaffung einer im Schrifttum bisher nicht vorhandenen adäquaten Terminologie wurden zunächst die Sprechakttheorien von Searle und Habermas gesichtet.[1089] Diese enthalten für die Zwecke dieser Arbeit komplementäre Stärken und Schwächen. Im Ergebnis wurde das sprachliche Phänomen der kommunikativen Kraft mit dem aus der Taxonomie illokutionärer Akte Searles stammenden Begriff der *illokutionären Stärke* identifiziert. Die illokutionäre Stärke bezeichnet die Intensität, mit der ein Sprechakt dargestellt und präsentiert wird. Die Darstellung richterlicher Begründungen nach dem Prinzip der Alternativlosigkeit, bzw. die Argumentationsfigur der einzig richtigen Entscheidung ist demnach einer hohen oder absoluten illokutionären Stärke äquivalent. Die Searlesche Taxonomie enthält in Bezug auf die Zwecke dieser Arbeit aber die

1084 Siehe oben, S. 49 ff. und 89 ff.
1085 Siehe oben, S. 19 ff. und 70 ff.
1086 Siehe oben, S. 100 f.
1087 Siehe oben, S. 101 f.
1088 Siehe oben, S. 102 f.
1089 Siehe oben, S. 107 ff. und 117 ff.

bedeutende Schwäche, dass illokutionäre Stärke rein intentional bestimmt ist und damit kontingent bleibt. Für die normative dritte Forschungsfrage war demgegenüber essentiell, dass das sprachliche Phänomen der kommunikativen Kraft nicht kontingent ist, sondern bestimmten Regeln folgt. Dieses Erfordernis wird von der Sprechakttheorie Habermas' erfüllt. Der Begriff der kommunikativen Kraft ist demnach in sprechakttheoretischer Hinsicht eine Kombination von Elementen der Sprechakttheorien Searles und Habermas'. Er bezeichnet die regelhaft verstandene illokutionäre Stärke.[1090]

Auf dieser sprechakttheoretischen Grundlage wurde die fragliche Sprachpraxis der Gerichte durch drei allgemeine Merkmale weiter entfaltet und so der Begriff der kommunikativen Kraft abschließend bestimmt. Zu diesem Zweck wurden erstens die Träger kommunikativer Kraft bestimmt. Es besteht insofern eine bedeutende sprechaktmäßige Differenz zwischen richterlicher Begründung und Urteilstenor. Während der Tenor aus deklarativen Sprechakten besteht, handelt es sich bei der Begründung um eine Zusammenfassung assertiver Sprechakte.[1091] Zweitens ging es um die Graduierbarkeit kommunikativer Kraft. Es ergab sich, dass die Graduierung des mit der richterlichen Begründung verbundenen Richtigkeitsanspruchs sprachlich sinnvoll und gemessen an den prozessualen Begründungspflichten juristisch zulässig ist.[1092] Im Ergebnis ist die Argumentationsfigur der einzig richtigen Entscheidung weder aufgrund sprachlicher noch aufgrund juristischer Regeln unverzichtbar. Die normative dritte Forschungsfrage war insoweit nicht präkludiert. Drittens schließlich sollte die sich aus der Ergänzung der Theorie Searles durch Elemente der Theorie von Habermas ergebende Frage geklärt werden, welche Parameter die kommunikative Kraft determinieren. Es hatte sich gezeigt, dass die sprachliche Form der richterlichen Begründung einerseits von der Objektivität der in ihr zusammengefassten juristischen Aussagen abhängt und andererseits von der Institutionalität des richterlichen Urteils.[1093] Die Institutionalität wird dabei vor allem durch den Urteilstenor erkennbar, der allerdings in einem untrennbaren Zusammenhang zur Begründung steht.

Mit Explikation der sprechakttheoretischen Grundlagen und den drei Merkmalen kommunikativer Kraft war die Begriffsprägung im engeren Sinne als Antwort auf die erste Forschungsfrage abgeschlossen. Diese Antwort besteht in der theoretischen Explikation der fraglichen Sprachpraxis der Gerichte, bzw. der Argumentationsfigur der einzig richtigen Entscheidung. Die

1090 Siehe oben, S. 126 ff.
1091 Siehe oben, S. 130 ff.
1092 Siehe oben, S. 135 ff.
1093 Siehe oben, S. 141 ff.

Frage der Angemessenheit dieser Sprachpraxis war mit den bisherigen Ausführungen noch gar nicht angesprochen. Diese Frage konnte aber (erneut) reformuliert werden: Der notwendige Zusammenhang der in sprechakttheoretischer Hinsicht unterschiedlich zu qualifizierenden Teile des richterlichen Urteils begründete ein *Spannungsverhältnis*. Es besteht darin, dass die nur mit dem Urteilstenor verbundenen Rechtswirkungen stets eindeutig sind, der Richtigkeitsanspruch der Begründung aber demgegenüber graduierbar. Der aufgrund des Justizverweigerungsverbots herrschende Zwang, mit dem Tenor in eindeutiger, bzw. binär codierter Weise auf die Rechtslage einzuwirken, kontrastiert insofern mit dem Richtigkeitsbezug der Begründung, der diese Eindeutigkeit nicht teilt. Die Aufgabe der Auflösung des sprechaktmäßigen Spannungsverhältnisses zwischen Urteilstenor und Begründung bezeichnete die dritte Forschungsfrage.

Für die Beantwortung der zweiten Forschungsfrage nach dem Verhältnis der sprachlichen Form richterlicher Begründungen und der Objektivität juristischer Aussagen war zunächst eine Formalisierung einzuführen. Sie ermöglichte eine systematisch vollständige Taxonomie der erwähnten paradigmatischen Positionen zu meiner Ausgangsfrage in Form von *Modellen kommunikativer Kraft*.[1094] Diesen heuristisch zu verstehenden Modellen konnten die im ersten Kapitel diskutierten Positionen zugeordnet werden. Dabei hatte sich gezeigt, dass teilweise eine Zuordnung zu mehr als einem Modell möglich ist. Der Grund hierfür ist einerseits, dass die Modelle sowohl deskriptiv, als auch normativ verstanden werden können. Andererseits beruhte die Zuordnung zu mehr als einem Modell auf den teils changierenden Positionen der unterschiedlichen Autoren.[1095] Der analytische Aspekt des Problems der kommunikativen Kraft war damit vollständig bearbeitet.

Der normative Aspekt des Problems der kommunikativen Kraft bzw. meine Position zur dritten Forschungsfrage wurde im dritten Kapitel entwickelt. In dessen erstem Teil ging es um die Entscheidung zwischen der realistischen Position einerseits und der abolitionistischen und fiktionalistischen Position andererseits. Die zu beantwortende Frage lautete schlicht, ob für die Argumentationsfigur der einzig richtigen Entscheidung in theoretischer Hinsicht eine Entsprechung besteht. „Einzig richtig" kann dabei sowohl im Sinne von universeller Richtigkeit, wie auch im Sinne von Alternativlosigkeit im Rahmen einer geltenden, aber für sich kontingenten Rechtsordnung verstanden werden. Insofern waren mehrere Dinge zu prüfen. Zunächst wurde die

---

1094 Siehe oben, S. 149 ff.
1095 Siehe oben, S. 156 ff.

ontologische Objektivität[1096] juristischer Aussagen geprüft und mit Bezug auf die Sozialphilosophie Searles verneint.[1097] Weiterhin ging es um epistemische Objektivität, die am Beispiel der Alexyschen Argumentationstheorie diskutiert und ebenfalls verneint wurde.[1098] Schließlich wurde die Frage der Alternativlosigkeit juristischer Aussagen im Rahmen einer geltenden Rechtsordnung anhand der Methode der Abwägung im System der Alexyschen Rechtsphilosophie gestellt und wiederum verneint.[1099] Im Ergebnis war also zu konstatieren, dass auf juristische Aussagen wie den in der richterlichen Begründung zusammengefassten unter keinem denkbaren Gesichtspunkt das binäre Prinzip der einzig richtigen Entscheidung Anwendung findet. Die Argumentationsfigur der einzig richtigen Entscheidung ist demzufolge eine *Fiktion*. Die realistische Position war somit zurückzuweisen.[1100]

Mit der Zurückweisung der realistischen Position war die Frage der Angemessenheit der Argumentationsfigur der einzig richtigen Entscheidung noch nicht beantwortet. Denn auch die fiktionalistische Position beantwortet diese Frage positiv. Für sie wird die Argumentationsfigur der einzig richtigen Entscheidung durch ihren funktionellen Mehrwert gerechtfertigt. Dieser Nutzen wird durch die „Institutionalität" als Determinante kommunikativer Kraft in normativer Hinsicht gestützt. Der Begriff der Institutionalität wurde zunächst abstrakt und in Abgrenzung zur Sonderfallthese Alexys dargestellt. In allgemeiner Weise soll mit ihm die Existenzweise des richterlichen Urteils als institutionelle Tatsache im Sinne der Sozialphilosophie Searles erfasst werden.[1101] Die Argumentationsfigur der einzig richtigen Entscheidung war weiterhin als Fiktion zu untersuchen. Die abolitionistische und die fiktionalistische Position standen bezüglich der Erkenntnis der Fiktionalität der Argumentationsfigur der einzig richtigen Entscheidung in Übereinstimmung. Für beide Positionen ist die theoretische These der Existenz einzig richtiger Entscheidungen unhaltbar und für beide ist die sprachliche Praxis der Gerichte somit kontrafaktisch oder fiktional. Sie unterscheiden sich in Bezug auf die Frage, wie diese theoretische Erkenntnis praktisch umzusetzen ist. Während die fiktionalistische Position die Argumentationsfigur der einzig

1096 „Einzig-Richtigkeit" und Objektivität wurden gleichgesetzt. Als Vorbild hierfür konnte Davidson angeführt werden, der die Begriffe Wahrheit und Objektivität synonym verwendet; vgl. Davidson, Donald, s. Anm. 60, S. 220.
1097 Siehe oben, S. 174 ff.
1098 Siehe oben, S. 177 ff.
1099 Siehe oben, S. 182 ff.
1100 Siehe oben, S. 195 ff.
1101 Siehe oben, S. 198 f.

richtigen Entscheidung aufgrund ihres funktionellen Mehrwerts aufrechterhalten möchte, ist nach der abolitionistischen Position auf sie zu verzichten. Die verbleibenden Positionen waren anhand der Theorie Neumanns und des nach wie vor ungelösten justizkritischen normativen Einwands zu kontrastieren.[1102]

Die Rechtfertigung der Argumentationsfigur der einzig richtigen Entscheidung konnte nur gelingen, wenn dieser normative Einwand widerlegt wäre. Der funktionelle „Nutzen" der Argumentationsfigur der einzig richtigen Entscheidung kann die mit ihr verbundenen „Kosten" einer kontrafaktischen Sprachpraxis nur überwiegen, wenn diese Praxis nicht auf eine massenhafte Täuschung hinausläuft. Die Widerlegung des mit dem Modell B verbundenen normativen Einwandes gegen das Modell C wurde mit Entwicklung der *kommunikativen Basis* der Argumentationsfigur der einzig richtigen Entscheidung unternommen. Hierzu war das richterliche Urteil als institutionelle Tatsache zu untersuchen. In einem ersten Schritt wurde die sprechakttheoretische Klassifikation der Teile des richterlichen Urteils aus dem zweiten Kapitel wieder aufgenommen und mit der sozialphilosophischen Begrifflichkeit Searles verbunden. Der deklarative Urteilstenor ist insofern der paradigmatische Fall einer institutionellen Tatsache; als solcher basiert er auf kollektiver Intentionalität als Ausdruck gesellschaftlicher Verständigungsprozesse. Die notwendige Bezugnahme der Begründung auf den Urteilstenor führte zu der These, dass die Argumentationsfigur der einzig richtigen Entscheidung an der *Intentionalitätsrelativität* des richterlichen Urteils insgesamt teilhat.[1103]

Die Angemessenheit der Argumentationsfigur der einzig richtigen Entscheidung konnte vor diesem Hintergrund als Funktion der Rationalität der gesellschaftlichen Verständigungsprozesse bestimmt werden, die ihr zugrunde liegen. Als Mindestmaß einer rationalen gesellschaftlichen Kommunikation wurde die Aufgeklärtheit über die Tatsache der Fiktionalität der Argumentationsfigur der einzig richtigen Entscheidung ausgemacht.[1104] Der „Nutzen" der Argumentationsfigur der einzig richtigen Entscheidung, die kollektive Anerkennung oder Akzeptanz des richterlichen Urteils im Sinne einer kontrafaktischen Inszenierung zu motivieren, entfällt in diesem Szenario. Dies ist jedoch hinzunehmen. Denn die auf Täuschung basierende kollektive Anerkennung oder Akzeptanz des richterlichen Urteils führt mit großer Wahrscheinlichkeit nicht zu einer stabilen, geschweige denn zu einer

1102 Siehe oben, S. 200 ff.
1103 Siehe oben, S. 209 ff.
1104 Siehe oben, S. 216 ff.

gerechten Rechtsordnung. Insofern bleibt die Forderung, dass die kollektive Anerkennung des Rechts nicht auf falscher Tatsachengrundlage entstehen darf. Die Sprachpraxis der Gerichte hat sich hieran zu orientieren. Die Fiktionalität der Argumentationsfigur der einzig richtigen Entscheidung ist daher vom Rechtsstab zu kommunizieren.

Dies bedeutet nicht, dass die Argumentationsfigur der einzig richtigen Entscheidung gleichzeitig aufgegeben werden müsste. Es bedeutet nur, dass die Darstellung richterlicher Begründungen als alternativlos nicht ohne Unterrichtung der Urteilsadressaten über die Kontrafaktizität dieser Darstellungsweise erfolgen soll. Für die Aufrechterhaltung der Argumentationsfigur der einzig richtigen Entscheidung spricht der von Neumann dargestellte Nutzen einer umfassenden Kritisierbarkeit des Urteils in justiziellen Kontrollverhältnissen oder im Verhältnis zur akademischen Rechtswissenschaft. Dieser Nutzen bedarf, anders als der auf Unwissenheit und Täuschung bauende „Nutzen" der Motivation kollektiver Anerkennung nicht der falschen Überzeugung, richterliche Entscheidungen seien auch in schwierigen Fällen alternativlos.

Philipp.Siedenburg@gmx.de

Literatur

Alexy, Robert. *A theory of constitutional rights*. Oxford 2002.

– *Begriff und Geltung des Rechts*. 5. Aufl. Freiburg/ München 2011.

– „Comments and Responses“. In: *Institutionalized Reason: The Jurisprudence of Robert Alexy*. Hrsg. von Klatt, Matthias. Oxford 2012, S. 319–356.

– „Constitutional Rights, Balancing, and Rationality“. In: *Ratio Juris* 16 (2003), S. 131–140.

– „Die Gewichtsformel“. In: *Gedächtnisschrift für Jürgen Sonnenschein*. Hrsg. von Jickeli, Joachim, Kreutz, Peter und Reuter, Dieter. Berlin 2003, S. 771–792.

– „Die Idee einer prozeduralen Theorie der juristischen Argumentation“. In: *Recht, Vernunft, Diskurs. Studien zur Rechtsphilosophie*. Hrsg. von Alexy, Robert. Frankfurt a. M. 1995, S. 94–108.

– „Die Natur der Rechtsphilosophie“. In: *Rechtsphilosophie im 21. Jahrhundert*. Hrsg. von Brugger, Winfried, Neumann, Ulfrid und Kirste, Stephan. Frankfurt a. M. 2008, S. 11–25.

– „Die juristische Argumentation als rationaler Diskurs“. In: *Elemente einer juristischen Begründungslehre*. Hrsg. von Alexy, Robert u. a. Baden-Baden 2003, S. 113–122.

– „Die logische Analyse juristischer Entscheidungen“. In: *Recht, Vernunft, Diskurs. Studien zur Rechtsphilosophie*. Hrsg. von Alexy, Robert. Frankfurt a. M. 1995, S. 13–51.

– „Diskurstheorie und Menschenrechte“. In: *Recht, Vernunft, Diskurs. Studien zur Rechtsphilosophie*. Hrsg. von Alexy, Robert. Frankfurt a. M. 1995, S. 127–164.

– „Eine diskurstheoretische Konzeption der praktischen Vernunft“. In: *Rechtssystem und praktische Vernunft*. Hrsg. von Alexy, Robert und Dreier, Ralf. Stuttgart 1993, S. 11–29.

– „Hauptelemente einer Theorie der Doppelnatur des Rechts“. In: *Archiv für Rechts- und Sozialphilosophie* 95 (2009), S. 151–166.

– „Law, Discourse, and Time“. In: *Time, Law, and Society*. Hrsg. von Bjarup, Jes und Blegvad, Mogens. Stuttgart 1995, S. 101–110.

– „Menschenrechte ohne Metaphysik?“ In: *Deutsche Zeitschrift für Philosophie* 52 (2004), S. 15–24.

– „On balancing and Subsumtion. A Structural Comparison“. In: *Ratio Juris* 16 (2003), S. 433–449.

– „On the Thesis of a Necessary Connection between Law and Morality: Bulygin's Critique“. In: *Ratio Juris* 13 (2000), S. 138–147.

– „Probleme der Diskurstheorie“. In: *Recht, Vernunft, Diskurs. Studien zur Rechtsphilosophie*. Hrsg. von Alexy, Robert. Frankfurt a. M. 1995, S. 109–126.

– „Recht und Richtigkeit“. In: *The reasonable as rational? On legal argumentation and justification. Festschrift für Aulis Aarnio*. Hrsg. von Krawietz, Werner. Berlin 2000, S. 3–19.

Alexy, Robert. „The Dual Nature of Law“. In: *Ratio Juris* 23 (2010), S. 167–182.

– „The Existence of Human Rights“. In: *Law, Science, Technology*. Hrsg. von Neumann, Ulfrid, Günther, Klaus und Schulz, Lorenz. Stuttgart 2013, S. 9–18.

– „The Special Case Thesis“. In: *Ratio Juris* 12 (1999), S. 374–384.

– *Theorie der Grundrechte*. 3. Aufl. Frankfurt a. M. 1996.

– *Theorie der juristischen Argumentation. Die Theorie des rationalen Diskurses als Theorie der juristischen Begründung*. 7. Aufl. Frankfurt a. M. 2012.

– „Thirteen Replies“. In: *Law, Rights and Discourse. The Legal Philosophy of Robert Alexy*. Hrsg. von Pavlakos, George. Oxford 2007, S. 333–666.

Anderheiden, Michael. „Rechtsphilosophie jenseits des Ordinary-language-Ansatzes“. In: *Rechtsphilosophie im 21. Jahrhundert*. Hrsg. von Brugger, Winfried, Neumann, Ulfrid und Kirste, Stephan. Frankfurt a. M. 2008, S. 26–49.

Austin, John L. *How to Do Things with Words?* 2. Aufl. Oxford 1975.

Ball, Wolfgang. „§ 511“. In: *Zivilprozessordnung. Kommentar*. Hrsg. von Musielak, Hans-Joachim. 14. Aufl. München 2014, S. 1503–1511.

Barnes, Stanley Barry. „Searle on social reality: process is prior to product“. In: *Speech acts, mind, and social reality. Discussions with John R. Searle*. Hrsg. von Grewendorf, Günther und Meggle, Georg. Dordrecht/ Boston/ London 2002, S. 247–258.

Bäcker, Carsten. *Begründen und Entscheiden. Kritik und Rekonstruktion der Alexyschen Diskurstheorie des Rechts*. Baden-Baden 2008.

– *Begründen und Entscheiden. Kritik und Rekonstruktion der Alexyschen Diskurstheorie des Rechts*. 2. Aufl. Baden-Baden 2012.

– „Die diskurstheoretische Notwendigkeit der Flexibilität im Recht“. In: *Objektivität und Flexibilität im Recht*. Hrsg. von Bäcker, Carsten und Baufeld, Stefan. Stuttgart 2005, S. 96–110.

– „Rationalität ohne Idealität. Grundzüge einer relativistischen Diskurstheorie des Rechts“. In: *Junge Rechtsphilosophie*. Hrsg. von Bäcker, Carsten und Ziemann, Sascha. Stuttgart 2012, S. 9–22.

– „Recht als institutionalisierte Vernunft?“ In: *Archiv für Rechts- und Sozialphilosophie* 97 (2011), S. 346–359.

Beckermann, Ansgar. „Die realistischen Voraussetzungen der Konsenstheorie von J. Habermas“. In: *Zeitschrift für allgemeine Wissenschaftstheorie* 3 (1972), S. 63–80.

Benda, Ernst und Klein, Eckart. *Verfassungsprozessrecht. Ein Lehr- und Handbuch*. 3. Aufl. Heidelberg 2012.

Bung, Jochen. „Das Bett des Karneades. Zur Metakritik der Paradoxologie“. In: *Rechtsphilosophie im 21. Jahrhundert*. Hrsg. von Brugger, Winfried, Neumann, Ulfrid und Kirste, Stephan. Frankfurt a. M. 2008, S. 72–89.

– „Objektivität im Recht als Wahrheitsbezug“. In: *Objektivität und Flexibilität im Recht*. Hrsg. von Bäcker, Carsten und Baufeld, Stefan. Stuttgart 2005, S. 1–18.

Christensen, Ralph und Kudlich, Hans. „Die Auslegungslehre als implizite Sprachtheorie der Juristen“. In: *Archiv für Rechts- und Sozialphilosophie* 88 (2002), S. 231–246.

– „Die Lücken-Lüge“. In: *Juristenzeitung* 19 (2009), S. 943–949.

– *Gesetzesbindung: Vom vertikalen zum horizontalen Verständnis*. Berlin 2008.

– *Theorie richterlichen Begründens*. Berlin 2001.

Christensen, Ralph und Lerch, Kent D. „Performanz - Die Kunst, Recht geschehen zu lassen“. In: *Die Sprache des Rechts*. Hrsg. von Lerch, Kent D. Bd. 3: Recht vermitteln. Strukturen, Formen und Medien der Kommunikation im Recht. Berlin/ New York 2005, S. 55–132.

Christensen, Ralph und Sokolowski, Michael. „Die Krise der Kommunikation und die Möglichkeit juristischen Argumentierens“. In: *Die Sprache des Rechts*. Hrsg. von Lerch, Kent D. Bd. 2: Recht verhandeln. Argumentieren, Begründen und Entscheiden im Diskurs des Rechts. Berlin/ New York 2005, S. 105–154.

– „Neo-Pragmatismus: Brandom“. In: *Neue Theorien des Rechts*. Hrsg. von Buckel, Sonja, Christensen, Ralph und Fischer-Lescano, Andreas. 2. Aufl. Tübingen 2009, S. 285–306.

– „Theorie und Praxis aus der Sicht der Strukturierenden Rechtslehre“. In: *Rechtstheorie* 32 (2001), S. 327–341.

Coleman, Jules L. und Leiter, Brian. „Determinacy, Objectivity, and Authority“. In: *Law and Interpretation. Essays in Legal Philosophy*. Hrsg. von Marmor, Andrei. Oxford 1995, S. 203–278.

Cook, Maeve. „Law's Claim to Correctness“. In: *Law, Rights and Discourse. The Legal Philosophy of Robert Alexy*. Hrsg. von Pavlakos, George. Oxford 2007, S. 225–248.

– „The Dual Character of Concepts and the Discourse Theory of Law“. In: *Institutionalized Reason: The Jurisprudence of Robert Alexy*. Hrsg. von Klatt, Matthias. Oxford 2012, S. 275–290.

Davidson, Donald. „The Problem of Objectivity“. In: *Tijdschrift voor filosofie* (1995), S. 203–220.

Derrida, Jacques. *Gesetzeskraft. Der "mystische Grund der Autorität"*. Frankfurt a. M. 1991.

– *Ltd. Inc.* Wien 2001.

Dörge, Friedrich Christoph. *Illocutionary Acts. Austins Account and what Searle made out of it*. Hrsg. von http://tobias-lib.uni-tuebingen.de/volltexte/2006/2273/pdf/Dissertation_Doerge.pdf. 2004.

Dworkin, Ronald. „Can Rights be Controversial?“ In: *Taking Rights Seriously*. Hrsg. von Dworkin, Ronald. Cambridge, Mass. 1977, S. 279–290.

– „No Right Answer?“ In: *Law, Morality, and Society. Essays in Honour of H. L. A. Hart*. Hrsg. von Hacker, Peter und Raz, Joseph. Oxford 1977, S. 58–84.

Ernst, Gerhard. *Die Objektivität der Moral*. Paderborn 2008.

Felder, Ekkehard. „Unendliche Semiose im Recht als Garant der Rechtssicherheit“. In: *Sprache - Recht - Gesellschaft*. Hrsg. von Bäcker, Carsten, Klatt, Matthias und Zucca-Soest, Sabrina. Tübingen 2012, S. 141–162.

Fischer-Lescano, Andreas und Christensen, Ralph. „Auctoritatis Interpositio. Die Dekonstruktion des Dezisionismus durch die Systemtheorie“. In: *Der Staat* 44 (2005), S. 213–241.

Fletcher, George P. „Law“. In: *John Searle*. Hrsg. von Smith, Barry. Cambridge 2003, S. 85–101.

Forgó, Nikolaus und Somek, Alexander. „Nachpositivistisches Rechtsdenken“. In: *Neue Theorien des Rechts*. Hrsg. von Buckel, Sonja, Christensen, Ralph und Fischer-Lescano, Andreas. 2. Aufl. Stuttgart 2009, S. 253–270.

Fotion, Nick. *John Searle*. Princeton 2000.
Gardner, John. „How Law Claims, What Law Claims". In: *Institutionalized Reason. The Jurisprudence of Robert Alexy*. Hrsg. von Klatt, Matthias. Oxford 2011, S. 29–44.
Giannoulis, Jorgos. „Studien zur Strafzumessung. Ein Beitrag zur Dogmatik, Rechtstheorie und Rechtsinformatik mit Vertiefung in den Eigentums- und Vermögensdelikten". 2014.
Günther, Klaus. „Kopf oder Füße? Das Rechtsprojekt der Moderne und seine vermeintlichen Paradoxien". In: *Summa. Dieter Simon zum 70. Geburtstag*. Hrsg. von Kiesow, Rainer Maria, Ogorek, Regina und Simitis, Spiros. Frankfurt a. M. 2005, S. 255–274.
Habermas, Jürgen. „Comments on John Searle: "Meaning, Communication, and Representation"". In: *John Searle and his critics*. Hrsg. von Lepore, Ernest und Van Gulick, Robert. Cambridge 1991, S. 17–30.
– „Diskursethik. Notizen zu einem Begründungsprogramm". In: *Moralbewusstsein und kommunikatives Handeln*. Hrsg. von Habermas, Jürgen. Frankfurt a. M. 1983, S. 53–126.
– „Erläuterungen zur Diskursethik". In: *Erläuterungen zur Diskursethik*. Hrsg. von Habermas, Jürgen. Frankfurt a. M. 1991, S. 119–226.
– *Faktizität und Geltung*. Frankfurt a. M. 1994.
– „Hermeneutische und analytische Philosophie. Zwei komplementäre Spielarten der linguistischen Wende". In: *Wahrheit und Rechtfertigung*. Hrsg. von Habermas, Jürgen. Frankfurt a. M. 1999, S. 65–101.
– „Realismus nach der sprachpragmatischen Wende". In: *Wahrheit und Rechtfertigung*. Hrsg. von Habermas, Jürgen. Frankfurt a. M. 1999, S. 7–66.
– „Richtigkeit versus Wahrheit. Zum Sinn der Sollgeltung moralischer Urteile und Normen". In: *Wahrheit und Rechtfertigung*. Hrsg. von Habermas, Jürgen. Frankfurt a. M. 1999, S. 271–318.
– *Theorie des kommunikativen Handelns. Band 1*. Frankfurt a. M. 1981.
– „Wahrheit und Rechtfertigung. Zu Richard Rortys pragmatischer Wende". In: *Wahrheit und Rechtfertigung*. Hrsg. von Habermas, Jürgen. Frankfurt a. M. 1999, S. 230–270.
– „Wahrheitstheorien". In: *Vorstudien und Ergänzungen zur Theorie des kommunikativen Handelns*. Hrsg. von Habermas, Jürgen. Frankfurt a. M. 1995, S. 127–186.
– „Was heißt Universalpragmatik?" In: *Vorstudien und Ergänzungen zur Theorie des kommunikativen Handelns*. Hrsg. von Habermas, Jürgen. Frankfurt a. M. 1995, S. 353–440.
Hannich, Rolf. „§ 267". In: *Karlsruher Kommentar zur Strafprozessordnung*. Hrsg. von Engelhardt, Hanns. 7. Aufl. München 2013, S. 1590–1608.
Happ, Michael. „§ 43". In: *Verwaltungsgerichtsordnung. Kommentar*. Hrsg. von Eyermann, Erich. 14. Aufl. München 2014, S. 252–267.
Hart, Herbert L. A. *The Concept of Law*. Oxford 1961.
Heermann, Peter W. „§ 675". In: *Münchener Kommentar. Bürgerliches Gesetzbuch*. Hrsg. von Säcker, Franz Jürgen und Rixecker, Roland. 6. Aufl. München 2012, S. 2465–2511.
Heidemann, Carsten. „Law's Claim to Correctness". In: *Jurisprudence or Legal Science? A Debate about the Nature of Legal Theory*. Hrsg. von Coyle, Sean und Pavlakos, George. Oxford 2005, S. 127–146.

– „The Concept of Validity in a Theory of Social Action". In: *Law, Rights and Discourse. The Legal Philosophy of Robert Alexy*. Hrsg. von Pavlakos, George. Oxford 2007, S. 301–318.

Hennig, Jonas. *Mediation als rationaler Diskurs. Überpositive Legitimation der Mediation und Vergleich zum Zivil- und Strafprozess am Maßstab der Alexyschen Diskurstheorie*. Berlin 2014.

Herbst, Tobias. „Die These der einzig richtigen Entscheidung. Überlegungen zu ihrer Überzeugungskraft, insbesondere in den Theorien von Ronald Dworkin und Jürgen Habermas". In: *Juristenzeitung* 67 (2012), S. 891–900.

Jestaedt, Matthias. „Die Abwägungslehre - ihre Stärken und ihre Schwächen". In: *Staat im Wort: Festschrift für Josef Isensee*. Hrsg. von Depenheuer, Otto. Heidelberg 2007, S. 253–276.

– „The Doctrine of Balancing - its Strengths and Weaknesses". In: *Institutionalized Reason. The Jurisprudence of Robert Alexy*. Hrsg. von Klatt, Matthias. Oxford 2012, S. 152–172.

Joyce, Richard. „Moral fictionalism". In: *Fictionalism in metaphysics*. Hrsg. von Kalderon, Eli Mark. Oxford 2005, S. 287–313.

– *The myth of morality*. Cambridge 2001.

Keuth, Herbert. *Erkenntnis oder Entscheidung: zur Kritik der kritischen Theorie*. Tübingen 1993.

Klatt, Matthias. *Die Theorie der Wortlautgrenze. Semantische Normativität in der juristischen Argumentation*. Nomos 2003.

– „Robert Alexy's Philosophy of Law as System". In: *Institutionalized Reason. The Jurisprudence of Robert Alexy*. Hrsg. von Klatt, Matthias. Oxford 2011, S. 1–26.

– „Taking Rights Less Seriously. A structural analysis of judicial discretion". In: *Ratio Juris* 20 (2007), S. 506–520.

Klatt, Matthias und Meister, Moritz. „Verhältnismäßigkeit als universelles Verfassungsprinzip". In: *Der Staat* 51 (2012), S. 159–188.

Klatt, Matthias und Schmidt, Johannes. „Abwägung unter Unsicherheit". In: *Archiv des öffentlichen Rechts* 137 (2012), S. 545–591.

– *Spielräume im Öffentlichen Recht*. Tübingen 2010.

Kleiber, Michael. *Der Schutz künftiger Generationen*. Tübingen 2013.

Kress, Ken. „Legal Indeterminacy". In: *California Law Review* 77 (1989), S. 283–337.

Kudlich, Hans und Christensen, Ralph. „Wortlautgrenze: Spekulativ oder pragmatisch?" In: *Archiv für Rechts- und Sozialphilosophie* 93 (2007), S. 128–142.

Lafont, Christina. „Correctness and Legitimacy in the Discourse Theory of Law". In: *Institutionalized Reason: The Jurisprudence of Robert Alexy*. Hrsg. von Klatt, Matthias. Oxford 2012, S. 291–306.

Lege, Joachim. „Was Juristen wirklich tun. Jurisprudential Realism". In: *Rechtsphilosophie im 21. Jahrhundert*. Hrsg. von Brugger, Winfried, Neumann, Ulfrid und Kirste, Stephan. Frankfurt a. M. 2008, S. 207–232.

Leiter, Brian. „Introduction". In: *Objectivity in Law and Morals*. Hrsg. von Leiter, Brian. Cambridge 2001, S. 1–11.

– „Objectivity, Morality, and Adjudication". In: *Objectivity in Law and Morals*. Hrsg. von Leiter, Brian. Cambridge 2001, S. 66–98.

Luhmann, Niklas. *Das Recht der Gesellschaft*. Frankfurt a. M. 1993.
– „Die Paradoxie des Entscheidens“. In: *Verwaltungs-Archiv* 84 (1993), S. 287–310.
– „Normen in soziologischer Perspektive“. In: *Die Moral der Gesellschaft*. Frankfurt a. M. 2008.
MacCormick, Neil. *Legal Reasoning and Legal Theory*. Oxford 1978.
– „Why Law Makes No Claims“. In: *Law, Rights and Discourse. The Legal Philosophy of Robert Alexy*. Hrsg. von Pavlakos, George. Oxford 2007, S. 59–67.
MacKinnon, Catherine. *Toward a Feminist Theory of the State*. Cambridge 1989.
Mackie, John L. *Ethics. Inventing Right and Wrong*. London 1977.
Marxsen, Christian. *Macht und Geltung*. München 2012.
Miller, Alexander. *An Introduction to Contemporary Metaethics*. Cambridge 2004.
Müller-Mall, Sabine. *Performative Rechtserzeugung*. Weilerswist 2012.
Müller, Friedrich. „Die Unruh im Uhrwerk“. In: *Gerechtigkeit als "Die Unruh im Uhrwerk". Debatten, Gespräche, Aufsätze zu Rechtstheorie, Rechtslinguistik und Methodik, zu Verfassungslehre und Verfassungsvergleichung*. Hrsg. von Müller, Friedrich. Berlin 2009, S. 275–280.
– „Virtualität im Rahmen der Strukturierenden Rechtslehre“. In: *Rechtstheorie* 32 (2001), S. 359–371.
Müller, Friedrich und Christensen, Ralph. *Juristische Methodik. Band I*. Berlin 2009.
Müller, Friedrich, Christensen, Ralph und Sokolowski, Michael. *Rechtstext und Rechtsarbeit*. Berlin 1997.
Musielak, Hans-Joachim. „§ 313“. In: *Zivilprozessordnung. Kommentar*. Hrsg. von Musielak, Hans-Joachim. 11. Aufl. München 2014, S. 1147–1151.
– „§ 322“. In: *Zivilprozessordnung. Kommentar*. Hrsg. von Musielak, Hans-Joachim. 11. Aufl. München 2014, S. 1191–1215.
Neumann, Ulfrid. „Das Problem der Rechtsgeltung“. In: *Recht als Struktur und Argumentation*. Hrsg. von Neumann, Ulfrid. Baden-Baden 2008, S. 224–242.
– *Juristische Argumentationslehre*. Darmstadt 1986.
– „Rechtspositivismus, Rechtsrealismus und Rechtsmoralismus in der Diskussion um die strafrechtliche Bewältigung politischer Systemwechsel“. In: *Recht als Struktur und Argumentation*. Hrsg. von Neumann, Ulfrid. Baden-Baden 2008, S. 163–187.
– „Rechtswissenschaft als säkulare Theologie. Anmerkungen zu einem wissenschaftstheoretischen Topos des Kritischen Rationalismus“. In: *Recht als Struktur und Argumentation*. Hrsg. von Neumann, Ulfrid. Baden-Baden 2008.
– „Richtigkeitsanspruch und Überprüfbarkeit rechtlicher Entscheidungen“. In: *Festschrift für Winfried Hassemer*. Hrsg. von Herzog, Felix und Neumann, Ulfrid. Heidelberg 2010, S. 143–157.
– „Sprache und juristische Argumentation“. In: *Sprache - Recht - Gesellschaft*. Hrsg. von Bäcker, Carsten, Klatt, Matthias und Zucca-Soest, Sabrina. Tübingen 2012, S. 129–140.
– „Theorie der juristischen Argumentation“. In: *Rechtsphilosophie im 21. Jahrhundert*. Hrsg. von Brugger, Winfried, Neumann, Ulfrid und Kirste, Stephan. Frankfurt a. M. 2008, S. 233–260.
– „Theorien der Rechtsgeltung“. In: *Recht als Struktur und Argumentation*. Hrsg. von Neumann, Ulfrid. Baden-Baden 2008, S. 93–113.

– *Wahrheit im Recht. Zu Problematik und Legitimität einer fragwürdigen Denkform.* Baden-Baden 2004.
– „Wahrheit statt Autorität. Möglichkeit und Grenzen einer Legitimation durch Begründung im Recht“. In: *Recht als Struktur und Argumentation.* Hrsg. von Neumann, Ulfrid. Baden-Baden 2008, S. 75–92.
Patzig, Günther. „Relativität und Objektivität moralischer Normen“. In: *Gesammelte Schriften I.* Hrsg. von Patzig, Günther. Göttingen 1994, S. 9–43.
Pavlakos, George. „Correctness and Cognitivism. Remarks on Robert Alexy's Argument from the Claim to Correctness“. In: *Ratio Juris* 25 (2012), S. 15–30.
– „Two Concepts of Objectivity“. In: *Law, Rights and Discourse. The Legal Philosophy of Robert Alexy.* Hrsg. von Pavlakos, George. Oxford 2007, S. 83–108.
Pfeiffer, Gerd und Hannich, Rolf. „Einleitung“. In: *Karlsruher Kommentar zur Strafprozessordnung.* Hrsg. von Engelhardt, Hanns. 7. Aufl. München 2013. Kap. 1-112.
Poscher, Ralf. „The Principles Theory: How Many Theories and What is their Merit?“ In: *Institutionalized Reason. The Jurisprudence of Robert Alexy.* Hrsg. von Klatt, Matthias. Oxford 2012, S. 218–247.
Postema, Gerald J. „Objectivity Fit for Law“. In: *Objectivity in Law and Morals.* Hrsg. von Leiter, Brian. Cambridge 2002, S. 99–143.
Rawls, John. „Two Concepts of Rules“. In: *Philosophical Review* 64 (1955), S. 3–32.
Raz, Joseph. „The Claims of Law“. In: *The Authority of Law.* Hrsg. von Raz, Joseph. 2. Aufl. Oxford 2009, S. 28–36.
Rennert, Klaus. „§ 121“. In: *Verwaltungsgerichtsordnung. Kommentar.* Hrsg. von Eyermann, Erich. 14. Aufl. München 2014, S. 906–923.
Saliger, Frank. „Rechtsphilosophische Probleme der Rechtsbeugung“. In: *Juristische Grundlagenforschung.* Hrsg. von Alexy, Robert. Stuttgart 2005, S. 138–153.
Schauer, Frederick. „Balancing, Subsumtion and the Constraining Role of Legal Text“. In: *Institutionalized Reason. The Jurisprudence of Robert Alexy.* Hrsg. von Klatt, Matthias. Oxford 2012, S. 307–316.
Schenke, Wolf-Rüdiger. „§ 43“. In: *Verwaltungsgerichtsordnung. Kommentar.* Hrsg. von Kopp, Ferdinand und Schenke, Wolf-Rüdiger. 19. Aufl. München 2014, S. 438–470.
Schlaich, Klaus und Korioth, Stephan. *Das Bundesverfassungsgericht.* München 2012.
Schmidt, Jörg. „§ 117“. In: *Verwaltungsgerichtsordnung. Kommentar.* Hrsg. von Eyermann, Erich. 14. Aufl. München 2014, S. 972–980.
Schulz, Lorenz. „Recht und Pragmatismus“. In: *Rechtsphilosophie im 21. Jahrhundert.* Hrsg. von Brugger, Winfried, Neumann, Ulfrid und Kirste, Stephan. Frankfurt a. M. 2008, S. 286–314.
– „Wahrheit im Recht. Neues zur Pragmatik der einzig richtigen Entscheidung“. In: *Zeitschrift für Internationale Strafrechtsdogmatik* 9 (2007), S. 353–361.
Searle, John R. „A Taxonomy of Illocutionary Acts“. In: *Language, Mind, and Knowledge.* Hrsg. von Günderson, Karl. Minneapolis 1975, S. 344–369.
– „A classification of illocutionary acts“. In: *Language in Society* 5 (), S. 1–23.
– „Austin on locutionary and illocutionary acts“. In: *Philolosphical Review* 77 (1968), S. 405–424.

Searle, John R. „How Language Works: Speech as a Kind of Human Action“. In: *Mind, Language and Society. Doing Philosophy in the real World*. Hrsg. von Searle, John R. London 1999, S. 135–161.

– *Making the social world: the structure of human civilization*. Oxford 2010.

– *Mind: A Brief Introduction*. Oxford 2004.

– *Speech Acts*. Cambridge 1969.

– „Speech acts and recent linguistics“. In: *Expression and Meaning. Studies in the Theory of Speech Acts*. Hrsg. von Searle, John R. Cambridge 1979, S. 162–180.

– *The Construction of Social Reality*. London 1995.

– „The Refutation of Relativism“. http://socrates.berkeley.edu/~jsearle/articles.html. 2001.

– „What is Language? Some Preliminary Remarks“. In: *Etica & Politica,* 11 (2009), S. 173–202.

Searle, John R. und Vanderveken, Daniel. *Foundations of illocutionary logic*. Cambridge 1985.

Shafer-Landau, Russ. *Ethical theory: An anthology*. 2. Aufl. Oxford 2013.

Siebel, Mark. „What is an illocutionary point?“ In: *Speech acts, mind, and social reality. Discussions with John R. Searle*. Hrsg. von Grewendorf, Günther und Meggle, Georg. Dordrecht/ Boston/ London 2002, S. 125–139.

Sieckmann, Jan-R. „Human Rights and the Claim to Correctness in the Theory of Robert Alexy“. In: *Law, Rights and Discourse. The Legal Philosophy of Robert Alexy*. Hrsg. von Pavlakos, George. Oxford 2007, S. 189–206.

– „Zur Begründung von Abwägungsurteilen“. In: *Rechtstheorie* 26 (1995), S. 45–69.

Smith, Barry und Searle, John R. „The Construction of Social Reality. An Exchange“. In: *John Searle's ideas about social reality: Extensions, Criticisms, and Reconstructions*. Hrsg. von Koepsell, David und Moss, Laurence C. London 2003.

Stolleis, Michael. „Vom Verschwinden verbrauchten Rechts“. In: *Summa. Dieter Simon zum 75*. Hrsg. von Kiesow, Rainer Maria, Ogorek, Regina und Simitis, Spiros. Frankfurt a. M. 2005, S. 539–558.

Svavarsdottir, Sigrun. „Objective VValue. Does Metaethics Rest on a Mistake?“ In: *Objectivity in Law and Morals*. Hrsg. von Leiter, Brian. Cambridge 2001, S. 144–193.

Teubner, Gunther. „Selbstsubversive Gerechtigkeit: Kontingenz- oder Transzendenzformel des Rechts?“ In: *Zeitschrift für Rechtssoziologie* 29 (2008), S. 9–36.

Tugendhat, Ernst. „Sprache und Ethik“. In: *Philosophische Aufsätze*. Hrsg. von Tugendhat, Ernst. Frankfurt a. M. 1992, S. 275–314.

Weinberger, Ota. „Grundlagenprobleme des Institutionalistischen Rechtspositivismus und der Gerechtigkeitstheorie“. In: *Institution und Recht. Grazer Internationales Symposion zu Ehren von Ota Weinberger*. Hrsg. von Koller, Peter, Krawietz, Werner und Strasser, Peter. Berlin 1994.

Weinberger, Ota und MacCormick, Neil. *Grundlagen des institutionalistischen Rechtspositivismus*. Berlin 1985.

Williams, Patricia. *The Alchemy of Race and Rights*. Cambridge 1991.

Wittgenstein, Ludwig. *Philosophische Untersuchungen*. Hrsg. von Schulte, Joachim. Frankfurt a. M. 2003.

Wohlrapp, Harald. „Argumentative Geltung". In: *Wege der Argumentationsforschung*. Stuttgart-Bad Cannstatt 1995.
– *Der Begriff des Arguments*. Würzburg 2009.
Zaibert, Leo und Smith, Barry. „The Varieties of Normativity: An Essay on Social Ontology". In: *Intentional Acts and Institutional Facts. Essays on John Searle's Social Ontology*. Hrsg. von Tsohatzidis, Savas. New York 2007, S. 157–173.